JN323476

ACCORDING TO
AFTER ALL
AT LAST
AT LEAST
BY THE WAY
IN FACT
OF COURSE
I MEAN
IF ANYTHING
IF YOU LIKE
YOU KNOW
YOU SEE
ON THE OTHER HAND

ACTUALLY
ANYWAY
BESIDES
HOWEVER
STILL
KIND OF
WHATEVER
PLUS
SO
AH
LOOK
NEVERTHELESS
NONETHELESS

英語談話標識用法辞典

43の基本ディスコース・マーカー

松尾文子
廣瀬浩三
西川眞由美
［編著］

研究社

A DICTIONARY OF DISCOURSE MARKERS IN ENGLISH

Printed in Japan

まえがき

本辞典は，「談話標識」，あるいは「ディスコース・マーカー」(discourse marker) という名称でしだいに英語学習者においても定着してきた英語表現を扱ったものである．こうした名称でくくることができる英語表現の中から，比較的頻度の高い基本的なもの，あるいは最近こうした用法を発達させてきたものの中から代表的な 43 項目を取り上げて，形式的に副詞的表現，前置詞句表現，間投詞表現，接続詞的表現，レキシカルフレイズの 5 つに分類して，その関連項目を含めて整理し，まとめたものである．

本辞典の特色として，実例を重視して実証的・記述的な観点から個々の談話標識の用法や特徴が記述されていることがある．さらに，その記述の典拠を可能な限り明示することによって，英語教育や学術的な英語研究にも利用できる辞典となっている．本辞典は，主として英語を学ぶ大学生・一般社会人を対象としているが，英語教育と英語研究にも寄与することを目指し，英語教師や英語研究者の方々にも幅広く利用していただければ幸いである．

英語を母語としない者の立場からすると，我々日本人が外国語である英語を理解する際に，文や発話の文字通りの意味を理解するとともに，表面には現れていない話し手の発話意図を正しく理解することが必要となる．しかしながら，それには学習者として大きな困難を伴う．本辞典で取り上げた談話標識は，話し手が自分の発話意図を意識的に，あるいは無意識的に伝える言語的合図として機能し，実践的なコミュニケーションの場において極めて重要な位置を占めるものである．また，書き言葉においても，いわゆる行間を読み取る際に，大きな手がかりを与えてくれる．このような話し手・書き手の発話意図を担うさまざまな英語表現を談話標識という 1 つのカテゴリーとしてとらえ，従来の英語研究の知見を生かしつつ，多くの実例を分析して個別に実証的な記述を行い，各英語表現を体系的に記述することを目指したのが本辞典である.

談話標識研究の先駆者ともいえる Schiffrin (2004: 67) は，談話標識に関して以下のように述べている (下線部は筆者による).

> Discourse markers tells us not only about the linguistic properties (e.g. semantic and pragmatic meanings, source, functions) of a set of frequently used expressions, and the organization of social interactions and situations in which they are used, but also about the cognitive, expressive, social, and textual competence of those who use them. Because the functions of markers are so broad, any and all analyses of markers — even those focusing on only a relatively narrow aspect of their meaning or a small portion of their uses — can teach us something about their role in discourse.
>
> 談話標識を研究することで，頻繁に用いられる一連の表現の言語的特徴 (たとえば，意味論的意味，語用論的意味，語源，機能) やそれらの表現が用いられる社会的な相互作用や状況の構造が明らかになる．そればかりか，談話標識の使用者の認知的，表出的，社会的そしてテクスト構成上の能力も明らかになる．談話標識の機能は非常に広範囲にわたるので，いかなる分析であろうと全ての分析で——談話標識の意味の比較的狭い側面や使用法のごく一部のみに焦点を当てた分析においてさえ——談話標識の談話における役割が何かしら提示される可能性がある.

まさに談話標識の多面性と談話標識研究の魅力を端的に表している.

本辞典の編集方針は以下の通りである.

《談話標識の用法記述》

(1) 英米の辞書や学術的文献からの用例やさまざまなジャンルから収集した実例をもとに，実証的な手法で新しい発見と英語学習に役立つ情報を盛り込む.

(2) 主だった談話標識 (見出し 43 項目) を大まかに形式から分類し, それぞれアルファベット順に個別記述を行う.
(3) 各見出し項目の中には, 関連表現の記述も含める.
(4) **概 説** で当該項目を全体的に把握して, 談話標識へと発展する過程, 各用法の概要, 言語使用域等を述べる.
(5) **マッピング**で各項目の記述内容の全体像, 並びに特に注意すべき用法の記述箇所を分かりやすく示す.
(6) **各用法の解説** では, 当該項目を文中での位置と意味機能によって分類し, **【用例】**では, 英米の辞書からの用例とともに, 収集した実例を可能な限り盛り込む. **【解説】**で用法を詳細に示す.
(7) 場合によっては, **関連語**を準見出し項目として立てる.
(8) **関連事項** では, 関連表現, 共起する談話標識, 日英語比較等を述べる.

取り上げた項目に関しては, 談話標識と呼ばれる表現を網羅的に記述したものではなく, 談話標識として代表的で多く用いられると思われる表現を選んだ. 時間が許せば取り上げたい項目が他にもあったことをお断りしておく. また, 談話標識自体が多面的であることと, 編著者 3 人で意見交換したとはいえ, 各項目は担当者が責任をもって執筆したことから, 記述スタイルに多少のばらつきがあることをご容赦願いたい.

本辞典の用例に関しては, 実例を最も重視している. 英米の辞書, 語法書, 文法書, 並びに関連する学術論文等からの用例とともに, 原則として 1970 年以降の英語のネイティブスピーカーによる英米の小説, エッセイ, 映画台本, 雑誌, ウェブページなどから幅広く採用した.

《Appendix I》

「談話標識の用法記述」が個々の項目を取り上げた実践的な内容であるのに対して, Appendix I では談話標識の全体像を分かりやすくするために, 専門的な見解も紹介しながら以下のトピックを取り上げる.

A 談話標識研究の歩み

B　談話標識についての基本的な考え方（コラム形式）

C　談話標識の機能的分類

《Appendix II》

談話標識研究の将来展望について述べる．

《各項目の形式の表示》

談話標識は単一の統語範疇ではなく，用法や特徴も多岐にわたる．さらに，談話標識は特に先行文脈や発話状況との関連においてとらえなければならない．したがって統一的な形式表示を取り難いことから，各項目の特性に応じた形式表示を採用している．当該の項目の特徴を表すのに必要な場合は，[ターンの冒頭［途中］]という表示を使用した．「ターン」とは，簡単に言うと，ある話し手が一回の発話順番で発話するいくつかの文（発話）から構成された単位である．

（1）語修飾の場合

（i）《語修飾》*like*(,) A

（ii）《語修飾》A, *if you like*.

（2）文修飾の場合

（i）《文頭》*Actually*(,) S V (O).

（ii）《文中》S, *ah*, V (O).

（iii）《文尾》S V (O) (,) *anyway*.

（iv）《文頭・文中・文尾》*However*(,) S V (O), etc.

（v）《文頭》[ターンの冒頭]　*Ah*(,) S V (O).（一連の発話の冒頭で用いる場合）

（vi）《文頭》[ターンの冒頭]　A: 先行発話　B: *Then*(,) S V (O).（先行発話などからの情報を受けて用いる場合）

（vii）《文尾》[ターンの冒頭]　A: 先行発話　B: S V (O) (,) *then*.（先行発話などからの情報を受けて用いる場合）

（viii）《文頭》[ターンの途中]　*Ah*(,) S V (O)（一連の発話の途中の文頭で用いる場合）

(ix) 《文頭・文中》ターンの途中 *Look*(,) S V (O), etc. (一連の発話の途中の文頭・文中で用いる場合)

(x) 《文中》ターンの途中 S, *uh*, V (O) (一連の発話の途中の文中で用いる場合)

(3) 独立的な場合

(i) 《単独》A: 先行発話 B: *If you like.*

(ii) 《単独》ターンの冒頭 *Whatever.*

場合によっては，上記の形式を少し変えた箇所もある．たとえば，典型的に疑問文で用いられる場合は，"V S (O) (,) *anyway?*" のように表示したり，動詞として通例 be 動詞が用いられる場合は，"V" を "be" と表示している．

最後に，本辞典が生まれるに至った経緯を述べておきたい．恩師である小西友七先生から筆者に「接続語句とレキシカルフレイズを談話文法の観点を取り入れて一冊にまとめないか」という旨のハガキが届いたのは，2006 年 6 月だった．その後，何度か病床から書物の構想について綴ったハガキをいただき，2006 年 6 月末に届いた最後のハガキは「私はとても直接書くことができないので」という箇所以外は奥様の代筆であった．小西先生は 2006 年 9 月 10 日に 89 歳で永遠の眠りにつかれた．どこにいても目印となる灯台を失ってしまい，途方に暮れた．しかし，先に出版された『英語基本形容詞・副詞辞典』や『英語基本名詞辞典』の編集過程において，執筆作業や校閲作業の中で小西門下生の諸先輩方に鍛えられた英知を生かし，何とか小西先生の学恩に報いたいという情熱は持ちつつ，歳月だけが経過していった．そのような状況下で，こつこつと資料収集は継続し，松尾，廣瀬，西川の編著者でようやく一定のまとまったものが準備でき，編著者には直接加わらなかったものの中村真由美先生には例文の日本語訳チェックを快くお引き受けいただき，多大な協力が得られた．また遅々として進まない私たちの仕事を忍耐強く待ってくださった星野龍氏、三谷裕氏、さらに最終的な校正段階でご尽力くださり，適切な助言をいただいた青木奈都美氏をはじめとする研究社の方々に心から感謝したい.

最初にお話をいただいた時から紆余曲折を経て，最終的には小西先生が当初望まれた形にはならなかったと思う．基本語彙辞典の精神を受け継ぎ，その系譜に連なるものとして本辞典に対するご理解を小西門下生の諸先輩方々からいただければ，編著者の喜びとするところである．力もなく歩みも遅い編著者に魅力的な研究テーマを与えてくださった小西先生にあらためて心から感謝し，本辞典を捧げる.

2015 年 10 月

（著者代表）　松尾文子

＊本辞典は JSPS 科研費 15HP5063 の助成を受けたものである。

目　次

談話標識の用法記述

1　副 詞 的 表 現

actually

概 説

この語は元来,「ある状況が (常識などに照らして) 本当である, 物事が (単なる想像や計画の一部ではなく) 現に存在している」ことを強調し, 強意副詞として「実際に, 本当に, 現実に」の意を表す.

強意副詞から話し手の態度を表す談話標識として発展し, 通例文頭で, 時に文尾で用いられる.「実際は, 実は, 本当のところは」の意で, 話し手が見せかけと真実, 予想と現実, 見込みと正確さなどの間にずれがあることを合図し, 意外性や驚きの気持ちを込めて真実や事実を再確認する際に用いられる (⇒ 用法 1, 3).

また,「実を言うと, 詳しく述べると, さらに言うと」の意で, 先行発話の内容を明確化・正当化する陳述を追加することを表し, 先行発話の真実性や事実性を強調する機能がある (⇒ 用法 2, 4).

対人関係に関わる用法では, 意外性のある事柄を述べることをあらかじめ合図して, 聞き手の驚きや不快感を和らげる機能を果たし,「実を言えば, 実のところ」の意で, しばしば丁寧表現となる. 聞き手の立場に立ちながら相手の発言を訂正したり, 聞き手にとって好ましくないことを切り出したりする際に用いられ, 謝罪表現に先行することも多い (⇒【解説 5, 6, 7, 9, 11, 12, 21】).

言語使用域に関しては, 特に英国語法の話し言葉で用いられることが多いが, 学術的な文章ではあまり用いられない. 一般に正式なスピーチや書き言葉では避けたほうがよいとされるが, 重要な事柄を効果的に伝えることができるので, 必ずしも無駄な語であるとは言えない. ただ, 多用しすぎると話し手が自分の述べることに対して自信を持っていないような印象を与えることがあり, 非難されることもある.

[以上, Swan[3], p. 145; Aijmer 2002, p. 272; Biber et al., p. 867; *Bloomsbury*[2], p. 5; Schourup & Waida, p. 146; Todd, p. 10; *WDEU*]

マッピング

用法 1　[文頭] 実(際)は, 本当のところは
　(見せかけ・予想と真実・現実とのずれ)

2　[文頭] 実を言うと, 詳しく述べると (先行発話の明確化・正当化)

3　[文尾] ～する(のだ), 実(際)は, 本当のところは
　(見せかけ・予想と真実・現実とのずれ, 丁寧)

4　[文尾] ～する(のだ), 実を言うと, 詳しく述べると

（先行発話の明確化・正当化，念押し）
ためらいのニュアンス ⇒ 解説 5, 6, 7, 9, 11, 12, 21
命令文での使用 ⇒ 解説 15, 18
話題の転換 ⇒ 解説 16
共起する他の談話標識 ⇒ 解説 5, 6, 8
関連事項 関連表現 (i) actually と in fact (ii) actually と really

【解説 1：話し言葉での発音】 速度の速い話し言葉では，/ǽktʃli/ と発音される場合もある［Quirk et al., p. 1597; 小西 1989, p. 40］．なお，次例は英国語法の発音：“*Actually*,” I said in my best British accent (“Eckshully”), “it’s Chianti.” —Sanders, *Seduction*「実際」と私はできる限り英国風に “Eckshully” と発音して言った．「そのぶどう酒はキャンティなんですよ」

各用法の解説

【用法 1】
形式：**《文頭》*Actually*(,) S V (O).**
意味：実(際)は［本当のところは］S が (O を) V する(のだ).
解説：見せかけと真実，予想と現実，見込みと正確さなどの間にずれがあることを合図し，意外性や驚きの気持ちを込めて真実や事実を再確認する際に用いられる.

【用　例】
“Do you mind if I smoke?” “Well, *actually*, I’d rather you didn’t.” —*CALD*「タバコを吸ってもいいですか」「あのう，実は吸わないでもらいたいんですが」［well との共起に注意］/ “So you went home around six-thirty.” “*Actually*, it was probably a bit later than that. Closer to seven, I should think.” —Clark, *Moonlight*「それじゃ 6 時半頃には帰宅されたんですね」「いえ，実はたぶんそれよりは少し遅かったんじゃないかな．7時近くになっていたと思います」(正確な情報の伝達) / “We discovered you don’t have a phone.” “*Actually*, we do have a phone. What we don’t have is money to pay a monthly service charge.” —Patterson, *Cradle*「お宅には電話がないことが分かりました」「いえ，電話はありますよ．我が家にないのは毎月の料金を支払うお金なんですよ」［強意表現の do に注意］(訂正) / The Girl: You’re married! Richard: I am? Yes, I am. The Girl: I knew it. I could tell. You look married. Richard: *Actually*, my wife and I are separated. —*Itch*［映］

女：あなた結婚してるんじゃないの！ リチャード：え？ ああ，そうだよ．女：やっぱりね．そうだと思ったわ．結婚してるように見えるもの．リチャード：実際は，妻とは別居中なんだ（予想外の内容の伝達）/ QUEEN MARIE: Who, dear? HENRY: Countess Nicole de Lancret. She's a cousin of . . . . Well, *actually*, I don't know who her cousin is. Surely you have heard of her? —*Ever*［映］マリー王妃：誰ですって？ ヘンリー：ニコール・ド・ランクレ伯爵夫人です．彼女は誰かのいとこで……．そのう，実は誰がいとこか私は分からないのですが．彼女のことをお聞き及びだと思うのですが〔well との共起に注意〕（自信のなさの表明）．

【解説 2：音調】 一般に actually の直後には短い休止が置かれ，通例コンマを伴う．音調は，通例下降–上昇調，時に平板調［Aijmer 2002, p. 262; 小西 1989, p. 39］．

【解説 3：聞き手の予想・予測と actually】 通例話し手が述べようとすることが聞き手の予想や予測，既に述べられたことや考えられたことに反することを表し，聞き手にとって意外で驚くようなことを伝える［*COB*(*U*)², p. 9; Schourup & Waida, p. 158; Alexander 1988, p. 17］．次のように質問の応答で用いられると，質問の前提を覆すことになる："How well did you know Jacques Saunière?" the captain asked. "*Actually*, not at all. We'd never met." —Brown, *Code*「ジャック・ソニエールとはどのような知り合いなんだ？」と（司法警察中央局）警部は尋ねた．「実は，まったく知らないのです．会ったこともありません」〔強意表現の not at all に注意〕（⇒【解説 10】）

したがって，次のように聞き手の期待通りの発話に actually を添えるのは通例不自然［Schourup & Waida, p. 142］：A: Sir, may I have your name please? B: **Actually*, it's Jack Rogers.

【解説 4：旧情報との共起】 予想と異なることを述べる合図をするので，聞き手が既に知っている旧情報と共に用いるのは不自然となる．したがって，次の文を単に「あなたは先週毎晩遅くまで仕事をしていた」ことを伝える文として用いるのは通例不可［Schourup & Waida, p. 162］：**Actually*, you worked late every night last week!

【解説 5：well との共起】 聞き手にとって好ましくない情報を柔らかく伝える場合に用いられ，しばしばためらいを表す well と共起可能：MICKEY: Is she, um, well, is she gettin' good treatment over there? THOMPSON: *Well, actually*, it's . . . yes. Well, it's by no means bad. But . . . . —*Verdict*［映］ミッキー：彼女は，そ

のう，そこできちんとした治療を受けていますか？ トンプソン：ええ，実のところ，まあそうですね．決して悪くはないですね．でも……（⇒用例第1, 5例，【解説6】）．次の例のように謝罪を表す文の前置き表現として用いられることも多い："How did you get on with my car?" "*Well, actually*, I'm terribly sorry, I'm afraid I had a crash." —Swan[3]「僕の車の乗り心地はどうだった？」「あのう，実は本当にすまないんだけど，ぶつけてしまったんだ」（⇒【解説7】；WELL）

【解説6：Well, actually. の独立用法】 Well, actually. の形で独立して用いられることがある．これから述べる情報が話し手にとって言いにくいことであることを示すと同時に，聞き手にとっても受け入れにくいだろうと話し手が気遣っていることを表す：DIMITRI: Now, let me ask you something, Anya. Was it . . . there's a last name that goes with that? ANYA: *Well*, *actually*. This is gonna sound crazy. I don't know my last name. I was found wandering around when I was eight years old. —*Anastasia*［映］ディミトリ：ちょっと訊いてもいいかな，アーニャ．そのう……アーニャに続く苗字はないの？ アーニャ：ええっと，そのことなんだけど．変だと思うだろうけど，苗字を知らないの．8歳の時に浮浪児だったところを見つけられたの（⇒【解説5】；WELL）．

【解説7：垣根言葉との共起】 さまざまな垣根言葉（hedge）と共起する：Langdon nodded absently and took a few steps toward the bench. He paused, looking more confused with every moment. "*Actually*, *I think I'd like to* use the rest room." —Brown, *Code* ラングドンは放心したような感じでうなずき，ベンチに2, 3歩近づいた．そして立ち止まったが，刻々と混乱が増していくようだった．「実は，トイレに行かせてもらいたいのですが」

他に，I'm terribly sorry, I'm afraid, I'd rather のような表現ともしばしば共起する（⇒【解説9】）．well との共起については（⇒【解説5, 6】）．

【解説8：but などとの共起】 対比を表す but や however と共起したり，先行部分で異なる観点を示す文副詞の apparently, formally, nominally, technically, theoretically などと対照的に用いられたりする［Aijmer 2002, p. 267; Greenbaum p. 206］：RICHARD: Just a minute, Mr. Krahulik. I would like to explain this. This may seem unusual to you, *but actually*, it's the most natural thing in the world. —*Itch*［映］リチャード：ちょっと待った，クラフリックさん．状況を説明したいんだ．変だと思うかもしれないが，実はこれ（妻子の留守中に女の子を部屋に入れたこと）は世間ではごく普通のことなんだよ / *Officially*, he is in charge. *Actually*, his secretary does all the work. — Quirk et al. 公的には彼が担当だが，実際には

秘書がすべてやっている．but の詳細は (⇒ BUT)．

【解説 9：唐突さを避ける】 聞き手にとって予期できない初めて耳にするであろう情報を伝える時に，唐突さを避けるために会話の方策として用いることがある．次例の Mitch は Avery のことを知らない：MITCH: I'm sorry. Can I help you? AVERY: *Actually* I think I'm here to help you. I'm Avery Tolar, your designated mentor. Let's go to lunch. —*Firm*［映］(自分のオフィスの入口に立っている男を見て) ミッチ：すみません．何かご用でしょうか？ エイバリ：実は君の力になろうと思って来たのだが．私はエイバリ・トラー，君の指南役だ．昼ご飯にでも行こうか〔断定を和らげる I think との共起に注意〕(⇒【解説 7】)．

【解説 10：発話条件に関わる用法】 しばしば発話条件に関わり，疑問文の応答文に現れると，疑問文の前提条件を覆す内容が述べられることが多い："Tell me, Oliver, have you heard from the Law School?" "*Actually*, Father, I haven't definitely decided on law school." —Segal, *Love*「教えてくれないか，オリバー，法科大学院から (合格の) 通知があったんだろう？」「実はね，父さん，法科大学院に進むとはまだ決めてないんだよ」(⇒【解説 3】)

次の例では申し出の内容がすでに実現されていることや依頼の仕方そのものに言及し，その前提条件を覆している："Let me ask you a question," I said. "*Actually*, you already did." —Block, *Rye*「1 つ訊かせてくれないか」と私は言った．「何言ってるの，もうすでに訊いたじゃないの」/ "Can you decide for yourself if I'm qualified in what we talk about?" "Ummmm," Dr. Lecter said. "*Actually* . . . that's rather slippery of you." —Harris, *Lambs*「私たちが話すこと (心理学) について，私にその資格があるのか，ご自身で判断していただけますか？」「うーむ」とレクター博士は口ごもった．「本当のことを言って，君はなかなか油断がならないね」

【解説 11：丁寧な断り】 申し出や許可願いなどを丁寧に断る時に用いられる：JANE: Oh, speaking of work, I am meeting up with some people from the office tonight for a party. You wanna come? TESS: *Actually*, I'm having drinks with some friends from Milan. —*Dresses*［映］ジェーン：ああ，仕事と言えば，今夜オフィスの仲間が集まってパーティーをするのよ．あなたもどう？ テス：実は，ミラノの友だちと飲みに行くことになってるの．

この場合，ためらいや思案を表す well としばしば共起し，切り出し文句として用いられる．音調は通例下降 - 上昇調［Aijmer 2002, pp. 268, 275］(⇒ 用例第 1 例；WELL)．

【解説 12：訂正や反対意見の表明】 相手の発言や予想を訂正したり，反対意見を述べたりする場合に用いられる．actually を添えることで，聞き手の立場からは予想や期待に反した事実を話し手は述べることになり，丁寧表現として機能する．この意では文尾でも用いられる［Swan[3], p. 6; Schourup & Waida, p. 140］(⇒ 用法 3)：“He tends to want to stagemanage. I hope that’s all right.” “*Actually*, it’s not. I want to go alone.” —Grafton, *Fugitive*「お父さんは舞台監督のような役割を果たしたがるのよ．いいわよね」「いえ，困ります．1 人でやっていきたいんです」(⇒【解説 22】)

【解説 13：発言の訂正】 話し手が自分自身の発言を訂正するために用いられる［Aijmer 2002, p. 268; *MED*[2]］：BENNY: You’re getting off to an early start. First time on Mars? QUAID: Yes. Well, uh, *actually*, no! Well, sort of. —*Total*［映］ベニー：さっそく出かけるんだな．火星は初めてかい？ クウェイド：ああ，いや，実はそうじゃない！ そういうところだ〔ためらいを表す well, uh との共起〕(⇒【解説 22】; WELL; UH; KIND [SORT] OF).

I mean と共起することもある［Aijmer 2002, p. 271］：HARRIS: Are you a . . . a journalist? ANNE: No . . . . A teacher. No, I’m . . . a writer. *I mean*, *actually*, I write books. —*Sequels*［映］ハリス：あなたは……ジャーナリストですか？ アン：いいえ……教師です．いえ，私は……作家です．つまり実は，本を書いているんです．I mean の詳細は (⇒ I MEAN).

【解説 14：語修飾的な訂正】 語修飾的に訂正される語句を前置修飾する．訂正の仕方としては，次の第 1 例のように別の語と言い換えられる場合と，第 2 例のようにさらに詳しく正確な記述が添えられる場合とがある：At the third desk sat Charlie’s ‘partner’, *actually* an employee. —Fleischer, *Man* 3 番目の机に座っていたのはチャーリーの「共同経営者」，いや従業員だった / Once in my car Ronnette tells us that she just finished singing vocals, *actually* background vocals, on Bandarasta’s new album. —Ellis, *Zero* ロネットは車の中に入るとバンダラスタの新しいアルバムのボーカル，正確にはバックグラウンドボーカルを歌い終えたところだと私たちに告げた (⇒【解説 22】).

【解説 15：命令文での使用】 追加陳述的に前言を取り消す場合に，命令文での使用が可能．次例はたとえば，「金曜日に電話してくれないか」と告げていたにもかかわらず，別れ際にそれを訂正するような場合に自然な発話となる［Schourup & Waida, pp. 146–47］：*Actually*, give me a call Thursday. いや，やっぱり木曜日に電話してくれないかい．

次例では否定命令文が用いられている：“Take a look at Miss Cledenin’s book about Jonathan, the part where she talks about his playin’ around with young girls. *Actually*, don’t read it if you’re squeamish.” —Harrington, *Files*「ジョナサンについてのクレデニンさんの本をちょっと見てください．ジョナサンが若い女性と遊び回っていることについて語っている部分ですよ．いえ，お堅い方なら，読まないほうがいいですがね」

追加陳述的に actually に新たな依頼を表す文を続けることも可能［Schourup & Waida, pp. 155–56］：*Actually*, I wonder if you’d mind calling back in ten minutes. 考え直したんですが，10 分後に電話をかけ直していただけませんか．

【解説 16：話題の転換】　聞き手の注意を引いて，新しい話題を導入する際に用いられる：The island of Manhattan derives its name from its earliest inhabitants, the Manhattan Indians. They were a peaceful tribe, [⋯] The husbands, of course, would remain behind on the steaming island to attend to business, setting traps, fishing and hunting. *Actually*, our story has nothing whatsoever to do with Indians. It plays five hundred years later. —*Itch*［映］（物語の冒頭）マンハッタン島の名前は先住民であるマンハッタン・インディアンに由来する．彼らは平和な部族で，[⋯] 男たちはもちろん，むせ返るような暑さの島に残って，罠を仕掛けたり漁や狩りといった生業に励んだりしたものだ．しかし実は，この物語はインディアンとは何の関係もないのだ．それから 500 年後の話である．

【用法 2】
形式：**《文頭》*Actually*(,) S V (O).**
意味：実を言うと［詳しく述べると，さらに言うと］S が (O を) V する(のだ).
解説：先行発話の内容を明確化・正当化，強化することを合図し，先行発話の真実性や事実性を強調する際に用いられる．

【用　例】
“The Temple Church is on Fleet Street?” “*Actually*, it’s just off Fleet Street on Inner Temple Lane.” —Brown, *Code*「テンプル教会はフリート街にあるのか？」「厳密に言うと，フリート街からインナー・テンプル通りへ少し入った所だ」（より正確な陳述）/ Lady Trentham: You know, I’m breaking in a new maid. I’m simply worn out with it. *Actually*, there’s nothing more exhausting, is there? — *Park*［映］トレンサム伯爵夫人：ご存じでしょうが，新しいメイドを訓練しているところですのよ．でも，すっかりくたびれてしまって．本当に，こんなに疲れ果てる

ことなんて，他にありませんわね（断定の強調）/ "Is her office phone number listed?" Benton asks. "Infosearch Solutions is." "So maybe he also knows the listed name of her business. Called directory assistance and got the address that way. *Actually*, you can find just about anything on the Internet these days." —Cornwell, *Fly*「彼女のオフィスの電話番号は（電話帳に）載っているのか？」とベントンは尋ねた．「インフォサーチ・ソリューションズはね」「それなら彼はたぶん彼女の会社名も知ってるんだ．そうやって電話番号案内サービスで住所を知ったんだろう．実際，最近はインターネットでまず何でも分かるほどだからなあ」（前言の正当化）

【解説 17：話題転換後の情報追加】 新しい話題を提供した後に，さらに詳しい情報を追加する．同一の話し手の発言の中で用いられることが多い．音調は通例下降調［Aijmer 2002, p. 262］：〔a customer at the information desk in a large bookshop enquiring about a technical manual〕"Could you tell me where your manuals are kept? *Actually* I'm looking for a Haynes manual." —Carter & McCarthy（大きな書店のインフォメーションデスクに来た客が技術マニュアルのことを尋ねて）「マニュアルはどこにあるか教えていただけますか．実は，ヘインズのマニュアルを探しているのです」

【解説 18：断定の強調】 話し言葉ではしばしば断定の気持ちを強める場合に用いられる．次の第2例では，命令文と共起していることにも注意［Swan[3], p. 7; Schourup & Waida］：MUJURU:［…］*Actually*, to tell you the truth, it is circumstances that make someone think and feel like doing a job and performing at it. —*African*, Jun. 2005 ムユル：［…］本当のことを言うと，仕事に打ち込みたいと思わせるのは環境なんです〔to tell you the truth との共起に注意〕/ SARAH: Why not rescue me when I really need it? *Actually* be there when you say you will. You know, I have made a career out of waiting for you. —*Lost*［映］サラ：私が本当にあなたを必要としている時に助けてよ．本当にそう約束する時にはそばにいてよ．いいこと，あなたを待つのが仕事になっちゃったじゃないの（⇒ 用例第2例，【解説 23】）．

【解説 19：談話戦略的な使用】 前言を強めるために actually を用いるが，実際は真実を隠すために意図的に断定的な表現をすることがある：SUSAN: Sorry to disturb you . . . but I was wondering if I could borrow a sleeping tablet. BARBARA: Did Oliver send you for it? SUSAN: No. *Actually*, no. Well, all right, you got me there, which is good because I'm uncomfortable with the charade. —*War*［映］（召

使のスーザンが寝室をノックして）スーザン：お邪魔して申し訳ありませんが……睡眠薬をいただければと思いまして．バーバラ：（私の夫の）オリバーに頼まれたの？ スーザン：いえ．いいえ，断じて違います．あのう，よろしいですわ，参りました．でも，かえって良かった．私はどうも見え透いたお芝居は苦手ですから．

【解説 20：文中の actually】 文中で挿入的に用いられ，actually 以下の内容に焦点が当てられる．以下の例では，付帯状況の方に重点が置かれることになる：The Angels found themselves at the threshold of their office. They were silent-dumbstruck, *actually*, their throats clogged with smoke and soot and raw emotion. —Lennard, *Angels* エンジェルたちは気づくと（焼け焦げた）オフィスの戸口にいた．押し黙ったままで，実を言うと，煙とすすと抑えきれない感情で喉が詰まっていたのだ．

【用法 3】
形式：**《文尾》S V（O）, *actually.***
意味：S が（O を）V する（のだ），実（際）は［本当のところは］．
解説：見せ掛けと真実，予想と現実，見込みと正確さなどの間にずれを認識し，意外性や驚きの気持ちを込めて真実や事実を再確認していることを合図する．文尾で用いた方が丁寧なニュアンスが伝わる．

【用　例】
No, I'm not a student. I'm a doctor, *actually*. —*COB*[5] いいえ，私は学生ではありません．医者なんですよ，実は / "I'm not positive it was VC, *actually*. I heard noises, so I opened fire at the bushes. —Segal, *Love*「それがベトコンだったという自信はないよ，実を言うとね．ただ物音がしたものだから，草むらに向かって撃っただけなんだ」（控えめな陳述）/ HANS: Another orphan of a bankrupt culture who thinks he's John Wayne? Rambo? Marshal Dillon? MCCLANE: I was always kinda partial to Roy Rogers, *actually*. I really liked those sequined shirts. —*Die*［映］ハンス：自分をジョン・ウェインとかランボーとか，ディロン保安官だと思い込んでる破綻文化の落とし子なのかい？ マクレーン：俺はずっとどちらかと言えばロイ・ロジャーズびいきだったよ，実はね．あのキラキラのド派手なシャツが大好きだったんだ（控えめな主張）．

【解説 21：丁寧表現及び音調】 文尾で用いられるのは，もっぱら話し言葉に限られる．聞き手のショックを和らげる追加陳述語として機能し，しばしば丁寧さが示される．相手の発言や予想を訂正したり反対意見を述べたりする場合や，聞き手にとって好ましくない情報を柔らかく伝える場合に用いられ，音調は通例上昇調であるが，下降-上昇調も可能［Aijmer 2002, p. 258; 1986, p. 123］：“Something's come up, I'm afraid, Sandy. I wondered if I might pop down a moment *actually*.” —le Carré, *Gardener*「困ったことが起こってしまったのですが，サンディ．今そちらにお伺いしたいのですが，実のところ」〔丁寧表現のI wonder if I might との共起に注意〕(⇒【解説 12】)

【解説 22：発言の訂正】 自らの発言を訂正したり，文中で語修飾的に後置修飾語として用いられる：“She rents a house — more a cottage, *actually* — about twenty minutes from here.” —Wallace, *Bed*「彼女はここから 20 分ほど行った所に家を借りているんですよ．と言うより，実際は小屋のようなものをね」〔more にも注意〕(⇒【解説 12, 13, 14】)

【用法 4】
形式：**《文尾》S V（O）, *actually*.**
意味：S が（O を）V する(のだ)，実を言うと［詳しく述べると，さらに言うと］．
解説：先行発話の内容を明確化・正当化する陳述を追加することを合図し，先行発話の真実性や事実性を強調し，念押しをする際に用いられる．

【用　例】
I've known Barbara for years. Since we were babies, *actually*. —*LD*[4] バーバラとは長い知り合いなんだ．実を言うと，僕たちが赤ん坊の時からずっとね / O'Connell: Lady, there's something out there . . . something underneath that sand. Evelyn: Yes, well, I'm hoping to find a certain artifact, a book, *actually*. —*Mummy*［映］オコーネル：お嬢さん，あそこにはヤバイものがある……．砂の下に何かあるよ．エブリン：そうね．私もある遺物が見つかればと思ってるのよ．本がね，具体的に言うと（詳細な陳述）/ “Did Tessa confide in anyone, do you know?” Lesley asked in a by-the-by tone as they all three moved in a bunch toward the door. “Apart from Bluhm, you mean?” “I meant women friends, *actually*.” —le Carré, *Gardener*「テッサには本心を話せる人はいたのか，ご存じですか？」3 人でそろってドアの方へ歩きながらふと思い出したかのようにレズリーは尋ねた．「ブルームの他に，ということか？」「女友達のことを言っているのです，細かく

言うとね」(より明確な陳述)

【解説 23：断定の強調】 話し言葉では，断定の気持ちを強めるために actually が文尾に添えられることがある．見解を提示した直後で，その真実性について念を押す効果がある：MARQUIS: I find your collection of folk tales quite brilliant, *actually*. —*Ever*［映］マーキス：あなた方が集めた民話集はとても素晴らしいと思いますよ，本当に (⇒【解説 18】).

【解説 24：疑問文での使用】 次例では actually が疑問文の文尾で用いられているが，話し手が自分の発言に関して「詳しく」述べているのではなく，相手に「本当のことを詳しく述べる」よう促していることに注意：JOYCE: What are you? NICK: Detective Sergeant Conklin, Homicide, New York. So how'd ya get that blood, *actually*? —*Man*［映］ジョイス：あなた，何者なの？ ニック：ニューヨーク市警殺人課のコンクリン刑事だ．ところで，どうしてその血が付いたんだ，本当のところ？

関連事項

関連表現 (i) actually と in fact：in fact は討論や公式なスピーチ，あらかじめ準備されたスピーチで多く用いられる堅い表現であるが，actually はこのような場合にはあまり用いられず話し言葉で多く用いられる．話し言葉でも，独白スタイルでは in fact が，対面による会話では actually が多く用いられる．歴史的に見ると，in fact の頻度が低下しているのに対して，actually は高くなってきている．また，in fact には話し手自身に権威や見識があるというニュアンスがあるのに対して，actually は申し訳なさや丁寧さが感じられる．

真実性に関して比べると，actually, in fact の語順は可能だが，逆は不可能であることから分かるように，actually の方が in fact よりも弱い．

［以上，Aijmer 2013, pp. 107, 124, 149; Traugott & Dasher, p. 173］. in fact の詳細は (⇒ IN FACT).

(ii) actually と really：両語とも陳述を強めるために用いられ，評価を表す意味から発展して強意語になったという点では同じであるが，談話レベルでは really は反応を表す合図としての機能を果たすことが多い［*COB*(*U*)², p. 9; Aijmer 2002, p. 256］. 次例のように，really は応答語として単独で用いることが可能であるが，actually は通例不可：EVA: This text we're using is difficult. EMI: *Really*? / **Actually*? エバ：私たちが使っているこのテキストは難しいわね．エミ：本当？

また，次例のようなやり取りにおいても actually を単独で用いることは通例不可［Schourup & Waida, pp. 150–51］: Emi: I'm tired of watching movie videos every night. Gen: I don't believe you. Emi: No, *really* / **actually*. エミ：毎晩映画のビデオを見るのには飽きちゃったわ．ジェン：信じられないな．エミ：いえ，本当よ．〔No, I *actually* meant it.〕

anyway

概説

この語は元来，in any way から前置詞が省略され，その後，一語で綴られるようになり，「どんな方法にせよ，いずれの場合でも」の意を表し，動詞を修飾する様態副詞として用いられていた．

発展的に，文全体を修飾し，文頭，あるいは and に後続し，先行発話に付け加えを行う際に用いられ，「さらに，そのうえ」の意を表したり，一歩主張を進めて先行する発話を正当化・明確化し，主張を強化する合図として「どっちみち，どうせ（……だから）」の意を表したりする（⇒ 用法 1）．

また，先行発話と関連して譲歩や対比を合図し，しばしば but と共に用いられ，主に文尾で「（それでも）とにかく，いずれにせよ」の意を表す（⇒ 用法 4）．また，anyway が wh 疑問文の文尾で用いられると，「そもそも，だいたい」の意で，相手の言動を詰問し，ある事柄に対する真実を知りたいという話し手の気持ちが強調される（⇒ 用法 5）．さらに，先行発話を制限したり，しばしば修正・訂正を表す語句を後置修飾して「少なくとも，正確に言うと」の意を表すこともある（⇒ 用法 3）．

anyway は，より大きな単位の発話や談話と関連し，通例文頭で，談話調整の機能を担い，「それはそうと，ところで」の意で，新しい話題や先行する話題と関連した話し手の関心事を導入したり，「それはさておき，とにかく，いずれにしても」の意で，本題からそれた談話を本題に戻す合図や，話題の終了，さらには会話全体の終結を示す標識として用いられたりする（⇒ 用法 2）．

以上のように，anyway は先行談話の流れを絶ち，さまざまな事情を棚上げして，話し手が主導的に談話を構成していく標識としての機能を果たしている．

言語使用域に関しては，くだけた言い方で，英国語法でも米国語法でも書き言葉より話し言葉での使用が圧倒的に多い．

［以上，Haselow, p. 3604; Carter & McCarthy, p. 48; Leech et al., p. 46; Swan[3], p. 141; Biber et al., pp. 562, 886; Leech & Svartvik[2], p. 178; Hansen 1998b, p. 237; Todd, p. 35; Ferrara; Schourup & Waida, pp. 34–50; Thomson & Martinet[4], p. 288; Quirk et al., p. 636］

マッピング

用法 1　[文頭・しばしば and と共に] さらに，そのうえ；どっちみち，どうせ（先行発話への付加・正当化）

2　[文頭] それはそうと，とにかく（本題の導入・回帰・終結）

3　[文尾] 少なくとも，正確に言うと（先行発話の制限・修正）

4　[文尾・しばしば but と共に]（それでも）とにかく，いずれにせよ（譲歩）

5　[文尾・wh 疑問文で] そもそも，いったい（真意を問う）

(So) anyway の単独用法　⇒　解説 6

会話の終結　⇒　解説 12

命令文での使用　⇒　解説 19

共起する他の談話標識　⇒　解説 1, 4, 6, 8, 9, 10, 11, 16, 17

関連事項①　anyhow の用法

②　anyways の用法

③　関連表現　(i) in any case　(ii) in any event　(iii) at any rate　(iv) at least

④　日英語比較　anyway と「とにかく」「それはそうと」「いずれにしても」など

各用法の解説

【用法 1】

形式：**《文頭》(*And*) *anyway*(,) S V (O).**

意味：さらに[そのうえ] S が (O を) V する；どっちみち[どうせ] S が (O を) V する.

解説：先行発話の内容を付加的に説明したり，主張を一歩進めて正当化・明確化し，強化する合図として用いられる.

【用　例】

“I can’t go now; I’m too busy. *Anyway*, my passport’s out of date.” —Thomson & Martinet[4]「今は行けないよ．忙しすぎる．どっちみち，パスポートが切れてるしね」/ “Yes, and so I thought, ‘Well, I’ll be late for the dentist if I stop and see to it now *and anyway*, the car does seem to be running all right, so . . .’” —Tyler, *Tourist*「そうよ．それで思ったのよ，『今止まってそれ (オイルランプ) を調べていたら歯医者に遅れるし，それに実際車はちゃんと走り続けてくれそうだし．

だから……』なんてね」(理由の付加) / “The thing of it is eating out in restaurants is so artificial. It doesn’t seem like real food. *And anyway*, they all three have different tastes.” —Tyler, *Tourist*「問題は，レストランで外食するのはとても人工的だということだ．本物の食べ物って気がしない．そのうえ，何と言っても子どもたちは3人とも好みが違うしね」(主張の強化)

【解説 1：and との共起】 この意では，and と共起することが多い：I don’t understand politics, *and anyway* I’m not really interested. —*MED*[2] 政治は分からないし，それにそもそもあまり興味がない．

anyway 以下では，特にあきらめや負け惜しみを込めた個人的な見解が添えられることが多く，しばしばその陳述で話題を打ち切ろうとする話し手の意図が示される．

【用法 2】
形式：**《文頭》*Anyway*, S V (O).**
意味：それはそうと［それはさておき，ところで］S が (O を) V する；とにかく［いずれにしても］S が (O を) V する．
解説：話し手の主たる関心事を導入したり，それていた話題を本題に戻すことを合図するのに用いられる．さらに，話題の終結，会話全体の終結を合図することもある．

【用　例】
“*Anyway*,” said Bob, changing the subject, “please do it right next time.” —*NTC’s AELD*「それはそうと，今度はちゃんとしてください」とボブは話題を変えて言った / “We’ve arranged hotel accommodation at a place called the Tropic Motel. Sounds divine. *Anyway*, good luck!” —Cook, *Outbreak*「トロピックモーテルというホテルに予約してあります．素晴らしく良い所のようです．とにかく，うまくいきますように！」(会話の終結) / “So *anyway*,” she said. “this is what I wanted to tell you: I’m having John Albright send you a letter.” —Tyler, *Tourist*「それでとにかく，私があなたに言いたかったのはこのことよ．今，(弁護士の) ジョン・オルブライトにあなたへの手紙を送ってもらうよう手はずを整えているところなの」と言った〔so との共起に注意〕(要約) / Katherine: They’re letting me go a week from today. Tess: A week from today? Isn’t that a little faster than you thought? Katherine: Well, the doctor says I’ve got great bones. [...] *Anyway*, I need you to summarize the Baron Oil prospectus. —*Girl*［映］キャサリン：今日か

ら 1 週間で退院するわ．テス：今日から 1 週間ですって？ 思っておられたよりも少し早いんじゃないですか？ キャサリン：ええ，医者が私の骨は素晴らしいと言うのよ．[…] ところで，バロン石油の計画説明書をまとめておいてほしいんだけど (本題の切り出し)．

【解説 2：本題の導入】 anyway によって，通例話し手が念頭に置いていた関心事が導入される［Carter & McCarthy, pp. 49, 215, 220; Parrott, p. 309; Schourup & Waida, pp. 44–45］：“I have an emergency situation, Matt. I have to leave for a few days.” “Are you okay, Jeff?” “Yes. It’s Rachel.” “Your ex?” Jeff nodded. “She just learned she has cancer.” “I’m sorry.” “*Anyway*, she needs a little moral support. I want to fly to Florida this afternoon.” —Sheldon, *Sky*「緊急事態なんです，マット (社長)．2, 3 日休みをください」「大丈夫か，ジェフ？」「ええ，私は．レイチェルのことなんです」「前の奥さんの？」ジェフはうなずいた．「癌だって分かったんです」「それは気の毒に」「ともかく，精神的な支えが必要なんです．今日の午後，フロリダへ飛びたいと思っています」

【解説 3：談話の軌道修正】 本題から脱線した談話の流れを取り戻す場合に，次の 2 つの談話構造が見られる：(i) 話し手自身が横道にそれて自分で軌道修正する場合：Lady Trentham: It’s a miracle anyone ever gets burgled at all. Oh, it’s glacial here. Get my fur, will you? *Anyway*, it wasn’t in the silvery pantry. It’s been missing since yesterday. Obviously William had it. —*Park*［映］トレンサム伯爵夫人：強盗に入られるとは奇跡だわ．あら，ここは冷えるわね．毛皮を取ってちょうだい．とにかく，それ (ナイフ) は銀の食器室にはなかったのよ．昨日からなくなってたの．きっとウィリアムが持ってたんだわ．(ii) 聞き手の反応や質問によって談話の流れがいったん止められ，話し手がそれに応えた後に話を再開する場合：“It feels tight, real tight. And it hurts a little. Maybe it’s something organic.” “Something *what*? ” “Organic. Physical. *Anyway*, something is wrong with me. Maybe I can go see a doctor tomorrow.” —Wallace, *Bed*「締め付けられる感じがするんだ，本当にきつい感じがする．少し痛みもあるしね．たぶん何か器質的なことだと思う」「何か，何ですって？」「器質的なと言ったんだ．身体的な問題だ．とにかく，どこか具合が悪いんだ．明日医者に行こうと思う」［cf. Ferrara, pp. 359–64］．

【解説 4：so, in the end との共起】 話し手が最も伝えたい重要な事柄を述べることから，結論を示す so や in the end などと共起可能［Biber et al., p. 1074］：*Anyway, in the end* we just agreed to stop seeing each other. —*CDAE*　とにかく，

最終的にお互い会うのをやめようということになった．so と in the end の詳細は (⇒ so)．

【解説 5：要点の陳述】 次例では，the point is that (大切なのは [要するに] ……だ) と共起していることに注意：KATHERINE: It's an outline of your idea for a Trask radio acquisition. TESS: Oh? KATEHRINE: I was planning to send it over to Jack Trainer to have a look. […] *Anyway*, *the point is*, Tess, that I'm still trying to get you heard. —*Girl* [映] キャサリン：これはトラスク社のラジオ局買収に関するあなたの意見の概要よ．テス：あら？ キャサリン：ジャック・トレーナーに送って見てもらうつもりだったの．[…] ともかく重要なのは，テス，今も私があなたの意見を尊重しようとしているということよ．

【解説 6：So anyway の単独用法】 結論の前置き表現として，So anyway. の形で単独で用いられることがある："Shouldn't we be letting him up now?" "Up? Oh, the dog. In a minute," she said. "So *anyway*. The reason it's so fizzy is, I got this thing called a body perm." —Tyler, *Tourist* (彼女は自分の髪形について話していたが，犬の話題にそれて)「もう彼 (犬) を立たせてやるべきじゃないか？」「立たせる？ ああ，犬のことね．もう少ししたら．で，とにかく．毛がこんなに縮れてるのは，ボディ・パーマというのをしたからなのよ」と彼女は言った (⇒ so【解説 21】)．

【解説 7：聞き手への指示】 話し手が最も伝えたいことを述べることから，しばしば聞き手の行動を促す内容が anyway に後続する："Thanks. It's too early." "It's never too early. *Anyway*, you ought to try this stuff." —Capote, *Work* (マリファナを一服勧められて)「ありがとう．でもまだ午前中だよ」「そんなことないわ．とにかく，試してみてよ」

【解説 8：well との共起】 話題の転換や再導入の合図となる well と共起可能：KATHERINE: I'm reading page six of the Post, and there's this item on Bobby Stein, the radio talk show guy who does all those gross jokes about Ethiopia and the Betty Ford Center. *Well*, *anyway*, he's hosting this charity auction that night . . . real blue bloods. —*Girl* [映] キャサリン：ポスト紙の 6 ページ，ボビー・スタインの例の記事を読んでるところです．ラジオのトークショーの司会者で，エチオピアとベティ・フォード・センターのつまらないジョークを言う男です．で，とにかく，彼はその夜，チャリティ・オークションの司会をしていました……上流社会の人たちの．well の詳細は (⇒ WELL)．

【解説 9：now との共起】 話題を転換して聞き手の注意を喚起する now と共起可能：MRS. HARRIS: Yes, we're not exactly famous for compassion, Miss Shirley, especially among ourselves. *Now*, *anyway*, they're all waiting for me to die so they can get their hands on the money." —*Sequels*［映］ハリス夫人：ええ，私たちは同情心に厚いことで知られているわけではないんですよ，シャーリー先生，特に身内では．まあ，とにかく，彼らはお金を手に入れたくて私が死ぬのを待ってるんです．now の詳細は (⇒ NOW)．

【解説 10：but との共起】 話題転換の合図となる but と共起可能：KELLY: I could come with you. I could be a research assistant like I was in Austin. IAN: This is nothing like Austin. Uh, *but*, *anyway*, you got your own stuff. You got your, your, a gymnastics competition. —*Lost*［映］ケリー：一緒に行ってもいいわ．オースティンにいた時みたいに，調査アシスタントができるわ．イアン：オースティンの時とは状況が違うよ．えー，でも，いずれにしても，自分の仕事があるだろ．君の，ほら，体操の大会だよ．but の詳細は (⇒ BUT【解説 16】)．

【解説 11：okay との共起】 新たな発言をする前に用いる okay と共起可能：BASSETT: Look at this thing. When they glued this together, they were still fighting World War One. *Okay*, *anyway*. Here's the North Tube, South Tube, river, the riverbed. —*Daylight*［映］バセット：これ (模型) を見てくれ．これを組み立てた頃は，まだ第一次世界大戦で戦っていた．いいかい，ともかく．北トンネル，南トンネル，川，川底だ．okay の詳細は (⇒ OKAY)．

【解説 12：会話の終結】 会話を終了させたいという意図が anyway で示される．anyway を用いるのは，当該の話題を話し始めた話し手であることが多く，話し手自身が会話の主導権を握る［Parrott, p. 309; Lenk 1998b, p. 248; Eastwood, p. 277; Park, p. 3297］："Do you have brothers and sisters?" "No," he says. "No, I don't." She makes a face. "You're lucky. *Anyway*, thanks for the Coke. And thanks for walking me." —Guest, *People*「兄弟はいるの？」「いや，いない」と彼は答える．彼女はしかめっ面をする．「その方が幸せね．とにかく，コーラありがとう．それから送ってくれてありがとう」/ "Would you let me know if you got something more definite?" "Delighted. *Anyway*, see you Thursday." —Amiss, *Girl*「何かもっとはっきりしたことが分かったら私に教えてもらえますか」「喜んで．では，木曜日に会いましょう」(⇒ 用例第 2 例，【解説 13】)

また，AAAnyway . . . のように，最初のシラブルを長く発音し，しばしば anyway の後に休止が置かれ，anyway 単独で話題の終結や会話全体の終結が合図される［Schourup & Waida, pp. 37–38］.

ただし，次の例では，anyway で会話を終えようとする話し手に対して，聞き手がその anyway を引き取り，さらに会話が継続していることに注意："I'm on the way to Los Angels to take the MAT, which goes with my application. *Anyway*—" "*Anyway*, where does that leave me, Gayle?" Brandon insisted. —Wallace, *Bed*「暗算試験を受けにロサンゼルスに行くところなのよ．応募書類につけなくちゃいけないのよ．それじゃ——」「それじゃ，それで僕はどこに置き去りにされるんだい，ゲイル？」とブラドンは迫った．

【解説 13：謝辞との共起】 会話を終了する際，謝辞を表す表現に添えられ，文尾で用いられることも多い：JULIE: You don't know what you're missing. MITCH: Thanks *anyway*. —*Firm*［映］（立ち上がって出て行こうとしている相手を見て）ジュリー：あなたは失いかけているものが何か分かってないのよ．ミッチ：とにかく，ありがとう（⇒【解説 12】）．

【解説 14：wh 疑問文での使用】 話し手の関心事が疑問文で導入され，脱線した話を本題に戻すのに用いられる：ALICE: And where did you disappear to with them for so long? BILL: Mmmm. Wait. I didn't disappear with anybody. Ziegler wasn't feeling too well and I got called upstairs to see him. *Anyway*, who was the guy you were dancing with? —*Eyes*［映］アリス：で，彼女たちとあんなに長い間どこへ消えていたの？ ビル：むむ．ちょっと待て．僕は誰とも消えてない．ジーグラーが具合が悪かったんで上で診察してくれと呼ばれたんだ．それはそうと，君が踊っていた奴は誰なんだ？（⇒用法 5）

【用法 3】
形式：**《文尾》S V（O）(,) *anyway*.**
意味：少なくとも［正確に言うと］S が（O を）V する．
解説：先行発話の内容を修正・訂正する情報を付加する．語句レベルの修正をする際にも用いられる．

【用　例】
She works in a bank. She did when I last saw her, *anyway*. —*OALD*[8] 彼女は銀行で働いている．私がこの前会った時には，少なくともそうだった / Mary Ann doesn't want to have children. Not right now, *anyway*. —*COB*[5] メアリ・アンは子どもを欲しがっていない．少なくとも今のところはそうではない / "From now

on, it's the big time for you, John Packer . . ." He paused. ". . . for a while, *any-way*," he added. —Freemantle, *Clap*「これから大仕事になるぞ，ジョン・パッカー……」彼は言葉を切って，「少なくとも，しばらくの間はな」と付け足した（時間的限定）/ "We can sort of run away. In our minds, *anyway*." —Minahan, *Mask*「僕たちは逃げ出せる感じだよ．少なくとも心の中ではね」（範囲の限定）/ She took her hairbrush from her purse and began brushing vigorously. Stimulated her brain — well, felt good, *anyway*. —Lottman, *Morning* 彼女はブラシをバッグから取り出し手荒に髪をとかし始めた．そうすることで脳に刺激を与えた．いや，そうまでいかなくとも，気持ちはよかった〔well との共起に注意〕（程度の限定）/ "If you were going by appearances and if you were up against the two of them, you would take Kenan out first. Or try to, *anyway*." —Block, *Walk*「君がもし容姿で選ぶとして，2 人に向かい合ったら，まずキーナンを選ぶだろうね．そうしようとするよ，少なくともね」〔or との共起に注意〕（程度の限定）

【解説 15：控えめな表現の導入】　今述べたことに別の意見や情報を付加する場合に用いられるが，通例，先述の内容より控えめに制限した内容が添えられる．次の前者の例では，脅迫めいた陳述を和らげる表現と共起し，後者の例では，客観的な事実描写を一般的な意見として提示している［*COB*(*U*)², p. 35］：If this doesn't work, I'll find a gun and shoot myself. I'm serious. That's what feel like doing, *anyway*. —*COB*(*U*)² これがうまくいかなかったら，銃を見つけて自殺するよ．本気なんだ．とにかく，そう思ってる / It was a quiet place, Portland Close. That was the general consensus, *anyway*. —Carter & McCarthy 静かな場所だったよ，ポートランド・クローズは．少なくともそれは一致した意見であった．

【用法 4】
形式：**《文尾》**（***But***）**S V**（**O**）***anyway.***
意味：（それでも）とにかく［いずれにせよ，どうせ］S が（O を）V する．
解説：先述の事柄にも関わらず，anyway を含む発話で述べられる事柄が予想に反して真実であることを示したり，先述の内容の一部は容認することを合図したりする．

【用　例】
"I don't need to see anybody. I feel fine." "I want you to call him *anyway*," he says. "Call him today." —Guest, *People*「診てもらう必要はないよ．元気なんだから」「とにかく彼（あの医者）に電話してほしいんだ．今日，電話してくれ」と彼は

言う（反駁）/ ANNE: Well, apparently there's a position she has recommended me for at a Ladies College in Kingsport. DIANA: How flattering! But you wouldn't actually leave, would you? ANNE: No. *But* I ought to reply *anyway*. —*Sequels*［映］アン：そうなの，キングスポートの女子大学の職に私を推薦してくださったようなの．ダイアナ：とっても光栄な話ね！ でも，実際には行かないんでしょう？ アン：ええ．でもとにかく，返事はしなくちゃね（自分への言い聞かせ）/ "Can I take the Fifth Amendment?" "No." "Why not? It applies to kids, doesn't it?" "Yes, but not in this situation. . . ." "Then why did you put me in jail?" "I'm going to send you back there if you don't answer my questions." "I take the Fifth Amendment *anyway*." —Grisham, *Client*「憲法修正第5条（黙秘権）を行使できませんか？」「だめだ」「なぜだめなんですか．子どもにも適用されるのでしょう？」「その通りだが，この状況ではだめだ……．」「それなら，なぜあなたは僕を牢屋に入れたのですか？」「質問に答えないなら，君を牢屋に送り返すぞ」「それでもとにかく，憲法第5条を行使します」（主張の固執）

【解説 16：but との共起】 しばしば文頭で対比を示す but が用いられる：*The Late Movie* was on, an oldie that Raymond didn't recognize, *but* he watched *anyway*. —Fleischer, *Man*『深夜映画劇場』が放映されていた．レイモンドには分からない昔懐かしい映画だ．でもとにかく，彼は見ていた．but の詳細は（⇒ BUT）．

【解説 17：but を伴う文頭の用法】 but を伴い anyway を文頭で用いることも可能：Eight bucks a ticket, for what Luther knew would be another dull two hours of overpaid clowns giggling their way through a subliterate plot. *But anyway*, Nora loved the movies and he tagged along to keep peace. —Grisham, *Christmas*（映画の）チケット1枚8ドル．ルーサー（夫）にとっては，ギャラをもらい過ぎの道化役者たちがろくでもない筋書きに沿ってケラケラ笑いまくっているだけもので，さらに2時間退屈な時間を過ごすことになると分かっていた．しかしとにかく，（妻の）ノーラは映画が大好きなので家庭円満のためくっついて行った．

【解説 18：but や nevertheless の代用】 anyway は but や nevertheless の代わりに用いられるが，単に逆接的な内容を提示する場合にはあまり使わないほうがよいとする意見もある［キーティング, p. 128］：The dinner was too small; *anyway*, we had a good time. / The dinner was too small, *but* we had a good time. 夕食は少なすぎたが，楽しいときを過ごした．

【解説 19：命令文での使用】 命令文で用いられる場合，先行文脈で相手の気乗りしない態度が示され，そういった事情に関わらず相手に行動を促すことが多い：“You’re leaving me here alone?” “This is high-speed travel, Muriel. Not fun. I’m waking up at crack of dawn.” “Take me *anyway*.” —Tyler, *Tourist*「私をここに 1 人残して行くつもりなの？」「今度は特急の旅なんだよ，ミュリエル．遊びじゃない．夜明けには起きるんだよ」「何でもいいから連れてって」

【解説 20：陳述の強化と相手への配慮】 自らの発話に予想に反した対比的な内容を添え，陳述を強化する際に用いられる：He walked back to the cruiser and was on the radio for a long time. I didn’t mind waiting. I was waiting *anyway*. —Parker, *Honor* 彼はパトカーに戻って，長い間無線で話をしていた．私は待つことは気にならなかった．どのみち待っていたのだから．

また，次の例のように，相手の謝罪や気遣いを受け流し，丁寧に会話を進めることもある：ZIEGLER: Bill, I appreciate you coming. BILL: Sure. ZIEGLER: Sorry to drag you out here tonight. Let me have your coat. BILL: No, no. You know, I was out *anyway*. Thank you. —*Eyes*［映］ジーグラー：ビル，来てくれてありがとう．ビル：どういたしまして．ジーグラー：今夜はこんな所にまで君を引っ張り出して，すまない．コートを預かるよ．ビル：全然，構わないですよ．だって，どうせ外出していたのですから．ありがとうございます〔相手に同調を求める you know との共起にも注意〕(相手への気遣い)．

【解説 21：状況への反応】 対比する内容は，通例先行文脈で明示されるが，状況からその内容が示唆されることもある：[EVA has just ruined a chocolate cake by over cooking it.] Well, chocolate isn’t my favorite *anyway*. —Schourup & Waida (エバが焼きすぎてチョコレートケーキを台無しにしてしまって) でも，どっちみちチョコレートは私の好みではないので (たいしたことはないわ)．

次の例では，問いかけても無駄だと知りながら，Einstein という犬に問いかけていることに注意：“Hiya, Einstein,” Marty said *anyway*. “Where’s the Doc? Where’s the Doc, boy?” —Gipe, *Future*「やあ，アインシュタイン」とマーティはとにかく口に出した．「ドックはどこだい？ ねえ，どこにいるの？」

【用法 5】
形式：**《文尾》V S (O) (,) *anyway?***
意味：そもそも［だいたい，いったい］S が (O を) V するのか？
解説：wh 疑問文で用いて，何かに関する本当の理由を尋ねて，真実を知りたいという話し手の気持ちを強調する．

【用　例】
What did you come here for *anyway?* —*MED*[2] そもそも，なぜここに来たんだい / ABBY: Why? MITCH: Wh . . . Why? Whose side are you on, *anyway*? —*Firm*［映］アビイ：どうしてなの？ ミッチ：ど，どうしてって．いったい君はどっちの味方なんだい？（質問の前提を尋ねる）/ “Everybody says so.” “I’m more myself than I’ve been my whole life long.” Macon told him. “What kind of remark is that? It doesn’t even make sense!” “And who is ‘everybody’, *anyway*?” —Tyler, *Tourist*「皆そう言ってる」「今までの人生で今の自分が一番自分らしいよ」とメイコンは彼に言った.「どういうことだ？ 馬鹿馬鹿しいったらありゃしない！」「それに，皆ってそもそも誰のことなんだい？」（詳細な質問）

【解説 22：wh 疑問文での使用】 コンマなしで，あるいはコンマを伴い，wh 疑問文の文尾で用いられる．wh 疑問文によって相手の言葉をさえぎり，話し手がふたたび会話の主導権を取って，主たる関心事に戻る場合に用いられ，しばしば話し手の苛立ちや挑戦的な態度が示される：“What do you know about plants, *anyway*! Dad!” —Kleinbaum, *Pains*「いったい植物について何を知っているというのよ！ お父さん！」（⇒【解説 14】）

【解説 23：談話の冒頭での使用】 anyway は，通例先行文脈を必要とし，談話の冒頭で用いられるのは不自然であるが，先行文脈に相当するものが話し手の頭にある場合は可能になる．次の例では，話し手の意識の中では，自分の居所を上司が知っているはずがないという想定があることに注意：（思いがけず上司が訪ねて来たのに驚いて）“How’d you find me, *anyway?*” —Tyler, *Tourist*「いったい，どうやって僕を見つけたんですか？」

関連事項

① **anyhow の用法**　基本的には，anyway と同義的に用いられるが，修正・訂正を合図する用法ではあまり用いられない．1740 年には「（何であろうと，どんなに不完全であろうと）何としても」の意の副詞として用いられた．1825 年までには「いずれにしても，既に述べられたことが何であろうと；少なくとも」の意の談話標識としての用法が現れた［Ferrara, p. 370; 寺澤; *SOED*[5]］.

(i)「さらに（そのうえ），とにかく」の意で通例文頭で用いられ，先述の内容を説明・強化する情報を付加する．しばしば and と共起する：Mother certainly won’t let him stay with her *and anyhow* he wouldn’t. —*COB*[5] 母親はもちろん彼を彼女のところに泊まらせようとはしないだろうし，またさらに，彼もそうしようとはしないだろう．

(ii)「とにかく，いずれにせよ」の意で譲歩を表す．しばしば対比を示す but が文頭で，anyhow は通例文尾で用いられる．くだけた言い方 [Carter & McCarthy, p. 259; Quirk et al., p. 636]：I wasn't qualified to apply for the job really *but* I got it *anyhow*. —*COB*[5] 私は本当はその仕事に応募する資格はなかったが，どうにか仕事を得た / He explained that translating the inscriptions wouldn't be easy, even for someone like himself, who was knowledgeable of the period and languages. "Why don't you try, *anyhow*?" Donovan said in his most persuasive voice. —MacGregor, *Indiana* 自分のようにこの時代と言語をよく知っている者にとっても，その碑文の翻訳は容易ではないと彼は説明した．「ともかく，やってみませんか？」とドノバンは説得力ある口調で言った．

(iii)「(さて) とにかく，ところで」の意で通例文頭で用いられ，話題を転換し，本題に戻る合図となる："*Anyhow*, let's get back to the point," said the professor. —*NTC's AELD*「さてとにかく，要点に戻りましょう」と教授は言った / "Now that waists are back in, I can't afford even an olive." Toni was a size six. "*Anyhow*, the article is about the great looks of the last fifty years and the designers behind them." —Clark, *Pretty*「ウェストの流行が戻って (また細くなったから)，オリーブ 1 個すら食べられないのよ」 そう言うトニーのサイズは 6 号だった．「とにかく，その記事は過去 50 年間の流行の型とそれを作ったデザイナーについてなのよ」

(iv) 疑問文の文尾で用いられ，「そもそも，いったい」の意で現状やあることに関する本当の理由を尋ねる場合に用いられる：Indy glanced over his shoulder and saw they had drifted closer to the propellers. "Who are you, and what do you want *anyhow*?" —MacGregor, *Indiana* インディが肩越しに振り返ると，彼らは (ボートの) スクリューのすぐそばまで来ていた．「お前らは誰だ．いったい何が望みなんだ？」

(v) 共起する談話標識：基本的には anyway と同様である："Then a couple of years ago I saw this ad in the paper. [...] Don't you just hate that name? Reminds me of dog-do. *But anyhow*, I answered the ad." —Tyler, *Tourist*「それで 2 年前，新聞でその (犬の訓練をする会社の) 広告を見たの．[...] 嫌な (会社の) 名前だと思わない？ 犬のウンチを思い出させるような．でもどういうわけか，その広告に応募したのよ」/ "Don't you curse at me, Macon Leary!" They paused. Macon said, "Well." Sarah said, "*Well*, *anyhow*." "So I guess you'll come by while I'm gone," he said. —Tyler, *Tourist*「怒鳴りつけないでよ，メイコン・レアリー！」 2 人は黙った．「それじゃ」とメイコンは言った．「とりあえず，それじゃ」とサラは言った．「じゃあ，君は僕が留守の時に，家に寄るってことだね」と彼は言った．

② **anywaysの用法** 属格の -s を保持した形で，主に米国語法でくだけた言い方となる：“*Anyways*,” Sam said, turning once again to the rabbit ears, “pedestrians got no right to be fooling around in the middle of the street.” —Gipe, *Future*「とにかく，歩行者には通りの真ん中でふざけまわる権利はないんだよ」と言って，サムは再びテレビの室内アンテナを調整しだした．

現在は主に米国南部・南中部方言であるとされるが，*WDEU* は英国の方言でも用いられるとする．いずれにしても，非標準的用法であるので，話し言葉でも書き言葉で好ましくないとされ，避けたほうがよい［以上，Davidson, p. 78; Ferrara, p. 368; Howard 1997, p. 28; Todd, p. 35; Wilson, p. 34; Todd & Hancock, p. 51］.

③ **関連表現** (i) in any case：文頭・文尾で用いられ，any に強勢が置かれる．

（ア）「いずれにせよ，とにかく」の意で譲歩を表し，しばしば but と共起する［Leech & Svartvik[2], p. 111; Quirk et al., p. 636］：There’s no point complaining now — we’re leaving tomorrow *in any case*. —*OALD*[7] 今，文句を言っても無駄だ．いずれにせよ，明日出発するのだ / The cost may be lower than we first thought, but *in any case* it will still be quite substantial. —*LDELC*[3] コストは私たちが最初考えていたより低いかもしれないが，いずれにせよまだかなり高額だろう / TONY: And what if the firm should desire at some point to terminate your employment? MITCH: Whatever I know, wherever I go, I am bound by the attorney-client privilege. [...] *In any case*, I need your written authorization, so I can release your bills, like every other client has given. —*Firm*［映］トニー：で，万一ある時点で事務所が君を解雇したいと望んだらどうなんだ？ ミッチ：私が知っていることが何であれ，私がどこへ行こうと，私は弁護士依頼者間の秘匿特権に縛られてます．[…] いずれにせよ，他の依頼人全員に書いてもらったように，あなたの請求書を放棄できるようにあなたからの委任状が必要なのです．

（イ）「いずれにせよ，さらに」の意で，先述の内容を支持・明確化する情報を付加する．通例その情報は重要で決定的な事実がくる．しばしば and と共起する［Leech & Svartvik[2], p. 178; Swan[3], p. 154; *COB*[5]］：I don’t want to go *and in any case*, I haven’t been invited. —*CALD* 私は行きたくないし，いずれにせよ招待されていない / Nobody saw her on the train. *In any case*, she probably didn’t have enough money for a ticket. —*MED*[2] 誰も列車で彼女を見かけなかった．いずれにせよ，切符を買うだけのお金を持っていなかったのだろう．

(ii) in any event：「結果はどうであれ，とにかく」の意で，他の状況があるにもかかわらず，あることが真実である，将来起こるということを強調したり示したりする．堅い言い方で，しばしば but と共起する．音調に関しては，any に強勢が置かれる［Ball, p. 58; Quirk et al., p. 636］：The main witness was probably lying, *but in any event* the prosecution's case was very weak. —*MED*[2] 有力な証人はおそらく嘘をついていたがとにかく，検察の主張は非常に弱かった．

(iii) at any rate：話し言葉でくだけた言い方．Ferrara (p. 368) は，わずかに形式ばった感じであるとする．音調に関しては，any に強勢が置かれる［Quirk et al., p. 636; *MED*[2]; *LDEI*］．

(ア)「いずれにせよ，とにかく」の意で，先行談話から逸脱した後本題に戻り，これから述べる事柄が重要であることを示す［Swan[3], p. 141］：Well, *at any rate*, the next meeting will be on Wednesday. —*LAAD* ええ，とにかく，次の会議は水曜です．

(イ)「少なくとも，いずれにせよ」の意で，先行発話の内容を訂正し，より正確に述べる［*OALD*[7]; *COB*[5]］：I don't think they liked my idea. *At any rate*, they weren't very enthusiastic about it. —*CALD* 彼らがこのアイディアを気に入っていたとは思わない．少なくとも，そんなに熱心ではなかったので．

(ウ)「いずれにせよ，とにかく」の意で，過去に起こったことやこれから起こるかもしれないことにもかかわらず，ある事柄が真実であることを示す［*LDEI*］：I may be away on business next week but *at any rate* I'll be back by Friday. —*OALD*[7] 来週は仕事でいないかもしれないけれど，いずれにせよ金曜までには戻ってくるつもりだ．

(iv) at least：詳細は (⇒ AT LEAST 用法 1，【関連事項① (i)】)．

④ **日英語比較**　日本語で，談話の流れを断ち切って談話の境界を示すという anyway の基本的な連結機能と同じ機能を持つのが，話題の転換を示す「それはそう［とにかく，ともかく］として」と，最終的な結論を示す「とにかく［ともかく］，いずれにしても［せよ］」である．前者は話題 A を一段落させ方向を転換して話題 B へと展開させる．「それ (あなたの考え) はもっともなこととして認めるが，別の見方をすれば話題 B も可能である」というニュアンスがある．会話では相手の話を打ち切って本題を提示したり，結論を述べる形で議論を打ち切る場合に用いられる．anyway と同様に，「それ」は直前の発話ばかりでなく，それまでの話の流れ全体を指す場合もある．後者は，先行発話で示された見解に決着をつけ，結論を示す合図となる．ただ，「とにかく［ともかく］」には，十分な思考や説明を経ずに結論を急ぐニュアンスがあり，先行発話と後続発話の関係を論理的に述べるわけではなく，分析的な判断を放棄するので，特に論文などの堅い書き言葉での使用には注意が

必要である．anywayがもっぱら話し言葉で用いられるのと同様の現象である．後続発話に命令文や意思表明文が用いられる場合は，後続発話で結論を述べて相手に有無を言わせない一方的な主張を表し，話し手の語気の強さが感じられる．

「いずれにしても［せよ］」は2つ以上の条件やものなどのどれを選んでも同じ結論に至ると判断できることを表し，本来は論理的な表現であるが，最近では「とにかく」に近い用いられ方をすることがある［以上，石黒, pp. 140, 149–51; 泉原, pp. 138–39; 柴田 & 山田, p. 246; 川越, pp. 134–39; 磯貝 & 室山, p. 315］(⇒ AT LEAST【関連事項① (i)】). （松尾）

besides

概　説

この語は元来，by the sideの意で場所を表す副詞として用いられていたが，場所的な意味から発展し，ある事柄が他の事柄の「近くにある」，すなわち関連があることを表し，さらにある発話が他の発話と「近い」関連を持つことを合図するようになり，しだいに談話標識としての機能を発展させ，文頭で用いられるようになった．

談話標識としては，通例コンマを伴い文頭で接続詞的に「そのうえ，さらに」の意で，既に述べたことを詳述する情報を導入したり，ある結論を支持するための理由を付加したりする際に用いられる．しばしば相手を説得したり，忠告を与えたりする際にも用いられる (⇒【解説1】)．また，「いずれにしても」の意で，結論となるような事実や論点を強化する用法もある (⇒【解説2】)．

言語使用域に関しては，主に話し言葉で用いられ，くだけた言い方．堅い言い方では，moreoverの方が好まれる (⇒【関連事項 (i)】)．

［以上，Parrott, p. 304; Fowler-Burchfield, p. 104; Thomson & Martinet[4], p. 288; *WDEU*］

マッピング

用法　［文頭］そのうえ，さらに（先行発話の強化情報）

共起する他の談話標識　⇒　解説3

関連事項　関連表現　(i) moreover　(ii) furthermore　(iii) further　(iv) in addition　(v) what's more　(vi) also　(vii) on top of that

各用法の解説

【用法】
形式：**《文頭》*Besides*(,) S V (O).**
意味：そのうえ［さらに；いずれにしても］S が (O を) V する．
解説：既に述べたことを詳述する情報やある結論を支持する理由を述べたり，結論となる事実や論点を強化したりする際に用いられる．

【用　例】
I've heard it's not a very good movie. *Besides*, I'd rather stay home tonight. —*LAAD* その映画はあまり良くないらしい．それに，今夜は家にいたいし / "But if I agree to publish an idea like this, I'll have people picketing outside my office for months. *Besides*, it will kill your reputations." —Brown, *Code*「でももしこんな本を出版したら，何カ月も会社の外にピケを張られてしまうよ．そのうえ，君の評判もがた落ちだ」(説得的な意見の導入) / "Can we get you something to eat or drink?" Marissa shook her head, thanking him for his hospitality. "I ate on the plane." She explained, "*Besides*, I'd like to get directly to business." —Cook, *Outbreak*「何か食べ物か飲み物をお持ちしましょうか」マリッサは彼の好意をありがたく思いながらも，首を横に振った．「飛行機で食べたわ．それに，すぐに仕事に取り掛かりたいの」と説明した (自らの行為の説明の補足) / "Is it possible that the key you're holding unlocks the hiding place of the Holy Grail?" Langdon's laugh sounded forced, even to him. "I really can't imagine. *Besides*, the Grail is believed to be hidden in the United Kingdom somewhere, not France." —Brown, *Code*「あなたが持っている鍵が，聖杯の隠し場所の鍵だということはないかしら？」ラングドンは自分でも不自然に聞こえる笑い方をした．「とてもそうは思えないよ．いずれにしても，聖杯はフランスではなくイギリスのどこかに隠されていると信じられているんだ」(結論の導入)

【解説 1：重要な情報の導入】 既に述べたことを詳述したり，重要だと思われる情報を導入したりする．相手にアドバイスを与える際や，議論して説得する際にしばしば用いられる．導入される情報は結論を支持するための理由であることが多く，付加される理由は，通例先述したことよりも強いものである［Carter & McCarthy, p. 257; Parrott, p. 304; Turton, p. 82; Eastwood, p. 324］: Sonya says she couldn't get here through all the snow. *Besides*, her car's broken down. —*Activator*[2] ソニアはこの雪でここに来られなかったと言っている．そのうえ，車も壊れているんだ / MARCUS: They've nothing to do with me. MARK:

Yes, they do. We never used to have any trouble with them before we started hanging around with you. Now we get it every single day. *Besides*, everyone thinks you're weird. —*Boy* [映] マーカス：(サッカーボールがなくなったことで) あいつらは僕とは無関係だよ. マーク：いや, あるよ. (転校してきた) 君と付き合う前は, あいつらとトラブルを起こしたりはしなかった. 今は毎日何かある. それに, みんな君のこと変だと思ってる.

【解説 2：結論・論点の導入】 結論となるような事実や論点を付加する際に用いられる. この場合, in any case と交換可能 [Swan[3], p. 142]：What are you trying to get a job as a secretary for? You'd never manage to work eight hours a day. *Besides* / *In any case*, you can't type. —Swan[3] なぜあなたは秘書の仕事に就こうとしているのですか？ 1 日に 8 時間はとても働けないでしょう. いずれにしても, タイプもできない (⇒ 用例第 4 例).

次の例では, 疑問文が繰り返されて, 質問を付加している：JACKIE: I deliver money for him. NICOLET: No shit. You know how he makes his money? JACKIE: He sells guns. NICOLET: You ever see him sell a gun? JACKIE: No. NICOLET: How do you know he sells guns? JACKIE: He told me. *Besides*, why else would an ATF man be after him? —*Brown* [映] ジャッキー：私, 彼のお金の運び屋なのよ. ニコレット：参ったな. 金の出所も知ってるんだろ？ ジャッキー：銃の密売よ. ニコレット：実際に見たことは？ ジャッキー：ないわ. ニコレット：じゃあ, どうして銃を売ってると知ってるんだ？ ジャッキー：そう言ってたもの. いずれにしても, ATF が彼を追ってる訳が他にあるの？

【解説 3：and との共起】 and と共起して, 追加を強調する際に用いられる：I need some money. *And besides*, when I agree to do something, I do it. —*LD*[4] 私はお金が必要だ. さらにそのうえ, 何かをするのに賛成したら, 必ず実行する (⇒ AND【関連事項① (i)】). なお, but besides の形では, but で聞き手の注意を喚起したうえで, 情報を追加する [八木 & 井上, pp. 204–5].

【解説 4：文尾の besides】 文尾で用いられることもある：You interrupted me, and you're late *besides!* —*NTC's AELD* あなたは私の邪魔をした. そのうえ, 遅刻！(⇒【解説 5】)

【解説 5：副詞用法】 副詞としてコンマを伴わず文尾で用いられ,「その他に」の意で, 先述したことや物, 人以外に付加するものを示す際に用いられる. 通例, a lot [lots, much, plenty] more, others など「さらに多く, 他に」の意を表す語句が前に用いられる［Alexander 1994, p. 23; Thomson & Martinet[4], p. 101］: I'm capable of doing the work and *a lot more besides*. —*OTE*[2] 私はその仕事がこなせるし，もっとそれ以上のこともできる．

関連事項

関連表現（i）moreover:「そのうえ，さらに」の意で，通例コンマを伴い文頭で用いられ，先述の内容を支持したり強調したりする重要な情報を導入する場合に用いられる．堅い言い方で，通例話し言葉では用いられない．しばしばパラグラフの冒頭で用いられる: A man in a tuxedo. How much easier to identify could a suspect be? Even if Rémy changed clothes, he was partnered with an albino monk. Impossible to miss. *Moreover*, they had a hostage and could not take public transportation. —Brown, *Code* タキシード姿の男．容疑者を見つけるのにこれ以上に簡単なことがあるだろうか？ たとえレミーが着替えたとしても，色素欠乏症の修道僧と一緒にいる．見失うはずがない．そのうえ，彼らは人質を連れているから，公共の交通機関は使えない．

文中でも可能: It was a good car, and it was, *moreover*, a fair price they were asking for it. —*CIDE* それはいい車だし，さらに彼らの言い値も公正な価格だった．

堅い言い方でなければ，and, also, besides を用いるか，何も用いないほうが好ましい．

［以上，Carter & McCarthy, p. 290; Parrott, p. 304; Todd, p. 304; Eastwood, p. 324; Greenbaum & Whitcut, p. 457; Ball, pp. 80–81］．

（ii）furthermore:「なおさらそのうえに，さらに」の意で，先述の内容を支持する情報や意見を導入する．堅い言い方で，通例コンマを伴い文頭で用いる．しばしばパラグラフの冒頭で用いられる: When the Fibonacci sequence was melted into a single ten-digit number, it became virtually unrecognizable. Easy to remember, and yet seemingly random. A brilliant ten-digit code that Saunière would never forget. *Furthermore*, it perfectly explained why the scrambled numbers on the Louvre floor could be rearranged to form the famous progression. —Brown, *Code* フィボナッチ数列の数字が並んで 10 桁のひとつながりの数字になると，数列だと事実上認識できなかった．覚えやすいけれど一見したところでたらめだ．（殺害された）ソニエールが決して忘れないみごとな 10 桁の記号だ．さらに，（殺害場所である）ルーブル美術館の床に暗号化されていた数字を並べ替えると，有名な数列になる（重要な秘密口座の番号になる）その理由も完璧に説明できた．

moreover と同様に用いられるが，furthermore は 3 つ以上の情報を列挙した3番目か4番目のものに関して用いられる点が異なる.

[以上, Parrott, p. 304; Celce-Murcia & Larsen-Freeman[2], p. 533; Todd, p. 304; Eastwood, p. 324].

(iii) further: furthermore と同様「さらに」の意で, 先述の内容に強調したいことや主張したいことを付加する. 堅い言い方で, しばしば学術的な文で用いられ, 日常会話ではまれ. 通例コンマを伴い文頭で用いられる: Drake and Sweeney would immediately ask the Judge to require me to hand over the file. The Judge might very well make me do it, and that would be an admission of guilt. It could also cost me any license to practice law. *Further*, any evidence derived from anything in the stolen file could be excluded. —Grisham, *Lawyer* ドレイク & スウィーニー法律事務所は, 私に対するファイルの引き渡し要求を直ちに判事に願い出るだろう. 判事はおそらく私にそうさせるだろうが, そうすれば有罪だと認めてしまうことになる. そのうえ, 弁護士資格を失う可能性もある. さらに, 盗まれたファイルから導き出された証拠は全て, 排除される可能性だってある.

[以上, Carter & McCarthy, p. 290; Eastwood, p. 324].

(iv) in addition:「そのうえ, さらに; (……に) 加えて」の意で, 先述の内容に新たな情報や議論を付加する. 堅い言い方で, 通例コンマを伴い文頭で用いられる. しばしばパラグラフの冒頭で用いられる: She says keeping girls in school is good for a number of reasons. She says the results include healthier children and stronger families. *In addition*, educated mothers are more likely to educate their own children so the positive results extend into the future. —*VOA*, 7 Mar. 2007 彼女が言うには, 女児を学校に通わせることは多くの理由で良い事である. 結果として, 子どもたちはより健康になり, 家族もしっかりしたものになる. さらに, 教育を受けた母親は, 我が子にも教育を受けさせる可能性が高く, その良いサイクルが将来へとつながっていく.

この句は besides の冗漫な言い換えだとの見解もあるが, 表現にバラエティを持たせたり, リズムの良さを狙って用いられることがある. しかし, 文語的な言い方では besides に置き換えられない [*WDEU*].

実質的には and と交換可能であるが, in addition の場合は前文と後文で主語が異なる傾向がある [Celce-Murcia & Larsen-Freeman[2], p. 533]: He threshed the wheat. *In addition*, his children hoed the corn. — 彼は小麦を脱穀した. さらに子どもたちは, とうもろこしをくわで掘り起こした.

[以上, Carter & McCarthy, p. 290; Parrott, p. 304; Todd, p. 304; Eastwood, p. 324; Quirk et al., pp. 708–9].

(v) what's more:「おまけに, さらに加えて」の意で, 先述の内容を強調したり支持する内容を付加したりする．主に話し言葉で用いられるが，書き言葉に会話的な雰囲気を与えたい場合にも用いられる．通例コンマを伴って文頭で用いられる：It's raining quite hard. *What's more*, I have no umbrella. —Eastwood 雨が激しく降っている．おまけに，私は傘を持っていない．

［以上，Carter & McCarthy, p. 257; Todd, p. 304; Eastwood, p. 324］．

(vi) also：「それに，そしてまた」の意で，先述の内容に情報や議論，先述の内容を支持する理由を付加する．通例コンマを伴い文頭で用いられるが，文中も可能．文尾では用いられない．moreover よりは堅くない言い方：You can stay at our house. *Also*, I can give you a ride home tomorrow. —*LAAD* 私たちの家にお泊りください．それに，明日はお宅まで車で送りますよ．

［以上，Carter & McCarthy, pp. 40–41; Swan[3], p. 142; *COB*(*U*)[2], p. 23］．

(vii) on top of that：「(好ましくない状況) に加えて，さらに悪いことには」の意で，先述の内容に新たな情報や確認する情報を付加する．通例先行部分で好ましくない状況が述べられ，on top of that 以下でさらに良くない状況が述べられる．通例コンマを伴い文頭で用いられる．堅い言い方：The demands of work can cause gaps in regular attendance. *On top of that*, many students are offered no extra lessons during the vacation. —*COB*(*G*) 働く必要があって定期的に出席できない可能性がある．さらに，休暇中は多くの学生が補習を受けることができない．

［以上，*COB*(*G*), p. 423; Swan[3], p. 156］．

次のような表現もある：Gabrielle had been a tremendous asset to his campaign since he'd promoted her to his personal campaign assistant three months ago. And *to top it all off*, she was working for free. —Brown, *Deception* 3カ月前彼が (大統領) 選挙活動のアシスタントに起用して以来，ガブリエルは貴重な人材だった．おまけに，彼女は報酬なしで働いていた / JANE: You're beautiful and fun and charming. Your life is perfect. . . . TESS: Perfect? Are you crazy? You have no idea. You want to know the real reason why I decided to stay in New York? I got fired from my job. And *to top it off*, Rudolfo dumped me. He dumped me. —*Dresses*［映］ジェーン：きれいで，明るくて，魅力的．完璧な人生ね……．テス：完璧？ あなた，おかしいんじゃない？ 分かってないわね．私がニューヨークに住もうと決めた本当の理由を知りたいでしょ？ クビになったのよ．そればかりか，ルドルフォに捨てられた．あいつは私を捨てたのよ．

(松尾)

first(ly)

概 説

この語は元来，形容詞 fore (前に位置している) の最上級で，「(時間・位置・重要性・品質において) 1 番の」の意であった.

談話標識としては通例文頭で用いられ，もっぱら談話構成上の機能を担う. 時間的な順序を示す用法では，一連の行為や動作，出来事に関して，「まず第一に，最初に」の意で，他のことをする前にあることをする，あるいは他のことが起こる前にあることが起こることを表す際に用いられる (⇒ 用法 1).

複数の事柄を列挙する用法では，「第一に(は)，一つに(は)」の意で，先行発話の内容に関連する事柄を導入し，先行発話とのつながりが示される. 列挙される情報は，先行発話の内容に対する理由，話し手の見解，事実や状況などである. 呼応的に second(ly) などとともに用いることで優先事項の順位付けを表し，談話の構造を明確にする (⇒ 用法 2, 【解説 10】). firstly は列挙用法では用いられるが，時間的な順序を表す場合には用いられない (⇒【解説 1, 7】).

言語使用域としては，話し言葉で多く用いられる. firstly は first の堅い言い方.

[以上，Carter & McCarthy, pp. 216, 291; *Activator*[2]]

マッピング

用法 1 [文頭] まず第一に，最初に (時間的順序)

2 [文頭] 第一[一つ]に(は) (意見・事実の列挙)

順序の表し方 ⇒ 解説 1, 8

疑問文での使用 ⇒ 解説 12

関連語 last(ly) 最後に (時間的順序; 意見・事実の列挙)

関連事項① first と firstly / last と lastly

② 順序を示す語句の組み合わせ

③ 関連表現 (i) first of all (ii) at first (iii) first, first of all と at first (iv) in the first place (v) first and foremost (vi) to start [begin] with

各用法の解説

【用法 1】
形式：**《文頭》*First*(,) S V (O).**
意味：（他のことをする前に，他のことが起こる前に）まず第一に［最初に］Sが（Oを）Vする．
解説：一連の行為や動作，出来事に関して，それらが起こる時間的な順序を示す際に用いられる．

【用　例】
First I fed the baby. Then I made myself a sandwich. —*LD*[4] まず赤ん坊に食べさせて，それから自分の食べるサンドウィッチを作った〔順序を表す then との呼応に注意〕/ "There is much I have to tell you," Rémy said. "But *first*, you and I have a job to do." —Brown, *Code*「話すべきことがたくさんある．でもまず，俺たちでやらなきゃならん仕事があるんだ」とレミーは言った（とるべき行動の順序）/ DAVID: Look, uh, it's like in chess. *First* you strategically position your pieces. Then when the timing's right you strike. See? —*Day*［映］デビッド：いいか，ええ，これはチェスのようなものだ．まず，駒を戦略的に配置する．次に，タイミングを見計らって攻撃する．いいか？〔順序を表す then との呼応に注意〕（チェスの順序）

【解説 1：firstly, at first での代用】 first は一連の行為の指示を与えていく場合，「まず」の意で用いられ，firstly（まず第一に），at first（最初は）で代用不可［Alexander 1994, p. 77］：*First* / **Firstly* / **At first* you turn the computer on, then you load the program. —Alexander 1994 まずコンピュータを立ち上げ，それからそのプログラムを読み込んでください（⇒【関連事項③ (ii) (iii)】）．

【解説 2：then, next, finally, last(ly) との呼応】 first を用いることで then, next との対比が暗示される．時間的な順序は，first → then → next → finally / last(ly) などで示される［木塚 & バーダマン, p. 45; Heaton & Turton, p. 93; Greenbaum, p. 45］：Justin was having difficulty coordinating. *First* he had to wait for the sound of Woodrow's words to catch up with him. *Then* he hastened to respond in brisk, hard-won sentences. —le Carré, *Gardener* ジャスティンは相手に合わせるのに苦労していた．まず，ウッドロウの言葉の音を捉えて理解するのに時間がかかった．それから急いでいたので，早口で何とか文になった形で答えることになってしまった（⇒ 用例第 1, 3 例；THEN【解説 1】）．

【解説 3：命令文での使用】 聞き手に物の使い方を説明するなど一連の指示を与える場合は，first . . . then のような語を伴い，命令文が用いられる［小西 1989, p. 714］：*First*, make sure the screws are securely fixed in position. *Then* attach the wire. —*LD*[4] まずスクリューが定位置にしっかりと固定されているかを確認してください．それからワイヤーを取り付けてください．

【解説 4：形式ばったスピーチでの使用】 形式ばったスピーチで，最初の項目を導入する際に用いられる［Schourup & Waida, p. 116］：*First*, may I say that I am extremely grateful for the trust my colleagues have put in me? —*Activator*[2] まず，同僚の皆さんが私に寄せてくださった信頼に心から感謝申し上げます．

【解説 5：first of all, first off での代用】 「まず第一に［最初に］」の意では，first of all, およびくだけた言い方の first off も用いられる：*First of all / First off*, I'd like to ask you a few questions about your childhood. —*CALD* まず最初に，子ども時代について 2, 3 質問をさせてください (⇒**【関連事項③ (i) (iii)】**).

【解説6：語句修飾的用法】 文尾で語句修飾的に用いることも可能［Swan[3], p. 83］：I always read the sports page of the newspaper *first*. —*Activator*[2] 私はいつもまず，新聞のスポーツ面を読む．

【用法 2】
形式：**《文頭》*First(ly)*(,) S V (O).**
意味：第一［一つ］に(は) S が (O を) V する．
解説：先行発話に対する理由や話し手の見解，事実や状況などを列挙する際に用いられる．

【用　例】

Certain guidelines can be given. *First*, have a heating engineer check the safety of the system. —*COB*[5] 指針がいくつかあります．第一に，暖房装置の技師にシステムの安全性をチェックしてもらうこと / Ronald: Peter, if you want me to run your little camping trip, there are two conditions. *Firstly*, I'm in charge. [⋯] Second condition, my fee. —*Lost*［映］ロナルド：ピーター，お前のささやかなキャンプ旅行の面倒を俺に見てもらいたいなら，条件が 2 つある．まず，俺が指揮を執る．[⋯] 2 つ目の条件は，俺のギャラだ〔second との呼応に注意〕(複数条件の提示) / "What's strange?" "Several things. *First*, you made the call, but wouldn't give your name. [⋯] *Second*, why did you sneak back to the scene and hide in the woods. [⋯] *Third*, if you and Ricky saw the same thing, why has he freaked out and you're in pretty good shape, know what I mean?" —Grisham, *Cli-*

ent「何が妙だと思うのです？」「いくつかあるよ．まず第一に，君は電話をかけてきたが名前を言おうとしなかった．［…］第二に，なぜ君が現場にこっそり戻って森に隠れていたのか．［…］第三に，君とリッキーが同じ物を見たなら，なぜ彼は頭がおかしくなったのに君は元気なんだ．言ってることが分かるか？」〔second, third との呼応に注意〕(理由の列挙)

【解説 7：firstly での代用】 リストの列挙の際には first の代わりに firstly が用いられるが，両語とも正用法として確立されている［*Bloomsbury*[2], p. 116; *AHBEU*, p. 96］(⇒ 用例第 2 例，【関連事項①】).

【解説 8：列挙順序の表し方】 列挙事項の 2 番目以降に関しては，second(ly), next, then, later, afterwards，さらに最後の項目に関しては finally, last(ly), last of all, eventually などを用いることも可能［Fowler-Burchfield, p. 298; Quirk et al., pp. 634, 1454］(⇒ 用例第 2, 3 例，【関連事項②】).

【解説 9：理由を導く】 先行文の内容に対する理由を述べる際に用いられる［Eastwood, p. 277］：She left her job for three reasons. *First*(*ly*), the low wages; *second*(*ly*), the long hours; *and third*(*ly*), there was no chance of promotion. —*OALD*[5] 彼女は 3 つの理由で退職した．第一に低賃金，第二に長い勤務時間，そして第三に昇進のチャンスがないことだった．

【解説 10：談話構造の明確化】 談話構成の観点から見ると，firstly, secondly などの語句を用いることで談話の構造を明確にできる［*COB*(*G*), p. 424］：What are the advantages of geo-thermal energy? *Firstly*, there's no fuel required, the energy already exists. *Secondly*, there's plenty of it. *Finally*, I want to say something about the heat pump. — 地熱エネルギーの利点は何だろうか？ 第一に，エネルギーはすでに存在しており，燃料を必要としない．第二に，地熱エネルギーは大量にある．最後に，ヒートポンプのことを話したいと思う．

【解説 11：優先順位の明示】 優先順［等級順］に情報を並べる時，first(ly) 以外に次のような語句を用いると談話の構造がより明確になる．通例重要度の高いものから提示するが，先頭に first and foremost を用いることでそのことが明確になる．なお，この表現は堅い言い方：*First and foremost*, we must thank you for your help. —*CULD* 何よりもまず第一に，皆さんのご助力に感謝いたします (⇒【関連事項③ (v)】).

また，better, best, worse, worst のような比較を表す語句を用いることで，価値や質に等級があることを示すことができる.

さらに，重要度の低いものから提示する場合は，Firstly, . . . more importantly, . . . most important of all, . . . のような表現を用いて優先順位を明確にするほうが良い［Ball, pp. 46–47］.

【解説 12：発話行為に関わる用法】 談話標識の first(ly)［second(ly)］が発話行為に関わり，I tell you first［second］that に対応することがある［Quirk et al., p. 636］：*First* the economy is beginning to recover, and *second*(*ly*) unemployment figures have not increased this month. → I tell you first that the economy is beginning to recover and I tell you secondly that unemployment figures have not increased this month.

次例の secondly は疑問文を従えて I ask secondly (if) のように解釈できる：*Firstly*, I didn't know exactly when I was going to America; *secondly*, who was going to look after Doran? —*COB*[5] 第一に，私はいつアメリカへ行くことになっているか正確には知らなかった．第二には，誰がドランの面倒を見るつもりだったのか.

【解説 13：語句修飾的用法】 文中で語句修飾的に用いることが可能：African leaders are worried, *firstly* about the official flow of aid, *and also* about levels of private investment. —*Activator*[2] アフリカの指導者たちは一つには公的援助の流入を，さらにまた個人的な投資レベルのことを心配している〔and also との呼応に注意〕.

【関連語 last(ly) の用法】

形式：**《文頭》(*And*) *Lastly* [*Last*] (,) S V (O).**

意味：最後に［最後の事柄・理由・要因などとして］S が (O を) V する.

解説：一連の行為や状況，出来事で最後に起こるものを示す際や，先行文に対する理由や話し手の見解，事実や状況などを列挙し，その最後のものを示す際に用いられる.

【用　例】

First I get dressed, next I bring in the paper, then I feed the cat, *and last* I fix my breakfast. —*Activator*[2] まず私は服を着て，次に新聞を取って来てから猫にえさをやる．そして最後に朝食の準備を整える〔first, next, then との呼応に注意〕/ Now *lastly*, before you all leave, I want to mention some tips for the interview stage. —*Activator*[2] さて最後に，皆さんがお帰りになる前に，インタビューをするに際しての秘訣をお話ししたいと思います（話の締めくくり）〔now との共起に注意〕/ I'll tell you why we can't do it — *firstly*, we haven't got the expertise, *secondly*, we haven't got the money, *and lastly*, we haven't got the time. —*NTC's AELD* なぜ私たちはそれをできないかをお話しいたします．第一に，専門知識がありません．第二に，お金がありません．そして最後に，時間がありません（理由の列挙）〔firstly, secondly との呼応に注意〕（理由の列挙）/ *And lastly*, if you should ever chance to find yourself on the island of Elba, please do not fail to visit the beautiful old estate. —le Carré, *Gardener* そして最後に，エルバ島へ行く機会があったなら，ぜひその美しい古跡を訪ねてください（会話の締めくくり）．

関連事項

① **first と firstly / last と lastly**　first, firstly のいずれの形を用いるのが適切かに関して，出版関係者や文体や語法に厳しい人の中には，列挙する場合は firstly を用いないほうが良いと主張する人もいる．また，first には firstly の意があるので，firstly は使わないほうが好ましいと言う人もいる．しかし実際は，secondly, thirdly と同様に firstly も容認されており，first, firstly とも列挙事項の最初のものを表す用法として十分確立されている．last, lastly のいずれの形を用いるかに関して Howard（1993, p. 239）は，lastly は文法的に正しいと考える人がいるが，疑わしく，また，last の方が直接的な表現法であるとしている．

なお，firstly は first よりも堅い言い方．また，firstly は米国語法より英国語法で多く用いられる．

［以上，Davidson, p. 253; Carter & McCarthy, pp. 216, 291; Todd, p. 179; Howard 1993, p. 239; *AHBEU*, p. 96; *MED*[2]］（⇒【解説 7】）．

② **順序を示す語句の組み合わせ**　Peters（p. 312）は，列挙の際は慣習的に first で始めて last で終わるとするが，first, second, third; firstly, secondly, thirdly; first, secondly, thirdly; first, next, last のような組み合わせが可能．米国語法では，first of all, second of all, thirdly などが用いられる．

伝統的に列挙の際には，first, secondly, thirdly, fourthly を使うのが良いとされていた．一方，first, secondly, thirdly を容認する文法家もいるが，この使い方は一貫性がないので，first, second, third か firstly, secondly, thirdly のほうが好ましいとする文法家もいる．

［以上，Davidson, p. 253; Peters, pp. 208, 312; Fowler-Burchfield, p. 298; *Bloomsbury*[2], p. 116; Greenbaum & Whitcut, p. 280; *AHBEU*, p. 96］（⇒【解説 8】）．

③ **関連表現** (i) first of all:「まず第一に；(何よりも) まず」の意で，first の強調形．話し言葉で用いられ，くだけた言い方の first off の形もある［*Activator*[2]; *MED*[2]; *CALD*］．通例文頭で用いられるが，文中や文尾も可能 (⇒【解説 5】,【関連事項③ (iii)】).

順序を表して「他のことの［をする］前に」の意では，次のように用いられる：*First of all*, fry onions. —*Activator*[2] まず，タマネギを炒めてください (指示を与える) / ELVIS: Hi, it's Elvis Duran, you're on the air. What's up? SIMON: *First of all*, I just want to tell you what a great show you've got. I listen to you all the time. —*Die*［映］(ラジオ番組で) エルビス：こんにちは，エルビス・デュランです．あなたの声が放送されてますよ．近ごろどうですか？ サイモン：まず第一に，あなたの番組がとても素晴らしいことをお伝えしたいと思います．いつも聴いてるんですよ．

(and) then と呼応的に用いることが可能：WILL: *First of all*, Marcus got a crush on a girl. *And then*, even stranger, so did I. —*Boy*［映］ウィル：まず，マーカスが女の子に恋をした．それからさらにおかしなことに，僕も恋をした (⇒ THEN 用法 1).

先行発話の内容に関連する事柄，理由，事実，状況などの情報が後続することがある：BETTY: Oh . . . ! You've gotta be kidding me! What right does she have? You're getting married! JOAN: *First of all*, there's no ring on this finger. *Second*, I can do both. I can. —*Mona*［映］(先生が応募書類に記入してくれてイエール大学のロースクールに入学が決まったことに驚いて) ベティ：ええ……！ 冗談でしょ！ 彼女 (先生) にどんな権利があるの？ あなたは結婚するのよ．ジョアン：まず第一に，この指にはまだ指輪がないわ．第二に，(大学と結婚生活は) 両立できる．私にはできるわ［second との呼応に注意］.

(ii) at first:「最初は，初め(のうち)は」の意．もとは at the first と冠詞が付いていたが，省略された形が普通になった［小西 2006, p. 319; 渡辺他 1976, p. 147］．通例文頭か文尾で用いられるが，文中も可能．ある期間の最初に起こったことや最初の部分を示し，後に状況に変化があることを含意する．

(but) then, later, after a while, afterwards などが後続し，それらの語句が含まれる文で変化が起こった後の状況を述べる際に用いられる［Carter & McCarthy, p. 291; Heaton & Turton[2], p. 139; Thomson & Martinet[4], p. 94］：*At first* Langdon saw nothing. *Then*, as he knelt beside her, he saw a tiny droplet of dried liquid that was luminescent. —Brown, *Code* 最初はラングドンは何も見えなかった．それから彼女の横にひざまずくと，乾いた液体の小さな滴が光を放っているのが見えた (⇒【関連事項③ (iii)】).

次は文尾で用いられた例："He was just an average guy, *at first*, *then* things changed. He got so famous he couldn't live a normal life." —Grisham, *Client*「ごく普通の若者だったのよ，最初は．でもそのうち状況が変わった．あまりに有名になりすぎて普通の生活ができなくなったのよ」

firstly と交換不可：The earth formed 4,500 billion years ago. *At first* / **Firstly* there was no life. —*Activator*[2] 地球は 4 億 5 千万年前にできた．最初は生命体は存在しなかった (⇒【解説 1】).

(iii) first, first of all と at first：first と first of all は基本的に交換可能で，前もって決められた順序の最初を表す［小西 1989, p. 717］.

at first はある期間の最初に起こったことや最初の部分を示し，後の状況と対比する．「(他のことをする前に) まず最初に」の意では用いられない［Turton, pp. 309–10］：**At first* / *First* (*of all*), I would like to introduce myself. —Heaton & Turton[2] まず最初に，自己紹介をいたします (⇒【関連事項③ (i) (ii)】).

順序を示して「1 番目に，最初に」の意の first は at first と交換不可［Swan[3], p. 83; 木塚 & バーダマン, p. 45］(⇒【解説 1】).

また，「(後の状況と対比して) 最初は」の意の at first は firstly と交換不可［Turton, p. 310; 木塚 & バーダマン, p. 200］：I went and sat next to him. **Firstly* / *At first*, I didn't speak. I just sat there thinking what I could say. Then I said, "Nice day, isn't it?" —Heaton & Turton 私は彼の所へ行って隣に座った．最初は話をしなかった．何を言ったら良いのか考えながらそこに座っているだけだった．その後，「お天気がいいね」と言った〔順序を示す then との呼応に注意〕(⇒【関連事項③ (ii)】; THEN 用法 1).

(iv) in the first place：「まず第一に」の意で通例文頭か文中で挿入的に，あるいは文尾で用いられる．主に話し言葉で用いられ，英国語法では for a start の形も見られる．first(ly) と交換可能で，in the second place と続けることができる［Alexander 1994, p. 77; *Activator*[2]］：*In the first place* / *First*(*ly*) I don't know what you mean, and *in the second place* / *second*(*ly*), I don't want to. —Alexander 1994 まず第一に，私はあなたが言いたいことが分からない．そして第二に知りたくもない．

議論や討論で，今述べていることが真実であることを証明する主な理由や主張したい重要な事柄を導入する：*In the first place* you are not old and *in the second place* you are a very attractive man. —*COB*[5] 第一に，あなたは年寄りではないし，第二にとても魅力的な男性だ．

ある状況における最初の段階を示す．しばしば疑問文で用いられ，「そもそも」と訳すことができる．話し手の苛立ちや強い疑念が表される［*COB*[5]; *MED*[2]］：SCULLY: Why did they assign me to you *in the first place*, Mulder? To debunk your work, to rein you in, to shut you down. —*X*［映］スカリー：そも

そも，私があなたと組むことになったのはなぜなの，モルダー？ あなたの仕事の不正を暴き，暴走を止めて抑え込むためでしょ．

（v）first and foremost：「何よりもまず，まず第一に」の意で，通例文頭か文中で用いられ，堅い言い方．この句が導入する情報が最も重要な事柄であることを強調する："Why not get a job that pays more?" "*First and foremost*, because I really like what I'm doing." —*MED*[2]「もっと給料のいい仕事に就いたらどうなんだい」「何よりもまず，今やっていることが大好きだから」（⇒【解説 11】）

（vi）to start [begin] with：「まず第一に」の意で，話し言葉で，通例文頭か文尾で用いられる．これから述べようとしている一連の事柄の中の最初の項目や，特に議論や意見を支持する最も重要な事柄や最初の事柄を導入する［*LD*[4]］：BILL: Heard about Amanda. I'm sorry. KATHERINE: She seemed all right about it. I wouldn't be. They don't give you too many chances around here. BILL: Oh, that depends how much they hate you *to begin with*. —*Mona*［映］ビル：アマンダのこと聞いたよ．（解雇されて）気の毒にな．キャサリン：彼女は大丈夫みたいよ．私だったらだめだけど．ここではあまりチャンスをくれないものね．ビル：ああ，まず君がどれくらい嫌われてるかによるな．

（and）secondly, for another thing, lastly, then などとの呼応が可能［Swan[3], p. 142］：The hotel was awful! *To begin with*, our room was far too small. *Then* we found that the shower didn't work. —*CALD* ホテルがひどかったんだ！ まず，部屋があまりにも狭かった．そしてシャワーが出ないことが分かったんだ．

次のような表現もある：JANE: Hey, everybody. In case you haven't already read, I have been to my fair share of weddings. So, *to start things off* I thought you should all know the truth about Tess and George. —*Dresses*［映］（テスの結婚式でのスピーチ）ジェーン：こんにちは，皆さん．新聞を読んでいないといけないので申し上げておきますが，私はこれまでいろいろな結婚式に出席してきました．さて，まず，皆さんにテスとジョージの真実を知っていただきたいと思います〔話題の転換を示す so との共起に注意〕（⇒ so 用法 2）．

「最初のうちは，初めは」の意で，通例文頭で用いられ，ある期間の最初に起こることや状況について述べる際に用いられる．後に状況が変化する含意があり，but 節や then などが後続して変化した後の状況を述べる［*Activator*[2]］：*To start with*, the pressure on her was very heavy, *but* it's eased off a bit now. —*COB*[5] 最初のうちは彼女に非常な重圧がかかっていたが，今では少しましになっている．

（松尾）

however

概　説

この語は，基本的に接続副詞として用いられ，however に先行する部分と後続する部分との論理的意味の「対比・対照」を強調する．

発展的に，幅広く発話と発話をつなぐ談話標識として文頭，文中，時に文尾で用いられ，先行部分と however を含む発話との対比や対照を強調する．文尾で用いられると，対比や対照の含意が和らげられることがある (⇒【解説 4】).

また，先述の事柄を異なる観点から見た見解を述べたり (⇒【解説 6】)，通例文頭で用いられて，話題の転換を合図したりする (⇒【解説 7】).

言語使用域に関しては，従来はもっぱら学術的・論証的な書き言葉で用いられたが，現在では話し言葉でも用いられる．しかし，通例堅い言い方であるとされる．また，音節が多いので but の代用語として用いるのはくどいという見解もあるが，時に使えば効果がある．

［以上，Peters, p. 255; Biber et al., p. 883］

マッピング

用法　［文頭・文中・文尾］しかしながら（対比）

文中での位置　⇒　解説 2, 3, 4

疑問文での使用　⇒　解説 5

話題の転換　⇒　解説 7

関連語　nevertheless：それにもかかわらず（対比）
nonetheless：それにもかかわらず（対比）
still：それでもやはり（譲歩）

関連事項　関連表現　then again

各用法の解説

【用法】

形式：**《文頭・文中・文尾》*However*(,) S V (O), etc.**

意味：しかしながら［それにもかかわらず，けれども，（しかし）とりあえず］Sが (Oを) Vする．

解説：先行部分の内容と後続部分の内容の対比や対照を強調する際に用いられる．しばしば文中で，時に文尾でも用いられる．

【用　例】
December saw a more than average rainfall; *however*, the possibility of a drought is still strong. —*Activator*[2] 12月の降水量は平年以上だった．しかしながら，水不足の可能性はいぜんとして高い / "I cannot testify about things I didn't see, sir. *However*, I *did* see the street, the traffic, and the other pedestrians." —Clancy, *Games*「私は自分で見なかったことを証言できません．しかしながら，通りと，往来と，他の通行人はこの目で見たのです」〔seeが強調されていることに注意〕（対比的な事実の提示）/ Such pleasant thoughts made Treen smile. Salino, *however*, was not smiling. —Grisham, *Christmas* そのような愉快なことを考えると，トリーンの顔に微笑が浮かんだ．サリーノは，しかしながら微笑んではいなかった（登場人物の表情の対比）/ "That's it," Richie said. "All you know is the Irish guys?" "That's all Tony said." "Tony thinks all non-Africans are Irish," Richie said. "Doesn't mean it's anyone we know." [⋯] "I know." "I'll ask around, *however*," he said. —Parker, *Honor*「それだけか．アイルランド人の男だってことしか分からないのか？」とリッチーは言った．「トニーはそれしか言わなかったわ」「トニーは黒人以外は皆アイルランド人だと思ってるんだ．俺たちが知ってる人ってことにならないよ」とリッチーは言った．[⋯]「そうね」「訊いてみるよ，とりあえず」と彼は言った（留意すべき事柄の追加）．

【解説1：対比・対照の強調】 対比や対照を強調する語で，先述の内容からすると however 以下で述べられる事柄は予想外のこと，驚くべきことである．また反意語などの語彙的に対立する項目が用いられ，対比を表す場合もある［Swan[3], p. 139; Celce-Murcia & Larsen-Freeman[2], p. 532–33］：In Saudi Arabia, modern change is coming more slowly. Women still are denied the right to vote or drive a car. *However*, in other countries, women are beginning to gain a voice in politics. —*VOA*, 7 Mar. 2007 サウジアラビアでは，近代化はゆっくりと起こっている．女性は未だに投票権や車を運転する権利を認められていない．しかしながら，他の国々では，女性は政治の世界で発言権を獲得し始めている．

【解説2：文中における位置】 文頭・文中・文尾いずれの位置でも用いられる．文頭で用いる場合は直後に，文中では前後に，文尾では直前にコンマを伴うが，最近ではコンマが省かれる傾向にある．文頭で用いるのは好ましくないとする文法家がいるが，*AHBEU*（p. 19）によると，調査対象者の36%がたいてい，あるいは常に文頭で，19%が常に文頭で用い，42%がめったに，あるいは決して文頭で用いないとしている．Peters（p. 255）によると，the British National Corpus のくだけた書き言葉ではほぼ半数が文頭で用いられている．また文中で用いる場合，however の前後をコンマで区切るほうが良いという文法家もいれば，曖昧さがなければその必要はないとする見解もある．結局のところ，*WDEU* (p. 515) では，位置に関する絶対的な法則はなく，目的に適った位置で用いて良いとする［Fowler-Burchfield, p. 367; *Bloomsbury*[2], p. 141］：Raccoons and bears are related animals. *However*, raccoons are much smaller. / Raccoons, *however*, are much smaller. / Raccoons are much smaller, *however*. —Celce-Murcia & Larsen-Freeman[2] アライグマとクマは同族関係にある動物である．しかしながら，アライグマのほうがずっと小さい．

ただし，but とは異なり，第 1 文のコンマの直後に however を接続詞として用いて 2 つの独立した文をつなげることはできない［木塚 & バーダマン, p. 262］：*Sandra did her best, *however* she failed to talk him into going to the party.

【解説 3：位置による使い分け】 Peters (p. 255) は，対比のスコープによって however が用いられる位置が変わるとする：We were keen to keep going. *However* they had had enough. / We were keen to keep going. They had had enough *however*. 前者では 2 つの文全体を対比しているが，後者では keen to keep going と had enough を対比している．

また，先行文と後続文との意味的調整を図るために用いられることがあるが，この場合は文中に来ることが多い［小西 2006, p. 228］．

さらに，一番好ましい位置は対比する項目の直後で，話題となる項目の直後で用いられる傾向にある［Peters, p. 256］：PETERS: Now, some people attribute his eccentric behavior to post-traumatic stress syndrome from his service as a pilot in Vietnam. Others, *however*, have a more unusual theory. —*Day*［映］(テレビでレポーターが) ピーターズ：さて，彼の奇行をベトナム戦争でのパイロットとしての兵役から来る外傷性ストレス症候群のせいだとする人がいます．しかしながら，もっと変わった考えを持っている人もいます〔some と others の呼応に注意〕．

Bell (2010, p. 1917) は，文中，特に主語の後で用いられると，however は焦点化詞になり，焦点化される要素に音調的際立ちがあり，先行発話の中の同様の内容を取り消すとする．なお，類義表現の nevertheless にはこのような機能はない．

【解説 4：文尾の however】 文尾で用いられると，対比や対照の含意が和らげられることがある：ANYA: Look, look, I know it's strange, but I don't remember. I have very few memories of my past. DIMITRI: Hmmm. That's . . . that's perfect. ANYA: Well, I do have one clue, *however* and that is: Paris. —*Anastasia*［映］

アーニャ：ねえ，いいこと，私だって（苗字を覚えていないことが）変なのは分かってるわ．でも，覚えてないの．過去の記憶がほとんどないの．（独り言で）ディミトリ：うーむ．（アーニャを悪巧みに利用しようとしているので，その点で）こりゃあ……こりゃあ完璧だな．アーニャ：でもね，手がかりが 1 つだけあるんだけどね．それがパリ〔思案を示す well との共起に注意〕（⇒ 用例第 4 例）．

【解説 5：疑問文の文頭の however】 疑問文の文頭で用いることの容認度に関して，29% は容認不可，44% が容認可，27% がどちらとも言えないとする［Greenbaum, p. 67］．ただし Fraser (2005, p. 12) によると，先行発話と however を含む発話の話者が異なる場合は用いられない．次の例では，相手の質問の前提条件を問い返しており，対比的な論理的意味が捉えにくくなっていると考えられる：“Where did he go?” “*But* / **However*, why do you want to know?”「彼はどこへ行ったの？」「でも，なぜ知りたいの？」（⇒ BUT【解説 13】）．なお，話題の転換や進展を示す場合は，疑問文の文頭で用いられる（⇒【解説 7】）．

【解説 6：異なる観点からの記述】 先述の事柄を異なる観点から見て，それを however 以下で述べられる：“Yes, with blond hair, body build, air of intelligence. But your demeanor isn’t that of a victim. Your energy is strong. *However*, that could simply present more of a challenge to the killer. More exciting. A bigger coup.” —Cornwell, *Fly*（連続誘拐事件の被害者と似たタイプだから自分自身でおとり捜査をしているという女性刑事の発言に対して）「そうね．ブロンド，体つき，知的な雰囲気．でも，あなたの振舞いは被害者のとは違うわ．激しいエネルギーを感じるもの．けれども，犯人にとってはますます意欲をそそられるかもね．刺激的で，大きな獲物ってところだわ」（エネルギーの激しさを犯人の観点から見ている）

【解説 7：話題の転換】 会話で通例文頭で用いられ，話題の転換を示す［Celce-Murcia & Larsen-Freeman[2], p. 533］．しばしば，疑問文で用いられる：I lost $20,000 in Las Vegas last week. *However*, let’s talk about something else. —Celce-Murcia & Larsen-Freeman[2] 先週ラスベガスで 2 万ドル負けました．それはともかく，他のことを話しましょう / PAULINE: Mama, you’re so bright and cheerful today. *However* did you two get along, Miss Shirley?” —*Sequels*［映］ポリーン：ママ，今日はとても明るくてご機嫌なのね．ところで，2 人はうまくいったんですね，シャーリー先生？ / “Incidentally, Robin, *however* did you manage to spend $73.50 on dinner last Wednesday night?” —Archer, *Penny*「ところでロビン，こないだの水曜の夕食に，よくも 73 ドル 50 セントもかけたもんだな？」〔話

題転換を示す incidentally との共起に注意］（⇒【解説 5】）

【関連語 nevertheless の用法】
形式：**《文頭・文中・文尾》*Nevertheless*(,) S V (O), etc.**
意味：それにもかかわらず［それでもやはり］S が（O を）V する．
解説：先行部分の内容からすると，予想外で驚くような事柄を述べる際に用いられる．堅い言い方．

【用　例】
"We really can't afford to buy any new equipment at present." "*Nevertheless*, we need to invest to keep up with our competitors." —*CIDE*「現時点では新しい設備を買う余裕など全くありません」「それでも，競争相手に後れを取らないようにするためには，投資する必要があります」/ There was no rule book on how to behave at funerals, it was true. *Nevertheless*, Woodrow considered her performance self-indulgent. —le Carré, *Gardener* 葬儀でどのように振舞うかについてのルールブックなどなかった．それは確かだ．それでもウッドロウは彼女の行動をわがままだと思った（前言に反する意見の提示）．

【解説 8：予想外の事柄を述べる】 先述の内容からすると，nevertheless に導かれる部分で述べられる事柄は予想外で驚くべきことであることを表し，先行文との対比や先行文とは異なる観点からの見解を示す．対比を強調する．堅い言い方．新しい文を始めるに際して忘れてはならない点に念を押すための談話標識ともなる［Swan[3], p. 139; *COB*(*G*)[2], p. 423; Parrott, p. 305; Biber et al., p. 80; Eastwood, p. 325; ショウスタック, p. 46］：SCHMIDT: Ah, well, how do you like your room? There'll be new drapes at the windows . . . . MARIA: New drapes? But these are fine. SCHMIDT: *Nevertheless*, new ones have been ordered. —*Music*［映］シュミット：ところで，お部屋はいかが？ 窓のカーテンは新しいのと取り替えることになっています……．マリア：新しいカーテンですか？ でも，これで十分です．シュミット：そうは言っても，新しいのを注文済みです．

【解説 9：文中での位置】 通例文頭で用いられるが，文中・文尾でも可能［Biber et al., p. 80］：*Nevertheless*, they carved out a 5.7 per cent share of the overall vote. / They *nevertheless* carved out a 5.7 per cent share of the overall vote. / They carved out a 5.7 per cent share of the overall vote *nevertheless*. — それにもかかわらず，努力の結果彼らは全投票数の 5.7% を得た．

【解説 10：2 つの文の連結】 2 つの文をコンマで区切らず nevertheless が間に来る場合は，and や but のような接続詞が必要となる．接続詞がない場合は，1 番目の文をピリオドで終えるか，1 番目の文の後にセミコロンが用いられる［Turton, p. 28］：Most criminals realize that they may be caught *but nevertheless* they are prepared to take the risk. / Most criminals realize that they may be caught; *nevertheless*, they are prepared to take the risk. — ほとんどの犯罪者は捕まるかもしれないと考えているが，それでも危険を冒す覚悟をしている（⇒【解説 12】）．

なお，従位接続詞としては用いられない［Quirk et al., p. 922］：**Nevertheless* John gave it away, Mary wanted it.

【解説 11：発話状況を受ける】 but とは異なり，先行文脈が具体的な発話ではなく発話の状況などの場合は，容認度が下がる［Blakemore 2000, p. 479］：（The speaker has just found the hearer eating the last slice of pizza）*But* / ?*Nevertheless*, I told you to leave some for tomorrow.（相手がピザの最後の一切れを食べているのを今しがた見つけて）でも，明日のためにいくらか残しておいてと言ったのに（⇒ BUT【解説 13】）．

【解説 12：but との共起】 but と共起可能であるが，これらの語を共に用いるのは類語反復表現であるので，対比を強調しない限りは同一文中で用いるのは避けたほうが良いとされる［Fowler-Burchfield, pp. 121, 205; Greenbaum & Whitcut, p. 101］：And, um, when people see it, especially abroad in developing countries, they say, "Now, this is what we want." The difficulty is, of course, most of the countries that say that haven't got the money to buy it. *But*, *nevertheless*, at least we've identified what they want at the best possible price. —*EJ*, Mar. 2001（発展途上国のために，実用的な麻酔機器を開発しようとしている医師に対するインタビュー）それで，えー，それを，特に発展途上国の人たちが見ると，「そうだよ，こういうのが欲しいんだ」と言うのです．難しいのは，もちろん，そう言う国のほとんどが，買うお金を持っていないということです．しかし，それにもかかわらず，少なくとも私たちは，できる範囲内での最善の価格で彼らが求めているものを突き止めました〔but の後のコンマに注意〕（⇒【解説 10, 16】）．

【解説 13：nevertheless, still, yet と視点】 P nevertheless Q の構造で，話し手が P, Q のいずれの視点から述べているかに関して，その立場は中立である．類語の still では Q の視点から P を，yet では P の視点から Q を見ていることが表され，話し手の重点の置き方が含意される．このような nevertheless が持つ視点の中立性のために，学術文，特に科学誌で好まれる［Bell 2010］（⇒【解説 20】）．still, yet の詳細は（⇒ HOWEVER 関連語 STILL；BUT 関連語 YET）．

【関連語 nonetheless の用法】
形式：**《文頭・文中・文尾》*Nonetheless*(,) S V (O), etc.**
意味：それにもかかわらず［それでもやはり］S が（O を）V する．
解説：先行部分の内容からすると，予想外で驚くような事柄を述べる際に用いられる．堅い言い方．

【用　例】
There are serious problems in our country. *Nonetheless*, we feel this is a good time to return. —*CALD* わが国には深刻な問題がある．それにもかかわらず，帰国するにはいい時だと思う / A leap from this height would leave Langdon with a couple of broken legs. At best. *Nonetheless*, Sophie made her decision. —Brown, *Code* この高さから飛び降りたら，ラングドンは両脚を骨折するだろう．よくても．それにもかかわらず，ソフィーは決断した（悪条件に反する決断）．

【解説 14：予想外の事柄を述べる】 先述の内容からすると，nonetheless に導かれる部分で述べられる事柄は予想外の驚くべきことであることを表す．堅い言い方で，文頭・文中・文尾で用いられる［Carter & McCarthy, p. 290; Parrott, p. 305］：CRONKITE: It almost seemed today as if time stood still. The shooting hadn't started yet, but there weren't any really encouraging signs that it could be avoided. But worried . . . alarmed . . . afraid, perhaps even, the American public *nonetheless* appeared determined and resolved. —*Days*［映］（TV で）クロンカイト：今日は時が止まったかのように思えました．発砲はまだ始まっていませんでしたが，それが回避される顕著な徴候も見られませんでした．しかし，不安な気持ちで……警戒し……恐れ，もしかしたらとさえ考えてはいるけれど，それでもなお，アメリカ国民は意を決し，心を決めているようでした．

【解説 15：nonetheless の含意】「次のことは忘れないでください」という注意喚起の含意がある［Davidson, p. 123］：ANNE: She is an absolute sergeant-major, Miss Stacey. How shall I ever tolerate her sarcasm? MISS STACEY: *Nonetheless*, she is a dedicated teacher, if somewhat of an excessive disciplinarian. —*Sequels*［映］アン：彼女は上級曹長のように厳格そのものですわ，ステイシー先生．あの嫌味を我慢できるでしょうか？ ステイシー先生：でも，献身的な先生よ，規律に厳しすぎることもあるけれど．

【解説 16：but との共起】 but と共起可能．共起の可否については（⇒【解説 12】）：WHALEY: If the head were moving fast enough, but I don't see how I could be. NELLS: *But, nonetheless*, is it possible? —*Snow*［映］ウェイリー：もし頭部がかなり速い速度で動いていたらの話です．しかし，そんなことが可能とは私には思えません．ネルズ：だが，それでも可能なんですね？〔but の後のコンマに注意〕（⇒【解説 12】；BUT【解説 16】）

【解説 17：綴り字】 伝統的には none the less と綴られてきたが，現在では nonetheless のほうが好まれる傾向にある．Todd（p. 286）は，一語に綴られるのは nevertheless からの類推であるとする．米国語法では，通例一語に綴られる．また，none the less の形はしばしば副詞的に用いられる［Fowler-Burchfield, p. 521; Howard 1993, p. 282; *Bloomsbury*[2], p. 201］．

【関連語 still の用法】
形式：**《文頭》*Still*（,）S V（O）.**
意味：それでもやはり［それにもかかわらず，いぜんとして］S が（O を）V する．
解説：先述の内容を認めつつ，別の事柄も真実であることを示す際に用いられる．

【用　例】
I hadn't seen him for 25 years. *Still*, I recognized him immediately when I saw him. —*MED*[2] 25 年間彼に会っていなかった．それでも，姿を見るとすぐに彼だと分かった / "I'll see what I can do. He's not a miracle worker, you know." "I understand. *Still*, the best you can arrange." —Clancy, *Games*「（古書の修復に）何ができるか考えてみましょう．彼にも奇跡は起こせませんがね」「分かった．それでも，できるだけのことをやってくれ」（念押し）/ "We've just surmounted one wall to find another before us. *Still*, that's one more wall behind us." —Clancy, *Games*「1 つの壁を乗り越えたら，次の壁が立ちはだかる．それでも，また 1 つは乗り越えたんだ」（別の見方の提示）

【解説 18：譲歩を表す】 先述の内容とは対照的な事柄を導入する．先述の事柄を認めるが，その一方で別の事柄も真実であることを示す．先述の内容から考えると，still 以下には驚くべき内容がくる．通例文頭で用いる［Carter & McCarthy, p. 145; Swan[3], p. 139; 廣瀬 2000, pp. 37–38］：Some experts believe this is why the Internet is restricted in places like China, and repressive governments ban satellite television. *Still*, new satellite television stations in several countries show that the world is ready for more news and information. —*VOA*, 13 Feb. 2007 こういうわけでインターネットは中国のような地域では制限され，弾圧的な政府は衛星テレビを禁止すると考える専門家がいる．それでも，数カ国の新しい衛星テレビ局は，世界ではさらに多くのニュースや情報が必要とされていることを示している．

【解説 19：still が用いられる文脈の特徴】 still が好んで用いられる文脈では，先行文で好ましくない状況が述べられ，still 以下でその状況から生じる困難さを緩和する内容が述べられる．たとえば，I wish I didn't have to go to work today. *Still*, it's Friday. では，今日働かなくてはならないけれど，今日（金曜）が終われば休みだから，話し手が考えているほど状況が悪くないことを示す．一方，still の代わりに nevertheless を用いると，話し手は自分の希望とは反対に働かなければならないという気持ちが示される［Bell 1998, p. 535］．次の例では，油送管敷設に必要な資金を考えると投資は難しいが，相手がボーナスが出るほど骨を折ってくれたことを考えると，投資への状況は悪くないことを示す："We're going to need a lot of capital to finance the pipe-laying operations, you know. Pipe-laying can cost $2 million per mile. *Still*, you're playing your part. I've just had word from head office that we are to give you a $5,000 bonus for your efforts." —Archer, *Penny*（話し手自身が関わる石油会社への投資を勧めた相手からの反応）「油送管敷設に融資する莫大な資金が必要となるだろうな．敷設には 1 マイルにつき 200 万ドルかかる可能性がある．それでも，君はよくやってくれている．今しがた本社から，君の努力に対して 5000 ドルのボーナスを出すことになったという知らせを受け取ったところだ」

【解説 20：学術文での still】 しばしば X（自らの意見）P（予想される反論）still Q（反論に対する反論）の構造で用いられ，P では X と矛盾する情報が示され，さらに Q では P と矛盾する情報が示される．Q では X を支持する情報が示され，話し手は P を示しておきながら自らそれを否定することになる．このような表現形式は，論理的な記述が求められる学術文では好まれない．しかし，先行発話に対して逆接的な内容を表すが，全体的には最初に提示された自らの見解の妥当性を主張する場合に用いられる［Bell 2010, p. 1918–22］："Upset? She's never seen a picture of a dead body?" No wonder she was upset by the pictures. Collet could barely conceive of the unfortunate coincidence that called in a young woman to decipher a code written by a dead family member. *Still*, her action made no sense. —Brown, *Code*（司法警察暗号解読官の女性が，死体と暗号の写真を見ると即座にその場を立ち去ったことに対して）「(写真を見て) 動揺したって？ 死体の写真を見たことがないのですか？」(死体が自分の祖父ならば) 写真を見て動揺しても不思議ではない．若い女性が死んだ親族が書いた暗号を解読するような不幸な偶然に遭遇するなど，(刑事の) コレには想像もつかないほどだった．それでも，(その場を立ち去るという) 彼女の行動は理解できなかった．

ここでは，X (彼女の行動は理解できない)，P (彼女の行動も無理はない)，Q (それでも不可解である) という構造になる (⇒【解説 13】)．

【解説 21：後からの思いつきを示す】 後から思いついて情報を追加陳述することがある [Swan[3], p. 139]：I don't like the job much. *Still*, the money's OK. — 私はその仕事があまり好きではない．給料はいいけどね．

【解説 22：注意喚起としての機能】 注意喚起の機能を果たし，提示する情報は先述の内容とは矛盾する．提示する情報には 2 種類あり，1 つは聞き手が既に知っていること，あるいは信じている事柄を聞き手に思い出させるものである．but と同様に，still 以下で表される事柄は先述の内容とは矛盾する事柄であるが，but とは異なり still には以下で示されることを聞き手が既に知っている (You already know) という含意がある．but still の形も可能："My sister was a naïve spinster who never left home without her father and didn't have her own bank account until she was thirty," said Arabella, "*but still*, you allowed her to sign a further contract with Fenton Finance, which was bound to land her in even more debt." —Archer, *False*「姉は父と一緒でなければ外出したこともなく，30 歳になるまで自分の銀行口座も持たなかった世間知らずな未婚女性でした．でもそれなのに，あなたはもっと多額の借金を負わせるに違いないフェントン・ファイナンスとの契約書に新たにサインさせたんですよ (分かってますよね)」と，アラベラは言った．

次の例では，B は彼がその仕事に最適な人ではないということを言いたいが，A はそのことは知らないので容認度が下がる：A: Would Fred Dagg be the best man for the job? B: ?*Still*, he's a member of the Young Farmers Club. —Brockway.

もう 1 つは，話し手が既に知っている，あるいは信じている事柄を話し手自身が思い出す場合である．but と異なり，still 以下で表される事柄を話し手が既に認識している，あるいは信じている (I already know or believe) ことを含意する："It's a thrill to be here, just to participate in the race once again. Rosalie's got a great chance. *Still*, it's not winning that matters. It's taking part." —Archer, *Pen-*

ny（競馬のレースで馬主のふりをした男が）「再びレースに参加するためにここに来られて，身震いするほど光栄です．（競走馬の）ロザリーは大きなチャンスをもらいました．しかし，大切なのはレースに勝つことではありません．参加することなのです」

［以上，　東森 1992, pp. 346–48; Brockway, p. 65; Sperber & Wilson 1995, pp. 137, 144, 150, 211, 252］（⇒ BUT【解説 9】）

【解説 23：and との共起】 and と共起可能：BETTY: She knew you and Tommy were seconds away from engagement. *And still* she practically filled out your law school application. —*Mona*［映］ベティ：先生はあなたとトミーが間もなく婚約することを知っていたわ．それなのに，実際あなたのロースクールの応募用紙に記入したのよ．and の詳細は（⇒ AND）．

関連事項

関連表現　but then (again)（⇒ THEN【解説 22, 23】）．　　（松尾）

kind [sort] of

概　説

この表現は，「ある種の，一種の」の意を表す a kind [sort] of . . . の句から冠詞が省略され，基本的に名詞以外に形容詞，副詞，動詞などを修飾する程度副詞として機能し，「少し，いくぶん」の意を表す．

さらに，こうした程度副詞としての機能が文全体に及び，特に話し手の発話態度と関わり，主張を抑えて控えめに陳述を行う際に用いられ，「ちょっと［少し］……である」の意を伝える談話標識として用いられるようになった（⇒ 用法 1）．

しばしば文中で用いられ，適切な言葉が見つからず，「あのう，そのう」のようにためらいを表す標識として機能し，時間かせぎのつなぎ語として用いることが多い．他方，話し手の慎重な言葉遣いを示唆することもあり，談話に新情報や重要な内容を導入する際にも用いられる（⇒ 用法 2）．時に文尾にも現れ，追加陳述的に主張を和らげる働きを果たすが，通例，文頭には来ない（⇒【解説 13】）．

また，疑問文の応答表現として独立的に用いられ，部分的な肯定を表す．この場合，しばしば気のない態度が表され，明確な態度を保留し，批判などを逃れようとする自己防衛的な態度が示される（⇒ 用法 3）．

言語使用域としては，主にくだけた話し言葉で用いられる．特に女性が好む表現とされるが，男性によっても幅広く用いられる．
［以上，Kay et al., pp. 151–57; Swan[3], p. 144; Stubbe & Holmes, pp. 69–70］

マッピング

用法 1　［語修飾］ちょっと［少し］～である；いわば～のようである（控えめな陳述）
2　［文中］ちょっと，いわば(～だ)；そのう，あのう（主張の緩和）
3　［単独］まあね，どちらかと言えばね（自己防御）
時間かせぎの用法　⇒　解説 7
文尾の kind［sort］of　⇒　解説 13
共起する他の談話標識　⇒　解説 4, 9, 10

【解説 1：くだけた会話での発音】　くだけた速い会話で，kind of は kinda のように短縮形が用いられることも多い：I'm *kinda* tired of all this garbage. —*MED* こんなゴミにはもうちょっとうんざりだ．

同様に sort of は sorta と綴られる：I was *sorta* worried about them. —*LAAD* 私はちょっと彼らのことを心配していた．

【解説 2：kind of と sort of】　kind of と sort of は個人の好みで互換的に用いられるが，前者は特に米国語法で好まれるとされる［*Active*[3]; *TCEED*[2]］．

各用法の解説

【用法 1】
形式：**《語修飾》*kind*［*sort*］*of* A《A は名詞，形容詞，副詞など》**
意味：ちょっと［少し］A である；いわば A のようである．
解説：話し手のためらいや自信なさを示す際に用いられる．

【用　例】
The car was *sort of* a greenish-gray color. —*LAAD* その車はまあ言ってみれば緑っぽい灰色であった / It was *sort of* a shock when I found out. —*LAAD* それを知った時，ちょっとショックだった / He was *kind of* strange, but I liked him. —*MED* 彼はちょっと変わっていたが，彼のことが気に入っていた / He was standing around *kind of* suspiciously. —*TCEED*[2] 彼はちょっと疑わしそうに何もしないで立っていた / "Dr. Thompson's okay." I say, *sort of* under my breath. —Klein, *Sunshine*「トンプソン先生はいい方よ」と，私はちょっと声をひそめて言った（前

置詞句の修飾）.

【解説 3：後続する要素の種類】 A にはさまざまな文法要素がくることが可能．次のように，節全体を修飾することも可能［Kay et al., pp.146–47］：I was wondering *sorta* how many of the people he thought he could fool how much time. 彼がどれくらいの人をどれほど騙してきたんだろうかと思った．また，句の内部に入り込むこともある：Those of us who grew up in the extremely *sort of* comforting days of linguistics［…］言語学の，極めて，言ってみれば心地よい日々に成長した我々は［…］/ He does very *sort of* creative things with language and literacy. 彼は言語とその読み書き能力に関して，非常に，いわば創造的な事を行っている．

【解説 4：like との共起】 しばしば like と共起し，表現を和らげる機能を果たすとともに，後続する語句に関心を集める働きをする：You shouldn't take too many of those pills, because they're *sort of like* hard on your liver. —*LAAD* その薬を飲みすぎないようにね．というのもその薬は肝臓にちょっときついからね / "Dancing on a parking lot? How —?" Then she paused and looked over at the lot. "Well, it would be kind of romantic, wouldn't it? *Kinda like* a scene from some movie." —Howard & Howard, *Candy*「駐車場でダンスですって？ どうやって？」彼女は一息ついて駐車場に目をやった．「でも，ちょっとロマンチックなことになりそうね．まるでちょっとした映画のワンシーンって感じかしら」（⇒【解説 9】）．like の詳細は（⇒ LIKE）．

【解説 5：文頭の kind［sort］of】 kind［sort］を文頭で用いるのは通例不可：**Kinda* John passed the test. —Kay et al. / **Sort of*, I handed her the letter of intent. —Schourup 1985. ただし，主語が省略されて文頭に現れることがある："Did she really do it?" Columbo lifted his eyebrows high and turned down the corners of his mouth. "*Kinda* looks like she did. It'll be for a court to decide." —Harrington, *Game*「彼女が本当にやったのかい」 コロンボは眉を高く上げて，口をへの字に曲げた．「一見そんなふうに見えるがね．裁判所が決めてくれるよ」

【解説 6：very による修飾】 kind［sort］of は，程度副詞的に slightly と同義的な意味を持つが，very による修飾は不可［Kay et al., p. 147］：That tire is worn very slightly. / *That theory is classical *very sort of.* / The tire is worn, but only very slightly. / *The theory is classical, but［in fact］only very *sort of.*

【解説 7：時間かせぎの用法】 適切な言葉が見つからない場合に，sort [kind] of を介して時間かせぎを行うのに用いられる：I was feeling *sort of* . . . well . . . ill, really. —*LDELC*[2] 少し，そのう，気分が悪かったんですよ，本当に / “Well, it looks nice.” “That’s what Erica said. In fact it was her idea.” “It’s becoming,” I said. “It’s *sort of* . . .” “Finish the thought, Bert.” —Block, *Rye*「その髪型素敵じゃないか」「それはエリカの言ったセリフよ．実際彼女のアイディアなんだけどもね」「似合っているよ」と僕は言った．「そうだなあ……」「自分の考えを言いなさいよ，バート」

次の例では，sort of, really, well など時間かせぎの談話標識が複数用いられていることに注意：“Father, I appreciate your asking. But I’m *sort of*, *really*, *well* . . . extremely . . . disinclined.” —Segal, *Oliver’s*「お父さん，尋ねてくださってありがとうございます．でも僕は，ちょっと，本当に，そのう……極めて……気が向かないんです」

【用法 2】
形式：**《文中》S *kind* [*sort*] *of* V (O).**
意味：S がちょっと［少し］(O を) V する；S がいわば (O を) V する．
解説：段階的な動詞を修飾し，程度を弱める働きをする．また，非段階的な動詞とも共起し，発話全体を弱める働きもする．

【用　例】
I *sort of* like him, but I don’t know why. —*LD*[3] 彼のことがちょっと気に入っているが，なぜか分からない / She *sort of* pretends that she doesn’t really care. —*OALD*[8] 彼女は大して気にかけていないふりをちょっとしている / I *kind of* borrowed the money from your wallet. —*LAAD* 君の財布からちょっとお金を借りたよ / “Don’t tell me you know who did it.” “Well,” I admitted. “I *sort of* have an idea.” —Block, *Library*「犯人を知っているだなんて言わないでね」「そのう，ちょっと考えはあるんですけどね」と私はしぶしぶ認めた (控えめな打ち消し) / “I do have one question. It’s something I saw in the paper over the weekend about Alzheimer’s. After the meeting, it *kind of* jumped out of the page at me.” —Ridpath, *Venture*「1 つ質問があるのよ．アルツハイマー病について週末に新聞で目にした話題なんだけど．会議の後で，その記事はまるでページから飛び出て私に向かってくるような感じだったわ」(驚きの緩和)

【解説 8：共起する動詞の種類】 sort [kind] of は程度副詞の名残をとどめ，段階性のある動詞と共起するが (⇒ 用例第 1 例)，発展的に特に段階性を持たない動詞とも共起する (⇒ 用例第 2, 3, 4, 5 例)．後者の場合は，sort [kind] of は発話全体の主張を弱める働きをする．

ちなみに，次のように準助動詞の have to の直前にも現れるが，この場合，文全体を和らげる働きをしている [Kay et al., p. 146]：I *kinda* have to get going now — because I have to pick up my car at 5:00. ちょっともう出かけなければいけません．5 時に車を取りにいかないといけないので．

【解説 9：like との共起】 like と共起して sort of like の形で用いるのは主に英国語法 [*OALD*[8]]：We're *sort of like* doing it the wrong way. 我々はちょっとそれを間違った方法でやっているようだ (⇒【解説 4】)．like の詳細は (⇒ LIKE)．

【解説 10：他の垣根言葉との共起】 他の垣根言葉と共起し，自己主張を和らげる：Well, I *sort of* thought we could maybe go out sometime. —*LAAD* そのう，いつかひょっとしてデートしてもらえたらなあとちょっと思っていたんですけれども〔well, I thought, could, maybe などとの共起に注意〕/ I *kind of* hoped he'd dance with me. —*TCEED*[2] 彼が私とダンスしてくれたらとちょっと望んでいたのですが〔I hoped, 'd (=would) との共起に注意〕/ Then they started *sort of* chanting, you know, like singing and shouting at the same time. —*LD*[3] それから彼らは，いわばシュプレヒコールし始めたんだ，つまり，同時に歌ったり叫んだりし出してね〔you know, like との共起に注意〕．

【解説 11：語りの用法】 聞き手のショックを和らげるため，深刻な出来事を少しユーモアを込めて伝える場合にしばしば用いられる．以下の例では sort [kind] of が繰り返し用いられていることに注意：He *sort of* came up to me and pushed me. So I *kind of* hit him in the face. —*LAAD* 彼はちょっと私の方に近寄ってきて私を押したのよ．だから彼の顔をちょっとぶってやったわ．

【解説 12：進行形・完了形との共起】 文中で進行形や完了形とも共起する：She'*s sort of running* the company, I think, but her parents are still involved. —*CDAE* 彼女がいわば会社を切り盛りしているのだと思うが，彼女の両親が依然として関わっている / "I'*m kinda hoping* we settle the matter and we won't have to arrest you." —Harrington, *Game*「問題を片づけて，あなたを逮捕する必要がなくなればとちょっと望んでいるんですがね」/ "I'm hoping something will turn up soon. In the meantime, I'*ve sort of been helping* Carolyn out at the Poodle Factory." —Block, *Library*「すぐに何か現れるのを期待しているんだがね．その間

ずっと，プードルファクトリーでキャロリンをちょっと手伝っていたんだ」

【解説 13：文尾の kind [sort] of】 追加陳述的に文尾に添えられ，主張を控えめに行う：I like him, *kind of.* —*OALD*[8] 彼のことは気に入っているよ，まあね / At last the crying stopped, *sort of.* She still kept dabbing at a stray tear every now and then. But the real storm had passed, she was in control of herself again. —McBain, *Mischief* やっとのことで泣き声は止まった．そんな感じだった．彼女はまだ時々流れてくる涙を軽く拭い続けていた．しかし，本当の嵐は去り，彼女は再び冷静さをとり戻していた．

【用法 3】
形式：**A: 先行発話　B:（Well,）*kind* [*sort*] *of.***
意味：まあね，どちらかと言えばね．
解説：疑問文の応答表現として，部分的な肯定を表す．しばしばやや無関心な態度が表され，明確な態度を保留し，批判などを逃れようとする自己防衛的な態度が示される．

【用　例】
"Are you finished with your homework?" "Well, *sort of.*" —*LAAD*「宿題終わったの？」「ええ，まあね」/ "Aren't you hungry?" "*Sort of.* I'm mostly just tired." —*MED*「お腹は空いていないの？」「ちょっとね．まあただ疲れているだけなんだ」/ "You're standing in the rain?" "Well, *sort of.*" —McBain, *Romance*「雨の中に立っているの？」「まあ，そうだね」/ "Well, that's what you figured, huh?" "Well, *sort of.*" —Block, *Rye*「それじゃ，そうしたことが分かったのね」「まあ，ある程度ね」（部分的な同意）/ "It's like Rip Van Winkle, isn't it?" "*Sort of,*" he said. She looked puzzled, and I wondered if she knew who Rip Van Winkle was. —Block, *Ice*「まるでリップ・バン・ウィンクルみたいじゃない？」「まあね」と彼は言った．彼女は訳が分からない様子なので，リップ・バン・ウィンクルが誰か知っているのだろうかと私は思った（部分的な賛同）．

【解説 14：自信のなさや疑いを表す】 話し手が自信のないことや疑いを持っていることを示すために用いられる［*LDELC*[2]］："Do you like red wine?" "Yes, *kind* [*sort*] *of.*"「赤ワインが好きですか」「まあね」/ "Did he help you?" "Well, *kind* [*sort*] *of.*"「彼はあなたを助けましたか？」「まあ，ちょっとね」〔期待したほどの助けではなかったことが示唆される〕

【解説 15：消極的な態度】 話し手が話題に積極的に参加しようとするのではなく，むしろ逆に十分な情報を与えることを回避した消極的な態度が打ち出される．次の例におけるオリバーのそっけない態度に注意："And if they made her stay away, that must mean Marcie is important, right?" I didn't answer. "Has she some executive position?" "*Sort of.*" "Well, that's to her credit. She's a modern girl. Christ, you should be proud. She's an achiever. Is she bucking for promotion?" "In a way." "That's good. Ambitious. That's to be proud of, Oliver." I nodded. Just to show I wasn't sleeping. —Segal, *Oliver's*「もし彼らがマーシーを寄せ付けないなら，彼女は重要人物だということに違いない，そうだろう？」 僕は答えなかった．「彼女は重役なのかい？」「まあね」「それじゃ，信頼を得ているんじゃないか．彼女は現代的な女性なんだ．そりゃ，自慢すべきことじゃないか．成功者だよ．昇進のために頑張っているんだろう？」「ある意味そうだね」「いいことじゃないか．野心があって．自慢すべきことだよ，オリバー」僕はうなずいた．ただ居眠りをしていないことを示すためだったけれども〔同様の機能を表す in a way にも注意〕.

【解説 16：段階性のある語との関係】 先行発話に段階性を持つ形容詞や動詞が含まれている場合には，その程度が低いことに言及する："Do you understand?" "*Sort of.*" —*OALD*[8]「分かる？」「ある程度ね」/ "Are you really worried about it, Rad?" "*Sort of.*" He shrugged his shoulders. —Roberts, *Hero*「そのことを本当に気にしているの，ラッド？」「少しね」と彼は肩をすくめた.

【解説 17：yes との共起】 部分的な同意を表し，yes と共起することも多い："Were you disappointed?" "Well, *yes, sort of.* But it didn't matter really." —*LD*[3]「がっかりしたのかい」「ああ，その通り，ちょっとね．でも実際たいしたことじゃないよ」．ただし，依頼や許可を求める疑問文では積極的な答えが求められ，kind [sort] of を応答文で用いるのは不自然となる.

【解説 18：不十分な応答】 文脈によっては，やや漠然とした応答表現となり，不十分なものとなる．以下の例では，聞き手にさらに問い詰められていることに注意："Have you set a date yet?" "*Sort of.*" "How does one *sort of* set a date?" Susan said. —Parker, *Pastime*「もうデートの約束をしたの？」「ちょっとね」「どうやってちょっとデートの約束をするのよ」とスーザンは言った / "You a cop?" "*Sort of,*" I said. "What the hell is *sort of* a cop?" "Private detective," I said. —Parker, *Pastime*「警官かい？」「まあね」と僕は言った．「まあ警官なんていったい何者なんだ？」「私立探偵だ」と僕は言った.

【解説 19：陳述の補足】 自らの陳述に単独に添えることもある："If they cannot be published . . ." "But they can. *Sort of.*" —Block, *Rye*「もしそれらが出版されなければ……」「いや出版されるよ．何らかの形でね」

関連事項

関連表現 like (⇒ LIKE【関連事項②】).　　（廣瀬）

like

概　説

この語は，原義的に形容詞として「ある対象物が（形状，性質，数量，程度などにおいて）他の対象物と似ている［同じである］」の意を表す．ただし，今日では，一部を除き叙述形容詞としてはもっぱら alike が用いられ，限定用法では，堅い言い方で「同じの，等しい；類似した」の意で原義をとどめる．発展的に，like は類似性を表す前置詞として幅広く用いられ，「……に似た，……のような」「……と同様に，同程度に」の意や，同種のものを例示し，「（たとえば）……のような」の意を表す．また，特に数量を表す語句を修飾する場合には，「ほぼ……に近い」(approximately) の意を表す副詞用法も見られる．

談話標識としての like は，こうした like の副詞化が進み語彙的意味が薄れて，基本的に後続する発話が「……と言ってよいくらいだ」ということを合図する (⇒ 用法 1).

文頭では，相手の注意を引きつつ，断言を避けた陳述の導入語として用いられるほか，for example と同義的に「たとえば」の意で，先行する陳述に関して具体例を挙げて説明する際に用いられる (⇒ 用法 2).

文中では，適切な言葉が見つからず「あのう，そのう」のようにためらいを表す標識として機能することが多い (⇒ 用法 3)．他方，話し手の慎重な言葉遣いを示唆することもあり，談話に新情報や重要な内容を導入する際にも用いられる．この場合，like を介して後続する語句に聞き手の関心を集める焦点化の機能を果たす．また，依頼文や聞き手にとって好ましくない陳述に用いられると，相手に物事を押しつけない話し手の控えめな態度が示される (⇒【解説 18】).

時に文尾にも現れ，ぼかし表現として「どうも……のようだ」の意を表すほか，相手からの反論を避けるための予防線を張る追加陳述に添えられることが多い (⇒ 用法 4).

さらに，like はくだけた言い方で接続詞として as や as if [though] と同義的に用いられるが，主に米国語法において，S be like . . . の型で引用を導く語としても用いられる．この場合，実際に発言された内容を導く場合と心理描写が表される場合がある（⇒【関連事項③】）．

言語使用域としては，特にくだけた話し言葉で若い世代が好んで用いる．

［以上，Blyth et al., pp. 215–27; 廣瀬 1993, pp. 214–23; Underhill, pp. 234–46］

マッピング

用法 1　［語修飾］（本当に［まさに］）〜と言ってよいくらいだ；〜のような（おおよその陳述；焦点化）

2　［文頭］あのう，ところで，ねえ；たとえば（陳述の緩和；例示）

3　［文中］あのう，そのう，ええっと（ためらいや慎重な態度；焦点化）

4　［文尾］どうも〜のようだ；いわば〜だ（自己防御）

焦点化の機能　⇒　解説 8, 11, 19

命令文での使用　⇒　解説 14

相手の発話を促す用法　⇒　解説 13

時間かせぎの用法　⇒　解説 21

関連事項①　共起する他の談話標識

②　関連表現　like と kind［sort］of

③　引用を導く用法

【解説 1：like の多用を避ける】　like を口癖のように 1 つの文で多用するのは避けたほうがよいとされる［cf. McConnell, p. 35］：She's — *like* — a person who — *like* doesn't know — *like* — what's she's doing. 彼女は，あのう，そういう人物なんだ，そのう，分かっちゃいないんだよ，ええっと，自分のやっていることをね．

各用法の解説

【用法 1】

形式：**《語修飾》like(,) A**

意味：（本当に［まさに］）A と言ってよいくらいだ；A のような《A は名詞（句），形容詞（句），副詞（句）など》

解説：おおよその陳述を表すが，like 以下に来る語句に焦点を当てる機能を担う．

【用　例】
He didn't identify himself, *like* deliberately, and we all sat there for an hour. —*COB* 彼は意図的にそうしたのだが，自分の正体を明かさず，私たちは皆そこに 1 時間ずっと座っていた / "You gave me sort of *like* admiration, respect, support." —Gilmour, *Fever*「君はいわば賞賛や尊敬，支えのようなものを与えてくれたんだ」〔sort of との共起に注意〕(おおよその陳述) / "Are you rich enough to pay for a taxi?" she asked. "Sure," I replied. "Where do you want to go?" "*Like* — the hospital," she said. —Segal, *Love*「タクシー代は持ってる？」と彼女は尋ねた.「もちろんさ」と僕は答えた.「どこへ行きたいの？」「あのう，病院なの」と彼女は言った (ためらいの気持ち).

【解説 2：後続する要素の種類】 A にはさまざまな文法要素が可能：(i) 名詞句 Don't you have *like* a red one? —Underhill　(ii) 形容詞(句) The waves are *like* really big. —*ibid.* (iii) 副詞(句) Man, get in that car, *like* now. —*ibid.* (iv) 前置詞句 I had problems *like* on the second question. —*ibid.*　(v) wh 節：I wonder *like* whether [when, where] I'll get another chance. —Ross & Cooper.

【解説 3：数量表現の修飾】 数値を含む表現に先行することも多いが，その場合 like は副詞としての語彙的意味をとどめ，「おおよそ，約……」(approximately) の意で，不確かさを表す：It was *like* 9 o'clock when I got home. —*LAAD* 帰宅したのはだいたい 9 時頃だった．ただし，次例では about 句に先行し，like を介して慎重に到着時間を思い出していることが示されている："Well, I got there, *like* about a quarter till eight." —Harrington, *Glitter*「そのう，だいたい 8 時 15 分前ぐらいにそこに到着したんですよ」

【解説 4：補文の修飾】 like が補文を修飾するのは通例不可，あるいは容認度が低い [Ross & Cooper, p. 359]：*We won't report *like* that you're sick. / ??I'll arrange *like* for James to sleep upstairs. / ??We tried *like* to get back early, but we were delayed. 〔cf. We tried *like* getting back early, but we were delayed. 我々は何とか早く戻ってこようと努力したが，遅れてしまった〕

ただし，次のような応答文で文頭にきて that 節を導くことは可能："Like what, Lieutenant?" "*Like that* there doesn't seem to have been a forced entry, as if Mr. Wylie opened the door and let the burglars in." —Harrington, *Game*「たとえばどういうことです，警部？」「まるでワイリーさんがドアを開けて，強盗を中に入れたみたいで，押し入った形跡がないんだよ」

【解説 5：like の位置】 like は通例文法要素の切れ目にくるが，次のように like が前置詞句の内部に入ることもある：He hasn't called me in, *like*, three weeks. —*MED* 彼から電話がないんですよ，この 3 週間あまり / "Have you had a lot of experience with girls?" she asked, like she was working up the courage to ask that. I said, "Yeah, pretty much." "With, *like*, a lot of people or just one?" —Klein, *Angel*「これまで女性経験が豊富なんでしょう？」と彼女はそう尋ねるのに勇気をふり絞っている様子で訊いた．「ああ，結構ね」「そのう，いろいろな女性と，それとも 1 人の女性となの？」

さらに，名詞句の内部に入り込むこともある：After I'd go to *like* college . . . then I get into a *like* computer program. —Underhill 大学に通えるようになって……それからコンピュータプログラムみたいなものに夢中になったんだ．

【解説 6：休止を伴わない like の位置】 like には，その直後に休止を伴う場合と休止を伴わない場合があり，その分布は多少異なることに注意．休止を伴わない like は次のような場合には通例不可［Ross & Cooper, pp. 346–47］：(i) 名詞句の主要語の直前にくる場合：*Bob's *like* bank is closed on Fridays. / *We saw a red *like* helicopter at the state fair. (ii) 代名詞の直前にくる場合：*We gave *like* her a birthday party. / *Did *like* you have a good round?

ただし，like の直後にくる語に強勢が置かれると容認可能となる．たとえば，第 1 文は Bob's *like* BANK is closed on Fridays. のように発音されると容認可能（⇒【解説 22】）．

【解説 7：休止を伴う like の位置】 休止を伴う like についても，以下のような場合は通例不可［Schourup 1985, p. 40］：(i) not only などの連語の間：*Not, *like*, only did John go, but he took all his stuff with him. (ii) 助動詞と not の間：*I did, *like*, not. (iii) me など指示対象が明らかな代名詞が目的語となっている場合：*Get out of here, and if you don't obey, *like*, me, I'll sock you. / It's Julie's birthday today. *We're giving, *like*, her a surprise party. (iv) do so の間：*Jack flies planes carefully, but I do, *like*, so with reckless abandon.（⇒【解説 22】）

【解説 8：焦点化の機能】 この用法ではしばしば like の後に休止を伴い，言葉の選択に慎重になっている態度が表されるが，後続する要素に聞き手の関心を集める焦点化の機能を果たすことが多い．したがって，like 以下には新情報や文脈上重要な要素がくる．次の例では wh 疑問文の答の部分に like が先行していることに注意：ANN: What does it mean, exactly? MARK: Well, it means, *like*, the number one priority, or the most important. —*EJ*, Oct. 1992 アン：正確にはそれはどういう意味ですか？ マーク：そうだね，つまり，そのう，最優先，一番大切だということなんだ．

次例では，like を介して important という語についての話し手のこだわりが示されている："I wanted the first words that I said to my son to be important, but I knew they would be okay, y'know, *like* almost important. I would think of all the important things an hour later." —Stallone, *Rocky*「俺は息子にかけた最初の言葉は意味のあるものにしたかったんだ．でも実際はきっとまあまあという程度のもので，そのう，せいぜい何とか大事だと言える程度だろうな．というのも，俺ときたら大切なことはいつも 1 時間後に思いつくたちなんでね」(⇒【解説 11】)

【解説 9：疑問文の焦点】 疑問文の焦点として like を添えて尋ねる場合がある："Could there have been somebody else in the house? I mean, *like*, hiding?" —Harrington, *Glitter*「ひょっとしたら誰か他にいたんじゃないのかい？ つまり，隠れていたんじゃないか？」/ "Like maybe stealing Mrs. Cooper-Svan blind." "*Like* really?" "Really. What can y'tell me about him?" —Harrington, *Glitter*「たとえば，たぶんクーパー・スバンさんをすっかりだまして金をまき上げていたんじゃないでしょうか」「そりゃ本当かい？」「本当です．彼について何か知っていますか？」

【解説 10：like が生じにくい文脈】 like はしばしば話し手の確信のなさを示唆し，文脈上自明な内容を表す語句とは通例共起しない［Andersen 1998, p. 166］：PETER: What's your name? MARY: *My name is *like* Mary. 同様に次のような文脈では各要素の like による修飾は通例不可［Ross & Cooper, p. 344］：*Give 'em hell, *like* Harry! / *What's *like* that? / *May I introduce you to *like* my mother?

また，次のように右方転位された名詞句は話し手が強調したい要素となり，自信のなさを示唆する like の修飾は通例不可：*It really bothers me, *like* John's stereo.〔cf. *Like* John's stereo, it really bothers me. ジョンのステレオは，本当にうっとうしい〕

同様に強調のために後置された名詞句を修飾するのも容認度が低い：??I'd never bring to Morgan's attention *like* these trivial points.〔cf. *Like* trivial points I'd never bring to Morgan's attention. 些細な点では絶対にモーガンの注意は引けない〕［以上，Ross & Cooper, p. 414］

【用法 2】
形式：**《文頭》*Like*(,) S V (O).**
意味：あのう[ところで，ねえ](,) S が (O を) V する；たとえばSが (O を) V する.
解説：相手の注意を引きつつ，断言を避けた陳述の導入語として用いられる．また，具体例を挙げて説明する際に用いられる．

【用　例】
Like let's get going. —*AHD*[3] さあ出発しようか / *Like*, why didn't you write to me? —*RHD*[2] ねえ，なぜ僕に手紙をくれなかったんだい？ / That is a scary intersection. *Like* yesterday I saw two cars go straight through a red light. —*LAAD* あそこはとても怖い交差点だよ．たとえば昨日 2 台の車が赤信号を直進していくのを見かけたよ / Everything's so expensive. *Like*, last week I spent over £100 on shoes. —*Active*[3] 全ての物が高いんだ．たとえば，先週靴に 100 ポンドもかかったよ / "I understand you've been advised of your rights. *Like*, you don't have to answer any questions." —Harrington, *Murders*「君の権利については助言を受けているよね．たとえば，質問に答える必要はないとか」(具体例の提示)

【解説 11：焦点化及び具体例を導く】 文頭の like は，用例第 1 例や第 2 例に見られるように，後続する陳述や疑問文に注意を引くのに用いられる．また，用例第 3～5 例のように for example と同義的に用いられ，先行する文を詳しく説明する文に先行する．後者の類例："Y'see, mechanical things just defy me to understand them. *Like*, Mrs. Columbo won't let me use the dishwasher." —Harrington, *Glitter*「いいかい，私には機械ってものは理解するのがとても厄介なんだ．だからさあ，カミさんは私に食器洗い機を使わせてくれないんだよ」(⇒【解説 8】)

【解説 12：省略的な wh 疑問文での使用】 what や how に先行し，相手に説明を促す省略的な疑問文としてしばしば用いられる："Well, they'll take away privileges, maybe." "*Like what*?" —Gilmour, *Kids*「そのう，彼らは特権を奪い取っちゃうつもりだよ，たぶん」「たとえばどんな？」/ "My father got on her nerves." "*Like how*?" "Like, I don't know." —Klein, *Angel*「お父さんが彼女をいらいらさせちゃったんだ」「どんなふうに？」「さあね，分からないなあ」〔応答においても like が先行していることに注意〕

この省略疑問文は，次のように相手の言葉をすぐさま切り返し，しばしば詰問する調子で発話される：“It has its advantages,” she replied a little unconvincingly. “*Like what*?” pressed Max. —Archer, *Many*「それには有利な点があるのよ」と彼女は少し確信がないような調子で答えた．「たとえばどんな？」とマックスは迫った / “Are you kidding? Everything’s wrong with it.” “*Like what*?” she countered. —Gipe, *Future*「冗談だろう？ 全て間違っているよ」「たとえば何が？」と彼女は言い返した．

【解説 13：相手の発話を促す】 さらにくだけた言い方では，上昇調のイントネーションを伴い，単独で相手に説明を促す表現として用いられる：“Or was she concerned about something else?” “*Like* —?” “Like the way he spent money.” —Harrington, *Glitter*「あるいは彼女は何か別のことを気にかけていたのかなあ？」「たとえば？」「彼の金の使い方とかね」/ “They say he’s got a fairly brilliant collection for himself. But mostly he buys for friends. I mean for big collectors, honey. Big big big shits.” “*Like*?” —Green, *Juror*「彼自身かなり素晴らしいコレクションをもっているらしいよ．でもたいていの場合友人のために買っているんだ．つまり大物の収集家のためにね．とってもものすごい大物だよ」「たとえば？」

【解説 14：命令文での使用】 like は基本的に確信のないおおよその陳述を導くので，即座の行動を促す命令文では通例用いられない［Andersen, p. 167］：**Like*, pick up that piece of paper immediately.

ただし，よく用いられる紋切り型の命令文に先行して，相手の注意を促す場合には命令文との共起が可能［Underhill, p. 242］：Brother: That’ll stunt your growth. Sister (very scornfully): *Like* be serious. —Underhill（兄が 10 代の妹がタバコに火をつけるのを見て）兄：タバコを吸うと成長が止まるぞ．妹（軽蔑して）：ねえ冗談はやめてよ．

【解説 15：会話の再開の合図】 中断した会話を再び始める際の導入語として用いられることがある：They walked on for a while in silence, watching the marina, the boats, the morning joggers [···] “*Like* — they’re the ones who really need help,” Jamie said. —Gilmour, *Kids* 2 人はマリーナやボートや朝にジョギングをしている人々に目をやりながら，しばらく黙って歩いた．[···]「あのねえ，彼らは本当に助けを必要としている人たちなんだよ」とジェミーは切り出した．

【解説 16：It’s like . . . の用法】 例を挙げたり，比喩的な表現を用いて説明したりする場合の切り出しとして，It’s like . . . の型もしばしば用いられる：If there’s nothing you can do to change the situation, *it’s like* — why bother? —*CIDE*

もし状況を変えるためにできることがないなら，そのう，どうして悩む必要があるんだってことさ / He scratched his ear. “*It's like*, well, all of a sudden, his heart ain't in it.” —Woodley, *Champ* 彼は片方の耳をかいた．「それが，そのう，突然彼はうわの空って感じになっちゃったんだ」/ “Well, *it's like*,” Erica said, “*it's like* stop go, stop go. I mean, I feel hungry, and then the moment the food gets in my mouth, I change my mind.” —Hill, *Unmarried*「そのう，つまり，まるで止まれ，進め，止まれ，進めといった具合なの．つまり，お腹は空いているのだけれども，食物を口に入れるとすぐ気が変わっちゃうのよ」とエリカは言った．

次の例では，同様の機能を果たす It's just . . . が併用されていることに注意: “*It's just . . .*” she reached for the words. “It's just that you never go all the way when you dance. *It's like* you're holding back, afraid to let people see what you've really got.” —Fleischer, *Alive*「そのう……」 彼女は言葉を探した．「つまり，あなたはダンスする時にとことんやらないのよね．何かためらっていて，自分が持っている才能を人に見せるのを恐がっているって感じなのよ」

同様に，くだけた言い方で伝達動詞として用いられる go は実際に発話された内容を導くのに対して，次の例ではその意味内容が It's like . . . で説明されていることに注意［Romaine & Lange, p. 238］: She goes, “Mom wants to talk to you.” *It's like*, “Hah, hah. You're about to get in trouble.”「お母さんが話をしたいって」と彼女は言った．つまり「おやおや，ごたごたが起こるわよ」ということだった．

【解説 17：引用を導くその他の用法】 like は引用を導くのに用いられる: “But he did say something about hiding it . . . *like*, ‘Don't worry, no one will find it. I was careful.’” —Parker, *Manuscript*「しかし彼はそれを隠したことについて確かに何か言っていたな，『心配するな．誰も見つけやしないよ．注意深くやったよ』なんてね」/ I think I said something dumb, *like* “Oh, yeah,” and tried to smile. —Minahan, *Summer*「ああ，その通り」なんて馬鹿なことを言って，微笑もうと努力したように思うが (⇒ 関連事項③).

【用法 3】

形式：**《文中》S (aux) (,) *like* (,) V O.**

意味：S が，あのう［そのう，ええと］(,) (O を) V する．

解説：適切な言葉が見つからず，ためらいを表す標識として機能することが多い．他方，慎重に重要な内容を導入する際にも用いられ，焦点化の機能を果たす．

【用　例】
I was wondering if I could, *like*, borrow the car this morning. —*MED* 今朝，そのう，車を借りてもいいかなあ / Do you think you could, *like*, not tell anyone what happened? —*LAAD* あのう，何が起こったか誰にも言わないでいてくれる？ / It was, *like*, getting pretty late but I didn't want to go home yet. —*CDAE* そのう，かなり時間が遅くなってきたけれども，まだ家には帰りたくなかった / I decided that I'd go and, *like*, take a picture of him while he was in the shower. —*COB*[3] 彼がシャワーを浴びている間に，彼の写真を，そのう，撮りに行こうと心に決めたんだ / Did you *like* hear the news? Class is cancelled! —Underhill ねえ知らせを聞いたかい？ 授業は休講だよ！（注意喚起）/ "Uh, yes sir, well, what happened, they *like* rushed this Miss Alexander in here this morning." —Minahan, *Summer*「あのう，つまり，何が起こったかといえば，今朝アレクサンダーさんという人がここにかつぎこまれたんですよ」（後続内容の焦点化）

【解説 18：ためらいを表す】 用例第 1，2 例に見られるように，許可を求めたり依頼を表したりする場合に like によってためらいが示され，控えめな態度が示唆される．次の例でも，訊きにくい内容を切り出すのに like が先行している：I cleared my throat. "You won't, *like*, want to stay over." I said, "Would you? I mean, nobody's here." —Klein, *OK* 私は咳払いをした．「ねえ，泊まるつもりはないわよね」と私は言った．「そうしてくれない？ そのう，皆いないのよ」/ "I just thought if I visit Vicki, I might need to, *like*, borrow it." —Klein, *Angel*「ビッキーの所へ行くとすると，たぶんその車を借りる必要があるんじゃないかと思ったのよ」

【解説 19：be 動詞との共起】 be 動詞の補語の位置にくる語に焦点を当てる場合にしばしば用いられる：It was, *like*, the best meal I've ever had. —*MED* その食事は，まさに，今まで食べた食事の中で最高のものと言ってよいものだった / You are, *like*, so rude! —*MED* 君は本当にとても無礼な奴だ！ / He's, *like*, really friendly — someone you can talk to. —*CDAE* 彼は本当に親しみやすくて，話せる人物だ / "Wow," David said, "This has been, *like*, the most amazing education." —Block, *Walk*「すごい，これは最も素晴らしい教育だ」とデビッドは言った．

【解説 20：like の位置】 like の後に休止を伴わない場合，次のような位置にくるのは通例不可：*Ed *like* is working nights. / *It *like* has been raining for two days.

ただし，like の直後の語に強勢が置かれると容認可能な文となる［Ross & Cooper, pp. 346–47］〔cf. Ed *like* IS working nights. エドは今夜働いている / It *like* HAS been raining for two days. 雨が 2 日間ずっと降り続けている〕(⇒【解説 22】).

【解説 21：時間かせぎの用法】 途中で言葉に詰まった場合にしばしば like で時間かせぎをし，適切な言葉を探すのに用いられる：“Tony, it’s got me *like* . . . paralyzed,” he whispered. “Like I don’t got no control over my life.” —Gilmour, *Fever*「トニー，そのう……麻痺しちゃった感じなんだ」と彼はささやいた.「つまり自分の生活を全くどうしようもない状態なんだ」/ “Wow. That must make you feel, *like* . . . strange.” “Disoriented.” “Yeah,” she said. “That’s the word was on the tip of my tongue.” —Follett, *Code*「まあ．記憶を失ってしまったのなら，きっと，そのう……妙な気持ちなんでしょうね」「まとまりがつかないんだ」「そうね」と彼女は言った.「その言葉よ，喉から出かかっていたのは」

また，次の例では like によって先行文が打ち切られ，新しい文に切り替えられていることに注意：HARTLEY: I generally tend to *like* . . . there’s something I see as an equivalent between movies and popular music. —*EJ*, Feb. 1993 ハートリー：たいてい，そのう……映画とポップスの間には共通するものがあるんです.

【用法 4】
形式：**《文尾》S (aux) V (O) (,) *like.***
意味：どうも(,) S が (O を) V するようだ；いわば S が (O を) V する.
解説：ぼかし表現として，相手からの反論を避けるための予防線を張る追加陳述に添えられることが多い.

【用　例】
There was this policeman just staring at us, *like*. —*CED*[2] どうも自分たちのことを見張っているような警官がいたようだ / He gets us up in the morning, *like*. —Ball (飼っている猫に言及して) 言ってみれば猫が毎朝私たちを起こしてくれているようなものだ (断定の緩和).

【解説 22：休止との関係】 通例文尾にくる文修飾の like の前には休止が置かれ，次のように言うのは不可［cf. Ross & Cooper］：*George and I are leaving tomorrow *like*.〔cf. George and I are leaving tomorrow, *like*. ジョージと私は明日出発しますよ，たぶん〕(⇒【解説 6, 7, 20】)

【解説 23：形容詞及び動詞の修飾】 語修飾で like が後置され，しばしば形容詞を修飾し，「いわば，言ってみれば」(as it were, so to speak) の意を表し，メタ言語的にその形容詞に近いことを表す．この場合には，like の前に休止を伴う場合と伴わない場合がある：I felt drowsy, *like*. —Wood & Hill[2] 眠気のようなものを感じた / I was feeling puckish *like*. —*COB* 私はいたずらっぽい気持ちを感じていた / There was this funny smell — sort of dusty *like*. —*NODE* おかしな臭いがした——埃っぽいような臭いだった〔sort of との共起にも注意〕．次のように動詞を修飾することも可能［Wood & Hill[2]］：He hesitated, *like*. 彼はためらっているような感じだった / He coughed, *like*. 彼は咳をしたようだった．

【解説 24：文尾の like と発話意図の関係】 休止を伴わず断定文の後に like が添えられることもある．この場合，like を伴う文は先行文から生じる可能性がある推測，反論，疑念などを払拭するために用いられ，相手からの反発や批判をあらかじめ避けることを意図する［Miller & Weinert, p. 389］：(父がしばらく心臓病を患っていることを知っている相手に向かって) He's back in hospital. He's in for observation *like*. 親父がまた入院するんだ．ちょっと様子を見るためだけれどもね．

【解説 25：疑問文での使用】 疑問文の文尾にきて，確認を行う際にも用いられる［Andersen 1998, pp. 390–91］：EVA: In his mouth *like*? SUE: In his mouth. —Schourup 1985 エバ：彼の口の中になの？ スー：口の中によ．また，次のように前言の内容をさらに詳しく尋ねる場合に添えられる："Actually he's a dealer in African art." "Carvings, *like*?" —Block, *Dance*「実は彼はアフリカ芸術の販売人なんだ」「彫刻か何かかい？」

【解説 26：wh 疑問文での使用】 休止を伴わずに wh 疑問文との共起も可能．前言に関連して，誤解のないように詳細な説明を求める際に用いられる［Miller & Weinert, pp. 390–91］：A: I was married young. B: You must have been — how old are you *like*? A：若くして結婚したのよ．B：きっとそうだったんでしょうね．それで今，何歳なの？ / EVA: When I'm down here I listen to Dayton. When I'm at home I listen to Akron. SUE: Yeah but which one *like*? —Schourup 1985 エバ：こっちにいる時はデイトンを聴くのよ．家にいる時はアクロンよ．スー：なるほどね，でもどの曲なの？

【解説 27：つなぎ語の like との区別】 次の例では，like は第 1 文の文尾に現れているが，後続する文を続けるためのつなぎ語として用いられていることに注意：The bloke will look at it for me, *like*, and he'll tell me what it needs. —*LD*[3] そいつが僕の代りにそれを見てくれて，そのう，その後必要なものを教えてくれるんだ / We're just having a chat, *like*, and his girlfriend walks up to us and starts shouting for no reason. —*CIDE* 私たちはただおしゃべりをしていただけなのよ，ええっと，そうしたらね，彼の恋人が私たちに近づいてきて理由もなく叫びだしたのよ．

関連事項

① **共起する他の談話標識**　ためらいを表す kind [sort] of としばしば共起する：It was *kind of* scary, *like*. —*OALD*[6] 少し不気味な感じがした (⇒ 用法 1 第 2 例)．この他，well，you know (⇒【解説 8】第 2 例)，I mean (⇒【解説 9】第 1 例) など，ためらいや言い淀みを示唆する談話標識と共起することが多い："*Well* . . . Hey! *Like*, *y'know*, you and your dog are the most interesting people on the beach this morning." —Harrington, *Game*「ねえ，ちょっと！ あのさあ，あなたと犬が今朝の海岸で最も興味深い連れね」．次の例では，just や maybe との共起に注意：Sammy shrugged. "*Just like* you're . . . I don't know, *like* sad *maybe*." —Gilmour, *Day* サミーは肩をすくめた．「まるで君は……分からないよ，悲しげって感じかな，たぶん」

② **関連表現**　like と kind [sort] of：ともに話し手の確信のなさを示す談話標識として機能し，通例 kind [sort] of は否定文の焦点となり，強勢を受けるのに対し，like は不可 [Andersen 1998, pp. 164–65]：PETER: You were sort of drunk last night weren't you? MARY: I wasn't *SORT OF* drunk. I was DRUNK. ピーター：君は昨晩ちょっと酔っていたんじゃないの？ メアリ：ちょっと酔っていたんじゃなくて，すっかり酔っていたわ / PETER: You were like drunk last night weren't you? MARY: *I wasn't LIKE drunk but DRUNK.

　ただし，次のような文脈で，like の使い方についての説明が添えられる場合については like 自体を否定することが可能：PETER: You were like drunk last night weren't you? MARY: I wasn't *LIKE* drunk; you shouldn't [can't] use the word 'like' in that way. ピーター：君は昨晩酔っぱらっているって言っていい状態だったんじゃないの？ メアリ：そんなふうじゃなかったわ．'like' という語はそんな風に使うべきじゃないわ [使えないわ]．

③ **引用を導く用法**　主に米国語法のくだけた言い方で，S be like . . . の型で「S〈人〉が……とか言っている [言った]；(おそらく) ……と思っている」の意で引用を導く：I asked him if he thought Liz was cute, and he's *like*, yeah, definitely. —*LAAD* 私は彼がリズがかわいいと思っているか尋ねたんだ．すると彼は「全くその通り」だってさ / So I'm telling Patti about my date and she's *like*, No way, and I'm *like*, It happened. —*CDAE* そこでパティにデートのことを話すと，彼女は「まさか」と言い，僕は「本当にデートしたんだよ」と言った / LOPEZ: Wesley was wonderful about it, in the sense that, he was *like*, "What's gonna make you more comfortable?" and this and that. I was *like*, "Bring music. Play it loud." You know what I mean? —*EJ*, May. 2005 ロペス：この件ではウェズリーさんは素晴らしかったですよ．「少しでも君を落ち着かせるにはどうしたらいい？」なんてあれこれ訊いてくれたりしました．私は，「音楽をお願い．ガンガンかけて」と言ったりしました．分かりますか？

like の後には，しばしば間投詞やそれと類した感情表現がくることが多い．この場合，直接相手の言った言葉として伝達する場合も多いが，相手の反応，あるいは心理状態を端的に描写することもある：He was *like*, huh? —*LAAD* 彼は「はあ？」と言った / We were *like*, oh, no! —*LAAD* 私たちは「まあ何てことなの」って感じだったわ．また次のように発話時にジェスチャーを使う際にもその導入表現として用いられる [Blyth et al., p. 217]：And I was *like*, "[making a face]."

この用法では，相手の言ったことを直接引用する場合以外に，相手の考えや気持ちを想像して伝達する場合もある [Blyth et al., p. 222]．そのどちらであるかは文脈による．次例は後者の例：LOPEZ: And, just, you know, he's Richard Gere. You see him and you're *like*, "I've seen you do so many things and you're doing the face right now!" You know what I mean? Doing the Richard Gere thing. —*E J*, May. 2005 ロペス：それに，ただ，何しろ彼はリチャード・ギアなんです．彼を一目見ると，「いろんな役を演じてきたのは見たけど，ほら，今，例の顔をやってる！」って感じなんです．分かりますよね？ リチャード・ギア的なことをやっているわけですよ．（廣瀬）

now

概　説

この語は，基本的に時間の副詞として「現在時」を表し，「今 (では)，現在 (では)」の意を持つ．「現在時」は状況により語りの中の「現在」に拡大され，現在形に限らず未来を表す表現，過去形，完了形とともに用いられる．

談話標識 now は，副詞 now が持つこのような時間における連続が，会話の中で談話における局面変化を表すものへと移行し，時間の流れを維持しながら話題の転換を円滑に行うために用いられるようになった．「今，現在」を強調することで，これまでの話題はさておき，今はこの新しい話題に集中するように相手に注意を促す機能を持つ．広範な言語活動の場で用いられ，活動の目的に応じて「さあ，さて，そこでだが」など，さまざまな意を表す．また，同じ話し手による発話の中で頻繁に用いられるという特徴もある．通例（急激な）下降調で発せられ，直後には短い休止が置かれて主発話とは独立した音調を持つ．

発話より大きな単位である談話構造の中で，文頭で用いられ談話の話題管理の機能を担う．会話の切り出しや相手の発話を受けて，相手の注意を喚起し「さあ，さて，ところで」の意で，関連した話題に戻りつつ新たに談話を再開する際に用いられる．また，発話の途中で話題を転換する場合や，一連の談話で新たな段階へ移行する合図としても用いられる．

会話の順番取り（turn-taking）の観点からは，自分が話す順番であることを表明したり，さらに話を続けるために順番を保持したりする目的で用いられる．

言語使用域としては，公式なスピーチ・議論・インタビュー・討論から対面や電話での会話に至るまで，さまざまなタイプの話し言葉で用いられる．また，書き言葉でも段落の変わり目などを示す場合に用いられる．

［以上，Carter & McCarthy, p. 215; Leech et al., p. 325; Aijmer 2002, pp. 63–69, 79; Biber et al., p. 1088; Finnell, p. 732; Bäcklund, pp. 31, 37; Quirk et al., p. 640; Greenbaum, p. 76］

マッピング

用法　［文頭］さあ，さて（話題の導入・転換）
サブトピックの導入　⇒　解説 5
話し手の感情の表現　⇒　解説 13
語りでの使用　⇒　解説 14
共起する他の談話標識　⇒　解説 4, 6, 8, 9, 10
関連事項　関連表現　(i) now と by the way　(ii) look

各用法の解説

【用法】

形式：**《文頭》*Now*(,) S V (O).**

意味：さあ［さて，ねえ，ところで；ここで；ようやく，ついに］（この瞬間を待っていたのだが）S が（O を）V する．

解説：会話の切り出しで新しい話題を導入したり，発話の途中で話題を転換したり，一連の談話で新たな段階への移行を合図する際に用いられる．

【用　例】

Now, come and sit down. —*OALD*[7] さあ，こっちに来て座りなさい〔命令文との共起に注意〕/ ERICA: Okay, *now* that's a perfect guy for you. He's adorable. —*Something's*［映］エリカ：さて，ねえ，あなたにぴったりの男性よ．ハンサムだし〔次の行動に移ることを示す okay との共起に注意〕(判断の導入) / "Not a lot to go on, Mrs. Osborne, but I'll do the best I can. *Now*, my charges are ten dollars a day plus expenses." —Archer, *Kane*「そう手がかりはありませんが，できるだけのことはするつもりですよ，オズボーンさん．ところで，料金は 1 日 10 ドルプラス経費です」(話題転換) / Curtis Fenton took a file out of his desk which Abel could see had 'Confidential' written across the cover. "*Now*," he began, "I hope you will find my news is to your liking." —Archer, *Kane* カーティス・フェントンは机からファイルを取りだしたが，表紙に「極秘」と書かれているのがアベルの目に入った．「さて」と彼は切り出した．「私がお伝えすることがお気に召すだろうと思っております」(重要な話題の切り出し) / THERAPIST: I thought we agreed you weren't gonna cook for me anymore.　KATE: I didn't cook it for you, I just tried some new ideas. Who else am I gonna give it to?　THERAPIST: *Now*, we're gonna try something new this week, I'm going to ask you questions, and you're gonna answer them. —*Reservations*［映］セラピスト：もう私に料理を作らないという約束だったんじゃないかね．ケイト：あなたのために作ったんじゃないわ．ただ新しいアイディアを試しただけ．他に食べてもらう人もいないし．セラピスト：さて，今週は新しいことをしよう．私が質問するから，君はそれに答えるんだ (本題の導入)．

【解説 1：相手の発話を受けての使用】　相手の発話を受けて，談話をさらに進める際に用いられる：CLARIS: The quickest way to a Spanish heart is dance. Shall we?　MIA: *Now* tell me, what kind of dancing do you do? —*Princess*［映］クラリス：スペインの心を知るのに一番手っ取り早い方法はダンスよ．さあ．ミア：ねえ，どんなダンスを踊るの？ / ANDY: You know she called me Andrea? I mean, she didn't call me Emily. Isn't that great?　EMILY: Yeah, whoopee. *Now*, it's very important that you do exactly what I'm about to tell you. —*Devil*［映］アンディ：ねえ，彼女は私をアンドレアと呼んだわよね．エミリーとは呼ばなかったってこと．すごくない？　エミリー：まあね．ところで，大切なことを言うから言う通りにしてね (⇒ 用例第 5 例)．

【解説 2：同一話者の発話内での now】　話し手自身の発話の中で新しい話題を導入する際に用いられる："Ah! And everything points to the murderer having got clear away . . . for the moment, that is. *Now* then, let me hear all about it. Who found the body?" —Christie, *Ackroyd*「ああ！ そして，全ては殺人者が消え去ったことを示している．つまり，今のところは．さて，では，全て聞かせてくれたまえ．誰が死体を発見したんだ」〔話題を移行する then との共起に注意〕/ CLARIS: It's Hermès. The scarf is merely a training tool. Eventually you will learn to sit . . . and eat properly without it. Manners matter. But enough etiquette for the day. *Now*, Genovia does a lot of trade with Spain. —*Princess*［映］クラリス：エルメスよ．スカーフは単なる練習道具なの．最終的には，それがなくてもあなたが，きちんと座って……お食事できるようになればいいのよ．お作法は大切ですよ．でも，エチケットは今日はもうおしまい．さて，ジェノビアはスペインとの貿易が盛んなの (⇒ 用例第 3 例)．

【解説 3：重要な話題の導入】 ある話題をさらに展開して別の重要な内容を導入する場合，聞き手の注意を喚起するために用いられる：The room was almost empty and when I had poured two cups for us Edward leaned over to me conspiratorially and whispered: "*Now* there's a hell of a story for a publisher like you," he said. "I mean the real truth about Harry Newman." —Archer, *Gentleman* 部屋にはほとんど人がいなくなっていた．私が 2 人分のコーヒーを入れると，エドワードは陰謀でもめぐらしているかのように私の方に身を寄せてささやいた．「ところで，あなたのような出版界の方に耳よりの話があるんです．ハリー・ニューマンの真実のことなんですがね」/ KENNY: If the President protects you, Commander, he may have to do it with the Bomb. *Now*, I've known the man for fifteen years. The problem is, he will protect you. So, I'm asking, don't make him protect you. Don't get shot at. —*Thirteen*［映］ケニー：もし大統領が君たちを守るとしたら，中佐，彼は核爆弾を使わねばならないかもしれない．ところで，僕は彼とは 15 年の仲だ．問題は彼が君たちを守るだろうということだ．だから，頼む，彼に君たちを守らせないでくれ．爆撃されないようにしてくれ (⇒ 用例第 4 例)．

【解説 4：look との共起】 相手にとって想定外の話を導入する際には談話標識の look などと共起可能："*Now*, *look*," Mason said, "apparently you've been trying to play detective again." —Gardner, *Aunt*「あの，いいですか」とメイソンは言った．「どうもあなたはまた刑事のまね事をしていたようですね」．look の詳細は (⇒ LOOK)．

【解説 5：サブトピックの導入】 ある話題に関して，さらに細かく説明するためにサブトピックを導入する際に用いられる：EMILY: This is the Book. *Now*, it is a mockup of everything in the current issue. We deliver it to Miranda's apartment every night and she retu . . . Don't touch. She returns it to us in the morning with her notes. *Now*, second assistant is supposed to do this . . . but Miranda is very private and she does not like strangers in her house. So until she decides that you're not a total psycho . . . I get the lovely task of waiting around for the Book. —*Devil*［映］エミリー：これがその本よ．あのね，最新号の見本なの．毎晩ミランダのマンションに届けて，彼女が……触っちゃだめ．翌朝メモをつけて返してくれるの．でね，セカンドアシスタントがこの仕事をすることになってるんだけど……でもミランダはプライバシーを重んじるので，家に知らない人を入れたがらないの．だから，彼女があなたを変質者でないと判断するまで……私がこの仕事をするわ．

【解説 6：then との共起】 新しい視点を導入し，新たな話題への移行を合図する場合は then と共起可能［Carter & McCarthy, p. 112; Bolinger, p. 293］：Anne Kane had slept peacefully through the night. When her son William returned after breakfast in the arms of one of the hospital's nurses, she could not wait to hold him again. "*Now then*, Mrs. Kane," said the white-uniformed nurse briskly, "shall we give baby his breakfast too?" —Archer, *Kane* アン・ケインは一晩中ぐっすり眠った．息子のウィリアムが朝食後，病院の看護婦の腕に抱かれて戻って来ると，待ち切れずに抱きかかえた．「さてそれでは，ケインさん」と白い制服の看護婦はきびきびとした口調で言った．「赤ちゃんにも朝ご飯をあげましょうか？」〔呼びかけ語との共起に注意〕．then の詳細は（⇒ THEN 用法 1，**【解説 5】**）．

【解説 7：話題の回帰】 元の話題に戻りつつ談話を進める場合に用いられる［Leech & Svartvik[3], p. 188］："I didn't recognize for the moment, but you were staying with Mr. Ackroyd a year ago last May." "June," corrected Blunt. "Just so, June it was. *Now*, as I was saying, it wasn't you with Mr. Ackroyd at nine-thirty this evening?" —Christie, *Ackroyd*「しばらく分からなかったよ．しかし，君は1年前，去年の5月だったかな，アクロイド氏と滞在していたね」「6月です」と，ブラントは訂正した．「そうだ．6月だった．さて，先ほど言っていたように，今夜9時半にアクロイド氏の所に一緒にいたのは君じゃなかったんだね？」

【解説 8：well との共起】 少し考えてから話題を導入する場合や，後続する発話が先行発話の内容と合致しないが立ち戻る必要がある場合には well と共起可能［Aijmer 2002, p. 77］："[…] I don't know what he'll do to me." […] He smiled again. "*Well, now*, that's not too serious, Mrs —?" —Sheldon, *Tomorrow*「[…] 彼が私にどんなことをするか分からないわ」[…] 彼はふたたびニヤッと笑った．「まあまあ，そんなに心配しなくていいですよ，ミセス——」．well の詳細は（⇒ WELL）．

【解説 9：so との共起】 結論やまとめ，先行する議論の結果を述べる場合は so と共起可能［Aijmer 2002, p. 65］．次の例では，聞き手から要点を求めている：HOOKS: But how can this be, hmm? Since we all know that it is against the law for a Japanese-born to own land. Now, see, even leasing is illegal. *So*, *now*, what was the point of this payment plan? —*Snow*［映］フックス：しかし，こんなことはあるんでしょうか？ 日系人が土地を持つことが違法であるのは周知の事実です．よろしいですか，借りることさえできません．さて，じゃあ，この支払い計画のポイントは何だったのでしょう？ so の詳細は (⇒ so 用法 1)．

【解説 10：okay との共起】 先行する発話状況などを確認・容認してから次の話題に入る場合には okay［ok］と共起可能：EMILY: Remember, you and I have totally different jobs. I mean . . . you get coffee and you run errands. I am in charge of her schedule . . . her appointments and her expenses . . . . [⋯] *Okay*, *now*, stay here. I'm going to the Art Department to give them the Book. —*Devil*［映］エミリー：いーい，あなたと私は全く別の仕事なのよ．つまり……あなたはお茶くみとお使い．私は彼女のスケジュール管理……面会の約束やお金のことも……．[⋯] さて，じゃあ，ここにいてね．私は本を渡しに技術部に行ってくるから．okay の詳細は (⇒ OKAY 用法 3)．

【解説 11：会話の終了】 一連の会話を終了する合図にも用いられる："And *now*, signor Nazuka, perhaps you will excuse me? I have still a number of things to do." —Chase, *Venice*「それではナツーカさん，失礼していいかな．まだやることがいろいろとあるのでね」〔and，呼びかけ語との共起に注意〕

【解説 12：手順の説明】 料理や手品など，実演をしながら説明をする場合に用いられる．しばしば順序を表す first, next, then などの副詞と共起する：*First*, boil the rice in well-salted water; drain it immediately. *Next*, warm the lightly buttered base of a small pie dish. You may *now* put the rice in the dish. *Then* add the cheese, tomato and onion. The pie is at last ready to be put in the oven. —Quirk et al. まず塩を効かせたお湯でお米を茹でて，茹だったらすぐにお湯を捨ててください．次に少量のバターを塗った小さなパイ皿の底を温めてください．ここでお皿に米を入れていただきます．それから，チーズ，トマト，タマネギを加えます．これでやっとパイをオーブンに入れる準備ができました / "*Now*, I untie it (the diploma)," she chanted, "and *now* I unroll it, and *now* I show it to you." —Buck, *Answer*「これより卒業証書のひもをほどきます」と彼女は歌うように言葉を続けた．「そして広げます，さあお見せしますよ (どうぞ)」〔順序を示す

and との共起と now の繰り返しに注意〕. and, first(ly), then の詳細は (⇒ AND 用法 1; FIRST(LY) 用法 1; THEN 用法 1).

【解説 13: 話し手の感情の表明】 要求, 命令, 感想, 質問を強調して, 話し手の苛立ちや強い興味, 真剣な態度を示す際に用いられる: *Now* come on, tell me what's been happening. —*MED*[2] ねえ, お願い, どうなっているのか聞かせて〔come on との共起に注意〕/ "I want this boat to sink. Why couldn't this be the *Titanic*?" "*Now*, just stay calm." Jeff said soothingly. —Sheldon, *Tomorrow*「こんな船, 沈んでしまえばいいのよ. タイタニック号みたいになればいいんだわ」「まあ, 落ち着いて」とジェフはなだめるように言った / ERICA: Ever been married, Harry? HARRY: No. No, I haven't. ERICA: Wow. *Now*, why do you think that is? —*Something's*〔映〕エリカ: 結婚したことある, ハリー? ハリー: いや, いや, ないけど. エリカ: うわあ. ねえ, それはなぜだと思ってるの?

次は now が文尾で用いられた例: "Don't be ridiculous, *now*, Katharine," her father said. —Rossner, *Goodbar*「おいおい, キャサリン, ばかなことは言わないでくれ」と父親は言った〔呼びかけ語との共起に注意〕/ WILLIAM: Good boy, *now*. Give Louisa a kiss for me. —*Park*〔映〕(犬に) ウィリアム: さあ, いい子だ. 私の代わりにルイーザにキスをしてあげておくれ〔呼びかけ語との共起に注意〕.

【解説 14: 語りでの now】 小説などの語りで, 談話の展開を示す際に用いられる: He is, in fact, the life and soul of our peaceful village of King's Abbott. *Now* when Roger Ackroyd was a lad of twenty-one, he fell in love with, and married, a beautiful woman some five or six years his senior. —Christie, *Ackroyd* 彼は, 事実, この平和なキングズ・アボット村の花形である. (新しい段落が始まる) さて, ロジャー・アクロイドが 21 歳の時, 彼は 5, 6 歳ぐらい年上の美しい女性と恋に落ち, 結婚した.

関連事項

関連表現 (i) now と by the way: now は時間の流れに沿って談話の流れを展開することで話題の転換を示すが, by the way はこれまで論じてきた話題からそれることで話題の転換を示す〔cf. Schourup & Waida, pp. 52–62〕. by the way の詳細は (⇒ BY THE WAY).

(ii) look: look は相手の想定にない話題を導入する時は直接相手の注意を他の方向へ向けるよう指示することで, 話題の転換に用いられる〔cf. 西川 2011〕. look の詳細は (⇒ LOOK).

(西川)

please

概 説

この語は元来，「S〈物事〉が O〈人〉を喜ばせる」の意の他動詞としてしばしば非人称の it を主語にした構文で用いられていた．その後，祈願文の Please (it) you.（＝May it please you.）の形式を経て，さらに you が省略されて please を単独で用いる副詞的用法を発達させ，現在に至っている．

しばしば命令文や法助動詞を含む疑問文と共に用いられ，丁寧な依頼を表す標識として，「どうぞ，どうか」の意を表す．文頭，文中，文尾のいずれも可能である．文頭にくる場合は，幅広く文脈から何らかの依頼が示唆される場合は可能となるが (⇒ 用法 1)，特に文中では明確な依頼の内容が必要となる (⇒ 用法 2,【解説 11】)．文尾については，間接的な依頼と解釈される疑問文や平叙文と共起する (⇒ 用法 3,【解説 14, 16】)．

また，しばしば単独でも用いられ，相手の申し出や許可を求める発話の応答として「どうぞ，お願いします」の意で用いられる (⇒ 用法 4)．また，相手の否定的な陳述に対する応答として，話し手の不満を表すのに用いられる (⇒【解説 27】)．その他，相手の言葉をとがめたり，無作法な行動をさえぎったりして，「どうか (……するのを) やめてください」の意で用いられる (⇒ 用法 5)．

言語使用域としては，主として丁寧な話し言葉で用いられるが，書き言葉でも幅広く用いられる．

[以上，寺澤, p. 1079; *OED*[2]; Levinson, pp. 265–69; Stubbs, pp. 71–73; *OALD*[8]]

マッピング

用法 1　[文頭] どうぞ，どうか(～してください) (依頼)
2　[文中] どうぞ，どうか(～してくれませんか) (依頼)
3　[文尾] どうぞ，どうか(～してください) (依頼)
4　[単独] どうぞ (同意・許可)
5　[単独] どうか(やめてください) (不満)

発話行為の種類　⇒　解説 1, 2, 3, 9, 14, 15, 16, 21
平叙文での使用　⇒　解説 4
please の繰り返し　⇒　解説 5, 12
反論の前置き　⇒　解説 8, 29
yes との共起　⇒　解説 22

各用法の解説

【用法 1】
形式：**《文頭》*Please*(,) (S) V (O).**
意味：どうぞ［どうか］V してください．
解説：命令文や法助動詞を伴う疑問文，さらに平叙文に先行し，直接，あるいは間接的に丁寧な依頼を表す．

【用　例】
Please feel free to ask any question at any time. —*LAAD* いつでも気軽に質問してください / *Please* don't leave me alone. —*OALD*[8] どうぞ私を 1 人にしないでください / *Please* could I have a glass of water? —*Active*[3] 水を 1 杯いただけますか / "*Please* forget all of this. Promise?" "Of course," I said, and that was that. —Sanders, *Seduction*「このことは全て忘れてください．約束できますか？」「もちろんです」と僕は言い，それで話は終わりであった（依頼）/ "*Please*, can I have your autograph?" [...] "Sure." Shuffling through papers, he found a blank one and signed it. —Roberts, *Manhattan*「サインをもらえますか？」[…]「いいですよ」 彼は書類をかき回して何も書いていないものを 1 枚見つけ，それにサインした（許可を求める）．

【解説 1：共起する発話行為の種類①】 一般に命令文と共起し，please を添えることで丁寧な依頼の意を表す（⇒用例第 1, 2, 4 例）．強調の do に先行することも可能："Such material must remain to be confidential to protect our clients." "*Please* do sell mailing lists," I said. —Parker, *Stakes*「そうした代物は依頼人を守るために極秘にされなければいけない」「どうか住所録をぜひ売ってください」と私は言った．ただし，主語の you の前に please が来るのは通例不可［Quirk et al., p. 403］：**Please*, you go at once.（⇒【解説 13】）

【解説 2：共起する発話行為の種類②】 命令文の形式を取るが，文脈により祈願や懇願を表す：She might survive. Oh God, *please* let her survive. —Ridpath, *Venture* 彼女は生き残るかもしれない．ああ神様，どうか彼女を生き残らせてください / "*Please*," she entreated. "If I wanted to get screamed at I could have told my parents." And then tears came. "*Please*, Barney," she sobbed. "*Please* help me." —Segal, *Doctors*「お願いよ」と彼女は懇願した．「もし怒鳴られたいと思ったら，両親に話していたわ」 そう言うと涙がこぼれた．「お願い，バーニー」彼女はむせび泣いた．「どうか私を助けてちょうだい」．次は形式ばった言い方で，願望を表す：*Please* God they'll return safely. —*LDELC*[2] どうぞ彼らが無事に戻って来ますように（⇒【解説 10】）．

【解説 3：共起する発話行為の種類③】 許可を求める疑問文（Can [Could] I . . . ?）としばしば共起する（⇒用例第 3, 5 例）．子どもが大人の注意を引いて，文頭で用いることも多い［*COB*[3]］：*Please* sir, can I have some more? もう少しもらってもいいですか？ 下降調で依頼を表す疑問文と共起することもある：*Please* would you let me in. —*Active*[3] どうか私を中に入れてください［疑問文の形式であるが疑問符が付けられていないことに注意］（⇒【解説 10】）．

また，確認を求める（付加）疑問文と共起する："George, do I look like a spy to you?" "Of course not," he said knowingly. "That is the biggest reason why I suspect you. *Please* — you won't report this, yes?" —Segal, *Class*「ジョージ，僕がスパイに見えるかい？」「もちろんそんなことないさ」と彼は物知り顔で言った．「でもそれが君を怪しいと思う最大の理由だ．頼むよ——これを報告しないよね？」

【解説 4：平叙文での使用】 自分の意向を伝え，間接的に依頼を表す平叙文に先行する："Why do you ask, Dave?" "*Please*, I prefer to be called David," he replied. —Segal, *Class*「なぜそんなことを訊くんだい，デイブ？」「お願いだ，デビッドと呼んでくれよ」と彼は答えた．理由などを添えて，さらなる説明を求める場合がある：*Please*, sir, I don't understand! —*LDELC*[2] すみませんが，おっしゃっていることが分かりません / "Tell me, how would the year help?" "It's a confidential matter, really. But the year could tell me a lot. *Please*, it's important." —Patterson, *Judgment*「聞かせてくれよ，（製品番号の）年号がどう役立つんだい？」「極秘事項です，本当に．でも年号で多くのことが分かるんです．教えてください，重要なことなんです」

【解説 5：please の繰り返し】 相手に懇願する場合に，please が繰り返されることがある：*Please, please* don't forget. —*OALD*[8] どうか，お願いだから忘れないでください / "*Please, please*, take me back to Holly Hills." —Fleischer, *Hearts*「どうか，お願いよ，私をホリーヒルズに連れ戻してちょうだい」（⇒【解説 12】）

【解説 6：談話修正】 特に呼びかけ語など，相手の言葉を修正することを合図する："I would like that very much, Your Honor." "*Please* — Giovanni." "Giovanni." Lucia handed him his cup. —Sheldon, *Sands*「そうありたいですわね，裁判長」「お願いだ——ジョバンニと呼んでくれ」「ジョバンニさん」とルシアは彼にカップを手渡した．次は，訂正語句の後に please が来ている例："But you know,

Mrs. Lawson . . .” “Jill,” she corrected again. “*Please.*” —McBain, *Hope*「でもそのう，ローソンさん……」「ジルよ」と彼女はもう1度訂正した．「そう呼んでちょうだい」

【解説7：相手の意向に同意】 先行する相手の意向に同意し，言葉を添える際に用いられる：“I’ll change my name,” George said facetiously. “*Please*,” said the old man, “the sooner the better.” —Segal, *Class*「僕は名前を変えるよ」とジョージはふざけて言った．「そうしてくれ，早ければ早いほどいい」とその老人は言った (⇒用法4)．

【解説8：反論の前置き】 相手の不合理な言動に対して反論する際の前置き表現として用いられる：“Well, it’s hardly democratic for a government to force people to farm against their will —” “We do not force —” “*Please*, Father,” Gyuri answered with an exasperated sigh, “you’re not talking to some naive idiot.” —Segal, *Class*「いいですか，政府が人々の意志に反して無理やり耕作させるなんて民主的だとはとても言えませんよ——」「強制などしていない——」「いい加減にしてください，お父さん，世間知らずの馬鹿者に話しているのでないのですから」とギュリはイライラした溜息をつきながら答えた (⇒用法5,【解説29】)．

【用法2】
形式：**《文中》Will［Can, Would, Could］you *please* V（O）?**
意味：どうぞ［どうか］(Oを) Vしてくれませんか［いただけませんか］?
解説：法助動詞 (will, can, would, could) から始まる疑問文の文中で用いられ，丁寧な依頼を表す．

【用　例】
Will you *please* come with us? —*CULD* どうぞ私たちと一緒に来てくれませんか / *Would* you *please* hurry up — we’re going to be late. —*LAAD* どうか急いでいただけませんか．遅れてしまいます / “I’m supposed to meet Jenny at Blotto’s at six. *Will* you *please* leave now and wait for her there? Okay?” —Sanders, *Seduction*「6時にブロットの店でジェニーに会うことになっているんだ．ここを出てそこで彼女を待ってくれないか？ いいかい？」(依頼)

【解説9：共起する発話行為の種類】 通例，2人称主語と共起し依頼を表すが (⇒用例第1, 2, 3例)，1人称主語と共起して許可を求めることもある：May I *please* explain my reasons? —Quirk et al. 私の言い分を説明させてもらえますか / Could I *please* borrow the car? —*LAAD* 車をお借りしてよろしいでしょうか？（⇒【解説 14】）

時に 3 人称主語を取ることもある［Quirk et al., p. 570］：Could Mr Brandt *please* move to one side? ブラントさん片側に移動してもらえますか？

【解説 10：下降調の疑問文での使用】 下降調で発音されると，強調的な言い方になる：Will you *please* keep quiet! —*LDELC*[2] 静かにしていてください．次の例では，下降調の表現と上昇調の表現を併用している．後者で please に強勢が置かれていることにも注意："Would you *please* shut up," I said. "Remember? You fell asleep." "That shows how safe I felt in your presence," I said. "Will you *please*（原文イタ）shut up?" —Block, *Walk*「どうか黙ってくれ」と私は言った．「覚えている？ あなたは眠っていたわ」「それは君の前では安全に感じているという僕の気持ちを表しているだけだよ．お願いだから黙ってもらえないか？」と僕は言った（⇒【解説 2, 3】）．

【解説 11：依頼を表す ask との共起】 依頼を表す ask と共起する："Maybe a hundred years from now, we'll have a soundproof jury room, but meanwhile, I ask you *please* to put up with the noise-making machines." —McBain, *Mary*「たぶん 100 年後には，防音の陪審員室が整備されると思いますが，当分の間，うるさい機械類に我慢してください」〔cf. "Miss Fowler," Atkins said, "I ask you to look at this photograph, *please*." —*ibid.*「ファウラーさん，この写真を見てください，お願いです」とアトキンスは言った〕．次の例では，tell と共起し分離不定詞となっていることに注意："And tell him to *please* hurry because I'm very thirsty." —*ibid.*「ついでにとても喉が渇いているので急いでほしいと彼に言ってよ」

この他，依頼を表す以下の表現との共起が可能［Levinson, p. 269］：I'd like to *please* . . . / May I remind you to *please* . . . / Would you mind if I was to ask you to *please* . . . / I am sorry that I have to tell you to *please* . . . .

ただし，依頼と解釈しにくい発話と共起するのは不自然となる［Levinson, p. 265］：?The sun *please* rises in the West. / ?The Battle of Hastings *please* took place in 1066.

【解説 12：please の繰り返し】 強調的に please を繰り返して用いることが可能．次の例では，言葉遊び的に 5 回繰り返されている："Spencer, I want a hot dog and some beer and peanuts and a ball game. Could *please*, *please*, *please*, pretty *please*, *please* with sugar on it knock off the writer bullshit and escort me through the gate?" —Parker, *Stakes*「スペンサー，私が欲しいのはホットドッグとビールとピーナッツと野球の試合よ．どうぞ，本当にお願いよ，後生だから，そんな作家についてのたわごとを言うのはやめて，私をゲートまでエスコートしてちょうだいよ」(⇒【解説 5】)

【解説 13：主語を伴う命令文での使用】 命令文に主語を伴う場合に，please が文中にくることが可能：You *please* shut the door. —Levinson あなたがドアを閉めてください / Passengers will *please* refrain from expectorating. —Sadock 乗客の皆さんは唾を吐かないようにしてください / "So everybody *please* have your laugh now and get it out of your system." —Fleischer, *Hearts*「さあみんなさっと笑ってそれを忘れてちょうだい」(⇒【解説 1】)

【用法 3】
形式：**《文尾》(S) V O(,) *please*; Will [Can, etc.] you V (O), *please*?**
意味：どうぞ (O を) V してください；(O を) V してくれませんか？
解説：命令文，疑問文や平叙文に添えられ，丁寧な依頼を表す．

【用　例】
Come in, *please*. —*OALD*[8] どうぞお入りください / Close the door, *please*. —*CULD* ドアを閉めてください / Can you all sit down, *please*? —*Active*[3] 皆さん座ってください，どうぞ / "We'd like to ask him a few questions, *please*." —McBain, *Mischief*「彼に 2, 3 質問したいのですが，お願いします」(間接的な依頼) / "If we get'em distributed at school on Tuesday, we'll get four days' exposure before next Saturday. That'll be one dollar each, *please*." —Howard & Howard, *Candy*「火曜日に学校でチラシを配ると，土曜日までに 4 日間，目に触れることになるよ．1 日につき 1 ドルになりますよ」(間接的な依頼)

【解説 14：共起する発話行為の種類①】 通例，命令文あるいは 2 人称主語の依頼文に添えられるが (⇒用例第 1, 2 例)，1 人称主語の許可を求める発話に後続することも可能：Could I speak to Alice, *please*? —*Active*[3]（電話などで）アリスさんをお願いしたいのですが / "Can I see your license, *please*?" "Hell, no. I'm leaving now." —Follett, *Hammer*「あなたのライセンスを見せていただけませんか」「お断りだ．もう出かけるよ」/ "May we come in, *please*?" he asked. —McBain, *Mischief*「中に入ってよろしいでしょうか」と彼は尋ねた / "Can we sit down, *please*?" Nodding, Corky checked his ticket stubs. —Howard & Howard, *Candy*「座ってもいいですか？」 コーキーはうなずきながらチケットの半券を確かめた.

【解説 15：共起する発話行為の種類②】 祈願を表す発話と共起する："Get Jill!" I scream. I hear her crying. Oh my baby, be okay, *please*. —Klein, *Sunshine*「ジルのところに行って」と私は叫んだ．ジルの泣き声が聞こえた．ああ私の赤ちゃん，お願いだから無事でいてね.

【解説 16：共起する発話の種類③】 ただし，単なる陳述，約束，申し出，招待，脅迫などを表す発話とは通例共起しない［Stubbs, p. 72］：*He ate more pudding, *please*. / *I promise you can have some more pudding, *please*. / *Would you like more pudding, *please*? / *Do you want to come to a party, *please*? / *Give me more pudding or I'll hit you, *please*. 次のような挨拶を表す表現とも共起しない［Sadock, p. 89］：*Have a merry Christmas, *please*. ただし，用例第 4, 5 例のように，話し手の意向や間接的に依頼を表す平叙文と共起する．また，教師や調査員が次のように please を付して尋ねることが可能［Sadock, pp. 120–21］：（教師が生徒に向かって）Johnny, who discovered the Bronx, *please*? ジョニー，ブロンクスを発見したのは誰か，答えてごらん〔cf. ?Johnny, do you have to go to the bathroom, *please*?〕/（調査員が）How many children do you have, *please*? お子さんは何人いらっしゃいますか？〔cf. Where did you get that lovely dress, *please*?〕

【解説 17：名詞句との共起】 くだけた言い方で，レストランやカウンターなどで欲しい物や提示を求める物を表す名詞句の後に添えられることも多い：Two pancakes for us, *please*. —*LAAD* 私達にパンケーキを 2 つお願いします / "Desert?" "Just coffee, *please*." —Sanders, *Seduction*「デザートはどうですか？」「コーヒーだけで結構です」/ "Library card, *please*." Without looking at me, she held out her hand for my card. —Davidson, *Cookie*「図書館カードをお願いします」彼女は私の方を見ずに，私のカードを求めて手を差し出した.

【解説 18：返答を求める名詞句との共起】 相手から詳しく情報を求める名詞句に後続する："Yes or no, *please*." I said. —McBain, *Mary*「はいかいいえをはっきりと言ってください」と私は言った / "In his office." "When, *please*, Mrs. Williams?" —McBain, *Mary*「彼の事務所にいました」「いついたのですか，ウイリアムズさん？」

【解説 19：文中の please との共起】 依頼を強調する場合に，文中と文尾の両方に please が現れることがある．文尾の please によって嘆願的な響きを伴う："Just a second," the voice on the other side said. "Ralph, will you *please* pick up that other *phone*（原文イタ）, *please*!" —McBain, *Ice*「ちょっと待ってくれ」相手側の声がした．「ラルフ，その別の電話を取ってくれないか，お願いだ」．次の例では，文尾の please が切り離されていることに注意："Can't you *please* feed them? Pretty *please*?" —Crichton, *Disclosure*「子どもたちに食事させてくれない？本当にお願いよ」

【解説 20：単独用法】 文尾から切り離されて，単独で用いられることもある．念押しや嘆願を表す："And all I'm saying is, I'd like to resolve this quickly. So think it over. *Please*. And get back to me." —Crichton, *Disclosure*「僕の言っているのは，この問題を早く解決したいということだけなんだ．だからよく考えてくれ．お願いだ．そして僕の所に戻って来てくれ」/ "Can't you come, Simon? *Please*. I don't like you two not getting along." —Ridpath, *Venture*「サイモン，どうしても来られないの？ お願いよ．あなた方 2 人に仲たがいしてもらいたくないのよ」/ "*Please*, Lorenzo. Kill me. Take me out of the misery. Help me. *Please*!" —McBain, *Nocturne*「お願いよ，ロレンツォ．私を殺して．私をみじめな状況から救い出して．私を助けて．お願い！」

次例では，please が 3 度繰り返されていることに注意："Twenty dollars." "Twenty? No, uh-uh."［…］"Thirty? *Please*, *please*, *please*?" he debated. "Well, okay, thirty." —Deaver, *Manhattan*「20 ドルです」「20 ドルだって？ だめですよ，絶対」［…］「30 ドルでどうだい？ 本当に，お願いだから，頼むよ」と彼は思案して言った．「それじゃ，分かった，30 ドルでいいですよ」/ "I thought you said you're going up to the corner for me. I'm out of cigarettes and the baby needs Pampers. Could you make a run? *Please*, *please*, *please*?" —Grafton, *Judgment*「私のために街角まで行ってくれると言ったんじゃなかったかしら．タバコが切れちゃったし，赤ちゃんにはオムツが必要なのよ．ちょっとひとっ走り行ってきてくれない？ お願いよ，本当にお願い」

【用法 4】
形式：**《単独》A：先行発話　B：*Please.***
意味：どうぞ，いいですよ．
解説：相手の申し出に応じたり，相手に許可を与えたりする際に用いられる．

【用　例】
“Would you like some more wine?” “Yes, *please*.” —*LAAD*「もう少しワインをいかがですか」「はい，いただきます」/ “Do you want some help?” “*Please*.” —*OALD*[5]「お助けしましょうか」「お願いします」/ “Shall I close the window?” “Oh, *please*.” —*LED*「窓を閉めましょうか」「ああ，お願いします」/ “Would you like to hear it?” “Yes, *please*,” said Dusty. —Follett, *Hammer*「それを聞きたいかい」「ええ，お願いします」とダスティーは言った（同意）/ “I told you, I never dated him.” “Right. May I sit down?” “*Please*.” —Sheldon, *Dreams*「申し上げたでしょ，彼とはデートしたことないわ」「そうでしたね．座ってよろしいですか？」「どうぞ」（許可）

【解説 21：共起する発話行為の種類】　please は，通例，聞き手に意向を尋ねる疑問文（⇒ 用例第 1, 2, 4 例）や話し手が申し出（⇒ 用例第 3 例），さらに許可を求める発話の応答表現（⇒ 用例第 5 例）として用いられる．ただし，陳述や純粋な疑問文，さらに依頼を表す発話の応答表現として用いるのは通例不可［Stubbs, pp. 72–73］：A: That’s a nice hairdo. Have you got the time? / Will you open the door?　B: **Please*.

【解説 22：yes との共起】　聞き手の意向を尋ねた場合応答表現として丁寧に答える際には yes を伴う（⇒ 用例第 1, 4 例）が，くだけた言い方では please を単独で用いることが可能：“Coffee?” “*Please*.” —*OALD*[8]「コーヒーどう？」「いただきます」．なお，丁寧な言い方では，please の後に文が添えられる：“Would you like a cup of coffee?” “*Please*, I’d love one.” —*LDELC*[2]「コーヒーを 1 杯どうですか？」「お願いします，1 杯いただきます」

【解説 23：申し出の断り方】　聞き手の提案や申し出を丁寧に断る際には No, thank you. が用いられ，*No, *please*. とは言わない：“Would you like to see the film, Spencer?” “No, thank you.” —Parker, *Stakes*「その映画を見たいの，スペンサー？」「いや，結構だ」

【解説 24：許可の応答】　許可を与える場合には，please を単独で用いる用法と do を添える用法が可能：“May I continue, Your Honor?” “*Please*.” —McBain, *Mary*「続けてよろしいでしょうか，裁判長？」「どうぞ」/ May I sit here? *Please do*. —*COB*[3] ここに座ってよろしいですか？ どうぞそうしてください．特に相手に行動を促す場合には do を伴う：“Do you mind if I sit?” “I’m sorry. *Please do*.” —Grafton, *Judgment*「座って構いませんか？」「（気がつかなくて）ごめんなさい．どうぞ」．次の例では Not at all. でまず応じ，その後に Please do. を添えていることに注意：Claas said, “Do you mind if we ask you a couple of questions?” “No, not at all. *Please do.*” —Grafton, *Outlaw*「2，3 質問していいですか ?」とクラアスは言った．「いいですとも．さあどうぞお尋ねください」〔cf. MARY: Do you mind if I take the last piece of cake? BOB: *Please*. MARY: Thanks. —Spears メアリ：最後のケーキを食べていいかしら？ ボブ：どうぞ．メアリ：ありがとう〕

【解説 25：命令文の省略】 状況から自明である場合には，後続する命令文が省略されて please 単独で動作を促す場合がある．次の例では come (on) in など，部屋に入る動作を促す表現が省略されている：“Oh,” Jason said quietly, “you must be David’s mother.” “A real genius you are,” she muttered. “I’m here to get his clothes.” “*Please*,” Jason said, immediately ushering her in. —Segal, *Class*「あっ，デイビッドのお母さんですね」とジェイソンは小声で言った．「とっても賢い子ね．彼の服を取りに来たの」と彼女はささやいた．「どうぞ」と言ってジェイソンは即座に彼女を招き入れた．

逆に，次の例は言い寄ってくるスーザンをたしなめている場面：He reached down and held her head with both hands. “Susan. *Please*. Come on.” —Crichton, *Disclosure* 彼は手を伸ばして彼女の頭を両手で押さえた．「スーザン．お願いだ．やめてくれ」

【解説 26：依頼を促す用法】 依頼をした後でさらに相手に促す場合に，please が単独で用いられる場合がある：“Will you let me know what you hear?” “Why would I do that?” In a fragile voice, she said, “*Please*?” —Grafton, *Outlaw*「あなたが耳にしたことを私に教えてもらえませんか ?」「どうしてそんなことをする必要があるんだい ?」「お願いですから」と彼女はか細い声で言った．

【解説 27：相手の否定的な陳述に対する不満】 相手の否定的な陳述に対して不満を述べる場合に用いられる［Spears, p. 138］：TOM: No, Bill. You can’t have a raise. BILL: *Please*. I can hardly afford to live. TOM: You’ll manage. トム：だめだ，ビル．給料は上げられない．ビル：お願いだよ．生活できないじゃないか．トム：なんとかやっていけるよ．

【用法 5】
形式：《単独》**A: 先行発話　B: *Please.***
意味：どうか（～するのを）やめてください，冗談はやめてください．
解説：相手の言動をとがめる際，特に子どもに行儀よくすることを促す際に用いられる．

【用　例】
Children, *please*! I'm trying to work. —*OALD*[8] 子どもたち，よしてちょうだい！仕事しようとしているのよ / "What's going to happen," Melanie says, "is Jack and this guy Corry are going to knock over the museum." "Jack? *Please*." "I'm serious. They have a sponsor and all." —McBain, *Hope*「これから何が起こるのかというと，ジャックとコリーとかいう奴が美術館に押し入ろうとしているのよ」とメラニーは言った．「ジャックですって？ 冗談じゃないよ」「まじめな話よ．奴らにはスポンサーがいるの」（反駁）/ "Your friends are nice," I said. "Yes, they are." "As nice as my friends?" "Like Hawk, say? Or Vinnie Morris?" "Well, yes." "*Please*!" Susan said. —Parker, *Money*「君の友達は素敵だね」と僕は言った．「その通りよ」「僕の友達と同じくらいかな？」「たとえばホークのこと？ それともビニー・モリスのこと？」「まあ，そうだね」「冗談じゃないわよ！」とスーザンは言った（言葉を遮る）/ "You want me to walk you out?" I said, "*Please*. It's dark as pitch out there." —Grafton, *Outlaw*「追い出されたいの？」と私は言った．「馬鹿なことは言わないでよ．外は真っ暗じゃないの」（相手をたしなめる）

【解説 28：子どもに対する使用】 しばしば子どもに行儀よくするように注意する場合に用いられる．くだけた言い方：Allison! *Please*! —*LAAD* アリソン！行儀よくしなさい（⇒ 用例第 1 例）．他方，子どもが先生などの注意を引く際にもよく用いられる：*Please*, Miss Smith, a moment. —*COB*[3] すみません，スミス先生，ちょっといいですか？

【解説 29：反論の前置き】 相手の言ったことが実現不可能であったり，理屈に合っていない場合に，反論する前置きとしてしばしば用いられる．くだけた言い方："Maybe we'll win." "Oh, *please*! We don't have any chance at all." —*LAAD*「もしかすると勝てるかもしれませんよ」「ああ，やめてください！ 全く勝算はありませんよ」/ "She played her old records for her." "*Please*. She played those old 78s for anyone who'd listen." —McBain, *Nocturne*「その女性は彼女のために古いレコードをかけたんだよ」「何を言ってるんです．彼女は聞きたい人皆のために古い78回転レコードをかけたのよ」/ "Are you the spy?" "The what?" "*Please*. I am not some naive newborn child. In every university the government has spies." —Segal, *Class*「君はスパイかい？」「何ですって？」「とぼけるなよ．僕は何も知らない生まれたての赤ちゃんじゃないんだからね．全ての大学で政府はスパイを飼っているんだよ」

次の例では，相手の申し出を断っている："We'll try to find him for you," Matthew said. "*Please*," she said. "The bastard." —McBain, *Hope*「君のために奴を見つけてあげよう」とマシューは言った．「よしてよ．あんな奴」と彼女は言った (⇒【解説 8】).

【解説 30：驚きを表す】 しばしば oh を伴い，もっぱら感情表現として単独で用いられる："Anyway, I'm convinced she hasn't come back to visit St. Luke's because somebody would tell her she should get married before she has the baby." "*Oh, please*!" —Davidson, *Cookie*「いずれにしても，赤ちゃんを産む前に結婚すべきだと誰かが彼女に助言したからと言って，聖ルカ礼拝堂に行くために彼女が戻ってきていないことは確かだ」「まあ，何てこと！」

関連事項

関連表現 if you please (⇒ IF YOU LIKE【関連事項 (i)】) (廣瀬)

then

概　説

この語は，古英語では「その時；次には；それなら；したがって」の意で用いられ，もとは than と同一語であったが，1700 年頃に then との分化が確立した．

談話標識としては，通例文頭で用いられ，「それから，次に，その後で」の意で順序を表す．また発展的に，談話の話題管理の機能を担い，「それでは，さて」の意で，話題の導入や転換，会話の開始や終了の合図となる (⇒ 用法 1).

時間的な順序を表す機能に話し手の推論が絡むと，「それなら，そうすると，ということは」の意で，先行話者の発話を受けて推論的応答で用いられる．通例文頭で用いられるが，文尾でも可能 (⇒ 用法 2, 3).

また発話行為と関わり，通例文頭，あるいは文尾で用いられ，先行発話を受けて命令や提案，忠告などを表す発話を伴い「その場合には，そうすれば」の意を表す (⇒ 用法 4).

さらに，「そのうえ，さらに；しかし」の意で，しばしば and then, but then

の形で先行発話に対するコメントや新しい情報を付加する際に用いられる（⇒用法 5）.

言語使用域に関しては，会話で多く用いられる．文中のどの位置でも，英国英語では米国英語の 2 倍近い頻度で用いられる．一方，米国英語では so が多く用いられ，then の頻度は低い．英国英語の特徴的な用法は，Who's a clever boy, *then*? のように，文尾で用いるものである．

［以上，Algeo, p. 144; Room, p. 627; Biber et al., pp. 886, 887, 891; 寺澤, p. 1424; *NODE*; *ODT*[2]; *SOED*[5]］

マッピング

用法 1　［文頭］それから，次に；さて
（時間的順序；（他の談話標識と共起して）談話の展開）

2　［ターンの冒頭・文頭］それなら（先行発話を受けて，推論結果）

3　［ターンの冒頭・文尾］それなら（先行発話を受けて，推論結果）

4　［ターンの冒頭・文頭］その場合には，それなら
（先行発話を受けての命令・提案）

5　［文頭・しばしば and, but と共に］さらに；（だが）しかし
（情報の付加）

発話の状況を受ける　⇒　解説 10, 20

発話行為に関わる　⇒　解説 12, 17

Then what? と So what?　⇒　解説 13

共起する他の談話標識　⇒　解説 2, 4, 5, 6, 14, 18

関連事項　関連表現　so

各用法の解説

【用法 1】

形式：**《文頭》（*And*）*then*（,）S V（O）.**

意味：それから［次に，その後で；それでは，さて］S が（O を）V する．

解説：物事が起こる順序や手順を示す際に用いられる．また通例他の談話標識と共起して，新しい話題の導入，話題の転換，会話の開始や終了を合図する．

【用　例】

First cook the onions, *then* add the mushrooms. —*OALD*[7] まずタマネギを調理して，

次にきのこを加えてください〔命令文，first との共起に注意〕/ Linus: I don't mind you smoking in my room, but not in my clothes closet. Oliver: It's good for the moths. Now *then*, Linus, what about that girl over the garage? —*Sabrina*［映］ライナス：私の部屋でタバコを吸うのは構わないけど，クロゼットの中ではだめですよ．オリバー：虫除けにはいいぞ．ところでライナス，車庫の上の女はどうなった？〔話題の転換を示す now との共起に注意〕（話題の転換）/ Marcus: I'll start with the artichoke, please. *Then* I'll have the mushroom omelette with fries and a Coke. —*Boy*［映］マーカス：前菜はアーティチョークをお願いします．それからきのこのオムレツにフライドポテトを添えたのとコーラで（注文の順序）/ Jane: Well, he dropped out of college and then climbed every major peak in the world. *And then* he started Urban Everest from his apartment and turned it into one of the most eco-friendly philanthropic businesses in the world all before he was thirty. —*Dresses*［映］ジェーン：ええと，彼は大学を中退して世界中の主な山のてっぺんまで登ったの．そしてそれから，自分のアパートでアーバン・エベレスト社を興し，30 歳になる前に世界で最も環境に優しく慈善事業に熱心な企業の 1 つに育て上げたんです〔and との共起に注意〕（経歴の順序）.

【解説 1：順序を表す語句との呼応】 first, finally などと相関的に用いて，時間的な順序が明示される［Leech et al., p. 514; Quirk et al., p. 1471］：*First* (*of all*) you take the wheel off the bicycle. *Then* remove the tyre. *Then* you find the hole. —Leech et al. まず，自転車の車輪をはずしてください．それから，タイヤを取り出せば，穴が見つかるでしょう〔then の繰り返しに注意〕(⇒ first(ly)【解説 2】).

【解説 2：and との共起】 この意ではしばしば and と共起する［Carter & McCarthy, p. 146; Quirk et al., p. 924］：Katherine: [...] And it says here that you're pre-law. What law school are you gonna go to? Joan: I hadn't really thought about that. I mean, after I graduate, I plan on getting married. Katherine: *And then*? Joan: *And then* I'll be married. —*Mona*［映］（学生のファイルを見ながら）キャサリン：[...] ここには法学志望とあるわ．どのロースクールに行くつもりなの？ジョーン：そんなこと本気で考えたことはありません．つまり，卒業したら結婚準備をするってことです．キャサリン：で，それから？ ジョーン：それから結婚するつもりです（前者の例は相手に発言を促す）．and の詳細は (⇒ and 用法 1,【解説 2】).

【解説 3：命令文での使用】 命令文で用いられ，手順を示す．しばしば順序を表す他の語句と共起可能［Quirk et al., p. 1471］：*First*, boil the rice in well-salted water; drain it immediately. *Next*, warm the lightly buttered base of a small pie dish. You may now put the rice in the dish. *Then* add the cheese, tomato and onion. The pie is *at last* ready to be put in the oven. — まず，塩を効かせたお湯で米を茹でて，茹だったらすぐにお湯を捨ててください．次に，少量のバターを塗った小さなパイ皿の底を温めてください．ここでお皿に米を入れていただきます．それから，チーズ，トマト，タマネギを加えます．これでやっとパイをオーブンに入れる準備ができました（⇒ 用例第 1 例）．

【解説 4：話題の転換・終了の合図；well, okay などとの共起】 新しい話題や見解を導入して会話を開始したり，終了したりする合図となる．しばしば well, oh, okay と共に用いられる［*OALD*[7]; *COB*[5]］：ANASTASIA: Yes. I'm glad you did, too. DIMITRI: *Well then*, good-bye, Your Highness. —*Anastasia*［映］アナスタシア：ええ．あなたも（探していた物が見つかって）良かったわね．ディミトリ：ええ，それでは，失礼いたします，陛下．well, okay, oh の詳細は（⇒ WELL【解説 4】; OKAY【解説 10, 12】; OH【解説 20】）．

【解説 5：話題の転換；now との共起】 now と共起して聞き手の注意を喚起してから話題の転換を合図する［*COB*[5]］："*Now then*," Teabing snapped at the boy, "if you would give us some privacy?" —Brown, *Code*「さあ，しばらく我々だけにしてもらえないか」と，ティービングは侍者に厳しい口調で言った（⇒ 用例第 2 例）．now の詳細は（⇒ NOW【解説 6】）．

【解説 6：会話の進行；so との共起】 so then の形で，それまで話していたことに区切りをつけて「じゃあ，では」の意で会話を次の段階に進める場合に用いられる："*So then*," she said, monitoring to the rosewood box. "Let's move on." —Brown, *Code*「ということでじゃあ」と彼女は言って，紫檀の箱を指して言った．「先へ進みましょう」．so の詳細は（⇒ SO 用法 2）．

【解説 7：Why then, Right then】 Why then, Right (then) の形で会話の冒頭で用いられる．しばしば疑問文が後続し，前者は主に米国語法［Quirk et al., p. 633］：*Why then*, how shall we spend the evening? さあ，今夜はどうやって過ごそうか / *Right* (*then*), how many of you know each other? さて，君たちのうち何人が知り合い同士なんだろうか？

【解説 8：文尾の then】 会話終了の合図となる．しばしば相手に同意したことを示す表現と共に用いられる［*MED*²; *COB*(*S*)³; *OALD*⁷］：“I'll talk to you on Friday anyway.” “Yep. *Okay then.*” —*COB*⁵「とにかく，金曜に話すよ」「ああ，じゃあ，分かったよ」/ “Have you chosen your bedroom, Sister?” “Yes, thank you.” “*All right*, *then*.” Megan and Felix walked up the stairs together. “Good night,” Megan said. —Sheldon, *Time*「寝る部屋は決まりましたか，シスター」「ええ，ありがとうございます」「じゃあ，良かった」 ミーガンとフェリックスは一緒に階段を上がった．「お休みなさい」とミーガンは言った．

【用法 2】
形式：**《文頭》ターンの冒頭　A: 先行発話　B: *Then*(,) S V (O).**
意味：(相手の発話を受けて) それなら［そうすると，ということは］S が (O を) V する (ということだ［なのだ］).
解説：先行発話を受けて，推論によって得られる結論を述べる際に用いられる.

【用　例】
“He won't resign.” “*Then* we must force him to leave.” —*MED*²「彼は辞職しませんよ」「じゃあ，私たちがやめさせなければ」/ “The papers say that you shot a man. That's not true, is it?” “I did shoot him but . . .” “*Then* it is true!” —Sheldon, *Tomorrow*「新聞には君が男を撃ったと書いてある．本当じゃないんだろ？」「確かに撃ったわ．でも……」「じゃあ，本当なんだな！」(先行発話から導かれた結論) / DAVID: Tell her we'll be off. Just the two of us, the moment Dr. Calloway takes the stitches out. LINUS: Well, *then* you've already made up your mind? —*Sabrina*［映］デビッド：キャロウェイ先生が抜糸してくれたら，どこかへ行こう，2 人だけで，って彼女に言っといてくれ．ライナス：あぁ，ということは (プロポーズしようと) 決心したってことだな？〔思案を表す well との共起に注意〕(先行発話に基づく判断) / “Kerry, Robin is fine. She's with your neighbor, Mrs. Weiser. Emphatically, she is all right.” Kerry felt her throat tighten. “*Then* what's wrong?”—Clark, *Sweetheart*「ケリー，ロビンは無事だ．隣のワイザーさんの所にいるよ．強調しておくが，ロビンは大丈夫だ」 ケリーは喉がひきつるのを感じた．「それなら，何があったって言うの？」(先行発話から生じた疑念)

【解説 9：so での置き換え】 この用法では so での置き換えが可能な場合がある［Carter & McCarthy, p. 146; Swan³, p. 529］：“It's more expensive to travel on Friday.” “*Then* / *So* I'll leave on Thursday.” —Swan³「金曜に旅行に出ると高く

つくよ」「じゃあ，木曜に出発しよう」

ただし，then は同一の話し手の 2 つの陳述を結ぶ接続詞として，「私が今述べたことからすると……ということになる」の意では不可［Carter & McCarthy, p. 146; Swan[3], p. 529］: It's more expensive to travel on Friday, **then* I'll leave on Thursday. —Swan[3]〔cf. 松尾 2013b〕. so の詳細は（⇒ so 用法 1).

【解説 10: 発話状況を受ける】 推論の根拠となるものが実際の発話ではなく，発話状況の場合がある．次例の前者では 2 人がうなずいたことを，後者ではミッチの様子を根拠に推論している: "Have you seen this video?" Kyle asked. Both nodded. "*Then* you know I didn't touch the girl." —Grisham, *Associate*「（ある女性がレイプされたと主張している証拠となる）そのビデオを見たのか？」とカイルが尋ねると，（捜査官の）2 人ともうなずいた．「じゃぁ，僕がその子に触れていないことが分かるだろ」/ MITCH: First thing I'm gonna do is violate the secrets of my clients. ABBY: Do you see any other way?（Mitch shakes his head. Abby takes his hand.）Okay, *then*. Aren't we doing the best we can? —*Firm*［映］ミッチ: 僕が最初にするつもりなのは，依頼人の秘密をばらすことだ．アビイ: 他に方法はないの？（ミッチは首を横に振る．アビイは彼の手を取る）じゃあ，分かったわ．私たちは可能な限り最善を尽くしてるわよね？〔次の段階に移ることを示す okay との共起に注意〕（⇒【解説 20】）

【解説 11: 推論結果の信憑性】 Schiffrin（1992, pp. 780, 782）によると，推論を表す場合，文頭で then が用いられると，その推論結果は先行談話によって完全に保証されているわけではなく，時には疑わしい，あるいは議論の余地がある場合がある．次の例でも確認を求めていることに注意: "Good evening. How is Kemal?" "Well, he can be a bit of a devil, but I can handle him. My boys were like that." "*Then* everything is . . . all right?" "Oh, yes." —Sheldon, *Sky*（電話で）「こんばんは．ケマルはどんな様子？」「そうですね，ちょっといたずらしてますけど，何とか大丈夫です．うちの子たちもあんな感じでした」「じゃあ，全てが……順調ってことなの？」「ええ」（⇒【解説 16】）〔cf. 松尾 2013b〕

【解説 12: 発話行為に関わる】 特に疑問文と共起する場合，しばしば発話行為に関わり，「……であると言うなら尋ねるが」（I［We］can ask）の意になる［Quirk et al., p. 640］: "Me? What are you talking about? I have no credentials. I'm an intelligence liaison." "*Then* why did the President send you up here?" —Brown, *Deception*「私が？ 何言ってるの？ 私に（インタビューに答える）資格はないわ．情報機関の連絡員に過ぎないんだから」「じゃあ尋ねるが，大統領はなぜ君を

ここに来させたんだ？」(⇒用例第 4 例)

次例では平叙文と共起して，「予約していないならば，面会を断る」の意になる：“My name is Dana Evans. I’d like to see Vincent Mancino.” “You have an appointment?” “No.” “*Then* I’m sorry.” —Sheldon, *Sky*「ダナ・エバンスといいます．ビンセント・マンチーノさんにお会いしたいのですが」「ご予約はおありですか？」「いいえ」「では，残念ながら」(⇒【解説 17】)

【解説 13：Then what? と So what?】 Then what? の形で相手が先行発話で述べた事態が起こるとどうなるかに関する情報を求める：“The more emotionally stressed he becomes, the more physically stressed he becomes, and vice versa.” “*Then* what?” —Cornwell, *Postmortem*「精神的ストレスが強くなればなるほど，肉体的ストレスも強くなるし，その逆もありうるわ」「そうすると，どうなるんだ？」

一方，So what? の場合は，相手が何を言いたいのか，すなわち相手が話し手にどんな結論を導き出してほしいのかを問う表現で，通例話し手には what の内容が分かっており，それをわざわざ尋ねるのでしばしば皮肉な含意が生じる：“You did not see him fire a single shot, did you?” “No, sir, but his automatic had an eight-shot clip, and there were only three rounds in it. When I fired my third shot, it was empty.” “*So what*? For all you know someone else could have fired that gun. You did not see him fire, did you?” —Clancy, *Games*「1 発であろうと彼が撃ったのを目撃したわけじゃないだろ？」「ええ，でも彼の銃の挿弾子には弾丸が 8 発入ります．そして 3 発しか残っていなかったのです．私が 3 発目を撃つと，空になりましたから」「(彼が撃ったと言いたいんだろうが) だからどうだと言うのだ？ 君に分かっているのは，君以外の誰かがその銃を撃ったかもしれないということだけだ．彼が撃ったのを目撃したわけじゃないだろ？」(⇒so【解説 12】)〔cf. 松尾 2013b; 松尾 1997, p. 143〕

【解説 14：well, oh, but との共起】 well, oh, but などの談話標識と共起するが，文頭の then と共起可能な談話標識は，通例対比や予期せぬ情報が後続することを示す表現となる［Schiffrin 1992, p. 780］：“Oh.” She is puzzled. “Aren’t you the one that works at the music store in Lake Bluff?” “No.” He smiles. “*Well, then*, did she meet you at the Evanston symphony concert?” —Guest, *People*「あら」彼女はいぶかしげな様子だ．「あなた，レイク・ブラフの楽器店で働いているという方じゃないの？」「いいえ」 彼は微笑む．「じゃぁ，エバンストンのオーケストラコンサートで娘がお会いしたのがあなたなの？」/ “Well, how did you manage your daily life?” “Mostly, she stayed over to her sister’s.” “*Oh, then*.” —

Tyler, *Tourist*「じゃあ，(夫婦で口も利かないような状態で) どうやって毎日生活してたんだ？」「たいがい，彼女は妹の所にいたよ」「へえ，それならね (分かるよ)」/ PARKS: I didn't poison him. MARY: What? PARKS: I didn't poison him. MARY: *But then* you didn't kill him. Did you stab him? Even if you did, he was already dead. —*Park* [映] パークス：僕は毒を盛っていないよ．メアリ：えっ？ パークス：僕は彼に毒を盛らなかったんだ．メアリ：でもじゃあ，あなたは殺していないってことね．あなたが刺したの？ たとえそうだとしても，既に彼は死んでいたのよ．well, oh, but の詳細は (⇒ WELL；OH 用法 2；BUT 用法 2)．

【用法 3】
形式：**《文尾》**[**ターンの冒頭**] **A: 先行発話　B: S V (O) (,) *then.***
意味：(相手の発話を受けて) それなら [そうすると，ということは] S が (O を) V する (ということだ [なのだ])．
解説：先行発話を受けて，推論によって得られる結論を述べる際に用いられる．

【用　例】
"We went to the same school." "You're old friends *then*?" —*MED*[2]「私たちは同じ学校に通っていたんだ」「じゃあ，昔からの友達ってことだね？」/ I did some mental arithmetic. Fifty million shares outstanding. Sixteen percent would be eight million. "You'd need about five hundred million for a takeover, *then*." —Paretsky, *Orders* 私は暗算をした．発行済み株式数が 5000 万株．そのうち 16% で 800 万株．「ということは，乗っ取りには 5 億ドルが必要ってことね」(考えたことから導かれた結論) / "Did you ask Brock to shoot, Ms. Randall?" "No," I said. "I didn't." "Oh, well, you've disappointed him badly *then*. That was the real point of the exercise." —Parker, *Honor*「(私の主人の) ブロックに射撃の腕前を見せてと頼んだの，ランドルさん？」「いいえ，お願いしませんでした」と私は答えた．「あらまあ，じゃあ主人はとてもがっかりしたんでしょうね．あれ (ランドルを射撃場に連れて行ったこと) は腕前を見せる目的があったのよ」(聞き手の発話から導かれた結論)

【解説 15：文頭の then と文尾の then】 推論結果を表す用法では，文頭でも文尾でも用いられる．文頭は，先行発話との意味関係などを聞き手にあらかじめ知らせるのに適している．一方，文尾では，先行発話を再解釈する必要がある．then の場合は，先行発話やその内容から導き出せる結論を遡及的に (retrospectively）条件節に変えて，同時に当該の発話を推論結果として示すことになる．特に会話で用いられると，話し手と聞き手の関係を調整しながら，先行発話と後続発話の関係に関する情報を付け足すことができる［Haselow, pp. 3603, 3607, 3609–11, 3618］．

【解説 16：推論結果の信憑性】 then を含む発話で述べられる結論が，先行の発話によって確実な証拠を与えられ，かつ省略的に提示された場合には then は文尾にしか現れない［Schiffrin 1992, p. 781］：“What would be a good time?” “Tomorrow or the next day between nine and twelve, or late afternoon,” Sarah told him. “Tomorrow morning, *then*.” —Clark, *Town*「いつがよろしいですか？」「明日か明後日の9時から12時の間か，午後遅くなら構いません」とサラは彼に言った．「では，明朝に」（⇒【解説 11】）〔cf. 松尾 2013b〕

【解説 17：発話行為に関わる用法】 特に疑問文の文尾で用いられ，しばしば発話行為に関わり，「……であると言うなら尋ねるが」（I［We］can ask）の意になる［Quirk et al., p. 640］．また，しばしば驚きや興味を持っていることを表す［Haselow, p. 3614］：“She must want revenge. How much does she claim Henry owes her?” “She is not suggesting debt, Mrs. Osborne.” “Well, what is she suggesting, *then*?” —Archer, *Kane*「そのご夫人はきっと復讐したいのでしょう．ヘンリーにいくら貸しがあると言っているのですか？」「金のことではないんですよ，オズボーン夫人」「へえ，じゃあ，何だと言っているのですか？」〔well との共起に注意〕（⇒ 用例第 1 例，【解説 12】）

【解説 18：so との共起】 推論結果を表す so と共起することがある．so は（しばしば予想通りの）結果が導き出されたことを表し，so と共起する場合は then は必ず文尾に来る［Schiffrin 1992, p. 781］：“You speak German?” “Yes.” “Ah, *so* you’re not Russian, *then*?” “No.” —Archer, *Kane*「ドイツ語を話すのか？」「はい」「ああ，じゃあロシア人じゃないな」「ええ」〔ah との共起に注意〕．so の詳細は（⇒ so 用法 1，【解説 11】）〔cf. 松尾 2013b〕．

【用法 4】
形式：**《文頭》ターンの冒頭　A：先行発話　B：*Then*（,）S V（O）.**
意味：（相手の発話を受けて）その場合には［そうすれば］S が（O を）V しなさい［してはどうか，するとよい］.
解説：先行発話を受けて，命令・提案・忠告などをする際に用いられる.

【用　例】
"I still don't understand." "*Then* let me lay it out for you." —Sheldon, *Tomorrow*「まだ状況が分からないんだ」「それなら，説明しましょう」(提案) / "Do you have anywhere to stay in Moscow?" "I have nowhere to go." "*Then* you can stay with me until you find somewhere to live." —Archer, *Kane*「モスクワで泊まる所はあるの？」「いや，ありません」「それなら，住む場所が見つかるまで，私の所にいていいわよ」(許可) / LINUS: Now, you want me to help you or don't you. DAVID: Of course, Linus. I appreciate what you're doing. LINUS: Well, *then* sit down. —*Sabrina*［映］ライナス：なあ，俺に力になってほしいのかほしくないのか？ デビッド：もちろん，なってもらいたいよ，ライナス．兄貴がしてくれていることには感謝してる．ライナス：そうか，なら座れ〔思案を表す well との共起に注意〕(命令)．

【解説 19：遡った発話を受ける】　次例では，直前ではなく遡った発話の「一番美しい娘の 1 人だ」を受けて提案がなされている：LINUS: Now look, David, Elizabeth is one of the loveliest girls around. Sooner or later you're gonna propose to her anyway. I'm only trying to help you make up your mind. DAVID: *Then* why don't you marry her? —*Sabrina*［映］ライナス：なあ，デビッド，エリザベスは周りにいる女性の中で，一番美しい娘の 1 人だ．遅かれ早かれ，いずれお前は彼女にプロポーズするだろう．私はお前が決心する後押しをしようとしてるだけだ．デビッド：それじゃあ，あんたが彼女と結婚すればいいじゃないか．

【解説 20：発話状況を受ける用法】　具体的な発話ではなく，発話が行われた状況を踏まえて then 以下が発話されることもある．次例では，車のキーを手渡す動作によってエンジンをかけることを承諾したと解釈され，その状況を踏まえて，then 以下の依頼が行われている："You want me to start it?" He handed me the key. "*Then* please open the garage door so we don't asphyxiate ourselves." —Cornwell, *Body*「エンジンをかけてみましょうか？」彼は私に (車の) キーを手渡した．「じゃあ，ガレージのドアを開けてちょうだい．窒息したくないから」(⇒【解説 10】)

【解説 21：文尾の then】　文尾でも可能："I think you're being unreasonable," she said, "not even daring to ask him about it. Why don't you just admit that it's you who doesn't want to go?" "You ask him, *then*!" —Guest, *People*「そのことを彼に訊いてみようともしないなんて，あなたのやってること，筋が通ってないわ．行きたくないのは自分だって認めたらどうなの？」「じゃあ，君が訊けよ！」

(命令)

文尾で用いられる場合，しばしば次のような特徴がある．命令を表す文では，指示の内容が招待や忠告のように聞き手にプラスになる場合には，友好的で前向きな含意が生じて命令の力を和らげ，命令や注文のように話し手にプラスになる場合には，苛立ちや相手の行動に賛成できない気持ちを伴い，命令の力を強める．また，相手に確認を求める発話や情報を求める疑問文では，相手が十分な知識を持っていて質問に答えてくれると話し手が期待していることを表す［Haselow, pp. 3610–11］．

【用法 5】
形式：**《文頭》**（***And*** ［***But***］）***then***(,) **S V** (**O**)**.**
意味：（そのうえ）さらに［（だが）しかし［一方で］］S が（O を）V する．
解説：先行部分で述べられた事柄に対するコメントや新しい情報を付け加える際に用いられる．

【用　例】
I was there; *then* there were my mother and father and my brother. —*Lexicon* 私はそこにいた．さらに両親と兄もいた / We have to invite your parents and my parents, *and then* there's your brother. —*LAAD* あなたの両親と私の両親を招待しなければならない．それにあなたの兄弟もいるし / It's easier to take a taxi. *But then again* you can't always get one. —*COB*[5] タクシーに乗るほうが簡単だ．とはいえ，いつもタクシーがつかまるとは限らない〔but then again の形に注意〕/ Since I'd started law school ten years earlier, I had never seriously considered work in another field. What would I do without a law science? *But then*, Sofia didn't have one and she was my equal. —Grisham, *Lawyer* 10 年前にロースクールに入学して以来，僕は他の分野で仕事をするなど真剣に考えたことはなかった．法曹資格を失ったら，何をすればいいんだ？ とはいえ，ソフィアは法曹資格もないのに僕と同じ地位に就いていた（逆説的な陳述の導入）．

【解説 22：but then (again) で対比的なコメントを導入】 but then (again) で「しかし，とはいえ」の意を表し，先述したことと対比的な事柄や前言の主張を弱める情報を付加する．たとえば，ある事柄に関する利点を述べた後，but then (again) 以下で欠点を述べる．くだけた言い方［Carter & McCarthy, p. 258; Eastwood, p. 325; Quirk et al., p. 645; *LD*[3]; *OALD*[7]; *COB*[5]］：LINUS: I'll be as gentle as I can. FAIRCHILD: Oh, I hope so, sir. She's just a displaced person, I'm afraid. She doesn't belong in a mansion, *but then again* she doesn't belong above a garage, either. —*Sabrina*［映］ライナス：できるだけ優しくするよ．フェアチャイルド：そう願っております．彼女は行き所のない子なんです，残念ながら．お屋敷には住めませんが，でもだからといって，車庫の上にも住めません（⇒用例第 3, 4 例）．

【解説 23：but then（again）で態度の保留を表明】 but then（again）で「しかしそのことを考えてみると」というニュアンスで，先行発話の内容に対して態度を保留するような話し手のコメントが付加されることがある．"then again" も可能［*CDAE*; *LAAD*］："I'm sorry. I guess you picked the wrong night for pasta in this house, Geoff. I'm not much company. *But then* that doesn't matter. What is important are my meetings with Dr. Smith and Dolly Bowles." —Clark, *Sweetheart*「ごめんなさい．あなたはこの家でパスタを食べるのにはふさわしくない夜を選んだみたいね，ジェフ．私も十分話し相手になれないし．といっても，それが問題じゃないわね．大事なのは，私がスミス先生とドリー・ボウルズと会ってどうだったかということね」

【解説 24：but then による前言の正当化】 but then で「さらに言えば……だ」の意を表し，先述の内容を正当化したり強めたりする：Some of our enemies hire our lawyers to lobby our government. *But then*, you can hire lawyers to do anything. —Grisham, *Brief* 敵国の中には我々（アメリカ）の弁護士を雇って政府に対してロビー活動をしているところもある．しかしそういうならば，弁護士を雇ってどんなことでもできるのだ．

関連事項

関連表現　so（⇒ so）．

（松尾）

though

概　説

この語は元来，一方の出来事や状況は他方が起こることを妨げるには不十分で，したがって予想に反して両者が同時に起こることを意味する接続詞として機能する．

発展的に，接続副詞として談話標識の機能を担うと，通例コンマを伴い文尾で用いられる．先行文脈と関連して譲歩や対比を表し，「……するけれど」の意で，先行発話の内容からすると予想外のことを述べたり，先行発話の真実性や重要性を減じるコメントを付加したりする際に用いられる．また，より大きな単位の発話や談話と関連し，「だがしかし，では」の意で話題転換の合図となる (⇒【解説 13】)．

言語使用域としては，話し言葉で，くだけた言い方．学術文で用いられるのは極めてまれである．時にくだけた書き言葉や話し言葉に似せた書き言葉で用いられる［以上，小西 2006, p. 1097; Biber et al., pp. 562, 851; 寺澤, p. 1430; Fowler-Burchfield, p. 350; *Bloomsbury*[2], p. 13; 下宮他, p. 537; *OALD*[5]］．

マッピング

用法　［文尾］～だけれど

（予想外の情報の付加；先行発話の真実性・重要性を減じる）

発話行為に関わる　⇒　解説 5

発話の状況を受ける　⇒　解説 6

命令文での使用　⇒　解説 8

文中の though　⇒　解説 9

（付加）疑問文での使用　⇒　解説 11, 12

話題の転換　⇒　解説 13

共起する他の談話標識　⇒　解説 10

各用法の解説

【用法】

形式：**《文尾》S V (O) (,) *though.***

意味：(でも) S が (O を) V するけれど．

解説：前言の内容からすると予想外のことを述べたり，前言の真実性や重要性を減じるコメントを付け加えたりする際に用いられる．

【用　例】

I think she's Swiss. I'm not sure, *though.* —*Activator*[2] 彼女はスイス人だと思う．確信はないけれど / I've never eaten this kind of food before; I like it *though.* —*Lexicon* このような食べ物は今までに食べたことはありません．でも好きです / "I certainly apologize. I don't mean to be a bother. I would like to see your lab, *though.*" —Cook, *Outbreak*「お詫びいたします．邪魔するつもりはありません．でも，研究所を見せていただきたいのです」(丁寧な意向) / "Was Clifford his lawyer?" "Yeah. But now he has a new one. That's not important, *though.*" —Grisham,

Client「クリフォードは彼の弁護士だったのか？」「そうだ．しかし今は，新しい弁護士を雇っている．重要なことじゃないけど」(コメントの付加) / CHRIS: You got a satellite? They show all those old, uh, Westerns. DANNY: Westerns? I like comedies myself. I did like *Shane though*. That's a good one. —*Negotiator*［映］クリス：衛星放送に入ってる？ 古いのをやってるよ，西部劇なんかを．ダニー：西部劇か？ 俺自身はコメディーが好きだな．『シェーン』は確かに良かったけどな．あれは良かったよ〔強調表現の did に注意〕(対比的な陳述の導入)．

【解説 1：強勢の有無】 類義語の however には強勢が置かれることがあるが，though は音韻的に短いので強勢が置かれることはまれ．したがって，それ自体がアクセントを持たず，他の語と一緒に発音される要素として，命令文や疑問文で用いられる (⇒【解説 8, 11】)．また，このような音韻的特徴と，文尾で用いられるということから，though は類義語の but が文頭で用いられた場合に生ずる挑戦的なニュアンスを避けることが可能で，先行発話の内容に部分的に同意していることを暗示する［Bell 1998, p. 535］．but の詳細は (⇒ BUT 用法 2)．

【解説 2：判断の留保】 話し手が自分自身の発話に対してコメントを付加する際に用いられる．I'm not sure, I think のような垣根言葉と共起することがある．そのコメントの内容はしばしば先行発話の真実性や重要性を減じるもので，自信を持って断定できないという態度を表す［*COB*(*U*)², p. 25; Biber et al., p. 850; *MED*²］："Are you still interested?" "I'm not in any hurry to invest. *I guess* I should make up my mind about Ajax in the next day or so, *though*." —Paretsky, *Orders*「まだ (投資に) 興味がありますか」「急いで投資しようとは思っていないよ．エイジャックス社株については一両日中に決めるべきだとは思うけれど」/ "And what else do we have in February? A couple presidents' birthdays." "Yeah, what, Washington and . . ." "Washington, Lincoln." "I think, yeah. *I'm not sure* of the dates, *though*." —*EJ*, Feb. 2002「2 月には他に何があるかしら？ 2 人の大統領の誕生日ね」「うん，えー，ワシントンと……」「ワシントンとリンカーンかしら」「だと思うよ，うん．日にちは確かじゃないけどね」(⇒ 用例第 1 例)

【解説 3：コメントの強調】 先行発話が示唆する否定的内容を打ち消すために do を用いることで，判断を留保するはずのコメントが，逆に強く主張されることがある．次例では，史上最年少の脱獄犯となったことについて，拘置所職員に対して悪いと思っている話し手の気持ちが付加されている："I wonder if I'm the youngest kid to ever escape from jail." "Probably." "I do feel sorry for Doreen, *though*. Do you think she'll get in trouble?" —Grisham, *Client*「僕は史上最年少の脱獄犯かな？」「たぶんね」「(拘置所職員の) ドリーンには本当にすまないと思ってるけどね．彼女，困ったことになると思う？」(⇒ 用例第 5 例)

【解説 4：前言の含意に対応】 先行発話で表される含意に対して用いられることがある．次の第 1 例ではたとえば，1 つめの発話でサボイホテルに宿泊することが，2 つめの発話で宿泊しないことが含意される．第 2 例では先行部分で一緒に踊るのを断ることが含意され，それでも会えて嬉しいと述べられている：“The Svoy’s a very nice hotel.” “Isn’t it rather expensive, *though*?” —*MED*[2]「サボイはとても素敵なホテルだよ」「でも，高いんじゃないの？」/ CHRISTINA: Peter, this is my friend, Jane. Jane would love to dance. JANE: Oh, hey. PETER: Hi. Uh, Jane, I don’t mean to be rude, but I have some friends waiting for me. Nice to meet you, *though*. —*Thing*［映］クリスティーナ：ピーター，こちらは友達のジェーン．ジェーンはダンスがしたいのよ．ジェーン：あら，こんにちは．ピーター：やあ．えーと，ジェーン．失礼なことはしたくないんだけど，友達が待ってるんだ．君と会えて嬉しいけど．

【解説 5：発話行為に関わる】 発話行為に関わることがある．用例第 2 例では食べたことはないけれど好きだと「主張」し，第 3 例では相手の邪魔をするつもりはないが，研究所を見学させてくれるよう「依頼」することになる．

次の第 1 例ではその男に会ったことはないが刑事だと判断して「主張」し，第 2 例で相手に同意はしたが「質問」している：BOUDREAU: Twist, you know this guy? TWIST: No, I never saw him before. He’s a dick, *though*. —*Sting*［映］ブードロー：トゥイスト，こいつを知ってるかい？ トゥイスト：いや，見かけたことないな．でも言うと，デカだろうよ / MCCLANE: All right, while you fill out this questionnaire, I’m going to familiarize you with some of our options. QUAID: No options. MCCLANE: Whatever you say. Can I ask you just one question, *though*? —*Total*［映］マクレーン：さて，この質問表にご記入いただく間に，オプションのご説明をしたいと思います．クエイド：オプションはいらないよ．マクレーン：分かりました．が，1 つだけお訊きしてもよろしいですか？

【解説 6：発話状況を受ける】 具体的な発話ではなく，発話が行われている状況を受けて用いられる．次例では，相手が食事を作ってくれている状況に対して，「すぐに行かなければならない」という発話で食事の断りを表す：DYLAN: Hello . . . yes, I’ll be right in. CHAD: Hey, I can make something else if you don’t want eggs. DYLAN: No. It’s not the eggs. CHAD: Is it the boat? DYLAN: It’s not the boat. I have to go *though*. —*Angels*［映］(電話に出て) ディラン：もしもし……は

い，すぐに行くわ．チャド：ねえ，卵が食べたくないなら他のものを作るよ．ディラン：違うの．卵のせいじゃないの．チャド：ボートのせいかい？ ディラン：ボートのせいでもないわ．でも，(せっかく作ってくれても) すぐに行かなくちゃならないの．

【解説 7：応答表現に添える用法】 2 人の話し手の間のやりとりで応答表現に添えて用いることが可能．その場合，though を用いる第 2 の話し手は自分の考えが先行話者の考えと異なることを示し，同時に先行話者の意見に不賛成であることも示す．この場合，同様の応答詞的な用法を持つ but を用いるよりも，不賛成のニュアンスの強さが和らげられ，相手を気遣う気持ちが表される [Haselow, p. 3604; Biber et al., p. 888]：“Murder is usually depressingly simple.” “Not always, *though*.” —Cornwell, *Body*「殺人はたいていうんざりするほど単純だ」「いつもそうだとは限らないけどね」

【解説 8：命令文での使用】 命令文で用いられる：“I’m named personally?” he asked as if his feelings were hurt. “You fired her, Chester. Don’t worry *though*, when the jury returns a verdict against you individually, you can simply file for bankruptcy.” —Grisham, *Client*「私が個人的に訴えられているのか？」と彼は感情を害されたかのように尋ねた．「あなたが (従業員である) 彼女を解雇したのですよ，チェスターさん．しかし，心配には及びません．陪審があなた個人に有罪の評決を下したら，破産申し立てをしさえすればいいのです」(⇒【解説 1】)

【解説 9：文中の though】 特に会話では通例文尾で用いられるが，前後にコンマを伴って文中でも用いられる．会話と学術文を比べると，文中に現れる例は学術文では多いが，会話では極めて少ない．一方，文尾に現れる例は，会話では多いが，学術文では少ない．文中で用いる場合は，通例文の最初の語群の後で用い，後続する部分に注意を引いて前言と対比的な見解を述べる．次の第 2 例では直前の文ではなく，1 つ前の for a second . . . there. と対比されている [*COB*(*U*)², p. 25; Biber et al., p. 850]：“I don’t think he had AIDS.” “Do they check them when they die?” “The homeless?” “Yes.” “Most of the time, yes. Devon, *though*, died by other means.” —Grisham, *Lawyer*「彼がエイズだったとは思わないな」「死んだ時にはエイズの検査をするのですか」「ホームレスに？」「ええ」「たいていの場合はするな．しかし，(他のホームレスとは違って) デボンは他の原因で死んだんだ」/ He awoke in a warm, dark room on a hard bed, and for a second wasn’t sure where he was or how he had managed to get there. His head was still hurting and his mouth was dry. Soon, *though*, the nightmare returned, and he had the urgent desire to get away. —Grisham, *Associate* 目覚めると彼は暖かく暗い部屋で堅いベッドの上にいた．そして一瞬，自分がどこにいてどうやってそこにたどり着いたのか分からなくなった．頭はまだ痛かったし口は乾いていた．しかしすぐに悪夢がよみがえり，逃げ出したいという切羽詰まった欲望に駆られた．

【解説 10：but との共起】 but との共起が可能．though を付加することで，話し手の見解が断定的に示されるのではなく，聞き手との心理的なつながりを保つことができる．次の第 1 例では you know によって聞き手の大統領補佐官に安心感を与え，第 2 例では疑問文にすることで聞き手側の反応を求め，さらに，Okay? も用いられることに注意：Kenny: You sleeping? President: No. Not much. *But*, I slept last night, *though*, you know. —*Thirteen*［映］ケニー：ちゃんと眠ってますか？ 大統領：いいや，あまり．だが，昨夜は眠れたからね / Chuck: I would have landed on the rocks, broken my leg, or my back, or my neck, bled to death. *But*, it was the only option I had at the time, *though*? Okay? —*Cast*［映］チャック：俺は脚や背中や首を折り，血だらけになって死んで，岩に打ち上げられていたかもしれない．でも，それがその時に俺が持っていたたった 1 つの選択肢だったんだ．分かるか？

【解説 11：疑問文での使用】 疑問文で用いられると，「いったい (全体)」の意で強調的に用いられることがある："What's that?" she asked. "Nothing. It just tangled on to my foot when I was walking." "What is it *though*?" "Nothing, just a piece of rope." —Ishiguro, *Pale*「それは何？」と彼女は尋ねた．「何でもないよ．歩いているときに足に絡まっただけだよ」「いったいそれは何なの？」「何でもない，ただのロープだよ」

次例では否定の修辞疑問文で用いられて，自らの主張を強調して相手に同意を求めている：Sabrina: You didn't recognize me, did you? Have I changed? Have I really changed? Maude: You certainly have. You look lovely, Sabrina. David: Doesn't she, *though*? I thought it would be fun to ask her to the party. —*Sabrina*［映］サブリナ：私のこと，分かりませんでしたか？ 私，変わりましたか？ そんなに変わりましたか？ モード：すごく変わったわよ．きれいよ，サブリナ．デビッド：本当にそうでしょう？ パーティーに呼んだら楽しいだろうなって思ったんです (⇒【解説 1】).

【解説 12：付加疑問文での使用】 付加疑問文で用いられて，相手に反論する際に用いられる：“Mr. Mattiece was a significant contributor, but he is not a friend of the President.” “He was the largest contributor, *though*, wasn’t he?” —Grisham, *Brief*「マティース氏は大口の献金者だったが，大統領の友人ではない」「しかし，最大の献金者だったんじゃないのですか？」

【解説 13：話題の転換】 話題の転換を合図する．通例談話の進行を示す他の談話標識と共起する：“This will be a total campaign — PR, publicity, collateral and all the rest. You know what I mean? *First*, *though*, we’ll be writing his speeches so that he can pep up his executives here.” —Engelhard, *Proposal*「これは総合的なキャンペーンとなります．PR，広報活動，それに付随するもの，さらにその他全てを含めてです．私の言わんとするところはお分かりですか．がしかし，まず，私たち（企業の宣伝活動を請け負う会社）は社長がここ（支社）の重役達の士気を高めることができるように，社長の演説原稿を作成することになっています」/ “I went to see the family doctor, who confirmed that the lump was fairly firm, therefore possibly it could be cancer, and I was referred to a breast clinic.” “*Now*, *though*, let’s have a quick Health File on basic breast care.” —*EJ*, Sep. 1999（乳癌の自己チェックについて）「家族のかかりつけの医者に行ったら，医者がその（自分で見つけた）しこりがかなり固く，したがって癌かもしれないと考えて，それで私は胸部外来に紹介されたのです」「さて，では，基本的な胸部ケアについての短時間でできるヘルスファイルを聞いてみましょう」　（松尾）

whatever

概　説

この語は，what に ever が添えられ what の強意語となり，基本的に疑問代名詞として「いったい何が［を］」の意を表す．また，関係代名詞としても用いられ，「……する事［物］は何でも［全て］」の意を表す．さらに，譲歩節を導く接続詞としても用いられ，「何であろうとも，何を［が］しようとも」の意を表す．

こうした whatever がしだいに独立していき，同類のものを列挙する際に，通例 or を伴い，漠然と「何かそのような類の物［事，人］」の意で添えられる用法が発達した（⇒【関連事項①】）．さらに，こうした whatever が相手の発話に対する応答表現や自らの発話の中で単独で用いられるようになり，話し手の態度を表す談話標識としての用法が確立した．

聞き手の発話に対する応答としては，特に好みや意向などを問われた場合に，積極的な態度は差し控えて，気にせず何でも受け入れるという話し手の肯定的な態度を表し，「何でもよい，どちらでもよい」の意を表す．また，相手の意見や主張に特に関心がないことやあきらめの気持ちを表し，「どうでもよい，勝手にして［言って］くれ」の意を表す（⇒ 用法 1,【解説 3】）．

自らの発話の中で用いられる場合には，物事を列挙する際に用いられ，その話題を打ち切りたいという話し手の意向を表し，「どうでもよい，勝手にしてくれ」の意を表し，しばしば話し手の投げやりな態度を表す（⇒ 用法 2）．

言語使用域としては，主にくだけた言い方で用いられ，米国語法と英国語法の両方で幅広く用いられる．他方，next を添えて驚きや戸惑いを表す用法は，主に英国語法で用いられ，米国語法ではやや古風に響く（⇒【解説 6】）．

［以上，*OALD*[8]; *LAAD*; *NTC's AELD*］

マッピング

用法 1　［単独］（応答表現として）何でもよい，どちらでもよい
（好みがないことや無関心な態度の表明）

2　［単独］（発話の途中で）どうでもよい，勝手にしてくれ
（話題の打ち切り，投げやりな態度の表明）

選択肢の数　⇒　解説 1
yeah との共起　⇒　解説 4
語句の修正への応答　⇒　解説 5
場所や時の選択　⇒　解説 7
それた話題の打ち切り　⇒　解説 10
関連事項①　. . . or whatever の用法
②　関連表現　(i) whatever you say　(ii) whatever you do

各用法の解説

【用法 1】

形式：**《単独》A: 先行発話　B: *Whatever.***

意味：何でもよい，どちらでもよい．

解説：物事についての好みや意向を問われ，特に好みや意見がないことを控えめに表す．また，しばしば相手の陳述に対してやや無関心な態度で賛同を表す．

【用　例】

"What would you like to do today?" "*Whatever.*" —*OALD*[8]「今日は何がしたいで

すか？」「何でもいいですよ」/ “Do you want sausage or pepperoni on your pizza?” “*Whatever*.” —*LAAD*「ピザにソーセージを乗せましょうか，それともペペローニがいいですか」「どちらでもいいですよ」/ “What can I offer you? Coffee, tea, or lemonade?” “Oh, I don’t care. *Whatever*.” —*MED*「何を差し上げましょうか？ コーヒー，紅茶，あるいはレモネードがいいですか？」「いえ，構いません．何でもいいですよ」/ “Yes, like that, in a sort of all-purpose fake Oriental accent.” “Asian, you mean.” “*Whatever*.” —Block, *Ice*「その通り，そんな感じだね，ある種広く用いられている東洋的ななまりもどきと言っていいかもしれない」「アジア的っていうことかい」「そんなとこだよ」(漠然とした応答) / “We’re like an old married couple,” I said in the darkness. “*Whatever,*” she said, sighing with content. —Sanders, *Seduction*「僕たち老夫婦みたいだね」と僕は暗闇の中で言った．「何だっていいわ」と彼女は満足げに溜息をつきながら言った (無関心な応答).

【解説 1：選択肢の数】 用例第 1 例のように，漠然と「何でもよい」の意と，用例第 2 例，3 例のように，具体的に二者，あるいは三者以上の選択肢のうち「どちらでもよい」「どれでもよい」の意を表す．次例では，which 疑問文の応答表現として用いられていることに注意：JANE: Which do you want, red or green? TOM: *Whatever*. —Spears ジェーン：赤と緑のどちらがいい？ トム：どちらでもいいよ．

【解説 2：控えめな発話態度】 申し出や意向が尋ねられた発話の応答表現では，自分の好みや主張を控えめに伝える表現となる (⇒ 用例第 1, 2, 3 例).

【解説 3：無関心な発話態度】 相手の陳述に対する応答表現として用いる場合には，相手の発話がたいして重要なことではないという判断が示唆され，しばしば無関心さが示される：“We’d need backup and we probably should make it look accidental. Or set up a fall guy.” “*Whatever,*” the man said lackadaisically, not much interested in the details of Hartie’s craft. —Deaver, *Manhattan*「バックアップが必要で，おそらく事故に見せた方がいいだろう．あるいは身代わりを立てるかだ」「何だっていい」とその男はハーティーの人をだます詳しい方法にはあまり関心がなく，無頓着に言った (⇒ 用例第 4, 5 例).

しばしば苛立ちを伴って，投げやりな態度が示される：“Someone should tell her. I’ll see I can get a number for her.” “*Whatever*.” Kincaid was impatient to get off the personal stuff and talk about work. —Follett, *Hammer*「誰か彼女に伝えるべきだ．彼女のために電話番号を手に入れよう」「勝手にしてくれ」 キンケイ

ドはしきりと個人的な話はやめて仕事の話をしたがっていた / "I'd go nuts," I said, "Just sitting around twiddling my thumbs, waiting for the scones to clot." "I'm pretty sure it's the cream." "*Whatever*." —Block, *Library*「頭にくるんだ．ただ座って両手を組んで親指をくるくる回しながらスコーンが固まるのを待っているなんて」と僕は言った．「それってきっとクリームのことよね」「そんなこと何だっていいじゃないか」

【解説 4：yeah との共起】 相手の陳述に対する応答表現では，積極的な態度ではないにしても，基本的には相手の意見を受け入れていることを表す："They say we all have to come in for the meeting on Saturday." "*Whatever*." —*MED*「会社は，我々全員が土曜日の会議に出席しなければならないと言っているよ」「何だって構わないさ」．したがって，しばしば同意を表す yeah と共起する："You should try a herbal remedy." "Yeah, *whatever*." —*OALD*[8]「漢方治療を試してみるべきだよ」「そうだね，何でもやってみるよ」/ "Man, Tony'd be super pissed, he finds out," Frankie said, lowering his voice as if the store were bugged. "Yeah, *whatever,*" Rune said. —Deaver, *Manhattan*「おやまあ，そんなことしたらトニーはきっと激怒するぜ，彼は気づいてるよ」とフランキーはまるで店が盗聴されているかのように声を低くして言った．「そうね，どうでもいいけど」とルーンは言った．

【解説 5：語句の修正への応答】 用例第 4 例のように，相手の言葉遣いや自分の言葉が修正された場合の応答としてしばしば用いられ，その正確さは気にしない態度を表す："But I didn't steal her letters." "His letters, you mean." "*Whatever*." —Block, *Rye*「しかし彼女の手紙は盗んではいない」「彼の手紙という意味ですよね」「どっちだっていいじゃないか」/ "Maybe he left a trail in the computer." "On the Web," I said. "Yeah, *whatever,*" he said. —Cornwell, *Exposure*「おそらく彼はコンピュータに何らかの痕跡を残したんだ」「ウェブ上にですね」と私は言った．「ああ，どこだっていいがね」と彼は言った / "His name is Randolph," she said. He looked at her, blinking. "My God!" he said. "Not the senator?" "Ex-senator." "*Whatever*. Jane, he's got to be eighty!" —Sanders, *Bending*「彼の名前はランドルフよ」と彼女は言った．彼はまばたきしながら彼女を見た．「驚いたな！」と彼は言った．「上院議員じゃないのかい？」「元上院議員よ」「どちらでも同じじゃないか．ジェーン，彼はもう 80 才だよ」

【解説 6：whatever next の用法】 next を伴い驚きや戸惑いを表す．主に英国語法［*OALD*[8]］：Chocolate-flavoured carrots! *Whatever next*? チョコレート風味

のニンジンだって！ いやはや驚いたよ．米国語法では古風な響きを伴い，特に相手が驚くようなことをやり続けている場合に用いられる［*LAAD*］："Peter wants to join the circus." "*Whatever next*!"「ピーターがサーカスに入りたいんだって」「いやあ，たまげた話だね」

【解説 7：場所や時の選択】 場所について言及することもある：Please put the chair there. No there. I mean over there. Oh, *whatever*. —*NTC's AELD* その椅子はそこへ置いてください．そこではありません．いえ向こう側です．ああ，もうどこだっていいですよ．なお，時について言う場合には whenever がしばしば単独で用いられる："I can bring you the books this afternoon." "*Whenever*." —*LAAD*「今日の午後あなたのところに本を持って行きますよ」「いつでもいいですよ」/ "When did these calls start?" "Last Saturday night." "That would've been . . ." He looked at the desk calendar. "March twenty-ninth," he said. "*Whenever*." —McBain, *Romance*「こうした電話がいつ始まったんですか？」「先週の土曜日の夜です」「そうだとしたら……」 彼は卓上カレンダーに目をやった．「3月29日ですね」と彼は言った．「何日でもいいじゃないですか」

【用法 2】
形式：**《単独》** **ターンの途中**　***Whatever.***
意味：どうでもよい，勝手にしてくれ．
解説：自分の発話の途中で，気に入らない話題を打ち切ったり，それた話題の終結を合図したりする際に用いられる．話し手の苛立ちや投げやりな態度を表す．

【用　例】
"We can take these letters and —" "Copy them. Use them. W*hatever*." —Harrington, *Game*「我々がこれらの手紙を持って行ければ……」「コピーするなり，利用するなり，お好きなように」（話題の打ち切り）/ "I don't know any redheads in his office." "A blonde, then. *Whatever*." —McBain, *Mary*「彼の事務所にいる赤毛の女性は知らんな」「それじゃ，金髪の女性だ．（髪の色なんて）どうだっていいじゃないか」（苛立ちの表明）

【解説 8：苛立ちの態度】 whatever によって談話の調整が行われ，話題の打ち切りを示唆する（⇒用例第 1 例）．また，しばしば話し手の苛立ちが表される（⇒用例第 2 例）．

【解説 9：あきらめの態度】 自分ではどうすることもできない状況に陥った際に，話し手のあきらめの気持ちが示唆される：So, you want me to do it this way? That's too hard. *Whatever*. —*NTC's AELD* それじゃ，私にそれをこんなふうにしてもらいたいんですね．それは難しすぎますよ．もうどうでもいいですが．

【解説 10：それた話題の打ち切り】 それた話題を打ち切って話を進めていく際にも用いられる："Are you sure of that?" "Positive. Ratty blue cloth coat. Scarf on her head. Silk, I think. *Whatever*. Pretty. But it had seen better days." —McBain, *Nocturne*「それは確かですか？」「確かです．ぼろぼろの青い布地のコートです．頭にはスカーフをかぶっていました．絹製だと思います．どうだっていいですが．かわいかったですよ．でも昔はもっと暮らし向きが良かったんでしょうね」

【解説 11：書き言葉での使用】 出来事を列挙する際の締めくくりとして書き言葉で用いられることもある：She looked blank or begged his pardon or stammered. *Whatever*. —Block, *Rye* 彼女は頭の中が真っ白になっているような顔つきで，彼にもう 1 度言ってくださいと言ったり，口ごもったりしていた．そんなことどうでもよかったが．

関連事項

① **. . . , *or whatever* の用法** 例示を表す名詞表現の最後に用いられ，選択の自由を表す：Just bring a bottle of wine *or whatever*. —*LED* ワインか何でもいいから持ってきてくれ / I used to meet customers in bars and restaurants *or whatever,* and we'd do our business there. —*MED* かつて客とバーやレストランなどで会って，そこで商売をしていたものさ / "Lots of guys, they have trouble remembering numbers, so when they order a safe, they'll ask for the combination to be three numbers in a multiplication table. Like five, ten, fifteen. Or four, eight, twelve. Or six, twelve, eighteen, *or whatever*." —McBain, *Ice*「多くの連中は，数字を覚えるのが苦手なんだ．だから金庫を注文するとき，掛け算表で 3 つ数字の組み合わせを頼むんだ．5, 10, 15 のようにね．あるいは 4, 8, 12 って具合だ．6, 12, 18, その他，何だっていい」

次のように，くだけた言い方ではしばしば or が省略される："Now you go to build something — a house, a factory, a swimming pool, *whatever* — you go to local people." —Sanders, *Bending*「じゃあ，何か建てに行きなさい．たとえば，家，工場，プール，何だっていい．地元の人々のところへ行くんだ」/

"Anything would be a help," she said. "State, county, *whatever*. I'll settle for an area code." —Hiaasen, *Tease*「何だって助けになる」と彼女は言った.「州でも，郡でも，何でもいい. 私は郵便番号で我慢しておくわ」. 次は書き言葉で or が省略されている例：So he had developed an intuitive feel for what people wanted from him — deference, affection, humor, *whatever* — and the habit of giving it to them quickly. —Follett, *Hammer* だから彼は自分に人々が求めるもの，すなわち尊敬，愛情，ユーモア，何でも直観的に感じとって，それをすぐに示す習慣を身につけていた.

次のような節形式で用いられる類似表現にも注意：I bring water proof clothing, boots, *or whatever else you might need.* —*LAAD* いつも防水加工された服や長靴，その他必要に思われるものを持って行きます / We could get SDD *or whatever they call it.* —*LAAD* 我々は SDD とか何とか呼ばれるものを手に入れることができるだろう / "He'd signed the car registration over to me, and the title was in the glove compartment so I could drive it or sell it, *whatever I wanted.*" —Block, *Rye*「彼は車の登録に署名して私に渡してくれたし，その権利書は車のダッシュボードに入っていたので，その車を運転することもできたし売ることもできたし，望むことは何だってできたんだ」

② **関連表現**　(i) whatever you say：whatever の後に you say が添えられて，議論することなく相手の意見に同調することを表す. しばしば相手の助言や忠告，何らかの行動を促す表現の応答として用いられる："I think we should deal with this matter ourselves." "Oh, all right. *Whatever you say.*" —*MED*「この問題は我々自身で処理すべきだと思うんだ」「ああ，その通り. 君の言う通りだ」. この表現は文脈により，本当は賛同していない場合やそうしたくない場合に，(しぶしぶ) 相手の意見に従うことを表したり，投げやりに相手に応じたりする場合に用いられる："You need to check the oil in your car regularly." "*Whatever you say.*" —*LAAD*「定期的に車のオイルを点検する必要があるよ」「おっしゃる通り」/ "I'll give you the sign and we'll cut out." "*Whatever you say,* Eddie." —Sanders, *Bending*「君に合図を送って我々は素早く立ち去ることにする」「好きにしてくれ，エディ」/ "Take my car," he suggested. "I'm not going anywhere." "It's too big," she said. "Time when I took it, I felt like I was steering a boat." "*Whatever you say.*" —Block, *Walk*「私の車を使いなさい」と彼は提案した.「私はどこへも行かないから」「大きすぎるわよ」と彼女は言った.「この前乗った時に，まるで船を運転しているみたいだったわ」「何とでも言ってくれ」

say 以外に以下の表現も同様に用いられる："If I turn this off, though, we'll

be freezing in five minutes. What do you think I should do?" "Well, *whatever you like,* sir," Hawes said. —McBain, *Nocturne*「でも，もしこれのスイッチを切ってしまえば，我々は 5 分で凍ってしまう．どうしたらいいと思う？」「そうですね，好きにしてください」とハウズは言った．

(ii) whatever you do：しばしば否定命令文の文頭や文尾で用いられ，相手に何かをしてほしくないことを強調する：*Whatever you do*, don't tell Judy that I spent so much money. —*LAAD* 何があっても，私がそんなにたくさんのお金を使ったことはジュディには言わないでくれ / Don't tell Paul, *whatever you do*! —*OALD*[8] ポールには言わないでくれ，絶対にね〔cf. We told him we'd back him *whatever*. —*OALD*[8] どんなことがあっても彼を支えると我々は彼に言った〕

（廣瀬）

2　前置詞句表現

according to

概　説

この句は動詞 accord（一致する）から派生した形容詞 according に前置詞 to が付され，1450 年頃から，主に文尾で「（計画・規則・指示など）に従って」や「（基準）に合わせて」の意を表す副詞句として用いられるようになった．こうした動詞句修飾語から発展し，しだいに独立的に文頭や文中でも用いられるようになり，文修飾語として機能する談話標識となった．

通例文頭，時に文尾で用いられ，「……によれば，の意見［話］では」の意で，主文の情報源を明示し，その言質を話し手以外の第三者に委ねることを表す．これから述べる内容に対して客観性を持たせ，権威づけるためにしばしば用いられる．他方，文脈によっては，話し手の主文に対する非関与的な態度や不賛同を示唆し，話し手の責任逃れや控えめな態度を表す方策としても用いられる（⇒【解説 2】）．to 以下には，公的機関・人名・書物名・調査研究・報告・ニュースなどさまざまな情報源を表す名詞（句）がくる．

言語使用域に関しては，メディア英語で多用され，特に米国語法で頻繁に用いられる．一般的に堅い言い方．

［以上，Carter & McCarthy, p. 25; Biber et al., pp. 868, 871; Greenbaum & Whitcut, p. 10; 寺澤, p. 9］

マッピング

用法 1　［文頭］～によれば（情報源の提示）

2　［文尾］～によれば（そういうことだ）（情報源の提示）

情報源を示す語句　⇒　解説 1

according to me　⇒　解説 4, 5

文中の according to　⇒　解説 9

各用法の解説

【用法 1】

形式：**《文頭》*According to* A（,）S V（O）.**

意味：A によれば［の意見・話では］S が（O を）V する《A は情報源を示す名詞（句）》．

解説：主文の情報源を明示し，その言質を話し手以外の第三者に委ねることを表す際に用いられる．

【用　例】
According to Sarah they're not getting on very well at the moment. —*CALD* サラの話では，彼らは目下のところあまりうまくいっていないらしい / *According to* the directory, their clients were big and rich. —Grisham, *Brief* 名鑑によれば，この法律事務所の依頼人は大物で裕福だった（後続情報の出所明示）/ "*According to* lore, the brotherhood had created a map of stone." —Brown, *Code*「言い伝えによると，その組織は石で地図を作ったらしい」（伝承情報の明示）/ "Chief Burnett, didn't the house have an alarm system, and if so, was it turned on?" "*According to* the butler, it was always turned on at night." —Sheldon, *Sky*「バーネット署長，その家には防犯装置は付いていなかったのですか？ もし付いていたなら，作動していなかったのですか？」「執事によると，夜は常に作動していたということだ」（情報提供者の明示）

【解説 1：情報源を示す語句】 A には，公的機関・人名・書名・調査研究・報告・ニュースなどの情報源を示す語句がきて，しばしばそれらは権威のある人物や文献であることが含意される．したがって，専門性や権威性の低い個人的な report, statement, account を用いるのは通例不自然な言い方となり，容認度はかなり低くなる［Carter & McCarthy, p. 25; *COB*(*U*)[2], p. 7]：POWELL: *According to* the Department of Defense, he's been dead for two years. —*Die 2*［映］パウエル：国防省によると，彼は 2 年前に死んでるよ / KURTZWEIL: *According to* the newspaper, FEMA was called out to manage an outbreak of the Hanta virus. —*X*［映］カーツウィール：新聞では，ハンタ・ウィルスの蔓延を防ぐために，FEMA に出動がかかったということだ〔cf.『英教』2004.10, pp. 67–68〕.

【解説 2：話し言葉での according to】 話し言葉では，時に「……の話が正しければ」というニュアンスを伴い，話し手の非関与的な態度を示し，話し手自身は後続する内容に対して責任が持てないことを示唆する．さらに，to 以下にくる人物の意見に対する不同意を間接的に示す表現としても用いられ，話し手の控えめな態度を表す［*COB*(*G*)[2], p. 333; Biber et al., p. 871; Howard 1993, p. 5]：*According to* George, their housing is adequate. —Greenbaum & Whitcut ジョージの話では，彼らの住居は満足いくものだということだ（彼の話が信じられるかい？）/ *According to* George, I owe him £10. —*LDELC* ジョージの言い草では，私が彼に 10 ポンドの借りがあるとのことだが（私は同意できない）.

【解説 3：to の後の人称代名詞】 according to は聞き手に提示する内容の言質を第三者に委ねることを表すので，情報源として人称代名詞を用いる場合は，通例 3 人称代名詞が用いられる．2 人称の you や 1 人称の me［us］を用いるのは表現そのものが持つ機能と矛盾し，通例不自然となる［Carter & McCarthy, p. 25］：*According to him* / ?*you* / ??*me* this is quite unexpected. —Quirk et al.

ただし，2 人称の you については，他の情報源を表す語句と対比的に用いる場合には可能：*According to you*, you were at school this morning, but *according to the teacher* you were not. —Fowler-Burchfield お前の話だと今朝学校にいたとのことだが，先生によると，いなかったってことだよ．

また，you は，3 人称を表す語句と並列的に用いる場合は可能だが，この場合も後続する内容に対して疑念を抱いていることが示唆される場合が多い：O'CONNELL: That's called stealing, you know. EVELYN: *According to you and my brother*, it's called borrowing.—*Mummy*［映］オコーネル：そういうこと（本を抱いたまま眠っている人からその本を抜き取って行くこと）は，盗みって言うんだよ．エブリン：あなたと兄さんの言い方だと，拝借って言うんでしょうけれどもね．

【解説 4：according to me】 相手の言葉を受けて，相手の言葉を対比的に修正する場合には according to me が用いられることがある："She's talked about a boy she knew — a lover, I guess — back in France. A very tragic story." "News to me." "*According to her*, the last man in her life." "*According to me*, not exactly so." —Latham, *Hook*「彼女は，知り合いの若者のことを話していました．たぶん恋人だと思うんですがね．フランスへ戻ってしまったそうです．とてもかわいそうな話です」「初耳だな」「彼女によると，生涯最後の男性だったとのことです」「俺に言わせれば，そうとは限らんがな」

この用法では通例 me に強勢が置かれ，「あなたや他の人がどう考えようと，私はこう思う」という含意が生じる場合がある〔cf. Macleod, p. 336〕．

【解説 5：垣根言葉としての according to me】 発展的に according to me は，くだけた言い方でためらいや自信のなさ，控えめな態度を表す垣根言葉として用いられることがある．日本語の「私[僕]的には」という表現に通じるものがあり，特に若者が好んで用いる〔cf. Macleod, p. 335〕．

文尾で用いられると，「あくまで私の意見ですが」と解説的にコメントを付け加えることになる．文頭では，これから述べる内容に対して客観性を持たせて権威づけることが多いが，文尾ではまず主文で何らかの主張を提示するので，話し手の非関与的な態度は弱まる〔cf. 奥田〕．

【解説 6：opinion, view を用いた表現】 opinion を用いる場合，according to 以下に my［our］opinion を用いるのは通例不可．in my［our］opinion，I［We］

think のような表現を用いる [*COB*(*U*)², p. 8; 木塚 & バーダマン, p. 5; Turton, p. 11]: *In my opinion* she' sick. —Swan³ 私の考えでは，彼女は病気だ.

さらに，3 人称を表す語句がくる場合にも opinion を用いるのは避けられる [*COB*(*U*)², p. 8; 木塚 & バーダマン, p. 5]: **According to Erica's opinion* / *According to Erica* / *In Erica's opinion*, the forests should be left alone. —Turton エリカの意見では，森は人手を入れずにそのままにしておくべきだということだ.

次のような表現も可能. 後者は堅い言い方 [*OALD*⁷]: The bishop*'s opinion is that* the public has a right to know. —*COB*(*U*)² その主教の見解は，大衆には知る権利があるということだ / *I'm of the opinion that* you don't like my father. —*PESD* あなたは私の父を好きではないというのが私の意見だ.

なお，my を伴っても客観的な根拠がある場合，次のような表現が可能: EVELYN: *According to my readings*, our friend suffered the Hom-Dai, the worst of all ancient Egyptian curses, one reserved only for the most evil of blasphemers. —*Mummy* [映] エブリン: 私が解読したところでは，我々の友人はホムダイという古代エジプトで最悪の呪いをかけられたのよ. 神に対して最悪の冒涜を働いた者だけにかけられる呪いよ.

opinion と同様のことが view についても当てはまるが，some, this などによって修飾される場合には認められることがある [渡辺他 1995, p. 756].

【解説 7: 伝達部との共起】 伝達部 (主語＋伝達動詞) と共に用いるのは冗漫な表現となり，通例不可 [Turton, p. 11]: **According to* my father, *he says* we should leave on Sunday. —木塚 & バーダマン.

【解説 8: 伝達表現としての according to】 くだけた話し言葉では，伝達表現とほぼ同様に用いられることがある. ただし，伝達動詞を用いて Gillian says のような形をとるのが普通 [*COB*(*U*)², pp. 7–8]: "We're not getting copies." "Well *according to* Gillian you are." —Carter & McCarthy 「コピーは手に入らないよ」「いやあ，ギリアンは手に入るって言ってるよ」

【用法 2】

形式: **《文尾》S V (O) (,) *according to* A.**

意味: S が (O を) V する. A によれば[の意見・話では]そういうことだ《A は情報源を示す名詞(句)》.

解説: 主文の情報源を明示し，その言質を話し手以外の第三者に委ねることを表す際に用いられる.

【用　例】
There is now widespread support for these proposals, *according to* a recent public opinion poll. —*LD*[4] 現在ではこれらの提案に対する支持が広まっている．最近の世論調査によるとそういうことだ / "The Boyette case is the FBI's top priority at this moment, *according to* him." —Grisham, *Client*「ボイエット（上院議員）の事件は，現時点で FBI の最優先事項だ．彼によるとね」(伝達者の明示) / He wasn't going anywhere for a while, *according to* his attorney. —Grisham, *Client* 彼は当面どこへも出かける予定はなかった．弁護士が言うにはそういうことだ (情報提供者の明示).

【解説 9：文中の according to】 前後をコンマで区切り，挿入句的に文中で用いられることがある．通例主語と動詞の間に挿入される [Biber et al., p. 872]：André Vernet, *according to* official records, was a model citizen. —Brown, *Code* アンドレ・ヴェルネは，公式記録によれば，模範的な市民だったということだ．

（松尾）

after all

概　説

この句は，原義的に「全てのことが言われたり，なされたりした後で」の意を表す (⇒【解説 3】)．この原義を反映し，休止［コンマ］を伴わず，通例文尾で用いられ，事の成り行きではさまざまなことが生じたが，とどのつまりとして「結局(は)，結果的に」の意を表す．ただし，単に出来事の順番を表すのではなく，当初の期待・予想・計画に反した結果が生じたこと，あるいは出来事のある段階で予想外の出来事が生じたことを示唆する (⇒ 用法 1).

さらに，「時」の概念がしだいに薄れていき，それまでの記述をまとめる機能が生じて，as is known を含意し，談話標識としてさらに発展していった．

先行文脈と関連して，通例文頭あるいは文尾で，先行発話の内容の判断の根拠となる理由や説明を付け加える際に用いられる．先行文の主張の正当性を高めるために心に留めておくべき重要なことを提示し，「だって［何しろ］……だから」の意を表す．その理由付けや説明がたとえ話し手の主観的なものであるにしても，after all を添えることで，聞き手および他の人々が認める旧情報として情報を提示することが可能で，聞き手を納得させる談話機能がある (⇒ 用法 2)．時に文中でも用いられるが，その場合には特に後続する要素に注意を喚起する焦点化の機能がある (⇒【解説 10】).

言語使用域に関しては，用法 1 の after all は話し言葉で用いられることが多いが，用法 2 の場合は堅い書き言葉でも用いられる．

なお，それぞれの用法で音調も異なることに注意（⇒【解説 1, 4, 9】）［以上，Lewis 2007, pp. 89–99; Blakemore 2002, p. 79; 内田 2000, pp. 25–26; Schourup & Waida, pp. 16–27］.

マッピング

用法 1　［文尾］結局（は），結果的に（期待・計画に反する結果）

2　［文頭］だって～だから（根拠・理由）

強勢の位置・機能　⇒　解説 1, 4, 9

付加［修辞］疑問文での使用　⇒　解説 8

文中の after all　⇒　解説 2, 10

関連事項①　関連表現の比較　after all と finally

②　日英語比較　(i) 結局（は）　(ii) やはり［やっぱり］　(iii) after all

各用法の解説

【用法 1】

形式：**《文尾》S V（O）*after all.***

意味：結局（は）［結果的に］S が（O を）V する．

解説：当初の期待・予想・計画に反した結果が生じたこと，あるいは出来事のある段階で予想外の出来事が生じたことを表す際に用いられる．

【用　例】

I'm sorry, but we've decided not to come *after all*. —*MED*[2] 申し訳ありませんが，結局行かないことに決めました［対比を表す but との共起に注意］/ I came out here on the chance of finding you at home *after all*. —*COB*[5] 私はもしかしてあなたが家にいるかもしれないと思って，結局ここまで来た / The curfew shows everyone that the parents have the last word *after all*. —Gilbert, *Life* 門限があるということで，結局は親が最終決定権を持っていることが誰にでも分かる（当初の期待に反する結論）.

【解説 1：強勢の位置】　通例コンマなしで文尾で用いられ，after に強勢が置かれる［Swan[3], p. 29; *COB*(*U*)[2], p. 13; Schourup & Waida, pp. 20–21］．ただし，Lewis（2007, p. 92）では，現代の標準英国英語では all に強勢が置かれるとする（⇒【解説 4, 9】）.

【解説 2：文中の after all】 文中で用いられることもある．この場合，動詞句が際立ち，聞き手の注意を向ける焦点化の働きがある：Union leaders announced that they would, *after all*, take part in the national conference. —*LD*[4] 労働組合幹部は，最終的に全国大会に参加することを発表した．

【解説 3：原義通りの用法】 コンマを伴わず文尾，時に文頭で，after と all に等しく強勢が置かれて，原義通りに，「(あれこれ言われたり，なされたりした後で) 結局(は)，やはり」の意を表すことがある．ただし，現在では米国語法としてはまれであるとされる［Schourup & Waida, pp. 21–22］：EUGENE: Why should we think about the world? I mean, *after all* what does the world expect of us? —*Pay*［映］ユージン：どうして我々は世の中について考えなければならないんだろう？ つまり，そもそも我々は何を期待されているのだろうか？ / It resembled the smile of a window-dressing dummy, but it was a smile *after all*. Raymond Babbitt's first smile. —Fleischer, *Man* まるでショーウィンドウを飾るマネキンの微笑みのようだったが，やはり微笑と言えるものだった．これがレイモンド・バビットが初めて見せた微笑だった〔対比を表す but との共起に注意〕．

【用法 2】
形式：**《文頭》*After all*(,) S V (O).**
意味：だって［何しろ］S が (O を) V するのだから．
解説：先行発話の内容に対する判断の根拠となる理由や説明を述べる際に用いられる．先行発話の主張の正当性を高めるために心に留めておくべき重要なことを提示する．

【用　例】
I thought you might know somebody. *After all*, you're the man with connections. —*COB*[5] 誰か適当な人物をご存じかもしれないと思っていたのですが．何しろあなたは色々とコネがある人だから / "Of course, we have to make a small profit on the transaction. *After all*, Alfred is ours." —Grisham, *Firm*「もちろん，この取引で我々も少しは利益をあげないとな．何と言っても，アルフレッドは我々の仲間なんだから」〔先行発話の of course の使用に注意〕(理由づけ) / "I knew you wouldn't forget me, darling," she was saying. "*After all*, I did take you to lunch, didn't I?" —Archer, *Luncheon*「私を忘れるはずはないと思ってたのよ．だってそうでしょう，お昼をおごってあげたんですもの」と彼女は話していた〔付加疑問文との共起；強意表現の did に注意〕(同意を求める)．

【解説 4：強勢の位置および機能】 通例コンマを伴い文頭で用いられ，all に強勢が置かれて，これから述べることを前言の証拠や前提として理解するように聞き手を導く［Blakemore 2002, p. 79; 内田 2000, pp. 25–26; *COB*[5]］：CLAIRE: Why would you want me to know about this? HARRY: I don't want you to hold a bad opinion of Cole. I believe it scares him. He needs reassurance from you that he's okay. And *after all*, uh, you're his doctor. That's it. —*Thirteen*［映］クレア：どうしてそのことを私に知ってほしいのですか？ ハリー：コールのことを悪く思ってほしくないんだ．彼が不安に思うだろう．大丈夫だというあなたの保証が必要なんです．それに，何と言ってもあなたは彼の主治医なんですよ．そういうことです (⇒【解説 1, 9】).

【解説 5：発話状況を受ける用法】 after all は通例，先行発話を受けて用いられるが，実際の発話がなくてもその場で確認できる状況などを受けて用いることが可能［Lewis 2007, p. 92; Blakemore 1996, pp. 337–38］：〔the speaker takes an extremely large slice of cake〕(大変大きく切り分けたケーキを取って) *After all*, it is my birthday. —Blakemore 1996 だって私の誕生日なんだから．

なお，用法 1 の「結局(は)，やはり」の意で用いられる場合は，先行発話や状況を必ずしも必要としない．after all の表現自体に逆のことが予想されていたことが含意される［Lewis 2007, p. 92］.

【解説 6：伝えられる情報】 after all を含む発話は考慮すべき重要な内容を伝達し，忘れられていたかもしれない大切な事柄を聞き手に想起させる場合に用いられる．したがって，次のような状況で意外性のない情報を伝える場合に after all を添えるのは不自然［Schourup & Waida, pp. 17–18; Ball, p. 4］：(ある午後エミとジェンが静かに居間に座って雑誌を読んでいる．エミがたまたま窓の外を見て，ジェンに向かって言う場面) *Ah! It's autumn now. *After all*, the leaves turned. —Schourup & Waida.

【解説 7：談話戦略的な使用】 because も理由を表すが，通例 because 節は新情報を理由として提示するのに対して，after all は話し手と聞き手が共有している(と話し手が考えている)旧情報としての理由を聞き手に提示し，確認するために用いられる［Schourup & Waida, pp. 16–19］：Of course I'll lend you the money. *After all*, you're my best friend. もちろんお金は貸してあげるよ．だってさ，君は親友なんだから〔先行発話の of course の使用に注意〕(⇒ 用例第 2 例).

after all のこのような談話的機能を利用して，新情報である理由をあたかも旧情報であるかのように聞き手に伝える場合がある．次例では，after all 以下の内容をボブが知らない場合にも用いることが可能で，ボブを同調させようとしているエバの発話意図が示唆される［Schourup & Waida, p. 20］：〔Eva is speaking to Bob outside a bank〕The teller asked me for my ID. I was really disappointed. *After all*, my father used to be the manager here! 窓口で身分証明書を見せるように言われたのよ．本当にがっかりしたわ．だってそうでしょう，父は以前この銀行の支配人だったのよ．

【解説 8：付加［修辞］疑問文での使用】 しばしば確認や念押しを表す付加疑問文と共に用いられる (⇒ 用例第 3 例)．また，修辞疑問的な機能を持つ wh 疑問文で用いることも可能．ただし，この構文の after all は話し手が旧情報と見なす内容を導くので，純粋な疑問文とは通例共起しない：Of course I'll lend you the money. *After all*, what's are friends for? —Schourup & Waida もちろん君にお金を貸してあげるよ．だって，友達っていったい何のためにいるんだい (だって，困った時こその友達だろう)〔先行文の of course の使用に注意〕．

【解説 9：文尾の after all】 コンマを伴い文尾で用いることも可能．その場合も all に強勢が置かれる［内田 2000, pp. 25–26, 2011, pp. 103–4; Schourup & Waida 1988, p. 16］：She shouldn't be working so hard — she is 70, *after all*. —*MED*[2] 彼女はそんなに一生懸命働かないほうがいいよ．だって，70 歳なんだから．

文尾で用いられると，「当然のことだろう」と理由の念押しをして，聞き手に同意を求めるニュアンスがある．次例では，ペルーにいるはずの娘から予想外に電話があり，両親は驚くと同時に喜んでいる："Daddy, it's me." He was surprised, then he was not. Surprised to hear Blair's voice, but then not surprised at all that she had schemed some way to get to a phone to call her parents and wish them a Merry Christmas. They had phones in Peru, *after all*. —Grisham, *Christmas*「パパ，私よ」 彼 (父) は驚いたが，そんなことはないと思った．ブレアの声を聞けたのは驚きだったが，娘が電話にたどりついて両親にメリー・クリスマスと言おうと画策したことは驚きでも何でもなかった．だって，ペルーにも電話はあるんだから (当然のことだ)．

なお，内田 (2011, pp. 103–4) では，この用法では I say this because . . . とパラフレイズ可能で，話し手は自分の頭の中にある既存情報を口に出していて，発話行為に関わるとしている (⇒【解説 1, 4】)．

【解説 10：文中の after all】 文中で用いることも可能．この場合，after all に後続する要素に注意を喚起して焦点化する：The man meant well, Dog supposed. He did, *after all*, bring him to the beach often. —Harrington, *Murders* ご主

人様はいい人だ，とドッグは思った．だって，実際よく僕を海岸に連れて来てくれたもの〔強意表現の did に注意〕/ RODMILLA: There seem to be quite a few people out of town. DANIELLE: I will speak for her. She *is*, *after all*, my stepmother. —*Ever*［映］ロドミラ：かなりの人が町から出払っているようだわね．ダニエル：私が彼女の代わりにお話しいたしましょう．だって義理のお母様ですもの．

関連事項

① **関連表現の比較**　after all と finally—最終的な論点，質問や話題を導入する finally や lastly の意では after all は用いられない［Swan[3], p. 29; *COB*(*U*)[2], p. 13]：*Finally*［**After all*], I'd like to tell you that our donation has amounted to ¥1 million. —木塚 & バーダマン　最後に，寄付総額は 100 万円に達したことをお知らせしたいと思います．lastly の詳細は（⇒ FIRST(LY) 関連語 LAST(LY)）．finally の詳細は（⇒ AT LAST【関連事項 (i)】）．

② **日英語比較**　after all と「結局(は)」「やはり［やっぱり］」：after all は日本語の「結局(は)」と「やはり」に対応する場合があるが，日本語の両者は基本的に使い方が異なることに注意．

(i)「結局(は)」：事の成り行きの過程で色々なことが生じたが，最終的に行き着いた結論や結果を示すのに用いられる．先行文脈で明示的に出来事の過程が述べられ，しばしばそれに反する結果や結論を述べる際に用いられる．日本語の「結局(は)」は，根拠との関係は特に明確でなくてもよく，根拠に基づいた論理の流れを必ずしも前提としない．

(ii)「やはり［やっぱり］」：「最初思っていた通りにある出来事（意図や計画など）が実現した」ことを表すのに用いられ，その判断基準となる話し手の当初の予想は，通例，直前の文あるいは広く先行文脈で示される．しかしながら，実際に文脈上述べられたことがたとえ予想に反する内容であっても，「話し手の観念内にある基準」と最終的な結果が一致していれば，予想通りであったと言え，「やはり［やっぱり］」を用いることができる．「話し手の観念内にある基準」としては，① 過去の状態 ② 他の状況 ③ 現状が本来の姿であるという認識 ④ 外在する社会の通念・規則などが考えられる．特に，③，④などの基準に照らして判断する場合には，その判断基準は必ずしも先行文で明示されないことが多い．なお，「やっぱり」は「やはり」のくだけた言い方として，同様に用いられる．

(iii) after all：「結局(は)」と「やはり［やっぱり］」の両者を包括するが，用法 1 の after all と共に述べられる内容が，常に予想や期待に反するものであることが含意される．after all の場合，話し手の当初の予想や期待は先行文脈で明示的に示されるか，広く文脈や状況から推論されることなり，そのどちらであってもよい．したがって，after all を日本語に訳す場合，用いられる文脈によって，「結局(は)」と「やはり［やっぱり］」を使い分ける必要がある［以上，森田, pp. 306–7, 453–54; 松岡 & ノッター, p. 104; Tanaka, pp. 23–68; Schourup & Waida, pp. 30–33］．（松尾）

at last

概　説

この句は，at long last が短縮されたもので，文構造の中では副詞句として扱われるが，「(長い間待ったり，いろいろ努力しながら望んでいたことが) ついに，とうとう，やっと (のことで)」の意で，常に話し手の気持ちを表すことから，談話標識の機能を担う．成立しそうでなかなか成立しなかった行為や状態が，一定の時間的範囲の中で成立したことを述べるだけでなく，話し手の「待ち望む気持ち」，「あることが何とかして実現してほしいと切望する気持ち」も示す表現である．「ついに」などの日本語があてられるが，上記の理由から「やれやれ，やっとのことで，ようやく」が好ましい．

通例文頭で用いられ，後続する内容が話し手が成立を待ち望んだものであることを強調する．また，長時間待ち望んだ結果事態が成立したことに対する安堵感や喜びを示す一方で，長時間待たされたことに起因する苛立ちを表すこともある (⇒【解説 3】)．強意形の at long last も用いられる (⇒【解説 5】)．

言語使用域としては，書き言葉・話し言葉の両方で用いられる．

［以上，Carter & McCarthy, p. 291; Swan[3], p. 182; *COB*(*U*)[2], p. 347; 木塚 & バーダマン, p. 46］

マッピング

用法　［文頭］やっとのことで (待ち望んだことの実現)
苛立ち・強い感情の表現　⇒　解説 3
間投詞的用法　⇒　解説 4
関連事項　関連表現　(i) finally　(ii) in the end, eventually

各用法の解説

【用法】
形式：《文頭》***At last***(,) **S V** (**O**).
意味：やっとのことで［やれやれ，ようやく］S が (O を) V する．
解説：長い間待ち望んでいたことがようやく実現したことを表す際に用いる．

【用　例】
At last it was time to leave. —*LD*[4] ようやく出発の時間が来た / Then *at long last* their wedding day finally arrived. —*MED*[2] そしてようやく彼らの結婚式の日がやってきた〔finally との共起に注意〕(⇒【関連事項 (i)】) / *At long last* the government is starting to listen to our problems. —*CALD*[2] やっとのことで，政府が私たちの問題に耳を傾け始めている / Silas was equally comforted to hear the Teacher. It had been hours, and the operation had veered wildly off course. Now, *at last*, it seems to be back on track. —Brown, *Code* シラスも同じように導師の声を聞いて安心した．何時間も経ち，作業は大きく予定からはずれてしまっていた．が，今ややっと軌道修正できたようだ〔時を表す now との共起に注意〕(安堵感の表明)．

【解説 1：好ましくない事態の成立】 at last は長い間待ち望んでいたことがようやく実現したことを表す．したがって，好ましくないことが起こった場合には用いられない［Carter & McCarthy, p. 291; Swan[3], p. 182; *COB*(*U*)[2], p. 347; 木塚 & バーダマン, pp. 45–46]：My uncle, who had been suffering from cancer, **at last* / *finally* passed away last Sunday. —木塚 & バーダマン　私の叔父は癌を患っていたが，先週の日曜日ついに亡くなった (⇒【関連事項 (i)】)．

【解説 2：finally の意・否定文の at last】 「(順序が) 一番最後に」(finally) の意では at last は用いられない［木塚 & バーダマン, p. 32; 小西 1989, p. 1004]：First we listened to the tape, then we answered some questions, and **at last* / *finally* we wrote the story. —Heaton & Turton[2] まずテープを聞き，それから質問に答え，そして最後に話を書いた (⇒【関連事項 (i)】)．

また，否定文では通例用いられない［小西 1989, p. 1004]：**At last* he did *not* come.

【解説 3：苛立ち・強い感情の表現】 待ち望んだことがやっとのことで実現し始めたという話し手の安堵感の他に，長時間待たされたことに対する苛立ちを表すこともある．話し手の感情が強い時には感嘆符が用いられることがある：*At last*, the pizza's here! —*LD*[4] やっとこさピザが来たよ！ / The escaped prisoner cried, "*At last* I am free!" —Schourup & Waida 逃亡した囚人は叫んだ．「これでやっと自由になったぞ！」

【解説 4：間投詞的用法】 後続する内容が省略されて，間投詞のように用いられる［Swan[3], p. 182]：*At last*! Where the hell have you been? —Swan[3] やれやれ．いったいどこへ行ってたの？ なお，この用法は類義表現の finally や in the end では不可 (⇒【関連事項 (i) (ii)】)．

【解説 5：at long last】　at long last は，at last の強意表現で，堅い言い方［小西 1989, p. 1004; Fowler-Burchfield, p. 441］：*At long last* he was able to see his family again. —*Activator*[2] ようやく彼は家族と再会できた (⇒ 用例第 2, 3 例).

次は文尾で用いられ at last と続けて用いることで，さらに強調する表現となっている：Her patience is thin, despite her resolve to contain her emotions completely. More than anything right now, she wants to get this over with *at last*, *at long last*. —Cornwell, *Fly* 彼女は感情を完全に抑えようと決心していたにもかかわらず，忍耐力が切れそうだ．今は何よりも，やっとこぎつけたこれ (死刑囚との面会) を早くやってしまいたいのだ．

【解説 6：文尾・文中の at last】　文尾や，まれに文中でも可能：I've finished my essay *at last*! —*CALD*[2] やっとエッセイを書き終わったわ！〔感嘆符に注意〕/ When the last car of the long freight train had passed, we were *at last* able to cross the tracks. —Schourup & Waida 長い貨物列車の最後の車両が通過し，我々はやっとのことで線路を渡ることができた．

関連事項

関連表現　(i) finally：at last の意と，単に事態の最後を表す意がある．前者では，文中で用いられることが多い［Swan[3], p. 182; *COB*(*U*)[2], pp. 249–50; Schourup & Waida, p. 121］：Steve has *finally* found a job. —Swan[3] スティーブがやっと仕事を見つけた / *Finally* / *Lastly* / **At last*, I would like to briefly consider the relationship between health and exercise. —Schourup & Waida 最後に，健康と運動の関係について少し触れておこうと思います (⇒【解説 1, 2】).

また，finally は形式ばった書き言葉や論文，講義などで，最後の話題を提供する時にも用いられる (⇒ AFTER ALL【関連事項①】).

(ii) in the end, eventually：主に事態の最後に言及し，変化や大変な苦労などの後何かが起こることを示唆する．「ついに」と訳されることがあるが，「長い時間的経過の末」の意で，話し手の事態の成立を待ち望む気持ちは表さない［Swan[3], pp. 182, 189; Schourup & Waida, p. 121; *LD*[4]］：*Eventually*, the army caught up with him in Latvia. —*COB*[5] ついに軍はラトビアで彼を捕まえた / I left in the middle of the film. Did they get married *in the end*? —Swan[3] 映画の途中で出たんだが，結局彼らは結ばれたの？〔疑問文との共起に注意〕

in the end はまた，「全てを考え合わせたうえで，結局は」の意で，思慮を重ねたあげく最終的に結果がどうなったかを述べる："Oh, but you must have so many friends." "Acquaintances. *In the end*, does anyone really have many friends?" —Sheldon, *Time*「あら，あなたにはたくさんお友達がいるはずだわ」

「知り合いならね．結局のところ，友達がたくさんいる人なんて，本当にいるんでしょうか？」（修辞疑問文）

なお，「最後に」(finally) の意では用いられない［木塚＆バーダマン, p. 160］：*In the end / Finally*, I would like to thank you all for supporting me again. — 最後に，私をご支援くださったことに再度お礼を申し上げます．（西川）

at least

概 説

この句は，基本的に数量を表す語句を修飾し，「少なくとも，最低に見積もっても」の意を表す．通例，実際の数量は表されているものより多いことが示唆される．

発展的に，状況や行動に関して用いられると，通例文頭で「少なくとも……である」の意で，最低限判明している客観的事実や可能性のある事態を表す．また「ともかく，いずれにせよ」の意で，さまざまな問題，不利な点，否定的見解や感情，悪い状況がある一方で，最低限の良い点やプラスの見解があるという意味合いで，好ましい状況について述べる (⇒ 用法 1).

特に，言語表現そのものについて言及し，「もっと正確に言えば，つまり」の意で，訂正したり，言い換えたりする場合にも用いられる (⇒ 用法 2).

さらに，要求や依頼，勧誘に関して用いられると，通例文頭で「せめて，とにかく」の意で，相手が実行可能な行為について話し手が抱く最低限の期待を表し，「少なくとも……ということだけは願う」という含意を伴う (⇒ 用法 3). この用法では文脈により，相手に対する不満や不平を表したり，逆に，ほめ言葉や慰め，丁寧表現として用いられたりする (⇒【解説 12】).

［以上，松尾 2007b; 赤野, p. 183–92; 渡辺他 1976; *COB*[5]; *COB*(*S*)[3]］

マッピング

用法 1 ［文頭］(他の事は) ともかく (真実性・可能性の最低ラインの設定)

2 ［文頭］(……とは言えないまでも) 少なくとも (前言の訂正・言い換え)

3 ［文頭・しばしば命令文で］せめて (最低限の期待)

丁寧表現 ⇒ 解説 12

共起する他の談話標識 ⇒ 解説 4, 8

関連事項① 関連表現の比較 (i) at least と anyway (ii) at least と in other words

② 日英語比較 「つまり」と at least

各用法の解説

【用法 1】
形式：**《文頭》*At least*(,) S V (O).**
意味：(他の事は)ともかく[いずれにせよ，少なくとも] S が (O を) V する．
解説：最低限判明している客観的事実や可能性のある事態や，好ましくない状況がある一方で，最低限満足できる事態を述べる際に用いられる．

【用　例】
It's a small house but *at least* there's a garden. —*CALD* それは小さな家だが，いずれにせよ庭はある〔譲歩を表す but との共起に注意〕/ "This coffee is awful," he said, ready to spit. "*At least* it's hot." —Grisham, *Lawyer*「このコーヒー，まずいな．熱いことは熱いが」と彼は今にも吐き出しそうに言った (最低限満足いく点) / "The only thing good I can say about that is Zachary may be in the East Baton Rouge Parish, but *at least* it isn't the jurisdiction of the Baton Rouge police. So the high and mighty task force can't boss me around about my cases." —Cornwell, *Fly*「私にとって唯一都合のいいことは，ザカリーはイースト・バトンルージュ郡にあるのだろうけれど，少なくともバトンルージュ警察の管轄区域ではないことです．だから私の担当する件に関しては，あの尊大な特別捜査本部も私にあれこれと指図できないのです」〔譲歩を表す but との共起に注意〕(最低限好ましい点)

【解説 1：真実性や可能性の最低ライン】 通例文頭で用いられ，ある事柄が真実である，あるいは可能である最低ラインを示す [松尾 2007b; 赤野]：FREDDY: I'm just sayin', name two great chick drummers. KATIE: Sheila E? Meg White from the White Stripes? FREDDY: She can't drum. KATIE: She's a better drummer than you. *At least* she has rhythm. —*Rock* [映] フレディ：僕はただ，素敵な女のドラマーの名前を2人挙げろって言ってるだけだよ．ケイティ：シーラ・E？ ホワイト・ストライプスのメグ・ホワイトかな？ フレディ：彼女はドラムは叩けないよ．ケイティ：あんたよりましよ．少なくとも彼女はリズム感があるわ．

【解説 2：強調形の at the (very) least】 この用法では強調形の at the (very) least の形も可能：KENNY: Six months from now, we're not gonna care, are we? We'll deal with it then. MCNAMARA: *At the least*, it'll expose whether Khrushchev has been overthrown. We'll know who we're up against. —*Thirteen* [映] ケニー：6カ月後のことだ，構うもんか．その時に対処するさ．マクナマラ：少なくと

もフルシチョフが倒されたかどうかははっきりするだろう．我々が誰を相手にしているのかも分かるだろう．

単独で用いることも可能：Riff: Hmm, uh, excuse me, sir. Uh, as a matter of fact . . . uh . . . we uh, suspicion that the job was, uh, done by a cop. Snowboy: Two cops. Action: *At the very least*!" —*West*［映］リフ：あのう，すみません，お巡りさん．実を言うと……その……それ（ケガをさせられたこと）は警官にやられたんじゃないかと疑ってるんですが．スノーボーイ：2人の警官にね．アクション：少なくとも！〔感嘆符に注意〕

文中で挿入的に用いる場合，後続する語句に意識を集中させる焦点化の機能を果たす：His possession of classified documents in his home was, *at the very least*, a violation of Navy security regulations. —*COB*[5] 彼が極秘文書を家に保管していることは，少なくとも海軍の安全規則に違反していた．

【解説3：満足度の最低ライン】 好ましくない状況があるにもかかわらず，それを和らげてくれる状況がある場合に，不満な点はさておき「これだけは満足できる点である」ことを述べる．at leastの先行部で好ましくない状況が，後続部で少しはましだと考えられる状況が述べられる．通例文頭で用いられる［松尾 2007b; 赤野, p. 190; 小西 1989, p. 1027］："*At least* you're in good shape," Marino remarks with a yawn. "At least, meaning that's the best you can say about me." —Cornwell, *Fly*「少なくとも体調は良さそうだな」とマリーノはあくびをしながら言った．「少なくとも，か．それしかいいことがないってことだな」（⇒用例第1, 2例）

【解説4：butとの共起】 at leastに先行する好ましい状況と後続する最低限認められる状況を対照させるので，しばしばbutを伴って用いられる：A slow, agonizing demise from a disease was a nightmare and for the victims and the loved ones, *but at least* there was time for preparation and farewells. —Grisham, *Brief* 病気で苦しみながら緩慢な死を迎えるのは，患者にとっても愛する人々にとっても悪夢だった．しかし少なくとも（死に対する）準備を整えてお別れを言う時間はあった（⇒用例第1, 3例）．butの詳細は（⇒ but）．

【解説5：文尾のat least】 文尾で用いることも可能：She could take a nice holiday *at least*. —*COB*(*S*)[3]（そうしようと思えば）彼女は少なくとも素敵な休暇を取ることはできた．

【用法 2】
形式：**《文頭》*At least*(,) S V (O).**
意味：(……とは言えないまでも) 少なくとも[もっと正確に言えば，つまり] S が (O を) V する．
解説：前言の内容を訂正したり言い換えたりする際に用いられる．

【用　例】
They all knew I was on their side. *At least*, that's what they said. —*LD*[4] 彼らは皆，私が味方だと知っていた．少なくとも彼らはそう言っていた / "I live in north Memphis. *At least* I did. I don't know where I live now." —Grisham, *Client*「(エルビス・プレスリーと同じく) 僕もメンフィス北部に住んでるんだ．いや，正確に言うと，住んでたんだ．今じゃどこに住んでるかも分からないありさまだよ」(より正確な陳述) / "Well, I guess we've both seen this before," Benton says, looking at the photocopy, "since we've been members of the NAJ for most of our lives. Or *at least* I used to be. Sorry to say, but I'm not on their mailing list anymore." —Cornwell, *Fly*「我々 2 人とも前にこれを見たことがあるね，人生の大半 NAJ (非営利組織全米司法アカデミー) のメンバーだから．というか，メンバーだったとは言える．残念ながら，私はもうメーリングリストに載っていないけど」とベントンはコピーを見て言った〔言い換えを表す or との共起に注意〕(より正確な陳述)．

【解説 6：訂正・言い換え内容の特徴】　通例文頭で，先述の内容を訂正したり変更したりする場合に用いられる．at least に導入される表現は，先述した内容を控えめに述べるものが多い：I've met the President — *at least*, he shook my hand once. —*CALD* 私は大統領と会ったことがある．正確に言えば，1 度握手をしたということだ / Betty Patton said, and smiled. *At least* the corners of her lips moved up. I think she intended it to be a smile. —Parker, *Honor* ベティ・パットンは (そう) 言って微笑みを浮かべた．正確に言うと，唇の両端が上がったということだ．たぶん，彼女はにっこりしたつもりだったんだろう．

【解説 7：詳述】　表現内容の正確さの最低ラインを設定するということから，先述の事柄をさらに詳しく述べる場合にも用いられる："Rudy was with you on the return flight to New York — *at least* I assume Frederick Mullins, supposedly your husband, was Rudy sitting next to you on Lufthansa and then British Airways?" —Cornwell, *Fly*「ニューヨークに帰る便でルーディが一緒だったわね．つまり，フレデリック・マリンズはたぶんあなたの夫で，ルフトハンザ航空でも，それから英国航空でも隣に座っていたルーディだったのね」

【解説 8：or との共起】 言い換えを表す or と共起可能：DIANE: I met Spud, who sends his regards. *Or at least* I think that's what he said." —*Trainspotting*［映］ダイアン：スパッドに会ったわ．よろしくって．いや少なくともそんなことを言ってたと思うわ（⇒用例第 3 例，【解説 10】）．

【解説 9：範囲の限定】 at least 以下で，先述の内容が当てはまる範囲を限定することがある：The law has changed, *at least* as far as I know. —*LAAD* その法律は変わった．少なくとも私の知る限りではそうである / "The last line of the message," Sophie said, "was something Fache did not want you to know about." She paused. "*At least* not until he was done with you." —Brown, *Code*「（殺人の被害者が床に書き残した 3 行の言葉の）最後の行の内容は，ファーシュがあなたに知られたくないことだったのよ」と言ってからソフィーは一呼吸置いた．「少なくともあなたとの決着がつくまでは」

【解説 10：言い換えによる信憑性の低下】 先述の内容をより正確に訂正したり言い換えたりするはずが，逆に先述の内容の信憑性が低くなる場合もある：His name is Kevin. *At least* that's what he told me. —*LAAD* 彼の名前はケビンだ．少なくともそのように言った（⇒【解説 8】の例）．

【用法 3】
形式：**《文頭》*At least*(,) S V (O).**
意味：せめて[それでも，それにもかかわらず，少なくとも，とにかく] S が (O を) V してくれ [してください]．
解説：要求や依頼，勧誘に関して，「少なくとも……ということだけは願う」という含意で，相手が実行可能な行為について話し手が抱く最低限の期待を表す際に用いられる．

【用　例】
At least you should listen to his explanation. —*LAAD* せめて彼の説明ぐらい聞くべきだ / DUDLEY：*At least* get rid of the glasses. I can't think of a single man in the bureau who wears them. —*L.A.*［映］ダドリー：せめて眼鏡をはずせ．刑事局で眼鏡をかけている奴なんて 1 人もいないぞ（最低限の要求）/ "*At least* be happy you controlled the outbreaks as well as you did. I understand that it was worse when this virus appeared in Africa." —Cook, *Outbreak*「少なくとも（伝染病の）流行を十分食い止められたことを喜ぶべきだよ．このウィルスがアフリ

カに発生した時には，もっとひどかったらしいよ」(最低限の望み)

【解説 11：文中の at least】 文中で用いることも可能："The name's Mark, okay? Can you *at least* call me Mark?" —Grisham, *Client*「マークという名前があるんですよ．せめてマークと名前で呼んでもらえませんか」

【解説 12：丁寧表現】 相手にある行為をすすめる表現と共に用いると，丁寧表現となることがある．期待の最低ラインを設定することで，相手の負担を軽減し，相手に対する気遣いを表すことができるからである［赤野, p. 190］："What happened to you?" he asked, but was only greeted by louder sobs. "*At least* let's sit down," he said, helping her to the couch. —Cook, *Outbreak*「何があったんだい」と彼は尋ねたが，彼女はますます大声で泣きじゃくるばかりだった．「とにかく座ろう」と彼は言って，彼女がソファに座る手助けをした / CAROLINE: Oh, Chris. Oh, Chris. I can't help but feel that this is partly my fault. CHRIS: It isn't. Spare yourself. CAROLINE: Well, *at least* let me buy you lunch. —*Maid*［映］キャロライン：あの，クリス，クリス．私にも過失があると思わざるをえないのよ．クリス：そんなことない．気にする必要はないよ．キャロライン：いや，せめて昼食をご馳走させてください［ためらいを表す well の共起］.

関連事項

① **関連表現の比較** (i) at least と anyway：両語とも「とにかく，ともかく」と訳されるが，at least が先述の内容を「受けて」，それに関して最低ラインを設定する機能を持つのに対して，anyway は先行談話からの逸脱，談話の流れを「断ち切る」機能を持ち，直前の文，あるいは談話の話題とは違った別の話題を提供する．anyway の詳細は (⇒ ANYWAY).

(ii) at least と in other words：at least は，述べている内容について最低限これだけは正確であるということが表され，「もっと正確に言えば」の意である．

in other words は，先述の内容を簡単な表現で言い換えたり，具体例を挙げて説明したりして明確化する場合に用いられる．in other words の詳細は (⇒ IN OTHER WORDS)．他の類語表現については (⇒ IN OTHER WORDS【関連事項①】).

② **日英語比較** 「つまり」と at least：日本語の「つまり」は，単に前に述べた事柄を言い換えるような場合から，ある 1 つの論理的展開を終結させる結論を導くような場合まで，広い範囲で用いられる：大切なのは，この文の言おうとしていること，<u>つまり</u>意味である —柴田 & 山田.

at least は，「つまり」の結論や要約を述べる機能ではなく，言い換えの機能を担っている.

(松尾)

by the way

概　説

この句は，文字通りには「道のそばで，脇道で」の意を表し，談話標識としては，主に話題の調整と関わる機能を果たす．

話し手がある話題について話している時に，言い忘れていたりふと思いついたりした無関係な話題に変更する際や，関連した補足的な話題を導入する際に用いられ，「ところで，それはそうと；ついでながら，ちなみに」の意を表す．

話し手にとって関心のある話題に相手の注意を向ける方策としても用いられ，自分にとって重要な話題であることをあまり強調せずに，表面上は付随的な話題として導入する際にも用いられる．この場合，話し手自身にとって重要な話題を，表面上はそれほど重要ではないことを示唆するので，To change the topic, . . . などの直接的な表現を用いるよりも丁寧な響きを伴う．主に文頭で用いられるが，文中や文尾も可能．

言語使用域としては，主にくだけた話し言葉で用いられる．

［以上，Chalker, p. 406; Quirk et al., p. 640; Swan[3], p. 141］

マッピング

用法 1　［文頭］ところで，それはそうと；ついでながら（話題の転換・導入）
2　［文尾］ところで（話題の転換・導入）
疑問文での使用　⇒　解説 2, 14
重要な話題の導入　⇒　解説 7, 8, 9, 15
会話の切り出し　⇒　解説 11
共起する他の談話標識　⇒　解説 4, 5, 6
関連事項　関連表現　(i) incidentally　(ii) speaking of which

各用法の解説

【用法 1】

形式：《文頭》***By the way,* S V (O).**

意味：ところで［それはそうと］S が（O を）V する；ついでながら［ちなみに］S が（O を）V する．

解説：主たる話題からそれた別の話題を導入する際に用いられる．

【用　例】
By the way, I found that book you were looking for. —*OALD*[8] ところで，あなたが探していた例の本を見つけましたよ / *By the way*, if Clare comes tomorrow she's bringing her boyfriend. —*MED* そうそう，明日クレアが来るなら，恋人を連れてくるよ / *By the way*, I heard that Phyllis may be moving to Dallas. —*CDAE* ところでね，フィリスはダラスへ引っ越しするかもしれないと聞いたよ / I think I've been a bit absent-minded over that letter. *By the way*, this fax machine doesn't seem to be working properly. —Leech & Svartvik[2] どうも例の手紙のことでちょっとぼんやりしてしまっていたみたいだ．ところで，このファックスは正常に動いていないようだよ / "The only thing I arrange for is where people sit at my restaurant. I want everybody to be comfortable." He grinned at the milling crowd of reporters. "*By the way*, you're all invited to the restaurant tonight for a free dinner and drinks." —Sheldon, *Nothing*「私が手はずを整えているのは，私のレストランでお客さんにどこに座ってもらうかということだけです．皆さんに気持ちよく過ごしてもらいたいのです」 彼はひしめく記者たちににやりと笑った．「ところで，今晩皆さん全員に無料で夕食とお酒を召し上がっていただこうと当レストランに招待いたしました」(重要な話題の導入)

【解説 1：話題の転換の方法】 話題の転換は，今話していたことと何らかの関連がある場合と，全く新しい話題が導入される場合がある．以下は後者の例："You'll probably want a little time to relax now. Rest up a little . . ." "Yes. We thought we'd take Jeffrey and drive up to Oregon to visit Sandra's parents and —" "*By the way*, an interesting case came into the office this morning, David. This woman is accused of murdering her two children." —Sheldon, *Dreams*「今はたぶんリラックスする時間が少し欲しいだろうね．少し休息したまえ……」「そうだね．ジェフリーを連れてオレゴンまでドライブしてサンドラの両親に会おうと思っていたんですが——」「話は変わるがね，今朝，面白い一件が事務所に舞い込んで来たんだ，デビッド．この女性は 2 人の子どもを殺したことで告発されているんだ」/ "He asked me for help, in a roundabout way. You know how he is. *By the way*, I did talk to Detective Claas while I was down in L.A., thought I didn't learn much. They're being very tight-lipped." —Grafton, *Outlaw*「彼は私に助けを求めてきたんだ，遠回しにね．彼の様子は知っているよね．ところで，ロサンゼルスに行ったときにクラース警部と話をしましたよ．あまり情報はもらえなかったけれどもね．警察はとても口が堅くなっているんだ」

【解説 2：疑問文での使用】 新しい話題は，疑問文の形で導入されることが多い: "You should be writing lines for Arthur. *By the way*, how is he?" —Sanders, *Seduction*「アーサーに手紙を書いたほうがいいよ．ところで，彼は元気かい？」/ "I can't believe it." "Me neither," I said. "*By the way*, what was that bunch of hollering last night? Did you hear it?" —Grafton, *Outlaw*「信じられないな」「私もよ」と私は言った．「ところで，昨晩のあの叫び声は何だったの？ あなた聞こえた？」/ "Marriage is a mystery." "I'll second that," he said. "*By the way*, how's your case shaping up?" —Grafton, *Burglar*「結婚は謎だ」「その意見に賛成だ」と彼は言った．「ところで，事件の進展具合はどうなんだい？」

【解説 3：発話の途中での話題の転換】 発話の途中で，話題を転換することもある: "You wear glasses, don't you?" "Sometimes." "While you were working at the G&S . . . *by the way*, do you still work there?" —McBain, *Mary*「眼鏡をかけているんだね」「時々ね」「君が G&S 社で働いていた当時……ところで，まだそこで働いているのかい」/ "She said 'Mary Jones,' did she?" "What?" "This woman who came into your store with a bloodstained dress . . . *by the way*, are you sure that's the same dress?" —McBain, *Mary*「彼女は『メアリ・ジョーンズ』と言ったんだね」「何ですって？」「血染めのドレスを着て君の店に入ってきた女性のことだよ……．ところでそれが同じドレスというのは確かなのかい？」

【解説 4：and との共起】 and を伴い，付加的な陳述が導入されることがある: BILL: I'm a realtor. Is your house for sale? ALICE: My house is not for sale, *and by the way*, I too am a realtor. —Spears ビル：私は不動産屋ですが，お宅は売りに出ているのですか．アリス：売り物じゃないですよ．それに，私も不動産屋ですけど / "I must admit I flew in from Florida *and by the way*, I checked on Lucy and she's doing great things down there," he said. —Cornwell, *Notice*「フロリダから飛行機でやって来たことは認めなくてはいけません．それはそうと，ルーシーのことを調べたのですが，彼女はそこで仕事をよくやっていますよ」と彼は言った．

名詞句が列挙される際に用いられることがある: Three years later, due to technological advances, competition for circulation, standardization of the product, managerial faults, *and*, *by the way*, the Great Depression, this number was reduced to a mere three. —McBain, *Nocturne* 3 年後，技術的な進歩，発行部数の競争，製品の標準化，経営の失敗，そして，ついでに言っておけば，大恐慌の時代のせいで，この数がたった 3 紙まで減ってしまった．and の詳細は (⇒ AND)．

【解説 5：but との共起】 主たる話題との対立が but で合図されることがある:

I want to tell you about my trip, *but*, *by the way*, how is your mother? —Quirk et al. 私の旅行について話がしたいんだが，ところで，お母さんは元気かい？ but の詳細は (⇒ BUT).

【解説 6: oh との共起】 ふと思いついた話題を導入する際に用いられ，しばしば oh と共起する: *Oh*, *by the way*, I saw Marie yesterday. —*Active*[3] あっそうそう，話は変わるけれど，昨日マリーに会ったわよ / *Oh*, *by the way*, Vicky called while you were out. —*LAAD* あっ，ところでね，君が外出していたときにビッキーから電話があったよ / "*Oh*, *by the way*, do you know where the accident happened?" —Ridpath, *Venture*「あっそれはそうと，その事故がどこで起きたか知ってるかい？」

ただし，以下のように伝える予定であった内容をあたかも突然思いついたかのように伝える際に，by the way が用いられることもある: Tony looked up. "Hi, Rune, how you doin'? *Oh*, *by the way*, you're fired. Pack up your staff and leave." —Deaver, *Manhattan* トニーは顔を上げた.「やあ，ルーン，調子はどうだい？あっそうそう，ついでに言っておくと，君はクビだよ．荷物をまとめて出て行ってくれ」

【解説 7: 重要な話題の導入①】 by the way は通例，重要でないことを付け加えることを示唆するが，しばしば話し手にとって非常に重要な話題をさりげなく切り出す際にも用いられる [*LD*[2]; Chalker, p. 406]: *By the way*, I wonder if we could discuss my salary some time. —*LD*[2] ところで，いつか給料のことについて話し合いをしてくれませんか / As he was pouring, he said, blushing: "*By the way*, I have a confession to make." —Sanders, *Seduction* 彼は（シャンペンを）注ぎながら，はにかみながら言った.「それはそうと，告白することがあるんです」/ He licked up a menu. "I'm starved." He looked up. "*By the way*, lunch is on you." —Sheldon, *Dreams* 彼はメニューに軽く触れた.「腹ぺコだよ」 彼は見上げた.「ところで，昼食は君のおごりだよね」

【解説 8: 重要な話題の導入②】 これから切り出すことが重要な話であることを明示的に伝える場合がある: *By the way* — I meant to tell you — Tobby and I are engaged. —Chalker ところでね，あなたに言おうと思っていたんだけれど，トビーと私ね，婚約しているのよ．次例でも「2 人だけの内緒話だけれども」という意の just between us が添えられていることに注意: She put her hand on his shoulder. "*By the way*, just between us: How *did* the relationship end?" —Crichton, *Disclosure* 彼女は彼の肩に手を置いた.「それはそうと，内緒にしておくわ．その関係はどのようにして終わったの？」

【解説 9：重要な話題の導入③】 by the way の後に十分なポーズを置き，聞き手に重要な話題への転換に対して心構えをする時間を与えることもある："He is a great man." "I'll tell him you said so. We're having lunch." "Good. *By the way* . . ." Shane Miller showed Ashley a photograph of a movie star who was going to be used for an ad for a client. "We have a little problem here." —Sheldon, *Dreams*「お父さんは偉大な人だ」「あなたがそう言っていたと父に伝えます．昼食を一緒にすることになっているので」「ありがとう．ところでね……」 シェーン・ミラーはクライアントの宣伝に使う予定だった映画スターの写真をアシュレーに示した．「ちょっとした問題があるんだ」/ "We must go there together sometime." She made a decision and tried to keep her voice as casual as possible. "Yes. *By the way* . . . last June I went to my ten-year high school reunion in Bedford." —Sheldon, *Dreams*「ケベックにはいつか一緒に行かなければいけないね」 彼女は決意し，できるだけさりげない口調を保とうとした．「そうね．ところでね……去年の 6 月ベッドフォードであった高校の 10 周年の同窓会に行ったの」

【解説 10：関係代名詞節内の用法】 先行詞について解説的なコメントを表す非制限的な関係詞節内に生じることがある："Matt," he said — which, *by the way*, no one has called me since I was a kid — "Matt, can you be more specific? I have no objection to your asking direct questions, but . . ." —McBain, *Mary*「マット」と彼は言った．言っておくと，子どもの頃から誰も僕のことをそう呼ぶ者はいないんだが．「マット，もっと詳しく話してくれないか？ 直接的な質問をすることには反対しないが，でも……」(⇒【解説 13】)

【解説 11：会話の切り出し】 会話の切り出しとして用いられることがある：As we walked out of the door, I spied Nino leaning against a parking meter, reading a newspaper. "*By the way*, Silvia. Is he coming to Eritrea with us too?" —Segal, *Only* ドアから歩いて出て来た時に，私はニーノがパーキングメータにもたれながら，新聞を読んでいるのをふと目にした．「ところでね，シルビア．彼も我々と一緒にエリトリアに来るのかい？」

【解説 12：会話の終結】 会話を終結する言葉を導入することがある：I moved to the door, then turned back to face him. "*By the way*, if I don't see you before, Merry Christmas." "Yeah," Hoffheimer said. "Merry Christmas to you, too." —Sanders, *Seduction* 私はドアのところに行き，振り返って彼と向き合った．「つ

いでに，もし会えないといけないから言っておくが，メリー・クリスマス」「そうだね」とホフハイマーは言った．「そちらこそ，メリー・クリスマス」

【解説 13：文中の by the way】 by the way を主語の後に持ってくることで，新たに導入する話題が浮き彫りになる：The name Latifah, *by the way*, means ‘delicate’. —*COB*[3] ちょっと脇道にそれますが，ラティファーという名前は「繊細な」という意味です / “Mr. Atkins is far more stylish, they seem to think. In his television interviews, he looks rather donnish, in fact, which I consider a decided plus. Most of the television commentators, *by the way*, felt you were far too aggressive with the first child’s mother. […]” —McBain, *Mary*「アトキンスさんのほうがはるかにおしゃれだと，テレビ局の連中は考えているようだ．インタビューでは，実際のところ，かなり学者ぶったように見えたが，それははっきりとしたプラス点だと思うよ．ついでに言っておくと，ほとんどのテレビ評論家は，君が最初の子どものお母さんにはずいぶんと辛く当たったと感じたみたいだよ．[…]」

主格の関係代名詞の後で用いられることもある：The second groups of storms were not quite as severe as those of five years ago which, *by the way*, were the worst this century. —*CIDE*　2 番目に襲ってきた一連の嵐は，5 年前のものほどひどくはなかった．ちなみに 5 年前のは今世紀最悪だった．(⇒【解説 10】)．

【用法 2】
形式：**《文尾》S V (O), *by the way*.**
意味：ところで [話はそれますが]，S が (O を) V する．
解説：追加陳述的に文尾に添えられ，主たる話題ではないことを明示する．

【用　例】
What’s the time, *by the way*? —*OALD*[8] ところで，今何時ですか？ / What did you say your name was, *by the way*? —*OALD*[5] ところで，あなたの名前は何ておっしゃいましたか？ / “My wife’s attached to the animal and I’d like to recover him if it’s possible, but I’ve a feeling he’s not to be found. My name is Gordon, *by the way*. Al Gordon.” —Block, *Man*「家内はその犬に愛着を持っているので，できれば取り戻したいんだが，見つからない感じがする．ところで私の名前はゴードンです．アル・ゴードンといいます」(伝達し忘れた情報の付加)

【解説 14：疑問文での使用】 用例第 1，2 例のように，新しい話題を導入する際に疑問文に添えられることも多い："I still think a little rest would make you fitter, David," Jason said softly. "What was your nightmare, *by the way*?" —Segal, *Class*「少し休んだほうが身体にいいと思うよ，デビッド」 ジェイソンは優しく言った.「ところで，どんな悪い夢を見たんだい？」

【解説 15：重要な話題の導入】 話し手にとって重要な話題を切り出す際に，文尾にくることもある．次例では，言葉遊び的に相手も再び by the way で発話を切り出していることに注意："I didn't hear you say you loved *me*, *by the way*?" "*By the way*, I love you," I said. —McBain, *Mary*「話は変わるけれども，あなたが私のことを愛していると言ったのを聞いたことがないわ」「話は変わるが，君のことを愛しているよ」と私は言った.

関連事項

関連表現 (i) incidentally：by the way と同様に今まで話していた話題を転換し，話し手がふと思いついた新しい話題を導入する際に，「ちょっと脇道にそれるが，ところで」の意で用いられる：*Incidentally*, Jenny's coming over tonight. —*Active*[3] ところで，ジェニーが今晩来るそうだよ / *Incidentally*, this wine goes particularly well with cheese. —*LD*[3] ところで，このワインはチーズに特によく合うね / She patted my hand. "*Incidentally*," she said, "I really appreciate it, Bern. It's great of you to bring me." —Block, *Library* 彼女は私の手をポンとたたいた.「ついでながら，本当に感謝しているわ，バーン．連れてきてくれてありがとう」と彼女は言った.

しばしば話し手にとって非常に重要な話題を切り出す際に用いられる [Chalker, p. 194]：*Incidentally*, what happened to that book I lent you? I'd like it back. ところで，君に貸していたあの本どうなった？ 返してもらいたいんだが.

文中や文尾で用いることも可能：She, *incidentally*, was an enormous woman. —*CDAE* 彼女は，ついでの話だが，とっても大柄な女性だ / The symphony, *incidentally*, will perform outdoors for its final concert. —*LAAD* 交響楽団は，ついでに言わせてもらえば，最終コンサートを野外で行う予定だ / "She said she was threatened all the time — which she seemed to find somewhat amusing. She carried a gun in her purse, *incidentally*." —Harrington, *Files*「彼女はいつも脅かされていると言ってた．いくぶん面白がっていたようだったがね．ついでに言っとけば，ハンドバッグには銃を携帯しているんだ」

次のように疑問文と共に用いることが可能：Yes, I know she's from Germany. *Incidentally*, did you know that I speak German? —*NHD* ええ，彼女が

ドイツ出身だと知っているわ．ところで，私がドイツ語を話せるってことを知っていた？ / *Incidentally*, what are the travel arrangements for tomorrow? —*MED* ところで，明日の旅行予定はどうなっているの / "Wolpert kills Rathburn to keep his mouth shut — and *incidentally*, did you happen to find out what secret Rathburn had picked up on?" —Block, *Library*「ウォルパートは口を封じるためにラズバーンを殺すんだ．ついでに，ひょっとしたらラズバーンがどんな秘密に気づいたのか分かったのかい？」

(ii) speaking of which：話題を転換する場合に以下の表現も用いられる："African-American is such an awkward phrase to say." "Especially for a redneck," I said. "*Speaking of which*, how do you feel about being called rednecks?" —Block, *Ice*「アフリカ系アメリカ人というのはとてもぎこちない言い方だね」「特にレッドネックにとってはね」と私は言った．「それに関していうと，レッドネックって呼ばれることについてどう感じる？」/ "Somebody's working very hard to get me put away." "*Speaking of which*, have you heard anything from California Fidelity?" —Grafton, *Evidence*「誰かが私を片づけようとして一生懸命になっている」「関連して尋ねると，カリフォルニア信用組合から何か聞いたかい？」

この表現は，全く新しい話題を導入する場合にも用いられる．次の例では，ジェスチャーと共に 2 階にいる人物を指して，speaking of which を用いていることに注意：She cocked her head and looked up at the ceiling. "*Speaking of which*. You were upstairs, you talked to him. What do you think?" —Block, *Man* 彼女は頭を上げて天井を見上げた．「上の人のことなんだけど．あなたは 2 階にいて，彼と話したでしょ．どう思う？」（廣瀬）

in fact

概　説

この句は，基本的に動詞句を修飾し，動詞句が表す事態の事実性を強調し，「事実，実際(に)」の意を表す．

談話標識としては，in fact が導く文の内容の客観的な事実性を強調するだけでなく，通例文頭で用いられ先行文脈と関連して，「実際に(は)，さらに詳しく言うと」の意で，より詳しい具体的な情報を付け加えて，話し手の主張を補強する．in fact 以下の内容が，(話し手の主張として)「本当の真実」あるいは「最終的な事実」であることが表される (⇒ 用法 1)．

他方，通例文頭で用いられ「それどころか，ところが実際は，むしろ」の意で，先行文とは相反する情報を提示し，先に述べられたことを修辞的にあえて訂正することによって自らの主張を補強する場合にも用いられる (⇒用法 2).

さらに，より大きな単位の発話や談話と関連し，「でも，ところで」の意で話題を転換する (⇒【解説 12】).

[以上，Carter & McCarthy, p. 97; Biber et al., p. 858;　内田 1993, p. 206; Schourup & Waida, pp. 64, 66–67]

マッピング

用法 1　[文頭] 実際に(は)，さらに詳しく言うと
　（前言の事実性・真実性の補強）

2　[文頭] ところが実際は，それどころか
　（前言の内容に反する主張の強調）

疑問文での使用　⇒　解説 5
命令文での使用　⇒　解説 6
文中の in fact　⇒　解説 7
文尾の in fact　⇒　解説 8
話題の転換　⇒　解説 12
共起する他の談話標識　⇒　解説 9, 10
関連事項①　関連表現　(i) as a matter of fact　(ii) in truth　(iii) to tell (you) the truth　(iv) actually
②　The fact is (that) . . .

各用法の解説

【用法 1】
形式：《文頭》***In fact***(,) **S V (O).**
意味：実際に(は) [事実上は，さらに詳しく言うと] S が (O を) V する.
解説：より詳しい具体的な情報を付け加えて，前言の主張の事実性や真実性を補強する際に用いられる.

【用　例】

I haven’t seen him for years. *In fact*, I can’t even remember what he looks like. —*MED*[2] 私は何年間も彼に会っていない. 実際，彼の風貌も覚えていないほどだ / Not all college teachers are professors. *In fact*, not even all professors are full professors. —*VOA*, 7 Mar. 2007 大学の教員全てが教授というわけではない. さらに言えば，教授全員が正教授というわけでもないのだ (より詳細な陳述) / “I kept the picture. *In fact*, I put it in my wallet. Along with snaps of my other kids." —Capote, *Hello*「写真は保管しておいたんだ．実は，財布に入れたんだよ．他の子どものスナップ写真と一緒に」(具体的な説明) / He checked into his room and went directly into the bathroom. To his surprise, the bath was satisfactory. *In fact*, he admitted to himself, it was much larger than the one at home. —Sheldon, *Tomorrow* 彼は(ホテルの)部屋にチェックインすると，まっすぐに浴室へ向かった．驚いたことに，浴槽は満足できるものだった．実際，彼の自宅のよりずっと広いことが実感できた(具体的な説明)．

【解説 1：詳しい情報・説明を述べる】 先述の内容に関するさらに詳しい情報や説明をする際に用いられる [Carter & McCarthy, p. 97]："I play tennis with him more often than I work with him. *In fact* I played with him just four days ago." —Cook, *Outbreak*「彼とは仕事よりテニスをする回数のほうが多いぐらいだ．実際のところ，つい 4 日前も一緒だったよ」(⇒ 用例第 2, 3 例)

【解説 2：先行部と後続部の内容】 先行部分の内容を in fact 以下で補強・強調するので，先行部分には後続部分を控えめに表現したものが来る．in fact 以下では，聞き手が驚くような情報が伝えられることもある [*COB*(*G*), p. 425]：Miguel Carrillo was nervous. *In fact*, Miguel Carrillo was *very* nervous. —Sheldon, *Time* ミゲール・カリーロは苛立っていた．正確に言うと，とても苛立っていたのだ (⇒ 用例第 2 例)．

in actual fact は強調形：He apologized as soon as he realized what he had done. *In actual fact* he wrote a nice little note to me. —*COB*[5] 彼は自分のしたことに気づくとすぐに謝った．事実，私に素敵なお詫びのカードをくれたぐらいだ．

【解説 3：言い換え表現】 I might go further, and say . . . (さらに進めて……と言えるかもしれない) の意で，一種の言い換え表現となる場合がある [Alexander 1988, p. 194]："There are lots of Republicans in Washington. *In fact*, they're taken over." —Grisham, *Lawyer*「ワシントンには共和党員がたくさんいるよ．実際，乗っ取られていると言っていいほどだ」

【解説 4：法副詞や法助動詞との共起】 前言を異なる側面から解説し強調するが，in fact 以下に来る内容は，必ずしも客観的な事実である必要はない．法副詞や法助動詞との共起も可能 [内田 1993, p. 206; Schourup & Waida, p. 64]：If you are in any major city in America, the chances are high that you are not far from a Starbucks. *In fact*, you *might* be very close to several of these coffee stores. —

VOA, 1 Mar. 2007 アメリカの大都市に住んでいるならどの町でも，スターバックスがそう遠くないところにある可能性が高い．実際，1 軒どころかあなたのごく近くにこのコーヒー店が数軒あるかもしれない．

【解説 5：疑問文での使用】 疑問文で用いられる："*In fact*, did you ever see Mary Barton *anywhere* near your daughter?" —McBain, *Mary*「実際，娘さんの近所でメアリ・バートンを見かけたことがあるのかい？」 この場合，「詳しい，本当の」説明を求めている．

次は文尾で用いられた例：Oh, everything seemed so complicated. Why bother? Why eat at all, *in fact*? —Tyler, *Tourist*（買い物する時に，クーポン券の付くものと付かないものとをいちいち調べるなんて）ああ，万事ややこしそうだ．どうしてわざわざこんなことをするのか？ 実際の話，そもそも何で食べなきゃならないんだ？

【解説 6：命令文での使用】 命令文で用いられて，「……と言ってるんだ」の意で命令を強める："Don't you ever, even do that again," Macon told her. "Huh?" "*In fact*, don't even bother coming again." —Tyler, *Tourist*「ああいうこと（飼い犬の首輪の革紐をつかんで犬をぶら下げること）は 2 度としないでくれ」とメイコンは彼女に言った．「えっ？」「2 度と来てもくれるなって言ってるんだ（分からないのか）」

【解説 7：文中の in fact】 文中で用いることが可能．やや形式ばった言い方になり，後続する要素を焦点化する：BERNARD: Now, by our calculations, they should be nearing the halfway point of this trip. (to Jim) Jim, can you still hear me there? JIM: Yes, I can, Bernard. We are, *in fact*, halfway to the island. It is two hundred and six nautical miles from our present location. —*Lost*［映］バーナード：さて，私たちの計算によると，彼ら（の船）はこの旅の半分の地点に達するところです．（ジムに）ジム，まだ私の声が聞こえますか？ ジム：ええ，聞こえますよ，バーナード．実際，我々は島まで半分の所に来ています．現在地は島まで 206 海里です．

【解説 8：文尾の in fact】 文尾で用いることが可能．付加的に事情を説明するニュアンスがある："I broke an arm once," Muriel said. "An arm is no comparison." "I did it training dogs, *in fact*." —Tyler, *Tourist*「一度腕を骨折したことがあるわ」とミュリエルが言った．「腕（と脚を骨折したの）じゃあ，比較にならないよ」「犬の訓練中に折っちゃったのよ，実を言うと」

【用法 2】
形式：**《文頭》*In fact*(,) S V (O).**
意味：ところが実際は［むしろ，それどころか］S が (O を) V する．
解説：前言を訂正・修正することによって，真実は前言とは相反するという話し手自らの主張を強める際に用いられる．

【用　例】
“Where are the carrots?” “*Well, in fact*, I forgot to buy them.” —Swan[3]「ニンジンはどこ？」「あのう実は，買い忘れたんだ」〔ためらいを表す well との共起に注意〕(疑問文の前提条件の否定) / “Everybody always asks me, ‘What is *your* dog like?’” Muriel said. “‘I bet he’s a model of good behavior,’ they tell me. But you want to hear something funny? I don’t own a dog. *In fact*, the one time I had one around, he ran off.” —Tyler, *Tourist*「誰もが (犬の調教師の) 私にいつも尋ねるのよ，『あなたの犬はどんな犬なの？』って．『きっと模範的なお利口な犬なんでしょうね』とも言うのよ．でも，面白いことを聞きたいでしょう？ 私，犬は飼ってないのよ．と言うか，実は，1 度飼ったことがあるんだけど，逃げられちゃったの」とミュリエルは言った (相反する内容の陳述).

【解説 9：well, I think との共起】 in fact を用いることで，聞き手の期待がかなわなかったことや，期待したことが起こらなかったことが示される．その場合，想定は修正，あるいは訂正される必要がある．相手のショックなどを和らげるために，ためらいを示す well や I think などの垣根言葉 (hedge) と共起する［Carter & McCarthy, p. 97; Swan[3], p. 145］：ROBINSON: Powell, has it occurred to you he could be one of the terrorists pulling your chain?［…］Or some nut case in there? POWELL: “I don’t think so, sir. *In fact*, *I think* he’s a cop. Maybe not LAPD, but he’s definitely a badge. —*Die*［映］ロビンソン：パウエル，ひょっとして奴はテロリストの一味で君を騙してるんじゃないのか？［…］それとも頭がおかしいのかもしれないぞ．パウエル：私はそうは思いません．実のところ，警官だと思われます．LA 管轄ではないかもしれませんが，明らかに警官です (⇒用例第 1 例).

【解説 10：but との共起】 but と共起して「(予想・期待に反して) 実のところは」の意を強調する：Managers worry about employees leaving for other companies, *but in fact* they are more likely to stay. —*MED* 経営側は従業員が他の会社に移るのではないかと心配しているが，実際は今の会社に留まる可能性のほうが高い (⇒ AND【関連事項② (ii)】).

【解説 11：発話状況を受ける】 先行発話や前文の内容と相反する情報が述べられるのではなく，発話状況から考えると相反する事柄を示す情報を導入することがある．次例では，眠っている最中に上司から原稿の催促の電話がかかってきて，話し手は夢を見ている最中に起こされた．あまりに辛い夢だったので，心が沈んだ状態のまま朦朧として電話に出た．その状況から考えると，原稿の催促をはっきりと断れる力が残っていたことが驚きだったのだ：“That means I'd need your manuscript by August thirty-first.” “I can't do it,” Macon said. *In fact*, it amazed him he'd found the strength to carry on this conversation. —Tyler, *Tourist*「8月31日までに君の原稿が必要だってことだ」「それは無理だ」とメイコンは言った．実のところ，彼はそんな会話ができる強さが自分にあることを知って驚いた．

【解説 12：話題の転換】「でも，ところで」の意で，話題転換の合図となる：“They are the distinguished men and women who have been chosen by the senior members of the university to be awarded Oxford honorary degrees,” Stephen looked at his watch. “*In fact*, we must leave now to be sure of having a good position on the route from which to watch the procession.” —Archer, *Penny*「彼らは，オックスフォードの名誉学位を授与される者として大学の長老たちによって選ばれた高名な男女です」 スティーブンは時計を見た．「さて，祝賀行列の通り道でよく見える場所を確保するには，そろそろ出かけなければなりません」

関連事項

① **関連表現** (i) as a matter of fact：「実際は；(いや)実は」の意で，通例文頭で用いられるが，文尾で用いることも可能．as を省略するのはくだけた言い方．意味によって 2 種類に大別できる．

a) 新しい情報を付け加えて，先に述べた事柄を強調したり，詳しく述べたりする：OLIVER: That boy has no sense of time. No sense of direction. *As a matter of fact*, he has no sense. Where is he, Linus? —*Sabrina*［映］オリバー：あの子には時間の観念がない．方向感覚もない．実際の話，全く観念というものがない．彼はどこにいる，ライナス？ / DIANE: Are you clean? RENTON: Yes. DIANE: Is that a promise, then? RENTON: Yes, it is *as a matter of fact*. —*Trainspotting*［映］ダイアン：(AIDS 検査で) 陰性なの？ レントン：ああ．ダイアン：じゃあ，そう誓うの？ レントン：ああ，そうだって，絶対に．

b) 聞き手にとって予想外の事柄を導入する：TOM: You drunk or something? RICHARD: No, I'm not drunk. You took Helen on a hayride last night, didn't you? TOM: No, *as a matter of fact*, I didn't. She went with the other people. —*Itch*［映］トム：酔っ払ってるのか？ リチャード：いや，酔ってない．夕べヘレンを夜のピクニックに連れて行ったんだろ？ トム：いや，実は行かなかったんだ．

彼女は他の人たちと出かけたよ．

in fact とは異なり，疑問文で用いることは不可［Schourup & Waida, p. 67］：*Is Andy *as a matter of fact* writing a novel?（⇒【解説 5】）．

(ii) in truth：in fact は前述したことについての解説・訂正を述べるのに対して，in truth は「実は」の意で，率直な意見を述べる場合に多く用いられる．堅い言い方：*In truth*, we were both unhappy. —*COB*[5] 実を言うと，私たちは 2 人とも不幸せでした．

(iii) to tell (you) the truth：「実を言えば」の意で，聞き手の期待に反することを述べる．話し手にとっては言いにくい情報を導入するので，しばしばためらいを表す well と共起可能［Swan[3], p. 145］：HOKE: Y'all people's is Jewish, ain't ya? BOOLIE: Yes, we are. Why do you ask? HOKE: *Well, to tell you the truth*, sir. I'd rather work for Jews. Oh, I know folks saying they stingy, cheap, one thing another. But don't be saying none of that around me! —*Daisy*［映］ホーク：あなた方はユダヤ系で？ ブーリー：そうだ．なぜ尋ねるんだ？ ホーク：あのう，実を言うと，私はユダヤ人のところで働きたいのです．ユダヤ人はケチだとか，しみったれだとか，いろいろと言う人がいます．でも，私の周りでそんなことを言う人はいません．

(iv) actually：「実際は；（いや）実際のところ」の意で，in fact よりくだけた言い方で，会話で多く用いられる［*Activator*[2]］．actually の詳細は（⇒ ACTUALLY）．

② **The fact is (that) . . .** 「実は」の意で，先述の内容の要約や最も重要な論点を導入し，そのことがある状況において真実・事実であることを強調したり，前言をより詳しく述べたりする．導入される事柄は真実だと信じられていたことと異なること，あるいは驚くべきことである場合が多い．新しい発話や話題，サブトピックが始まる合図となることもある．通例文頭で用いられる［Aijmer 2007, pp. 38–43; Biber et al., pp. 1073–76; *LD*[4]; *MED*[2]］：*The fact is* he was murdered. He didn't commit suicide at all. —*Activator*[2] 実は彼は殺されたのだ．断じて自殺などではなかった．

that 以下で示される内容に聞き手の注意を引き，実質的には伝達するメッセージは that 以下であるので，付加疑問文は that 節の主語と動詞に呼応する［Aijmer 2007, pp. 32, 39］：*The fact is* the Uncle Tom is a famous character, *isn't he*? 実は，アンクル・トムは有名な登場人物だよね？

形式に関しては，the fact is that, the fact is, fact is が可能で，fact is that は用いられない．the fact is that はコンマで区切られて文中でも用いられるが，fact is は常に文頭．is は常に現在形で，音調は下降調になる．fact の前に simple, plain, interesting, sad などの評価を表す形容詞を用いることも可能

[Aijmer 2007, pp. 33–36]: SUSAN: So do I get the job? BARBARA: *The fact is*, Susan, I don't need a live-in. This was my husband's suggestion. —*War* [映] スーザン：では，雇っていただけますか？ バーバラ：実はね，スーザン，住み込みはいらないのよ．これは主人の提案なの．

the fact is がためらいを表すことがあるが，その場合は I mean と共起可能 [Aijmer 2007, pp. 40, 43]．I mean の詳細は (⇒ I MEAN)．

次のような表現も可能：*The fact of the matter is that* student finances are stretched. —*COB*[5] 事実，学生の家計は逼迫している / *The truth of the matter is that* nothing has changed since the election. —*LD*[4] 実は，その選挙以来何も変わっていない / *The truth is that* they haven't solved the problem. —*MED*[2] 実は，彼らはその問題を解決していないのだ． （松尾）

in other words

概説

この句の文字通りの意味は「他の語で」であることから，難解な語句を別の表現で明確にするために，「言い換えれば」の意で通例文頭で用いられる．また，より大きな単位の発話や談話と関連し，「要するに，つまり」の意で，その内容を要約する際に用いられる (⇒ 用法 1)．特に会話で用いられると，文字通りの言い換えではなく，相手の発言から言いたいことを推測して，「(ということは) つまり」の意で推論の結果を表す (⇒ 用法 2)．通例コンマを伴い文頭で用いられる．前にダッシュやセミコロンが用いられることもある．

いずれの場合も，in other words 以下は先行の発話を再解釈したものだが，表現の言い換えや要約と，推論の結果を表す場合の区別がつきにくい場合がある．

[以上，Matsui, p. 868; 田中; Eastwood, p. 277; Blakemore 1993, p. 105]．

マッピング

用法 1 ［文頭］言い換えれば［つまり］～ということだ（言い換え）

2 ［文頭］つまり［要するに］～ということだ（推論結果）

in other words と so ⇒ 解説 6, 7

共起する他の談話標識 ⇒ 解説 2, 7

関連事項① 関連表現 (i) that is (to say) (ii) to put it another way (iii) so to speak

② 「まとめ」の表現 (i) in short (ii) in brief (iii) in a word (iv) in conclusion (v) to sum up

各用法の解説

【用法 1】
形式：**《文頭》*In other words*(,) S V (O).**
意味：言い換えれば［要するに，つまり］S が（O を）V する（ということだ［なのだ］）.
解説：より簡単な表現で言い換えて，前言の内容を明確にする際に用いられる.

【用　例】
He was economical with the truth — *in other words* he was lying. —*CALD* 彼は真実を隠していた．要するに，彼は嘘をついていた［'be economical with the truth' は「嘘をつく，真実を隠す」の意の成句］/ "Difficult to say at this point. He's only eleven years old, but the judge could, as a last resort, incarcerate the child in a youth court facility until he purges himself of contempt." "*In other words*, until he talks." —Grisham, *Client*「現時点で判断するのは難しいのです．彼（犯罪者）はまだ 11 歳です．しかし最後の手段として，その少年が法廷侮辱罪の行為を自ら認めるまで，判事は彼を少年裁判所関連施設に拘留することができます」「要するに，彼が口を割るまでということだな」（平易な表現への言い換え）/ AVERY: Do you think I'm talking about breaking the law? MITCH: No, I'm just trying to figure out how far you want it bent. AVERY: As far as you can without breaking it. MITCH: *In other words*, don't risk an I.R.S. audit. —*Firm*［映］エイバリ：私が法に触れることについて話していると思っているのか？ ミッチ：いえ，ただ僕はあなたがそれをどこまでやれとおっしゃっているのか理解しようとしているだけなんです．エイバリ：違法にならない限りは．ミッチ：要するに，国税調査に引っかからない程度にということですね（分かりやすいより正確な陳述）.

【解説 1：前言が後続部分を説明】 通例 in other words に後続する部分（言い換え表現）が先行する部分の理解を助けるが，先行する部分が後続する部分の理解を助ける場合がある［Blakemore 1993, pp. 107–9］．次例では，illocutionary force が先行部分の the speech act performed by an utterance によって説明されている：The hearer must identify the speech act performed by an utterance. *In other words*, she must identify its illocutionary force. 聞き手は発話によって遂行される発話行為を同定しなければならない．つまり，発語内の力を同定しなければならないということだ.

【解説 2: or との共起】 言い換えを表す or と共起可能: If we pursue this idea about 'understanding' a bit further, we come up against the issue of 'reality,' *or, in other words*, what is it that you are claiming to 'know' all about? —Yoro, *Fools* もう少し「分かる」ということについて考えを進めていくと,「現実とは何か」という問題に突き当たる. すなわち,「分かっている」と主張している対象は何なのかということである.

【解説 3: 名詞句を伴う】 名詞句を従えて語句修飾的に用いることも可能: The tax only affects people on incomes of over $200,000 — *in other words*, the very rich. —*LD*[4] その税金は収入が 20 万ドルを超える人たち, つまり富裕層にだけ影響がある.

言い換え表現の名詞句の後で用いることも可能: So he is a fraud, a common thief *in other words*. —*LD*[4] ということは, 彼は詐欺師, 言い換えればよくいる泥棒ということだ.

【解説 4: in short での置き換え】 in short に置き換え可能であるが, 先述の内容よりも in other words に導かれる言い換え表現のほうが長い場合, 通例 in short は用いられない. なお, that is (to say) は, 先述の内容より長い言い換え表現と用いることが可能 [Blakemore 1996, p. 339] (⇒【解説 8】,【関連事項② (i)】).

【用法 2】

形式: **《文頭》*In other words*(,) S V (O).**

意味: つまり [要するに, 言い換えれば] S が (O を) V する (ということだ [なのだ]).

解説: 前言の内容から推論した結果を述べる際に用いられる.

【用　例】

The hotel simply hasn't done its job properly. *In other words*, we're very unhappy and we'd like a refund. —Carter & McCarthy ホテルは当たり前の待遇もしてくれなかった. だから, 私たちは大変不服で払い戻しをしていただきたいということなのです / Avery: What led you to law school? Mitch: I can't remember, really. Avery: Sure you can, Counselor. Mitch: I was a delivery boy for a pizza parlor. One day the owner got a notice form the I.R.S. He was an immigrant, didn't know much English even less about withholding tax, and he went bankrupt. Lost his store. It was the first time I thought of being a lawyer. Avery: *In other words*, you're an idealist. —*Firm* [映] エイバリ：なぜロースクールに進んだんだ？ ミッチ：覚えてないんです，実は．エイバリ：覚えてるはずだ，弁護士さん．ミッチ：ピザ屋の配達員だったんです．ある日，店主に国税庁から通告が来た．彼は移民で，英語も，ましてや源泉徴収税のことも分からず，破産したんだ．店を失った．私が弁護士になろうと思ったのは，それが最初でした．エイバリ：つまり，君は理想主義者だってことだな (先行発話からの判断)．

【解説 5：推論結果の導入】 先述の内容から推論した結論を導入する．通例コンマを伴い文頭で用いられる [Blakemore 1993, p. 104]："How did you get on with your semantics this week?" "Well, I couldn't get any of the books from the library." "*In other words*, you didn't do the reading." —Blakemore 1993「今週の意味論の (授業の課題の) 進み具合はどう？」「それが実は，図書館から本を 1 冊も借りることができなかったんです」「ということはつまり，宿題をしなかったということだ」

【解説 6：in other words と so の違い】 多くの場合，in other words は so と置き換え可能であるが，常にそうであるとは限らない．話し手は in other words によって導入される発話が，何かに対する other words を示しているという情報を伝達する．したがって次例のように，so は前に言語的文脈 (発話) がなくても用いられるが，in other words は用いられない．so は発話が行われる場面から得られる情報などの非言語的文脈から導き出した推論結果を述べる場合にも用いられるからである：*So* / **In other words*, spring is here. — Blakemore 1996 (話し手が外でクロウタドリがさえずっているのを聞いて) 春になったってことだね．類義表現である that is (to say) も先行する言語的文脈がなくては用いられない (⇒【関連事項① (i)】)．so の詳細は (⇒ so 用法 1)．

【解説 7：so との共起】 推論結果を表す so と共起可能：ARGYLE: Why didn't you come with her, man? What's up? MCCANE: 'Cause I'm a New York cop. I got a six month backlog of New York scumbags I'm still trying to put behind bars. I can't just pick up and go that easy. ARGYLE: *So in other words*, you thought she wasn't gonna make it out here and she'd come crawling on back to you, so why bother to pack, right? —*Die* [映] アーガイル：どうして彼女 (奥さん) と一緒に来なかったんだい？ どうしたんだ？ マクレーン：俺はニューヨークの警官だからさ．捕まえようとしているニューヨークの卑怯な奴らが 6 カ月分残ってる．そう簡単に捕まえてやめるなんてできないさ．アーガイル：つまり要するに，彼女がここでは (仕事が) うまくいかずにまた自分の所に戻ってくると思った．

それなら何でわざわざ引っ越す必要があるんだ，そうだろ？

【解説 8：in short での置き換え】 この用法でも in short に置き換え可能 [Blakemore 1993, p. 105; 1996, p. 338]：“We will have to let her go.” “*In other words* [*In short*], she's fired.” —Blakemore, 1996「彼女を解放してあげないとね」「要するに，彼女はクビということですね」(⇒【解説 4】,【関連事項② (i)】)

関連事項

① **関連表現** (i) that is (to say)：「つまり，すなわち」の意で，先述の内容をより正確・明確に述べる．通例コンマを伴い文頭で用いられる．堅い言い方：“Miss Neveu,” Teabing said, “the Church and the Priory have had a tacit understanding for years. *That is*, the Church does not attack the Priory, and the Priory keeps the Sangreal documents hidden.” —Brown, *Code*「ミス・ヌブー．教会とシオン修道会の間には何年も前から暗黙の了解があったのです．つまり，教会は修道会を攻撃しない，そして修道会はサングリアル文書の存在を伏せておくということです」 ティービングは言った．

次の用法では，in other words と置き換え可能 [Heaton & Turton, p. 156]：We cannot continue with the deal on this basis. *That is to say* / *In other words*, unless you can bring down the price we shall have to cancel the order. — こういう原則ではこの取引を続けることはできません．つまり，価格を下げない限りは注文をキャンセルせざるを得ないということです．

ただし，次のような例では in other words は用いられない：They took refreshment, *that is* / **in other words*, sandwiches, coffee, beer, fruit juice, and chocolate. — 彼らは軽食，すなわちサンドウィッチ，コーヒー，ビール，フルーツジュースやチョコレートを食べた．この例で that is を用いた場合，軽食の例を次々と挙げることになるが，in other words を用いると軽食がいつも以下に挙げられたメニューに限られると解釈されるからである [田中，p. 71]．

先述の内容が強すぎた，あるいははっきり言いすぎたと話し手が考えた場合，内容を訂正したり控えめな表現に改めたりすることがある [Heaton & Turton, p. 156]．先行発話の主張を弱める場合には，次例のように，しばしば主節のない if 節を伴う：“No one under Brigsley in Central London,” said the operator. “Maybe he's ex-Directory. *That is*, if he really is a lord,” she sniffed. —Archer, *Penny*「セントラル・ロンドンにブリグズリーという方はいません」と（番号案内の）交換手は言った．「おそらく，電話帳に載っていない方でしょう．つまり，その方が本当に貴族ならばということですが」と，鼻であしらうように付け加えた．

挿入的に用いられる場合，先述の語句を説明する表現の前でも後でも that is (to say) を用いることが可能 [Quirk et. al., p. 1307]： Dickens's most productive period, *that is* (*to say*) the 1840s [the 1840s, *that is* (*to say*)], was a time when public demand for fiction was growing at a tremendous rate. ディケンズが最も多くの作品を生み出した時期，すなわち 1840 年代は，小説に対する一般庶民の需要が驚くべき割合で増加していた時代である．

in other words 同様，先行する言語的文脈 (発話) がなければ用いられない．指示詞 that によって言及される何かが that is (to say) 以下で述べられる事柄と同じ (言い換え表現) でなければならないからである．次例のように先行する発話なしで that is to say から始めるのは不可 [Blakemore 1996, pp. 337–38]： **That is to say*, he knows the combination (⇒【解説 6】).

(ii) to put it another way:「言い換えれば」の意で，先述の内容を異なる表現でより明確に説明する．通例コンマを伴い文頭で用いられる [Carter & McCarthy, p. 221]： It's fair risky. Or *put it another way*, don't try this at home. —*LD*[4] それはかなり危険だ．つまり，家では試すなということだ〔言い換えを表す or との共起に注意〕/ The problem demands a global solution. *To put it another way*, local regulations will have very little effect. —*Activator*[2] その問題には地球規模の解決策が必要だ．言い換えれば，地域的な規制をしてもほとんど効果はないだろう．

(iii) so to speak:「いわゆる，いわば」の意で，今使っている言い回しが陳腐だと話し手が思った時に，それを説明するために用いるが，so to speak と共に用いられるのはありきたりの慣用句である．話し言葉 [*MED*[2]]： OLIVER: He's our . . . number one draft pick *so to speak*." —*Firm* [映] (部下を同僚に紹介して) オリバー：彼は我が社の……いわゆるドラフト 1 位だ / JOAN: I've never been to this part of campus before. Where are we? KATHERINE: No-man's-land. *So to speak*. Come on in. —*Mona* [映] ジョーン：キャンパスのこんな所に来たのは初めてです．ここはどこですか？ キャサリン：無人地帯，言うなればね．さあ，どうぞ．

②「まとめ」の表現　「言い換える」こと，「推論結果を示す」こと，一連の話を「まとめる」ことには重なる部分があり，完全な区分は困難である．次に「まとめ・要約」に主眼点を置いた表現をあげる．

(i) in short:「要するに，要約すると，手短に言うと」の意．先行部分で既に詳しいことが述べられており，その要約や結論，最も重要なことを少ない語数で簡潔に述べる．通例文頭で用いられ，堅い言い方 [Swan[3], p. 145; Biber et al., p. 874; *COB*[5]; *Activator*[2]]： DUNBAR: Spirits are high, and overnight I have gone from a person of suspicion to one of genuine standing. I am greeted with open smiles and looks of appreciation. *In short*, I have become a celebrity. —*Dance* [映] ダンバー：気分は最高，一夜にして私は疑惑の人物から正義の人になった．晴れやかな笑顔と賞賛の表情で迎え入れられている．要するに，名士になったということだ (⇒【解説 4, 8】).

(ii) in brief:「要するに，手短に言うと」の意で，先述した内容の要約を，できる限り少ない言葉で述べる．通例書き言葉で文頭で用いる [Biber et al., p. 874]：The plan is to change the radio station's style; *in brief*, less talk and more music. —*MED*[2] 計画は，ラジオ局のスタイルを変えるということだ．要するに，トークを減らして，音楽をもっと流すのだ．

(iii) in a word:「一言で言うと，要するに」の意で，先述の内容を可能な限り簡潔に要約したり，質問に対して簡潔に答えたりする．文頭，あるいは文中で用いる [Biber et al., p. 874; *MED*[2]; *COB*[5]]：INTERVIEWER: Mr. Murphy, what exactly attracts you to the leisure industry? SPUD: *In a word*, pleasure. Like, my pleasure in other people's pleasure" —*Trainspotting* [映] インタビュアー：マーフィさん，レジャー産業の何に興味を持ったのですか？ スパッド：一言で言うと，喜びです．他人の喜びが僕の喜び，ってことです．

(iv) in conclusion:「最後に，結論として，要するに」の意．通例文頭で用いられ，一連の会話や文章などの締めくくりとして，結論や要約，最も伝えたい重要な事柄を導入する．書き言葉や堅いスピーチで用いられる [Carter & McCarthy, p. 261; Swan[3], p. 145; *MED*[2]]：*In conclusion*, I would like to thank our guest speaker. —*CALD* 最後に，おいでいただいたゲストスピーカーに感謝したいと思います / *In conclusion*, walking is a cheap, safe enjoyable and readily available form of exercise. —*COB*[5] 要するに，ウォーキングは安上がりで安全，楽しくてしかも手軽にできる運動の方法です．

「結論として」の日本語に引かれて，in の代わりに as を用いないように注意 [Heaton & Turton[2], p. 77]：**As a conclusion* / *In conclusion*, I'd like to say that everyone should be able to work if they want to. 結論として，働きたければ誰もが働くことができなければならないと申し上げます．

(v) to sum up:「要約すれば，要するに」の意．通例文頭で，先に述べたことをまとめる場合に用い，簡潔に要約された記述が後続する．特に演説の最後に用いられ，堅い言い方 [Swan[3]; p. 145; Ball, p. 104; *Activator*[2]]：*To sum up*, it is now clear that the spread of AIDS will not be easily stopped. —*LAAD* 要するに，エイズの蔓延は簡単には止められないだろうということが今やはっきりしているということです．

次のような表現も用いられる：*To summarize*, Bremer is saying 'you just

have to trust me.' —*Activator*[2] 要するに，ブリマーは「僕を信用してくれさえすればいい」と言っているのだ / *In summary*, do not sell your shares. —*LD*[4] 要するに，株は売るなということだ / This reviewer might wish to question particular judgement here and there, but *in sum* this is a fascinating and thought-provoking book. —Carter & McCarthy この評論家は作品の至る所で個々の見解に疑念を持っているかもしれないが，全体的に，これは魅力的で示唆に富んだ本である.　(松尾)

# of course

概　説

この句は，基本的には直前，あるいは直後に示される内容に関して，その正当性・妥当性を表す.

通例文頭で用いられ，「もちろん，当たり前のことだが」の意で，今から述べる発話内容や意図に関して，誰でも知っている (べき) こと，当然のこと，明らかな事実であることを示す．話し手が自分の意見を導入する時以外に，相手の発話に対する返答や反論でも用いられ，丁寧表現になったり，苛立ちや怒りなど話し手のさまざまな感情を表したりする．くだけた会話では (')course となることもある．文中で，通例コンマを伴い挿入的に用いられることもある (⇒【解説 12】)．また，文尾で用いられ，改めて発話内容の正当性・妥当性を強調したり確認したりする (⇒【解説 13, 14】).

相手の発話内容や発話意図が皆が認める共有された情報であることや，その妥当性を積極的に伝えることによって，相手との連帯感を強めたり丁寧さを表したりする一方で，自分が述べる意見や主張の正当性・妥当性を強調する時には，権威的・攻撃的な響きを持つことがある．また，情報を求められた時の返答で用いると，「その答えをあなたは既に知っていなければならない」ことを意味し，尋ねる価値がないことをほのめかして相手を侮辱することになる．その結果失礼が生じる場合があり，使用に注意を要する．なお，応答表現としては単独でも用いるが，談話標識としては必ず関連する主文を伴う.

言語使用域としては，話し言葉・書き言葉両方で用いられる．話し言葉では，特にくだけた会話と政治的なインタビューなどで頻繁に用いられる.

[以上，Swan[3], pp. 380, 390; 木塚 & バーダマン, p. 417; Wilson, p. 306; Simon-Vanderbergen, pp. 212–26; Greenbaum & Whitcut, p. 174; Ball, p. 88; *OALD*[7]; *LD*[4]; *COB*[5]; *CALD*[2]; *MED*[2]]

マッピング

用法　［文頭］もちろん（知っているべき，明らかな事実の提示）
感情・態度の表現　⇒　解説 2, 6, 7, 8
of course . . . but　⇒　解説 10
文中の of course　⇒　解説 12
文尾の of course　⇒　解説 13
文尾で用いられて yes の答を期待　⇒　解説 14
共起する他の談話標識　⇒　解説 3, 4, 9

各用法の解説

【用法】
形式：**《文頭》*Of course*(,) S V (O).**
意味：もちろん［当たり前のことだが］S が（O を）V する．
解説：今から述べることが誰でも知っている（べき）であること，明らかな事実であることを示す際に用いられる．

【用　例】
"Is it OK if I have another cup of coffee?" "*Course*, help yourself." —*LD*[4]「コーヒーのお代わりをいただいても良いですか？」「もちろん，ご自由にどうぞ」/ We arrived at the restaurant 30 minutes late so, *of course*, our reservation had been cancelled. —*CALD*[2] 私たちはレストランに30分遅れて到着したので，もちろん，予約は取り消されていた［結果を表す so との共起に注意］/ KATE: My mother was an amazing cook. *Of course*, I was the only one who appreciated it. —*Reservations*［映］ケイト：母は料理が上手だったわ．もちろんそう思ってるのは私だけだったけど（譲歩的追加の導入）/ HARRY: Now, you may notice, interestingly, we're walking back toward the house and its getting a little rocky again. ERICA: *Of course* it's getting a little rocky. We're talking about you. —*Something's*［映］ハリー：さて，君は気がついてるかもしれないけど，面白いことに，家に戻ってくるにつれて話がややこしくなってきている．エリカ：もちろんややこしくなってきてるわよ．だってあなたのことを話してるんだもの（嫌みを込めて相手の発話を繰り返す）．

【解説 1：今気づいたことを表す】　当然分かっているべきことに話し手がたった今気づいたことを表す：NICK: I wonder if it's too late to go over there. *Of* *course* it's not too late. It's never too late to do the right thing. That's what to do, I'll go over there and I'll do the right thing. —*Women*［映］ニック：これから行っても手遅れかな．いや，もちろんそんなことはない，正しいことをするのに手遅れってことはないさ．そうしよう．行ってちゃんとするべきことをするんだ．

【解説 2：同意・共感の表現】 相手の発話を受けて，その内容や意図が当然のことであると積極的に示すことで，強い同意・共感を示し，丁寧さを伝える：Oda Mae: I think better a cashier's check. Fergason: A cashier's check. Fine. Well, uh, *of course*, uh . . . . You know, we require identification . . . . —*Ghost*［映］オダ・メイ：小切手にしますわ．ファーガソン：小切手ですね．分かりました．ああ，もちろん，そうですね……．それと，身分証明書が必要なのですが (大口の預金をしている顧客に対して相手の発話内容の正当性を強調することで，できるだけ丁寧であろうとしている)．

【解説 3：well との共起】 少し考えてから，当然のことや明らかに正しいことを述べる場合は well と共起可能：Bud: And, can you please get me through to Mr. Gekko? Natalie: It concerns his futures! He's very busy today, Mr. Fox. Bud: *Well*, *of course*, he's busy and so am I. —*Wall*［映］バド：で，ゲッコー氏につないでくれるかな？ ナタリー：彼の将来に関わることですね！ 彼は今日とても忙しいのです，フォックス様．バド：なるほど，もちろんそうだろうが，私も忙しいのでね．well の詳細は (⇒ well)．

【解説 4：then との共起】 相手の発話を受けて，そこから導き出される結論として話し手が当然のこと，明らかに正しいと思っていることを述べる場合は，結論を表す then と共起可能："I don't think that's the case here," Dana said. "*Then*, *of course*, there's one of the oldest motives in the world — money." —Sheldon, *Sky*「これはそのようなケースではないと思います」とダナは言った．「じゃあ，もちろん，この世で最も古い動機のひとつ，つまり金目当てでしょう」．then の詳細は (⇒ then)．

【解説 5：依頼に対する許可】 依頼を受けて，それに対する許可を表す．当該の行為を行うことが当然であることを積極的に示すことにより，依頼内容を肯定するだけの Yes より丁寧な言い方になる［内田 1983; *COB*[5]; *MED*[2]］："Oh, Jeff! I hope it hasn't spread." "I hope so, too. Rachel wants me to stay with her for a few days. I wanted to ask you if —" "*Of course*. You must." —Sheldon, *Sky*「まあ，ジェフ！ (乳癌が) 転移してなければいいんだけど」「僕もそう望むよ．レイチェルが 2, 3 日一緒にいてほしいって言うんだ．もし君がいいと——」「もちろんよ．一緒にいてあげて」(⇒ 用例第 1 例)．

【解説 6：自信・嫌みなどの表明】 相手の発話を受けて，それに対する意見を述べるとともに，その内容や意図が正しいことを強調することで，自信・強がり・嫌みなどさまざまな感情を表わす："You knew?" said Harry. "You knew I'm a — a wizard?" "Knew!" shrieked Aunt Petunia suddenly. "Knew! *Of course* we knew! How could you not be, my dratted sister being what she was?" —Rowling, *Stone*「知ってたの？」 ハリーは言った．「僕が――魔法使いだってこと，知ってたの？」「知ってたさ！」 突然ペチュニアおばさんは叫んだ．「知ってたさ！もちろん私たちはね！ お前がそうでないわけがないじゃないか．どうしようもない妹がそうだったようにね」〔さらに修辞疑問文が後続していることに注意〕(⇒ 用例第 4 例)

【解説 7：反論】 相手に反論する場合，反論内容の正当性を強調することによって，苛立ち・怒りを表す：NURSE: Been fired. ERICA: Fired? You just started. HARRY: Not fired darlin'. Just not needed. ERICA: Not needed? Wait, what are you talking about? *Of course* she's needed. We need her. —*Something's*［映］看護師：クビになったんです．エリカ：クビ？ 始めたばっかりじゃない．ハリー：クビじゃないよ，君．もう必要ないだけだよ．エリカ：必要ない？ ちょっと待って，何言ってんの？ もちろん彼女は必要よ．彼女がいてくれなきゃ．

【解説 8：譲歩】 相手の発話内容や予想される反論に対する譲歩や防御的な態度を表す："We were all very fond of Maurice." "You speak as though he were dead. In the past tense." "I didn't mean to. *Of course* we are still fond of him . . . but he's taken a different road and I'm afraid a very dangerous one. We all hope you won't get involved." —Greene, *Human*「皆モーリスが大好きだったわ」「彼が亡くなったような言い方をするんだね．過去形を使うなんて」「そんなつもりじゃないわ．もちろん彼のことはまだ皆大好きだわ……．でも彼は違う道に進んでるし，なんか危険な感じがするの．あなたも関わらないほうがいいと思うけど」〔対比を表す but と対をなすことに注意〕(⇒ 用例第 3 例，【解説 9】)

【解説 9：but との共起】 先行談話の内容の正当性を強調し，譲歩しつつもそれに反する内容を述べる場合や，先行発話とは対照的な考えを述べる場合には but と共起する．まず of course で先行発話の内容や相手の意図の正当性・妥当性を強調し，相手の気持ちに配慮することによって，丁寧さを表す．この場合は対比を表す but と対をなす形で用いられる［Swan[3], p. 156］：A: Can I borrow the car tonight? B: Yes, *of course*, *but* I need it back by ten thirty. —Carter & McCarthy A：今夜車貸してくれる？ B：ああ，もちろんいいよ．でも 10 時半に

は返してね / *Of course*, there were a million self-help books on these subjects, and plenty of cable TV shows, and $90-per-hour consultation sessions. America had become a Persian bazaar of self-help. *But* there still seemed to be no clear answers. —Albom, *Tuesdays* もちろんこういった問題（加齢や死など）に対処する自己啓発本はたくさん出ているし，ケーブルテレビや 1 時間 90 ドルの相談室でもやっている．アメリカは自己啓発のマーケットになってしまった．しかし，それでも明白な答えはないように思えた（⇒【解説 8, 10】）．but の詳細は（⇒ BUT）．

【解説 10：of course . . . but の戦略的使用】 政治的なインタビューや議論などで，相手の議論を部分的に容認した上でさらに重要で対照的な意見を述べる場合，of course と but が対をなす形で戦略的に用いられる［Simon-Vanderbergen, p. 220］：*Of course* we have far too high a level of unemployment and I recognize this and the whole government recognizes this and I introduced a whole range of new measures, far-reaching new measures to help the unemployed [···] *But* you know there's no easy answer to unemployment neither in this country nor in the other countries which suffer from it [···] — もちろん失業率がかなり高くなっており，私も政府もこのことを認識しており，失業者のための包括的で広範囲に及ぶ新しい政策を導入しました．[···] しかし，本国でも他国でも失業に対する簡単な回答などないのです [···]（⇒【解説 9】）．but の詳細は（⇒ BUT）．

【解説 11：but of course】 先行発話や前言と対照的な内容を導入してその内容の正当性や妥当性を強調する場合は，"but of course" の形を用いる：KATHARINE: Dear Sister, it's hard to believe, but it's been eight years since . . . *but of course*, we never really say good-bye. —*Girl*［映］キャサリン：親愛なる妹へ，信じられないけれどあれからもう 8 年になるのね……．でも，もちろんさよならを言ってるわけではないの．

議論などで譲歩を示す場合にも用いられる［Carter & McCarthy, p. 115］：Nobody understood the arguments he was making about the history of science *but of course* not a single student was brave enough to admit it. —Carter & McCarthy 誰も彼が科学史について行った議論を理解できなかったんだ．でももちろん学生達は 1 人としてそれを認めなかったけどね / "Give me the head bookkeeper . . . quickly! I wish to stop payment on a cheque." *But*, *of course*, he was too late. —Sheldon, *Tomorrow*「簿記係の主任を呼んでくれ……早く！ 小切手の支払いを止めたいんだ」 しかしもちろん，手遅れだった．but の詳細は（⇒ BUT）．

【解説 12：文中の of course】 文中で通例前後にコンマを伴って用いられ，

導入する内容が誰でも知っている当然のこと，あるいは正しいことであると強調する際に用いられる．of course に後続する部分に焦点が当てられる：The Second World War ended, *of course*, in 1945. —*CALD*[2] 第二次世界大戦は，もちろん，1945 年に終わりました / MIRANDA: Do you know why I hired you? I always hire the same girl. Stylish, slender, *of course*, worships the magazine. —*Devil*［映］ミランダ：なぜ私があなたを雇ったか分かる？ 私はいつも同じ女の子しか雇わないの．おしゃれで，スリムで，もちろん，この雑誌を崇拝している子よ / Dana thought about the people for whom she should buy gifts. Her mother; Kemal; Matt, her boss; and, *of course*, wonderful Jeff. —Sheldon, *Sky* ダナはプレゼントを買ってあげる人々のことを考えた．母親，ケマル，マット，上司，そしてもちろん素敵なジェフ．

【解説 13：文尾の of course】 文尾で用いることも可能．通例コンマを伴い，発話内容の正当性や妥当性を改めて強調したり確認したりする："I'm so sorry, Charles. I'm — pregnant." There was an unbearably long silence, and as Tracy was about to break it, Charles said, "We'll get married, *of course*." —Sheldon, *Tomorrow*「ごめんなさい，チャールズ．私――赤ちゃんができたの」 耐えがたいほどの長い沈黙が流れた．トレーシーが，沈黙を破ろうとした時，チャールズは言った．「結婚しよう，もちろんだよ」

【解説 14：上昇調を伴う文尾の of course】 文尾で上昇調の音調を伴い，yes の答を期待して用いられる［Huddleston & Pullum, p. 882］："And where will you be going, after one or two weeks?" he demanded, changing direction. "Back to Switzerland," said Charlie. "You could let us have an address, *of course*?" "Of course," agreed Charlie. —Freemantle, *Clap*「それで，ここに 1, 2 週間滞在した後，どこへ行くつもりなんだ？」と彼は話の方向を変えて尋ねた．「スイスへ帰ります」とチャーリーは答えた．「住所は教えてくれますよね，もちろん？」「もちろんです」とチャーリーは同意した． （西川）

on the other hand

概　説

この句は on the one hand（一方では）と呼応して，「他方では，これに対して；これに反して，反対に，逆に」の意で用いられる．2 つの対照的な視点や見解，事実や可能性を述べるが，それぞれは両立し，互いに矛盾することはない．通例比較される 2 つの事柄は，その質・重さにおいて均衡が保たれていなければならない．前述の内容を受け，on the other hand 単独で用いることができる．

言語使用域としては堅い言い方で，学術文で多く用いられる．

［以上，Swan[3], p. 151; Parrott, p. 305; Biber et al., p. 887; Schourup & Waida, pp. 73–76; *OALD*[7]; *Activator*[2]］

マッピング

用法 ［文頭］他方では（対照的な見解・事実の提示）

on the one hand との呼応 ⇒ 解説 3

表現形式のバリエーション ⇒ 解説 4

文中の on the other hand ⇒ 解説 7

文尾の on the other hand ⇒ 解説 8

同時性 ⇒ 解説 10

共起する他の談話標識 ⇒ 解説 5, 6

関連語句 on［to］the contrary そうではなく；それに反して一方（前言の打ち消しと反対意見の主張）

関連事項 関連表現の比較 (i) on the other hand と on the contrary (ii) in contrast (iii) on the other hand と in contrast (iv) on the contrary と in contrast

各用法の解説

【用法 1】

形式：**《文頭》*On the other* (*hand*) (,) S V (O).**

意味：他方では［これに対して；これに反して，反対に，逆に］S が (O を) V する．

解説：2 つの対照的な視点や見解，事実や可能性を述べる際に用いられる．

【用　例】

On the one hand, he was glad that he'd had the sense to resist her manipulations. *On the other*, he felt badly that he'd disappointed her. —Cook, *Outbreak* 一方で，彼は彼女の企みを断るだけの分別があったことを喜んだ．他方では，彼女を失望させてすまなかったとも思った〔on the one hand との呼応に注意〕（対照的な気持ちの導入）/ It was an absolute agony to think he would be gone any day. *On the other hand*, as Elena had pointed out, his departure would at least allow her to get her head straight and resume normal marital services. —le Carré, *Gardener* 彼が

いつかはいなくなると考えることは大きな苦痛だった．一方で，エレナが指摘したように，彼がいなくなれば，少なくとも頭を冷やして普通の結婚生活に戻ることができるだろう（対照的な良い点の導入）/ “If the woman in the pictures had money these would be a good basis for blackmail.” “Your client get money?” Anderson said. “*On the other hand*, the picture taker could use them for the same purpose.” —Parker, *Honor*「もし写真の女性（依頼人の浮気相手）がお金を持っているのなら，格好のゆすりの種になるでしょうね」「あなたの依頼人はお金を持っているのでしょう？」とアンダーソンは言った．「（それなら）一方で，写真を撮った人物も同じ目的（ゆすり）で写真を使えますね」（別の人物による同類の行動の導入）

【解説 1：比較の対象となる事柄】 通例比較される 2 つの事柄は，その質・重さにおいて均衡が保たれていなければならない．したがって，I tried to open the door, *but* it was locked. の but を on the other hand と置き換えることは不可．この文では，前半が「私」の行為を述べているのに対し，but 以下は単に「ドア」の状態を述べているに過ぎないからである［Swan[3], p. 151; Parrott, p. 305; Schourup & Waida, pp. 73–76; *Activator*[2]］．次例の前者ではカーディガンとプルオーバーを，後者では you の現在の状態と将来予想される状態を対比させている：“This one is very nice . . .” “Yeah.” “*On the other hand*, this one has more character.” —Harper, *Love*（シンプルなウールのカーディガンとカラフルなプルオーバーのどちらを買おうか迷って）「これ，すごく素敵だね……」「ええ，そうですね」「でも，こっちのほうが個性的かな」/ “Which is why you’re here,” I said, “walking around South Boston with a detective you barely know.” [···] “*On the other hand*, you’ll know me really well in a while. And you when you do you’ll absolutely love me.” —Parker, *Honor*「だからあなたは，ほとんど知らない探偵とサウス・ボストンを歩いているのよ」と私は言った．［…］「でも，そのうち私のことがよく分かるようになるわ．そうすれば，きっと私を大好きになるわ」．

【解説 2：発言の変更を思案】 通例比較される 2 つの事柄はそれぞれが真であって，互いに矛盾することはない．しかし特に話し言葉で，話し手が今述べたばかりの考えの変更を思案している場合は，2 つの事柄が完全に矛盾しないとは限らない．そのような場合，on the other hand の前で必ず休止が必要で，2 つの事柄を同じ観点から考えて比較していることを表す．次の第 1 例では副大統領としての資質，第 2 例では頭のレベルという観点から比較している：John would never make a good vice-president. [pause] *On the other hand*, he did handle the Brown account very professionally. —Schourup & Waida ジョンは副大統領としてはふさわしくないだろう．［休止］しかし一方では，ブラウン報告書の処理では，見事な手腕を発揮した / It was hard to believe how beautiful she was. But she probably doesn't have a working brain cell in her head, Dana decided. *On the other hand*, with that face and body, she doesn't need any brains. —Sheldon, *Sky* 彼女は信じられないぐらい美しかった．でもおそらく，頭は空っぽなんでしょうね，とダナは決めつけていた．逆に，あれだけの顔とスタイルがあれば，脳みそなんていらないでしょうね．

しかし，次のように 2 つの観点が著しく異なる場合は，話し手は急に，しかも完全に意見を変えたことになり，on the other hand は用いられない：John would never make a good vice-president . . . **On the other hand*, he would make a wonderful vice-president. ［Schourup & Waida, pp. 73–76, 87］.

【解説 3：on the one hand との呼応】 on the one hand と呼応して用いられる．この場合は，on the other hand の hand は省略可能．on the one hand は 2 つの対照的な論点・事実・観点の 1 つ目を導入する．on the one hand がなくても意味は変わらないが，あったほうが比較したい状況が明確になる．堅い言い方［Schourup & Waida, pp. 76–77; Quirk et al., p. 639］：*On the one hand*, expansion would be good, but *on the other hand* it would be sad to lose the family atmosphere. —*MED*[2] 一方では，拡張は好ましいことであろう．しかし他方では，家族的な雰囲気を失うことになれば悲しいことである〔対比を表す but との共起に注意〕(⇒【解説 5】).

次のような場合，on the one hand と on the other hand の両方を用いることが好まれる．(1) 形式ばった手紙や推薦状など (2) 講義，計画されたスピーチ，エッセイ（あらかじめ話す内容を計画していたことを暗示）(3) 比較する 2 つの事柄を表す節が長い場合．次例では，比較される事柄が当該の文の後にも続いているので，両者を用いることで比較の対象が明確になる［Schourup & Waida, pp. 76–77; *COB*[5]］：*On the one hand*, Kyle felt as though he was taking the fall for Joey. [···] And *on the other hand*, Kyle couldn't convince himself that he should drop the bomb on Joey at this point. [···] —Brown, *Deception* 一方で，カイルはジョーイの身代わりに転落しているかのように感じた．[···] そして他方では，カイルはこの時点でジョーイに爆弾を落とすべきだと自分を納得させられなかった．[···]〔情報を付加する and との共起に注意〕(⇒【解説 6】)．and の詳細は (⇒ AND 用法 2)．

【解説 4：表現形式のバリエーション】 on (the) one hand . . . on the other (hand) の表現では，(　) 内の語が省略されることがある．この表現の用法に関して，以下のようなことが言える．(1) 対で用いられる場合は，on the one hand の形で定冠詞を伴うことが多く，まれに無冠詞の場合がある．(2) on the other hand は先に on (the) one hand なしで用いられることのほうが多い．(3) on the one hand のみが用いられることはまれ．

なお，on (the) one hand の定冠詞の有無で意味の違いはないようだが，「一方では……他方では」のように対照を明示する場合は定冠詞を用い，対照の概念が薄れて「1 つには……また 1 つには」の意になったり，on one hand の意味上の重みがなくなって on the other (hand) を導くだけの形式化した句になったりした場合は，定冠詞が省略されるとも考えられる．詳細は〔cf. 渡辺他 1976, pp. 137–41〕.

【解説 5：but との共起】 対比を表す but と共起可能：You want to help your kids as much as you can, *but on the other hand*, you've got to be careful to help them learn on their own. —*Activator*[2] できるだけ子どもを助けてやりたいと思うだろう．しかし一方で，自力でさまざまなことを身につける手助けをするように慎重にならなければならない (⇒【解説 3】).

【解説 6：and との共起】 情報を付加する and と共起可能：Bishop: St. Catherine's, to do the good she must do in the community, must maintain the position she holds in the community. So, we have a question of balance. *On the one hand*, our hospital, its reputation, and so, its effectiveness and that of two of its important doctors *and on the other hand*, the rights of your client. —*Verdict*［映］司教：聖キャサリン病院は社会でなすべき善行を行うためには，社会での地位を保たなければなりません．ということで，私たちにはバランスの問題があります．一方で病院とその信用，そして効率と病院の大切な医師の 2 人の手腕，他方ではあなたの依頼人の権利です〔語句レベルの対比〕(⇒【解説 3】).

【解説 7：文中の on the other hand】 前後をコンマで区切って，挿入的に文中で用いられる．通例主語の後で用いられ，主語の対比を際立たせる：He'd slept most of the night in the backseat, then napped for five hours in the motel room. She, *on the other hand*, had driven all night and napped less than two hours. —Grisham, *Client* 彼は昨夜ほとんど後部座席で眠っていたし，モーテルでも 5 時間仮眠を取っていた．それに対して，彼女はというと，一晩中運転していて，2 時間も仮眠を取れなかった．

【解説 8：文尾の on the other hand】 文尾で用いることも可能〔Fraser 2006,

p. 192]：I know how one scar occurred. But how did you get the scar *on the other hand*? — ある傷はどのようにしてできたか分かっている．しかしその一方で（訊きたいのですが），その傷はどうしてできたのですか？〔疑問文との共起に注意〕（発話行為に関わる）/ Imagine what it would be like if people were equipped like spiders. [⋯] Wrapping packages would be a cinch! [⋯] And mating and child rearing would take on new dimensions. [⋯] It boggles the mind. Cleaning up human-sized webs would be a mess, *on the other hand*. —Fulghum, *Kindergarten* 人間がクモのように糸を出す能力があるとしたらどうなるか考えてみてください．[⋯] 荷造りなんて朝飯前．[⋯] そして夫婦生活や子育ては全く違った様相を呈するだろう．[⋯] びっくり仰天するような感じだ．ただ一方では，人間と等身大の巣を始末しようとすると，大混乱になるだろう．

【解説 9：語句修飾的用法】 対比を表す副詞句として，語句修飾的な用法も見られる：She's caught in a dispute between the city council *on the one hand* and the education department *on the other*. —*CIDE* 彼女は一方では市議会との，他方では教育課との論争に巻き込まれた（⇒【解説 6】の例）．

【解説 10：同時性を表す】「（一方）その間に」の意で，2 つの状況が同時に生じることを表す［Fraser 2005, p. 4］：Susan worked for a long time on the puzzle. *On the other hand*, the pizza burned up. — スーザンは長い間パズルに夢中になっていた．その間にピザが焦げてしまった．

【関連語句 on [to] the contrary の用法】

形式：**《文頭》*On* [*To*] *the contrary*(,) S V (O).**

意味：そうではなく［それどころか；むしろ］；それに反して一方［その反対に］S が（O を）V する．

解説：前言の内容を打ち消して，反対の内容を主張する際に用いられる．堅い言い方．

【用　例】

The risk of infection hasn't diminished — *on the contrary*, it has increased. —*MED*[2] 感染の危険は小さくなっていない．それどころか，増大している（反対の内容の主張）/ "The fact that she was working for the system did not oblige her to accept the system's lies. [⋯] *On the contrary*, it obliged her to reject them." —le Carré, *Gardener*「制度のために働いているという事実があるから，彼女が制度

の嘘を受け入れる義務があったのではない．[…] 逆に，彼女には嘘を拒絶する義務があったのだ」(相反する行動の導入) / Squd: Calm down. Everything is going to be just fine. Renton: Nothing could have been farther from the truth. In point of fact, nothing was going to be just fine. *On the contrary*, everything was gonna be bad. —*Trainspotting*［映］スカッド：落ち着け．全てうまくいってるから．レントン：そんなこと，嘘っぱちだ．事実，大丈夫なことなんて1つもなかった．それどころか，全てが悪くなっていった (前言の強化).

【解説 11：会話での on the contrary】 会話で用いられると，対立する意見や事柄を示して，今述べられた事柄に同意しないことを表したり，問に対する強い否定の答えを導いたりする．通例話し手が交替した文頭で用いられる［Fraser 2006, p. 193; Swan[3], pp. 135, 140; Schourup & Waida, p. 81; *COB*[5]］："But . . . that is impossible." "*On the contrary*, it is quite possible." —Brown, *Code*「でも……そんなことができるはずがない」「いや，できます」

会話では，通例2人の話し手のやりとりで用いられる［Fraser 2006, p. 197］：A: Fred is a nice guy. B: *On the contrary*, he is a boor. — A：フレッドはいい奴だ．B：とんでもない，礼儀知らずな奴だよ / A: Fred is a nice guy. **On the contrary*, he is a boor.

次例のように，1人の話し手でも自問自答の形式では可能［Fraser 2006, p. 195］：Give up? *On the contrary*, I've only begun to fight. —Fraser 2005 降参かって？ 戦いは始まったばかりだ.

【解説 12：強調を表す語句との共起】 先行文が否定文である場合，その否定文で表される内容を強く肯定するために，しばしば強調を表す語句と共起する［*COB*(*U*)］："Why have you come here tonight, surrounded by henchmen; to request a job we both know you do not want?" Voldemort looked coldly surprised. "A job I do not want? *On the contrary*, Dumbledore, I want it *very much*." —Rowling, *Prince*「今夜はなぜ来たのだね，子分まで引き連れて．就職目当てかね，君が望みもしないことはお互い知っているが」ボルデモートは冷淡な様子ながら意外さを隠せなかった．「私が望んでいない仕事ですと？ ダンブルドア，それは違う，私は是が非でも仕事に就きたい」(自問自答)

【解説 13：no との共起】 相手が述べたことと正反対のことが真実であることを強調するので，no と共起する："Are you busy?" "*No*, *on the contrary*, I'm out of work." —*CULD*「忙しいの？」「いや，それどころか，失業中だよ」

【解説 14：強い否定】 on the contrary は先述の内容を強く否定する場合に用いられるので，強く否定するほどの内容でない場合には用いられない［Schourup & Waida, pp. 81–82］：“Does this book cost ¥1900?” “*On the contrary, it costs ¥2000.”

【解説 15：単独での使用】 単独で用いて直前文の内容を強く否定する［Schourup & Waida, p. 81］：“Not a problem with one of my gists, I hope.” “*On the contrary*. He says the White House is impressed with your work.” —Brown, *Deception*「(電話の内容が) 私の書いた要旨に関する問題でなければいいのですが」「全く逆だよ．ホワイトハウスは君の仕事に感心しているそうだ」．

【解説 16：主語の後での on the contrary】 主語の後で用いて主語の比較対照を表す：A squeamish member of the Roosevelt team was afraid that the Mayor was too crafty to depend on, and anyway he was, the man said, “a son of a bitch”. “Yes,” said Roosevelt, flashing his most endearing smile, “but he's *our* son on a bitch.” Young McLean, *on the contrary*, would not truckle or hire or pay patronage to influential men he disliked. —Cooke, *Letters* ルーズベルトのチームで気の弱い 1 人が，市長は狡猾で信用できないのではないか，しょせん「下衆野郎」だし，と言った．「そうだな」とルーズベルトは人好きのする笑顔を満面に浮かべると「だが彼はうちの下衆野郎だ」と言った．若いマクレーンは，対照的に，自分の嫌いな有力者にへつらわず，雇いもせず，利益供与もしなかったのだ．

【解説 17：to the contrary】 文頭で用いる to the contrary は米国語法［Quirk et al., p. 716］：*To the contrary*, what I said was this year, not next. — そうではなく，私が言ったのは今年のことであり，来年のことではない．

関連事項

関連表現の比較 (i) on the other hand と on the contrary：on the other hand は先述の内容と異なる，しばしば対照的な側面を述べるのに対して，on the contrary は先述の内容や意見に反対して，それが間違っていることを表す［Swan[3], p. 122; *COB*(*S*)[3]］：The job was boring, but *on the other hand* / **on the contrary* it was well paid. —Swan[3] その仕事は退屈だったが，一方で給料は良かった / DUNBAR: They are not beggars and thieves. They are not the bogeyman they have been made out to be. *On the contrary*, they are polite guests, and have a familiar humor I enjoy. —*Dance*［映］ダンバー：彼らは物乞いでもなければ盗人でもない．思われていたような呪術者でもない．それどころか，

礼儀正しい人たちで，僕が持ち合わせているようなユーモアも持っている．

on the contrary が on the other hand の意で用いられることがあるが，この場合は通例文中に来る．現在では on the other hand を用いるほうが普通 [Fowler-Burchfield, p. 180]：Food was abundant; water, *on the contrary*, was running short. 食糧は十分あった．それに反して，飲料水は不足していた．

(ii) in contrast：「対照的に」の意で，2 つの話題や主題 (必ず明示される) が少なくとも 1 つの点で異なることを表し，いずれか一方を否定するものではない [Carter & McCarthy, p. 291; Celce-Murcia & Larsen-Freeman², p. 532]：He isn't even 5 feet fall. *In contrast*, she is well over 6 feet. —Fraser 2005 彼は身長 5 フィートにも満たない．一方，彼女はゆうに 6 フィートを超えている (⇒【関連事項 (iii) (iv)】).

対照的であることを強調するために，contrast の前に marked, sharp, striking, great のような修飾語を用いることが可能 [*ODCIE*, p. 303].

by contrast の形も可能：Joe Biden, *by contrast*, is a steady support for Obama, but not a centre of power. —*Guardian*, 16 Jan. 2009 (チェイニー副大統領が権力を持っていたのに対し) ジョー・バイデン副大統領は，対照的に，オバマ大統領の揺らぐことのない支持者であり，権力の中心人物ではない．

(iii) on the other hand と in contrast：on the other hand では，対比される話題の 1 つがしばしば暗示的に示され，明示されるのはもう 1 つの話題だけでもよい．2 つの対照的な特徴に関して対比され，その特徴はしばしば good/bad なものである [Celce-Murcia & Larsen-Freeman², p. 592]：Minnesota is bitterly cold in the winter. *On the other hand*, it is one of the more scenic states. (i.e. Minnesota is bad in one way, but good in another.) ミネソタは冬は厳寒だ．その一方で，とても景色の良い州だ (ある点では良くないが，別の点では良い).

一方，in contrast では 2 つの話題や主題が必ず明示され，両者が少なくとも 1 つの点で異なることが表される [Celce-Murcia & Larsen-Freeman², p. 532] (⇒【関連事項 (ii)】).

(iv) on the contrary と in contrast：on the contrary は明示的であろうと暗示的であろうと，通例先述の内容を否定するのに対して，in contrast は 2 つの事柄を比較する [Celce-Murcia & Larsen-Freeman², pp. 534–35]：I like skiing. ?*On the contrary*, / *In contrast,* my partner likes fishing. 私はスキーが好きだ．それに対して，パートナーは釣りが好きだ (⇒【関連事項 (ii)】).　(松尾)

3　接続詞的表現

and

概 説

この語の原義は「そして，……と」で付加を表し，語と語，句と句，節と節のように統語的に対等な要素を並列する接続詞として機能する．

発展的に，「それから，そして」の意で，時間的に連続して，あるいは同時に2つの出来事や状態が生じることを表す際に用いられる (⇒ 用法1)．また，談話レベルでは談話を継続して展開させる機能を持ち，「それで，それに」の意で先行発話を引き継いで談話を展開させるのに用いられる (⇒ 用法2, 3)．さらに，「それに，それと」の意で先行発話を受けて話し手のコメントを付加する機能もある (⇒ 用法4)．継続して起こる事柄に因果関係が認められる場合には，「だから，それで」の意で結果や話し手が推論によって導き出した結論が述べられる (⇒ 用法5)．また，先行文脈と関連して譲歩や対比を表し，「それなのに，しかし」の意で用いられる (⇒ 用法6)．

さらに，より大きな単位の発話や談話と関連し，「さて，では」の意で話題を転換したり新しい話題を導入したりする合図となる (⇒ 用法7)．

言語使用域に関しては，等位接続語としてはあらゆる言語使用域で頻用され，学術的な文章では語句を結ぶ場合に多く用いられる．日常的な書き言葉や話し言葉では，しばしば文をつなぐ場合に用いられる．

［以上，Peters, p. 38; Huddleston & Pullum, pp. 1300–1; Biber et al., pp. 81–84; Partridge[4], p. 17］

マッピング

用法1 ［文頭・しばしば then と共に］それから（時間的連続性）
2 ［文頭］それで（談話の展開）
3 ［ターンの冒頭・疑問文の文頭］それで～なのか（談話の展開）
4 ［文頭］それに（コメントの付加）
5 ［文頭］だから（結果）
6 ［文頭・しばしば yet と共に］それなのに（対比・譲歩）
7 ［文頭・しばしば now, by the way と共に］さて（話題の展開）

文頭での使用の是非 ⇒ 解説1
発話を促す And (then)? ⇒ 解説2, 17
語りにおける使用 ⇒ 解説5, 6
疑問文での使用 ⇒ 解説9, 16, 22, 23
命令文での使用 ⇒ 解説13

発話の状況を受ける ⇒ 解説 10
共起する他の談話標識 ⇒ 解説 2, 3, 11, 14, 18, 19, 21
関連事項① 共起する談話標識による and の意味の補強・明確化
(i) moreover, besides, what's more (ii) yet, still
② 共起する談話標識の意味の and による明確化
(i) anyway (ii) in fact

【解説 1: 文頭の and】 and を文頭で用いるのは不適切，あるいは非文法的であるとする見解がある．これは and が本来は 1 つの文の中で 2 つの要素をつなぐのに用いるべきで，文の境界を越えるべきではないという考えから来ている．しかし *OED* には 9～19 世紀の実例が挙げられ，現在では文法家もこの用法を認めており，会話ではひとまとまりの発話 (ターン) の出だしでも用いられる．ちなみに，*AHD*[4] の調査対象者のうち，and を文頭で用いないという規則に「常に，あるいは通例従う」が 24%,「時に従う」が 36%,「ほとんど，あるいは全く従わない」が 40% である．用い方によっては効果的ではあるが，and を文頭で繰り返し用いることは，文体的に好ましくないとされる．時にコンマを伴って用いられることもある [以上，Davidson, pp. 70–71; Peters, p. 38; Biber et al., p. 81; *Bloomsbury*[3], p. 16; Fowler-Burchfield, p. 52; Hook, p. 17; Greenbaum & Whitcut, p. 40; Todd & Hancock, p. 44].

各用法の解説

【用法 1】
形式:**《文頭》*And* (*then*) S V (O).**
意味: それから [そして] S が (O を) V する.
解説: 時間的に連続して 2 つの出来事や状態が生じることを表す際に用いる.

【用　例】
WILL: First of all, Marcus got a crush on a girl. *And then*, even stranger, so did I. —*Boy* [映] ウィル: まず，マーカスがある女の子に恋をした．それからさらにおかしなことに，僕も恋をした〔first of all との呼応に注意〕(後に起った出来事の付加) / JANE: Well, he dropped out of college and then climbed every major peak in the world. *And then* he started Urban Everest from his apartment. —*Dresses* [映] ジェーン: ええと，彼は大学を中退して世界中の主な山のてっぺんまで登ったの．そしてそれから，自宅のアパートでアーバン・エベレスト社を興したのよ (後の行動の付加).

【解説 2：発言を促す And then?】 And then? の形で，相手に発言を続けるように促す：KATHERINE: […] And it says here that you're pre-law. What law school are you gonna go to? JOAN: I hadn't really thought about that. I mean, after I graduate, I plan on getting married. KATHERINE: *And then?* JOAN: *And then* I'll be married. —*Mona*［映］（学生のファイルを見ながら）キャサリン：［…］ここには法学志望とあるわ．どのロースクールに行くつもりなの？ ジョーン：そんなこと考えたことはありません．つまり，卒業したら結婚準備をするってことです．キャサリン：で，それから？ ジョーン：それから結婚するつもりです．この例では，先行発話を引き継いで，さらに and then で応答が始まっている（⇒【解説 17】；THEN【解説 2】）．

【解説 3：finally, lastly との共起】 一連の出来事や意見を述べた締めくくりの部分で，finally や lastly と共起する．and を用いることで先行部分とのつながりを示しつつ，聞き手の注意を喚起することができる："*And finally*, I must make the most grave of inquiries." —Brown, *Code*「では最後に，最も重要な質問をしなければなりません」/ *And lastly*, if you should ever chance to find yourself on the island of Elba, please do not fail to visit the beautiful old estate. —le Carré, *Gardener* そして最後に，エルバ島へ行く機会があったなら，ぜひその美しい古跡を訪ねてください．lastly, finally の詳細はそれぞれ（⇒ FIRST(LY) 関連語 LAST(LY)；AT LAST【関連事項 (i)】）．

【用法 2】
形式：**《文頭》*And* S V (O).**
意味：それで［それに］S が（O を）V する．
解説：相手，あるいは自らの先行発話を引き継いで談話を展開する際に用いられる．

【用　例】
"Hello, my name is Michael Thompson." "Hello," she replied. "I'm Debbie Kendall." "*And* I'm Adrian Townsend." —Archer, *Stand*「こんばんは，マイケル・トンプソンです」「こんばんは，デビー・ケンドルです」と彼女は応えた．「そして私はエイドリアン・タウンゼントです」（相手の発話の引き継ぎ）/ BEXTRUM: Rather extraordinary due to overbooking and understaffing we've decided to accelerate your application. PAULA: *And* move you directly into management after the six-week training. —*Maid*［映］ベクストラム：特別な措置だが，オーバーブッ

キングと人手不足のために，君の (管理職への) 登用を早めることになった．ポーラ：それで，6 週間の訓練の後すぐにマネージメント部署に異動してもらいます (人事異動の追加) / NATALIE: Knox used us to tap into Red Star's main frame not to get back his software but to gain control over their global positioning satellites. ALEX: *And* with this software, Knox could match Charlie's voice over the phone. NATALIE: *And* use Red Star's satellites to track him. —*Angels* ［映］ ナタリー：ノックスは自分のソフトウェアを取り戻すためじゃなく，レッドスター社の全地球測位衛星をコントロールするために，私たちにレッドスター社のメインの情報画面にアクセスさせたのよ．アレックス：そしてこのソフトウェアがあれば，ノックスはチャーリーの声を電話で確認できる．ナタリー：それにレッドスター社の衛星を使って彼の居所を突き止められるわ (相手の発話の引き継ぎ)．

【解説 4：同一発話内での and】 同一話者の発話の中で，言葉を続けるために用いられる：LIONEL: I'm the floor butler. If there's anything you need, please, call me. CHRIS: Thank you. Uh, this is Jerry, *and* this is Dan, *and* the, the dog is Rufus. —*Maid* ［映］ ライオネル：私はこのフロアの執事です．何かご用がおありでしたら，お呼びください．クリス：ありがとう．ええ，こちらはジェリー，そちらはダン，それからその，その犬はルーファスだ．

【解説 5：語りにおける and ①】 登場人物の発話から地の文に継続的に展開させる時に and でつなぐことがある．それによって登場人物から語り手へと視点の移動がスムーズになる表現効果が生み出される："I promise to call you when I'm next in London," she said. *And* indeed she did, for almost six months to the day she telephoned again. —Archer, *Luncheon*「今度ロンドンへ行った時にはきっと連絡するわ」と彼女は言った．そして実際そうした．およそ半年後に彼女から再び電話があったのだから〔強調語の indeed に注意〕/ "Does she have someone to take care for?" "Me." *And* as Jeff said it, he realized he was the only one Rachel had. —Sheldon, *Sky*「彼女には面倒を見てくれる人はいますか？」「私です」と答えた時，ジェフはレイチェルには頼れる人が自分しかいないことに気づいた．

次例では，登場人物の実際の発話から思考を表す描出話法へと展開している："Many Americans arrive to Düsseldorf. It is a beautiful city." "So I've heard." *And* his family had died in a fire. —Sheldon, *Sky* (機内で見知らぬ男が)「アメリカ人がたくさんデュッセルドルフにやって来ます．きれいな町ですよ」「そう聞いてますわ」 そこで彼の家族は焼け死んだのよ．

次例では，登場人物の思考を表す描出話法から地の文へと展開している：Tracy looked at her in surprise. "A visitor?" Who could it be? *And* suddenly she knew. *Charles*. He had come after all. But he was too late. —Sheldon, *Tomorrow* トレーシーは驚いて彼女を見つめた.「面会人ですか?」 いったい誰なんだろう? すると突然ひらめいた. チャールズだわ. 結局会いに来てくれたんだ. でも遅すぎた.

【解説 6: 語りにおける and ②】 次例では and を用いることにより, 実際の発話に至るまでにその発話につながる思考があったことが明示される: The interval would give the bank enough time to sort out the implications of Mr. Leroy's sudden and tragic death. Sudden and tragic death? "*And* who caused the death?" said Abel aloud in a fury, suddenly remembering Davis Leroy's own words. —Archer, *Kane* (次の会議が行われるまでの) その間に, 銀行がレロイ氏の突然の悲劇的な死の意味を調べる時間は十分あるだろう. 突然の悲劇的な死?「で, 誰がその死の原因なんだ?」 アベルはデイビス・レロイ氏自身の言葉を突然思い出して, 怒りを覚えて叫んだ.

次例では登場人物の視点から情景描写がなされ, それを受けて and 以下でその人物の思考が示されている: They drove along avenues heavy with motor traffic and forlorn pedestrians hurrying along the frozen streets. The city seemed overlaid with a dull, gray patina. *And* it isn't just the weather, Dana thought. —Sheldon, *Sky* 彼ら (ダナとタクシーの運転手) が走る通りは車と凍てつく道を急ぐ寂しげな歩行者であふれていた. 町はくすんだ灰色がかった雰囲気に覆われているようだった. 天気のせいだけじゃないわ, とダナは思った.

【用法 3】
形式:**《文頭》**ターンの冒頭 **A: 先行発話　B: *And* V S (O)?**
意味: (先行発話を受けて) それで [で] S が (O を) V するのか?
解説: 疑問文で用いて, 先行発話を受けて質問を発することによって談話を展開させる際に用いられる.

【用　例】
"He used to be so handsome." "*And* now?" —*COB*[5]「彼は以前はすごくハンサムだったんだ」「それで今は?」/ Elliot Cornwell was impatient. "Matt, when the hell is Jeff Connors coming back? We need him." "Soon. He keeps in touch." "*And* what about Dana?" —Sheldon, *Sky* エリオット・コーンウェルは苛立っていた.「マット, ジェフ・コナーズはいつ戻って来るんだ? (番組には) 彼が必要なんだ」「すぐです. 連絡は来ています」「それで, ダナはどうなんだ?」(話者の苛立ち) /

"I've been living in South America," Tracy explained. "In the jungles, I'm afraid." "Why on earth!" "*My husband* owns a few mines in Brazil." "Ah. *And* is *your husband* here this evening?" —Sheldon, *Tomorrow*「南アメリカで暮らしていたのです．ジャングルなんです」とトレーシーは説明した．「いったいどうして！」「夫はブラジルに鉱山を持っているのです」「ああ，それでね．で，ご主人は今夜ここにおみえですか？」〔先行発話の内容を納得したことを示す応答表現の ah の使用に注意〕(新しい話題の導入)

【解説 7：応答表現に続く and】 話し手が一連の会話を調整する手段として，自らが質問を発することがある．and で先行発話を受けて質問していることが明示される．しばしば相手の発話を受けて yes, yeah, ah などで応答して談話を展開させる：ARTHUR: Do you really live in Hollywood? HENRY: I do. ARTHUR: *Hmm. And* how did you get there? —*Park*［映］アーサー：本当にハリウッドに住んでいるのかい？ ヘンリー：そうさ．アーサー：ふーん．で，どうやってそこに行くことになったんだい？ / MARCUS: You're busy? Doing what? Didn't hear me? WILL: Yeah, I heard you! I heard you. What do you want me to do about it? MARCUS: I don't know. You could talk to her. WILL: Oh, *yeah*? *And* what would I say? —*Boy*［映］マーカス：忙しいの？ 何してるの？ 僕の言ったこと，聞こえなかったの？ ウィル：いや，聞こえたさ！ 聞こえたよ．僕にどうしてほしいんだ？ マーカス：分からないよ．(僕の) ママと話したらどうかな．ウィル：ほう，そうか．で，何て言えばいいんだい？ (⇒ 用例第 3 例)

【解説 8：コメントに続く and】 先行発話に対するコメントを述べた後，and を用いて談話を展開させたりする：ALEX: You! What was the last suggestion you made to your boss? WORKER: I thought the Coke machine should be free. ALEX: Why? WORKER: Because caffeine helps us program. ALEX: Perfect! Smart . . . simple and logical. *And* what did your boss say? —*Angels*［映］(ある社員に) アレックス：あなた！ あなたが一番最後に上司に提案したことは何ですか？ 社員：コーラの販売機を無料にすべきだと思うということでした．アレックス：なぜ？ 社員：カフェインで我々の計画がはかどるからです．アレックス：完璧ね！ 賢明で……単純かつ論理的だわ．で，上司の答えは？

【解説 9：and の繰り返しと詰問調】 and＋疑問文の型を続けて用いて話し手が談話を方向づけて，「次に私は……を知りたい」という気持ちを表すことで，詰問調が強くなる場合がある："Do you know who they are?" Betty said. "I know a little," I said. "But go ahead, why don't you tell me whatever you know?" "*And* this will help Millicent?" "She will be safe when there's no one walking around with a reason to kill her," I said. "*And* you think we can accomplish that?" —Parker, *Honor*「彼らが誰なのか知ってるの？」とベティは言った．「少しね」と私は答えた．「でも，話を続けてください．知っていることを全て話してもらえませんか？」「そうすればミリセントを助けられるのね？」「彼女を殺す理由のある人が周りをうろつかなければ安全です」と私は答えた．「それで，私たちはそうできると思ってるのね？」

【解説 10：発話状況を受ける】 発話が行われる場面の状況を受けて and を用いることが可能：FATHER: *And* where do you think you're going, young man? —Fraser 2006（10 代の息子がプリプリ怒って夕食の席を立った直後に父親が）で，どこへ行くつもりなんだね？ / *And* I thought she'd forgotten. —Blakemore 2005（花束とカードがテーブルの上にあるのを見つけて）彼女はすっかり忘れてるんだと思ってたよ．第 2 例では平叙文で and が用いられているが，その場の状況を受けての発話である．

次例は，話し手が恋人を訪ねて来た男を目撃し，さらにその男が贈ったに違いないバラがマグカップに生けられているのを見たという状況を受けて and が用いられている例：I have always been quick to chide and the sight of the flowers made it impossible for me to hide my anger. "*And* who was the man who just left?" I asked. —Archer, *Murder* 私は常々小言を言いたくなる質で，（男が贈った）花を見ると怒りを隠すことができなくなった．「で，今出て行った男は誰なんだ？」と私は尋ねた．

【用法 4】
形式：**《文頭》*And* S V（O）.**
意味：それに［それと，しかも］S が（O を）V する(のだ).
解説：相手，あるいは自らの先行発話を受けて，それに対する話し手のコメントを付加する際に用いられる．時に話し手の強い主張が表される場合もある．

【用　例】

MAUREEN: I need you covering weddings. That's what you're good at. *And* that's what I need you to do. —*Dresses*［映］モリーン：あなたには結婚式の取材をしてもらわないとね．それが得意なんだから．私があなたにやってもらいたいのは，それよ（依頼の追加）/ Nickolas on romance: "I don't let a woman move in with me, but I'm not afraid to tell'em I love'em. Hell, I've told a woman I love her four hours after I met her. *And* it's true." —Greene, *Wolf* ニコラスはロマンスについてこう語った.「俺は女と一緒には暮さない. でも, 愛してるって言うのを怖がってるんじゃない. いやな, 出会った 4 時間後に愛してるって言ったこともある. 本当にそう思ったのさ」(主張の強調) / RECRUITER 5: I know there are firms from all over the country that have been up here offering you everything . . . but with your ability and ambition there is only . . . one place for you. *And* that's with our firm in Washington D.C. —*Firm*［映］(法律事務所のスカウトがハーバード大学生のもとにやって来て) スカウト 5: 国中からやって来てあなたにあらゆるものを勧める事務所があることは分かっています……しかしあなたの能力と野心があれば, あなたにふさわしい所は……ただ 1 つ. それはワシントン D.C. の我が事務所なんです (先行発話の具体的な説明の付加).

【解説 11: 強い主張を表す表現との共起】 and 以下で話し手の強い主張を表す表現を伴ってコメントが示されることがある: "I was a teenaged girl," I said. "*And I'll bet* a cute one, Sunny." —Parker, *Honor*「私だって昔は 10 代の娘だったんです」と私は言った.「さぞかわいかったんだろうな, サニー」/ "I can introduce you into that golden circle. *And* I *do* mean golden, Tracy." —Sheldon, *Tomorrow*「君をあの黄金の仲間に紹介できる. それも本物の黄金なんだよ, トレーシー」

他に, certainly, must, I tell you などの表現が用いられる (⇒【解説 19】).

【解説 12: コメントの挿入】 and に導かれ話し手のコメントが挿入されることがある: Two thirds of the students — *and* I swear this is true — couldn't name a single country in Asia. —*MED*[2] 3 分の 2 の生徒が——本当の話だが——アジアの国の名前を 1 つも挙げることができなかった〔強い主張を表す I swear の使用に注意〕.

【解説 13: 命令文での使用】 しばしば命令文で用いられる. 次例では命令文が連続して用いられているが, and によって聞き手の注意を喚起してから命令を付け足している: MARISA: Be careful, okay? *And* stay close. —*Maid*［映］(子どもに) マリサ: 気をつけなさいよ, いい? それから近くにいるのよ.

次例のように相手に念を押す表現と共起することがある: "*And be sure to* see they give you the correct change," she added. "Never forget the locals are all thieves." —Archer, *Miracle* (息子に買い物の品を復唱させた後で) 彼女は付け加えて言った.「それからお釣りが正しいか確認するのよ. ここの人たちは皆, 盗人だってことを忘れるんじゃないよ」

【用法 5】
形式：**《文頭》*And* S V（O）.**
意味：だから［それで］S が（O を）V する（ということだ）.
解説：先行発話で示される事柄や状況から生じる結果や，話し手が推論によって導き出した結論を述べる際に用いられる.

【用　例】
"I'm not a criminal. I came here looking for a job." "*And* I'm offering you one, my dear." —Sheldon, *Tomorrow*「私は犯罪者ではありません．仕事を探しにここに来たのです」「だからその仕事を勧めてるんですよ」（先行発話を受けての申し出）/ CHASE: What kind of a car was it? WITNESS: It was Ford. CHASE: You're sure? WITNESS: My husband always drove a Ford. *And* I know what they look like. —*L.A.*［映］（証人尋問で）チェイス：どんな車でしたか？ 目撃者：フォードです．チェイス：確かですか？ 目撃者：主人はいつもフォードを運転していました．だからフォードなら分かります（先行発話から導かれる結論）/ OLIVER: Mitch［…］we're always doing battle with the government. If it isn't the Justice Department, it's the I.R.S. And you know what? We beat them every time. *And* they hate us for it. —*Firm*［映］オリバー：ミッチ［…］我々はいつも政府と闘っている．司法省でなければ国税局が相手だ．そしていいかい？ 勝つのは常に我々だ．だから奴らは我々を憎むんだ（先行発話から導かれる結論）.

【解説 14：so, therefore との共起】 結果を表すことを明示するために，しばしば so, therefore と共起する．and so は冗長な表現だと非難されていたが，現在では正用法になっている［*WDEU*, p. 94］：EMILY: I was Miranda's second assistant, but her first assistant recently got promoted, *and so* now I'm the first. —*Devil*［映］エミリー：私はミランダの第 2 アシスタントだったんだけど，第 1 アシスタントが最近昇進したの．それで今は私が 1 番目なの / And since the file was still missing, the matter was urgent, *and therefore* the inquiry and procedure should be expedited. —Grisham, *Lawyer* さらにファイルは未だに紛失中であるから，事態は急を要する．したがって審問と手続きは迅速に行うべきである / McThune was quick to point out that they were not investigating the child as a suspect when this happened, just as a witness, *and so therefore* they felt it was okay to lift the print. —Grisham, *Client* このことが起こった時，（警察は）その子を容疑者ではなく単なる目撃者として調べていた．だからこそ指紋を取っても構わないと思ったのだとマクスーンは即座に指摘した〔and so therefore で強調的表現となる〕．so の詳細は（⇒ so），therefore の詳細は（⇒ so【関連事項①（i）】）.

【解説 15：推論結果を表す】 相手の発話内容から推論できる結果を示す：Miranda: So you don't read *Runway*. Andy: Uh . . . no. Miranda: *And* before today, you had never heard of me. —*Devil*［映］（新入社員に向かって）ミランダ：じゃあ（ジャーナリスト志望ならファッション誌の）『ランウェイ』は読んでいないわね．アンディ：ああ……はい．ミランダ：当然，今日まで（『ランウェイ』に関わっている）私の名前は聞いたことがなかったってことね．

【解説 16：疑問文での使用】 しばしば疑問文で用いられて，先行発話から推論できる結果を確認したりする："All he kept saying on the phone was 'The Russian plan must go on. We've gone too far to let anything stop it now.'" "*And* you have no idea what he was talking about?" "No." —Sheldon, *Sky*「彼が電話でずっと話していたのは，『ロシア企画は進めなければならない．ここまで来たのだから止めるわけにはいかない』ということだけでした」「ということは，彼が何を話していたかは分からないということですか？」「分かりません」

【解説 17：単独での使用】 and 単独で疑問文で用いて，相手に発言を促し，話し手が望むペースで会話を進めることができる．次例では therefore を共に用いることで，結果を確認していることが明示される："What about e-mail?" "She has no e-mail anymore. . . ." "*And therefore*?" "Therefore we have no document." —le Carré, *Gardener*「電子メールはどうなんだい？」「彼女，メールをもう使えないのよ…….」「だから？」「だから文書はないのよ」．この例では，先行発話を引き継いで応答が therefore で始まっている（⇒【解説 2】）．

【用法 6】
形式：**《文頭》*And*（*yet*）(,) S V（O）.**
意味：それなのに［しかし，だが］S が（O を）V する．
解説：先行発話の内容とは対比的な内容や譲歩を表す際に用いられる．話し手の反論や反駁の態度が表されることもある．

【用　例】
He wants to go to Scotland *and* I want to go to Italy. —*OALD*[5] 彼はスコットランドへ行きたがっているが，私はイタリアへ行きたい / There were familiar sounds and should have comforted him. *And yet* he felt a sudden and unexpected wariness. —Brown, *Code* 聞きなれた音がしたので彼は気持ちが落ち着いたはずだった．それなのに，突然予期せぬ警戒心が生まれた〔yet との共起に注意〕（対比的な気

持ち) / WEISSMAN: I have to make a telephone call to California in a couple of hours. *And* I can't find a telephone. —*Park*［映］ワイズマン：2, 3 時間の内にカリフォルニアに電話しなければならないんです．でも電話が見つからないのです (逆接) / KATHERINE: I said no. I'm not comfortable. I'll made up the convertible sofa. PAUL: What're you doing? You're not kidding? I just came three thousand miles to see you. *And* I'm sleeping down here by myself? —*Mona*［映］キャサリン：ダメだって言ってるでしょ．落ち着かないのよ．ソファーベッドを用意するわ．ポール：何してるんだ？ 冗談だろ？ 君に会いに3000マイルもやって来たんだ．なのに下で 1 人で寝るのかい？ (状況を受けての不満の表明)

【解説 18：yet との共起】 対比や譲歩を強調する場合はしばしば yet と共起する．but より and のほうが強調的な言い方となり，and yet の形で用いることによって，予想外の状況が生じたという話し手の驚きや意外感が明示される："Mathematically, they're arranged at random. Cryptographic gibberish." "*And yet* they're all part of Fibonacci sequence. That can't be coincidence." —Brown, *Code*「数学的には，あれ (床に書かれていた数字) はでたらめに並べられてるわ．暗号としてもちんぷんかんぷんよ」「それでも，どれもフィボナッチ数列の一部だ．偶然のはずがないよ」(⇒ 用例第 2 例)．yet の詳細は (⇒ BUT 関連語 YET)．

【解説 19：強い主張を表す表現との共起】 話し手の強い主張を表す表現と共起することがある：He continued, coolly, "In this case, logic does not help. Every inch of that train was examined, and the employees, passengers, and all the luggage searched." "No," Daniel Cooper contradicted. [⋯] "No — what?" "They didn't search all the luggage." "*And I tell you* they did," Inspector Trignant insisted. "I have seen the police report." —Sheldon, *Tomorrow* 彼 (警部) は冷静に続けた．「この場合は論理は関係ありません．(誰が宝石を盗んだかを調べるために) その列車をくまなく調べ，乗務員も乗客も，そして荷物も全て調べました」「いや，そんなことはない」とダニエル・クーパーは反論した．[⋯]「そんなことはないって，どうして？」「荷物を全て調べたわけではない」「いや，調べたって言ってるんだ」とトリニヤン警部は主張した．「警察の報告書を見たんだから」(⇒【解説 11】)

【解説 20：否定文での使用】 先行発話の内容と対比させる形でしばしば否定文が後続する："You quiet for a broad, Sunny Randall." "*And* you're *not*." —Parker, *Honor*「女のくせに無口なんだな，サニー・ランドルさんよ」「男のくせにおしゃべりだわね」(言い返し)

次例では，And you can’t. で相手の発話を強く打ち消し，さらに次の話者がそれを受けて And I can’t. の形で強い主張をしている．後者の and によって話し手の強い感情が表される用法は (⇒ 用法 4)：“Sometimes we’re having dinner, out, you know, nice place, and he’s looking at me and I know he’s wanting me to say something like Scarlet O’Hara or somebody. Something outrageously romantic.” “*And* you can’t.” “*And* I *can’t*,” Julie said. —Parker, *Honor*「時には私たち一緒に出かけて食事をするのよ．そう，素敵なお店でね．すると彼は私を見つめるの．スカーレット・オハラか誰かみたいなことを言ってほしそうにしているわけ．ものすごくロマンチックなことをね」「でもあなたには言えない」「そう，言えるはずないわよ」とジュリーは言った．

【用法 7】
形式：**《文頭》*And* (*now, by the way*) (,) S V (O).**
意味：さて［では，で］，S が (O を) V する．
解説：話題を転換したり，新しい話題を導入したり，本題に戻ったりする合図となる．

【用　例】
Commandant Ramiro rose to his full height. “You will kindly refrain from telling me what I can do, señor. *And now*, if you have nothing further to say, I am a very busy man.” —Sheldon, *Tomorrow* ラミロ (警察庁) 長官は背筋を伸ばして立ちあがった．「私がすることを指図するのはやめていただきましょう．さて，これ以上お話がなければ，私は多忙なので」〔話題の転換を示す now との共起に注意〕(会話終結の文言の付加) / “You have your aunt’s phone number, don’t you?” she says to Albert. “Come on, let’s call her. *And by the way*,” it occurs to her, “you haven’t told me your last name.” —Cornwell, *Fly*「おばさんの電話番号は知ってるんでしょ？ さあ，電話しましょう」と彼女はアルバートに言った．そしてふと思いついて「ところで，苗字をまだ教えてくれていないわね」と付け加えた〔話題の転換を示す by the way との共起に注意〕(突然思いついた話題の付加)．

【解説 21：now, by the way との共起】 話題転換の合図として用いられる場合は，now, by the way, incidentally のような談話標識と共起する．and によって聞き手にこれから談話の方向が変わるという事実に注目させて話題の転換を予告し，同時に談話の流れにおける唐突さを避けることができる［Fraser 2009, p. 896］：When the clapping died away, Alan Lloyd rose for the last time as chairman of Kane and Cabot. "*And now*, gentlemen, we must elect my successor." —Archer, *Kane*（告別演説が終わって）拍手が鎮まると，アラン・ロイドが立ち上がったが，それはケイン・アンド・キャボットの頭取として最後だった．「さて皆さん，我々は後継者を選ばなければなりません」〔呼びかけ語との共起に注意〕（⇒ 用例第 1 例）．now の詳細は（⇒ NOW）．

by the way は関連情報を付け加える時に用いられるが，and によって直前の発話とは異なる話題を述べることから生じる唐突さが軽減される．次例では，相手が述べた職業名を訂正するために，正しい情報を付け加えている："This is the first psychiatrist's office I've ever been in," Angeli said, openly impressed. "I wish my house looked like this." "It relaxes my patients," Judd said easily. "*And by the way*, I'm a psychoanalyst." —Sheldon, *Face*「精神病医のオフィスに入るのは初めてです」とアンジェリは感激の面持ちで言った．「私の家もこんな感じならいいんですがね」「患者がリラックスできるようにしているんです」とジャッドはくつろいだ口調で言った．「で，ちなみに，私は精神分析医なんですよ」（⇒ 用例第 2 例）．by the way の詳細は（⇒ BY THE WAY）．

【解説 22：疑問文での使用】 付加された疑問文で話題を転換することがある："She is sweet, isn't she? *And* how have you been lately, Duchess?" —Sheldon, *Tomorrow*「彼女，かわいいだろ？ ところで，最近ご機嫌いかがですか，公爵夫人」/ LADY TRENTHAM: Ye . . . Mary. I suppose it's fun having a film star staying. There's always so little to talk about after the first flush of recognition. *And* why has Freddie Nesbitt brought that awful, common little wife of his? —*Park*［映］（召使に）トレンサム伯爵夫人：ねえ……メアリ．映画スターが家に泊まるのは楽しいことね．誰が誰だと言っているうちはにぎやかだけれど，その後はいつもたいして話すこともないのよ．ところで，フレディ・ネスビットはなぜあんな器量の悪い下品で貧相な奥さんを連れて来たのかしら？

【解説 23：本題への回帰】 直前の談話で逸れた話題を本題に戻す際に，しばしば疑問文で用いられる［Heritage & Sorjonen, p. 15］：STEPH: You know what I just heard? Christina? MARISA: Christina kitchen or Christina assistant manager? STEPH: Assistant manager. *And* you know what that means? —*Maid*［映］（ロッカールームでのメイドの会話）ステフ：今聞いたんだけど知ってる？ クリスティーナのことよ？ マリサ：厨房のクリスティーナなの，それとも副支配人の方？ ステフ：副支配人の方よ．で，どういうことか分かる？

関連事項

① **共起する談話標識による and の意味の補強・明確化**　他の談話標識と共起することによって，and の意味が補強・明確化される．

(i) moreover, besides, what's more などと共起することで，and の付加の意味が補強される．ただし and moreover に関しては and あるいは moreover の強調形として時に認められるが，一般的には and の類語反復表現だとされ，標準的な書き言葉では，通例 and は省略される [Hook, p. 17; Partridge[4], p. 27]: WILL: In my opinion, all men are islands. *And what's more*, now's the time to be one. This is an island age. —*Boy* [映] ウィル：僕が考えるに，人間は皆孤島だ．それにさらに言えば，今はそうあるべき時だ．今は孤島の時代なんだ / "Why do you think I like oldies?" "Well, Reggie, to be perfectly honest, I can't see you at a rap concert. *And besides*, the radio in your car was on this station last time I rode in it." —Grisham, *Client*「どうして私がオールディーズが好きだと思うの？」「えっとねえ，レジー，正直な話，あなたがラップのコンサートに行くなんて考えられないもの．それに，こないだあなたの車に乗った時，ラジオがこの局に合わせてあったわよ」(⇒ BESIDES【解説 3】), moreover の詳細は (⇒ BESIDES【関連事項 (i)】), what's more の詳細は (⇒ BESIDES【関連事項 (v)】).

(ii) yet, still などと共起することで，and の対比や譲歩の意味が補強される：BETTY: She knew you and Tommy were seconds away from engagement. *And still* she practically filled out your law school application. —*Mona* [映] ベティ：先生はあなたとトミーが間もなく婚約することを知っていたわ．それなのに，実際あなたのロースクールの応募用紙に記入したのよ．

yet との共起は (⇒ 用法 6). yet の詳細は (⇒ BUT 関連語 YET), still の詳細は (⇒ HOWEVER 関連語 STILL).

② **共起する談話標識の意味の and による明確化**　談話標識が複数の意味を持つ場合，and と共起することでその談話標識の意味が明確化されることがある．

(i) anyway:「さらに，そのうえ」の意で先行発話の内容を説明したり正当化する場合には，しばしば and と共起する (⇒ ANYWAY 用法 1). 一方，「(それでも) とにかく，だけど」の意で対比や譲歩を表す場合には，しばしば but と共起する (⇒ ANYWAY 用法 4).

(ii) in fact:「(予想・予定通り) 本当に」の意で先行発話の内容を強調したり補強したりする場合には，しばしば and と共起する．一方，「(予想・期待に反して) 実のところは」の意で対比や譲歩を表す場合には，しばしば but と共起する (⇒ IN FACT 用法 2,【解説 10】).　(松尾)

but

概　説

この語は，基本的に等位接続詞として用いられ，but に先行する部分と後続する部分との意味的「対比」を表す (⇒【解説 10】)．さらに，論理的な意味的「対比」を直接表すのではなく，but に先行する部分で述べられる内容から想起される推論と矛盾する内容を but 以下で述べる「想定・期待の否認」を表す用法が生じた．先行部分から導き出される想定には，文脈からの推論，but 以下の陳述の前提となる事柄，その他様々な発話行為に関する条件などがある．

発展的に，but が独立的に文頭に生じ，談話標識として幅広く用いられる．話し手自身の発話の中で，あるいは話し手・聞き手の言葉のやりとりの中で，上記の意味的「対比」や「期待の否認」を示したり (⇒ 用法 1,【解説 4】)，「でも，いや」の意で，話し手の不賛成・驚き・不快感・反論・疑念などの感情を表す標識としても機能する (⇒ 用法 2,【解説 11】)．

より大きな単位の発話や談話と関連し，話題の転換や展開を合図して話題の再方向付けの標識として機能する (⇒ 用法 3,【解説 15】)．

また，but の先行部分で but 以下の発話をすることに対する謝罪や言い訳，依頼などが述べられ，but 以下で話し手が述べたい内容が示される (⇒【関連事項①】)．

言語使用域に関しては，くだけた話し言葉で多く見られる．

［*MED*[2]; *LD*[4]; Blakemore 1987, 1989, 1992, 2000; Fraser 1998, 2005; Lakoff 1971; Sweetser］

マッピング

用法 1　［文頭］しかし（予想・期待に反すること）

2　［ターンの冒頭・文頭］でも
（先行発話を受けて，反論・疑念等の感情）

3　［ターンの途中・文頭］さて，ところで（話題の転換）

but の後のコンマ　⇒　解説 1

文尾の but　⇒　解説 2

発話行為との関係　⇒　解説 4

発話の状況を受ける　⇒　解説 5

疑問文・感嘆文での使用　⇒　解説 13

共起する他の談話標識　⇒　解説 7, 8, 9, 16, 20

関連語 yet　それにもかかわらず（予想・期待に反すること）

関連事項① 垣根言葉＋but の表現
② 関連表現 but, however, nevertheless
③ 日英語比較 but と「しかし」

【解説 1：but の後のコンマ】 but の後には，ひと呼吸置いて文の流れを妨げる場合にのみコンマを用いることができる [Davidson, p. 124]：“24” is what is called a concept show. [⋯] Each episode covers one hour in Jack Bauer’s life. And the episodes are all connected. So a full season of “24” completes one twenty-four hour day. Early on, some critics thought the twenty-four hour idea would get tiresome. *But*, the show continues to be popular among critics and viewers. —*VOA*, 15 Feb. 2007（テレビ番組の）「24」はいわゆるコンセプト・ショーです．[⋯] それぞれのエピソードではジャック・バウアーの生活の中の 1 時間が語られます．そしてエピソードは全てつながっているのです．だから「24」のフルシーズン分を合わせると，1 日 24 時間になるということです．当初，24 時間のアイディアは退屈なものになるだろうと考えている批評家もいました．ところが，番組は批評家や視聴者の間で人気が高い状況が続いています (⇒【解説 11】)．

【解説 2：文尾の but】 接続詞 though が文尾で用いられる談話標識へと展開していったように，but にもその傾向が見られる．Mulder & Thompson と Mulder et al. では，米国英語とオーストラリア英語の会話からデータを採り，オーストラリア英語では but の文尾用法が確立しており，米国英語はその途上にあり，近い将来その用法が確立するだろうとする．

各用法の解説

【用法 1】
形式：**《文頭》*But* S V (O).**
意味：（予想・期待に反して）しかし [だが，でも，けれど] S が (O を) V する．
解説：先行部分で述べられる内容や結果から推論すると，予想外のことや矛盾する内容を述べる際に用いられる．

【用　例】
“I need to talk to Harry. *But* he’s out of town.” —Grisham, *Client*「ハリーと話さ

なければ．でも，町を離れてるわ」(先行陳述の前提条件の否定) / "Do you want to drive by her house tonight?" "Yes. *But* I don't have a car yet," I said. —Cornwell, *Body*「今夜車で彼女の家のそばに行ってみたい？」「ええ．でも，まだ車の準備ができていないわ」と私は答えた (先行疑問文の前提条件の否定) / "May I have two tickets?" asked Henry. "Yes, sir," said the young officer. "*But* you'll have to buy them from the booking office on the quayside." —Archer, *Hiccup*「(船の) 切符を 2 枚買えるかね？」とヘンリーは尋ねた．「ええ．でも，波止場の予約窓口でご購入いただかなくてはなりません」と若い船員が答えた (先行疑問文の前提条件の否定).

【解説 3：but が推論に与える影響】 but の先行部分から導き出される推論と後続部分の内容の間に矛盾があることが but によって示される．たとえば，I'm a certificated nurse. *But* my husband won't let me work. (看護師の免許は持ってるの．でも夫が働かせてくれないのよ) を例に考えてみる．but の先行部分から導き出せる推論はいくつかあるが，but によって I am willing to work. (私は働きたい) がここで求められている推論であることが分かる [Fraser 2005, p. 11].

類例：(経済状況に関する議論で，経済の専門家に相談すべきだと結論を出した状況) "John is not an economist." "*But* he is a businessman." —Blakemore, 1987「ジョンは経済学者じゃないよ (彼に相談すべきではない)」「でも，ビジネスマンだよ (彼に相談すべきだ)」/ They had phones in Peru, after all. *But* her words were so crisp and clean. —Grisham, *Christmas* だって，ペルーにも電話があるんだから (親にクリスマスの挨拶の電話をかけるのは当然だった)．しかし，彼女の声はとても歯切れよくはっきりとしていた．

第 2 例では，but の先行部分から遠いペルーから電話したことが推論され，後続部分から近くのどこかから電話したことが推論される．

【解説 4：前提や発話行為に関わる用法】 but に先行する部分を発話するにあたって前提となっている状況や事柄と矛盾していること，あるいは，先行する部分を発話する行為を行うにあたっての条件が満たされていないことが，but 以下で述べられる．次例のように，先行部分と but 以下は異なる話者によって発話されると，典型的には後続部の文末は上昇調となり，I don't believe の含意がある [Fraser 2005, pp. 15–16]："It's just the thing for your wife." "*But* I'm not married." —Leech et al.「奥さんにどうぞ」「でも僕は結婚してないよ」．この例では，but の先行部分を発話するに当たっては You are married. を前提としている．しかし，but 以下でその前提を否定している．

次の第 1 例では命令する人は命令する権利を持つ，第 2 例では謝罪する人は謝罪の対象となる行為に責任があるという前提がある：“I order you to sit down.” “*But*, you don't have the right to order me.” —Fraser 2005「座れ」「でも，君には僕に命令する権利なんてないだろう」/ “I apologize for knocking over that vase.” “*But* you weren't responsible, since you weren't even here.” —Fraser 2005「その花瓶をひっくり返したことをお詫びします」「でも，あなたには責任はないよ．ここにいもしなかったんだから」(⇒ 用例第 1, 2, 3 例).

【解説 5：発話状況を受ける用法】 but に先行する部分が，実際に行われた発話ではないことがある．この場合，話し手がその場の状況や聞き手の行動などから聞き手の意図を推測したり，but 以下で否定されることになるまで話し手が抱いていた想定や期待が覆されたりすることになる［Rouchota 1998b, pp. 12, 18］：（Peter puts some salmon on Mary's plate.） MARY: *But* I'm allergic to fish. —Rouchota 1998b メアリ：でも，魚アレルギーだから（食べません）/（Peter comes in through the front door. Mary, who was sitting in the living room, goes out in the hall.） MARY: *But* you had to work late shift today. —Rouchota 1998b メアリ：あら，でも今日は遅番じゃなかったの．第 1 例ではピーターがメアリの皿に鮭を置いたことから，彼女は彼が鮭を勧める意図があると解釈する．第 2 例では玄関を入って来たピーターにメアリが行き合わせるが，彼女は彼が遅番でこの時間に帰ってくるとは思っていなかった．すなわち，メアリがあらかじめ抱いていた想定とは異なることが起こっているのである．

次例では but に先行する発話が行われた時，話し手は電話の相手が応えるものだと予想していた．しかし予想に反して，相手は電話を切ってしまった．話し手の期待が否認されたことが示されている：“What was your name again?” *But* the man had hung up. —Brown, *Code*「もう 1 度お名前を教えてください」しかし，男は電話を切ってしまっていた．nevertheless との違いは (⇒ HOWEVER 関連語 NEVERTHELESS【解説 11】).

【解説 6：情報の追加】 話し手が抱く意外感があまり大きくない場合，先行発話と後続発話の矛盾関係を表すというより，異なった内容を追加するために but が用いられる：“I am ready, señor.” “Go ahead then. *But* be careful.” —Sheldon, *Tomorrow*（贋作だと疑われる絵の作者のサインの絵具をはがす作業について）「準備ができました，旦那様」「とりかかってくれ．しかし，慎重にやれよ」．

ここでは先行発話で表される「作業を進める」ことと，後続発話の「慎重にやる」ことの間に矛盾は存在せず，コメントを付加しているだけである．

【解説 7：however との共起】 but と however を共に用いるのは冗長で，慎重な書き手ならば同一文中では用いないし，対比を強調しない限りは共に用いないほうがよいとされる．一方でこれは標準的な語法か，非標準的な語法かというより，文体的な好みの問題であるとする見解もある［Todd, pp. 66–67; Fowler-Burchfield, p. 121; Mager & Mager[2], p. 179; *Bloomsbury*[2], p. 140; Greenbaum & Whitcut, p. 101; Quirk et al., p. 645; *WDEU*］：*But* the management, *however*, went on with its plans. —*AHBEU* しかしながら，経営側は，自らの計画を続行した．however の詳細は（⇒ HOWEVER）．

【解説 8：yet との共起】 but と yet は共起可能であるが，文体的に好ましくないので，対比を強調しない限りは同一文中で用いるのは避けたほうがよい［Fowler-Burchfield, p. 121; Greenbaum & Whitcut, p. 101; Quirk et al., pp. 643, 645］：*But yet*, even so, she has nevertheless done well. —Quirk et al. しかし，たとえそうだとしても，それでも彼女はよくやった〔nevertheless との共起に注意〕（⇒ 関連語 YET【解説 20】）．yet の詳細は（⇒ 関連語 YET）．

【解説 9：still との共起】「それでもやはり」の意で文頭・文中・文尾で still と共に用いることが可能：John's a strange guy. *But still*, I like him. —Higashimori 2003 ジョンは変な奴だ．それでもやはり，私は彼が好きだ．but も still も，前件から引き出された推論 I don't like him. を否定する機能を持つ．still はこれに加え，話し手自身が I like him. だと以前から考えていることを自分自身に思い出させる機能を持つ．

類例：He turned to look at the painting again. . . . Perfectly normal. *But still*, was it possible? —Sheldon, *Tomorrow*（その絵画が贋作だなんてあり得ないと考えた後に）彼は振り返って再びその絵を見た．……絶対に本物だ．いや，だが本当にそうなんだろうか？

なお，but と still の文中での位置や両語の結合の強さによる分類も合わせて詳細は〔cf. Higashimori 2003, pp. 28–29〕．still の詳細は（⇒ HOWEVER 関連語 STILL）．

【解説 10：対比を表す等位接続詞の用法】 but は基本的に等位接続詞として用いられ，but に先行する部分と後続する部分との意味的対比が表される．前件と後件の対比には，話し手の推論は関わらない：Tom went to the party, *but* his brother didn't. —*OALD*[5] トムはパーティーに行ったが，兄は行かなかった．

また，語句レベルの対比や修正も示す［Huddleston & Pullum, p. 1310］：She's very hard-working *but* not very imaginative. —*CALD* 彼女はとても勤勉だが，あまり想像力は豊かではない / In the US it is normal for the police to carry guns, *but* not in Britain. —*Activator*[2] 米国では警官が銃を持ち歩くのは普通だが，英

国ではそうではない.

【用法 2】
形式:《文頭》ターンの冒頭 **A: 先行発話 B: *But*(,) S V (O).**
意味:(先行発話を受けて) でも [いや] S が (O を) V する(のに).
解説: 先行発話を受けて, 話し手の不賛成・不快感・反論・疑念などの感情を表す際に用いられる.

【用 例】
"Somebody wants you on the telephone." "*But* no one knows I'm here!" —*COB*[5]「君に電話だよ」「ここにいることは誰も知らないはずなのに」(苛立ちの表明) / "P.S. are my initials." "*But* your name is Sophie Neveu." —Brown, *Code*「P.S. は私のイニシャルよ」「でも君の名前はソフィー・ヌブーだろ」/ CHARLIE: Airline travel is very dangerous. RAYMOND: *But* don't be silly. It's safest travel in the world. —*Man*［映］チャーリー: 飛行機の旅はすごく危ないよ. レイモンド: いや, 馬鹿なこと言うなよ. 世界で一番安全な旅だよ (反論) / "Get out of my club and don't ever come back?" "*But*, Johnny — what are you talking about?" —Clancy, *Games*「私のクラブから出て行って, 二度と来ないでくれ」「しかしジョニー, 何のことを話してるんだ?」(戸惑いの表明)

【解説 11: 感情的逆接】 この用法は, 話し手の不賛成・不快感・反論・疑念などの感情が表される感情的逆接の用法である. 話し手が予想していたことと異なることが起こった, あるいは異なる状況が存在する際に用いられる: "It was a good idea." "*But* it didn't work." —*LD*[4]「それはいい考えだったよ」「でも, うまくいかなかったじゃないか」

この用法では, but の後にコンマが用いられることがある: "I know. He says he's exhausted — far too tired to drive. He's decided he needs to spend this weekend curled up with his backlog of work." [···] Now, standing in the airport, Rachel's anger was simmering. "*But*, this means you'll be alone for Thanksgiving!" —Brown, *Deception*「そうね. お父さんは疲れ果てていてね, 運転できないほど疲れてるって. この週末はやり残した仕事を抱えてソファで丸くなってるしかないって決めたそうよ」[···] 空港で (電話で話して) たたずんでいると, レイチェルは怒りがこみ上げてきた.「でも, それだとママは感謝祭を一人ぼっちで過ごすことになるのよ!」(⇒【解説 1】)

【解説 12：驚きを表す】 話し手の不賛成・反論などのマイナスの感情だけではなく，予想外に良いことが起こって驚いている場合などにも用いられる：“I'm getting married.” “*But* that's wonderful!” —*OALD*[6]「結婚するんだ」「いやあしかし，それは素晴らしい！」

【解説 13：疑問文・感嘆文での使用】 話し手の強い感情や疑念を表すので，but 以下で感嘆文や疑問文がしばしば用いられる：“They won't even discuss the problem.” “*But* how stupid!” —*LD*[4]「彼らはその問題を討議しようとさえしない」「でも，何て馬鹿な」/ “Did you kill her?” “Kill Suzanne? Are you crazy?” “*But* you were there?” “I was not!” —Clark, *Sweetheart*「彼女を殺したんだろ」「スザンヌを殺したって？ 頭がおかしいんじゃないか？」「でも，現場にはいたんでしょ？」「いるわけないだろ！」（⇒ 用例第 1, 4 例；HOWEVER【解説 5】）

【用法 3】
形式：**《文頭》** **ターンの途中** ***But* S V (O).**
意味：（通例，一連の発話の途中で）さて［ところで，しかし］S が（O を）V する．
解説：通例，一連の自らの発話の途中で，話題の転換や展開を合図し，話題の再方向付けをする際に用いられる．

【用　例】
But now to the main question. —*LD*[4] さて，本題に戻りましょう〔話題の転換を示す now との共起に注意〕/ They need to recruit more people into the prison service. *But* another point I'd like to make is that many prisons were built in the nineteenth century. —*COB*[5] 刑務所の業務にもっと多くの人を補充する必要があります．さて，もう 1 つ主張したいのは，多くの刑務所が 19 世紀に建てられたということです / JUDGE: Have you reached a verdict? FOREMAN: We have, Your Honor. Your Honor, we have agreed to hold for the plaintiff, Deborah Anne Kaye and against St. Catherine Laboure, Doctors Towler and Marx. *But*, Your Honor, are we limited on the size of the award? —*Verdict*［映］裁判長：評決に達しましたか．陪審長：はい，裁判長．私たちは原告のデボラ・アン・ケイの訴えを認め，聖キャサリン・ラブレ病院とタウラー，マルクス両医師の抗弁を退けます．ところで裁判長，私たちは裁定額については制限されるのでしょうか？（新しい話題の導入）/ PROSECUTOR: Indisputable scientific evidence shows that on the night of January twentieth, Richard Kimble did, in fact, viciously attack and brutally mur-

der his wife. *But* you will hear more than that. You will hear a voice from the grave, the voice of Helen Kimble, identifying her killer, her husband, Richard Kimble. —*Fugitive*［映］（キンブルは無実にも関わらず妻殺害の疑いを掛けられている）検察官：確固たる証拠から，1月20日の夜，リチャード・キンブルは実に卑劣にも妻を襲い，残忍なことに妻を殺害したのです．ところが，皆さんはそれ以上のことを知ることになります．ヘレン・キンブルの墓からの声，犯人は夫のリチャード・キンブルだと明かす声を聞きましょう（異なる陳述の追加）．

【解説14：文頭でのbutの使用の是非】 話し言葉では文頭で用いられて，話題の転換を示す．ただ，この用法でbutを使いすぎるのは好ましくないので，他の表現に変えるべきであるとする見解もある［Fraser 2005, p. 17; Peters, p. 84; *LD*[4]］：“I had dinner with George last night.” “*But*（＝Incidentally）did you get paid the money?” —Fraser 2005「夕べジョージと夕食を食べたんだ」「ところで，お金は払ってもらったの？」

【解説15：本題への回帰】 今，問題になっている話題や，話し手が自分の主張したい事柄に戻る合図となることがある［Schiffrin 1987, p. 173］：“Is there alcoholism in her family?” “I'm beginning to think there's alcoholism in everybody's family.” I said bitterly. “*But* yes. Her father was an alcoholic.” —Cornwell, *Body*「彼女の家族にアルコール中毒の人はいますか？」「誰の家族にもアルコール中毒の人がいるんじゃないかと思い始めているのよ．でもともかく，いるわ．父親が中毒だったのよ」と，私は苦々しい口調で答えた（⇒【解説16】）．

【解説16：anywayとの共起】 主に会話で，話し手が何らかの理由で主張したいことを忘れたり，話が横道にそれたりした後，主張したいことを再び述べる場合に，anywayと共起可能［Celce-Murcia & Larsen-Freeman[2], p. 475］：Eight bucks a ticket, for what Luther knew would be another dull two hours of overpaid clowns giggling their way subliterate plot. *But anyway*, Nora loved the movies and he tagged along to keep peace. —Grisham, *Christmas* チケット1枚8ドル．ルーサー（夫）にとっては，ギャラをもらいすぎの道化役者がろくでもない筋書きに従ってゲラゲラ笑いまくっているだけのもので，さらに2時間退屈な時間を過ごすことになると分かっていた．しかしとにかく，（妻の）ノーラは映画が大好きなので家庭円満のためくっついて行った（⇒【解説15】；ANYWAY【解説10】）．anywayの詳細は（⇒ ANYWAY）．

【解説17：談話の流れの小さな変化】 大きな話題転換というより，話の流れを少し変える場合にも but が用いられる［Leech et al., p. 71］. 第 1 例では相手の意見に同意した後，質問を付け足す時に，第 2 例では一連の会話を終わる際に but を用いている："This is the very best watch you can buy." "Yes, *but* how much does it cost?" —Leech et al.「これはお求めいただける中ではまさに最高の時計です」「そうだね．ところで，いくらですか」/ "What sort of carpet were you looking for?" asked the dealer. "I fear your prices are way beyond us," said Christopher politely. "*But* thank you." —Archer, *Steal*「どのような絨毯をお探しでしたか ?」と販売員は尋ねた.「あいにく高すぎて予算に合わないんだ．でも，ありがとう」とクリストファーは丁寧に答えた．

【解説 18：相手の反応を促す】 くだけた会話では，話し手が聞き手の反応を引き出したい場合に，特に but の後続要素が不完全なまま用いられることがある．話し手は今話したことを忘れてほしいと思っており，しばしば but の後にためらいを表す er を伴う［Quirk et al., p. 1474］："My wife's not been feeling too well. She's seen the doctor, though, and he's told her it's nothing serious. *But* (*er*) [trails off into silence]" "I'm sorry to hear about this."「妻の具合があんまり良くないんだ．でも，医者には行ったし，たいしたことはないということだったよ．いや，でも」「これはお気の毒に」

【関連語 yet の用法】

形式：**《文頭》*Yet*(,) S V (O).**

意味：それにもかかわらず［しかし，けれど］S が (O を) V する．

解説：先行発話の内容からすると，予想外で驚くような事を述べる際に用いられる．堅い言い方．

【用　例】

"She's not been dead at all," Scarpetta says. "*Yet* the condition of the blood in the living room, hallway and even some in here suggests the attack occurred hours ago." —Cornwell, *Fly*「亡くなってからあまり時間が経っていないわ．それなのに，居間や廊下やここにある血痕の状態から考えると，何時間も前に襲われたようね」とスカーペッタは言った (予想外の出来事) / HARKER: Certainly the fact that Harry Duncan tipped you off to Bishop's situation before you even arrived here yesterday. *Yet* you chose to play dumb with us." —*Spy*［映］(CIA 局員がベテラン CIA 作戦担当官に) ハーカー：昨日あなたがここに来られる前に，ハリー・ダンカンがあなたにビショップの現状を内報していたことは明らかに事実です．そ

れなのに，あなたはとぼけることを選んだ（事実に反する行為）．

【解説 19：前件と後件の入れ替え】 先行部分の内容と yet 以下で述べられる内容の間にある強い依存関係に対する聞き手の強い信念を表すので，前件と後件を交換することはできない［東森 1992, pp. 349–50］．しかし，等位接続詞的に用いられるので，譲歩の意味が曖昧になることもある［Bell 2010, p. 1927］．

【解説 20：and, but との共起】 and や but と共起可能［Carter & McCarthy, p. 161; Quirk et al., pp. 645, 919］：TESS: Talk about a small world, huh? I mean, here we've just met *and yet* I feel as though I've spent so much time working with you. —*Girl*［映］テス：世間は狭いです，ね？ つまり，初対面だけれど，でも随分長い間一緒に働いていたみたいな気がしますわ（⇒【解説 8】; AND【解説 18】）．and の詳細は（⇒ AND）．

関連事項

① **垣根言葉＋but の表現** Excuse me, *but* . . . や I'm sorry, *but* . . . のような表現では，but の前で垣根言葉が用いられ，but 以下で本当に伝えたいことが述べられる．この場合，垣根言葉によって主張を和らげたり，聞き手に対する気遣いを表したりする：Excuse me, *but* I'm afraid this is a no-smoking area. —*LD*[4] すみませんが，ここは禁煙です / I'm sorry, *but* all our operators are busy at the moment. —*MED*[2] 申し訳ありませんが，ただ今オペレーターは全員手がふさがっております / "You probably don't remember me, *but* this is Lauren Hartford, Mr. Romano's secretary." —Sheldon, *Tomorrow*（電話で）「覚えておられないと思いますが，私はローレン・ハートフォード，ロマーノ氏の秘書です」/ "What was his cause of death?" I asked. "I'm not sure. *But* it was natural." —Cornwell, *Body*「彼の死因は？」と私は尋ねた．「はっきりとは分かりませんが，自然死ですよ」

他に but の前では次のような表現がしばしば用いられる：I apologize for saying this / I may be wrong / I don't mean to interfere / Pardon me / I'm not sure if this is relevant [Fraser 2005, p. 18].

② **関連表現** but, however, nevertheless：この 3 語は以下のようにほぼ同じ意味で用いられることがある［Thomson & Martinet[4], p. 290］：He had no qualification *but* /; *however*/, *nevertheless* he got the job. 彼は資格を持っていなかったが，その仕事に就いた．これらの語が用いられる場面に関しては，but が最も一般的で，次に however であり，nevertheless は最も使用範囲が限られ

る［Blakemore 2002, p. 115］．実際は，この 3 語の使い分けは，非常に微妙である．

Davidson (p. 123) はこの 3 語の違いを以下のように述べている．but は単純で直接的な対比を伝える．however には「次の事柄にも注意してください」(Notice this also) の含意が，nevertheless には「次のことは忘れないでください」(Do not forget that . . .) の含意がある：I hate the smog in Southern California; *however*, I'm moving there for the job opportunities. 私は南カリフォルニアのスモッグは大嫌いです．しかしながら，仕事のチャンスを求めて引っ越すつもりです / I've decided not to sue; *nevertheless*, I cannot forgive what they did. 訴えないことにしました．それでも，私は彼らのしたことは許せません．

なお，but に先行する部分は必ずしも発話 (言語的文脈) である必要はなく，発話状況 (非言語的文脈) でも可能であるが，他の 2 語の場合は先行部分は常に発話として現れる［Fraser 2005, pp. 13–14］(⇒【解説 5】)．nevertheless の詳細は (⇒ HOWEVER 関連語 NEVERTHELESS)．この 3 語の違いに関する関連性理論の枠組みでの分析は〔cf. Blakemore 2000〕．

③ **日英語比較**　but と「しかし」：but に対応する日本語には品詞に関して言うと，接続詞，接続助詞，終助詞が含まれる．具体的には，「しかし；が，でも，け(れ)ど(も)，のに；さて，ところで」などである．英語では but 一語でカバーする領域を，日本語では機能によって，またスピーチレベルによって，さまざまな語が使い分けられる．but は対応する日本語と比べ，文脈依存的に用いられる．

期待や予想とは異なることを表す用法 1 では，「しかし，け(れ)ど(も)，が，でも」，話し手の不賛成などの感情を表す用法 2 では「しかし，でも，のに」，垣根言葉＋but の表現では「が，けれど」，話題の転換を表す用法 3 では「しかし，さて，ところで」が用いられる〔cf. 松尾 2007a〕．

先行文脈が非言語的文脈の場合，つまり but と同様に「しかし」に先行する具体的な発話が存在しない場合がある．後続部分は通例，話し手にとってすでに分かり切っている知識である：しかし，暑いな / 暑いな，しかし［加藤，pp. 74–77］(⇒【解説 5】)．　(松尾)

plus

概　説

この語は，物事を列挙する場合に数詞を含む表現とよく用いられ，「追加，付加」を表す前置詞として発達した．さらに，数値的に測れる「物」以外に「事」

の追加にも用いられるようになり，2つの陳述を結びつける接続詞としての用法へと発展していった．そして，しだいにその plus 以下の節が独立して用いられるようになり，plus で一呼吸置かれて「付加」を表す談話標識としての用法が確立していった．

談話標識としての plus は，「そのうえ，付け加えて言うと」の意で，既に述べたことを詳述する情報を導入したり，別の観点から主張を補強するための理由を添えたりする際に用いられる．

言語使用域としては，くだけた話し言葉で用いられることが多いが，くだけた書き言葉でも用いられる（⇒【解説5】）．

［以上，Peterson, p. 140; 廣瀬 2000, pp. 42–43; *OALD*[8]; *LAAD*］

マッピング

用法　［文頭］さらに，そのうえ（先行発話の強化）

関連事項①　前置詞の用法

②　接続詞の用法

③　関連表現　besides

各用法の解説

【用法】

形式：**《文頭》*Plus*(,) S V (O).**

意味：さらに［そのうえ，つけ加えて］S が（O を）V する．

解説：先行発話で述べたことに関する詳しい情報や主観的な理由を付け加えて，事実や論点を強化する際に用いられる．

【用　例】

I've got too much on at work. *Plus* my father is not well. —*OALD*[8] 手に負えないほどの仕事を抱えている．そのうえ父親の具合も良くないんだ / "So I gotta turn my ass right back around and be at city hall by ten. *Plus*, the chief wants to see me." —Cornwell, *Exposure*「だからすぐ戻って，10時までに市役所にいなくちゃいけないのよ．それに，署長も私に会いたがっているしね」（念押し）/ "We're so much less per ton down here. Twenty-five dollars compared to sixty-nine in New Jersey or eighty in New York. *Plus*, we recycle, test for hazardous waste, collect methane gas from decomposing trash." —Cornwell, *Exposure*「ここじゃあ収入も1トンあたりずっと少ないんだ．ニュージャージー州の69ドルやニューヨーク州の80ドルと比較して25ドルなんだ．さらに，リサイクルや危険な廃棄

物の試験をしたり，分解したゴミからメタンガスを集めたりしている」（説得的な情報の追加）/ “I saw them as I went past. I mean, the marina’s got *some* lights, but not that great. *Plus*, it was raining like a son of a bitch.” —Grafton, *Deadbeat*「通り過ぎた時に彼らを見ました．というのも，マリーナにはいくつかライトがついていましたから．それほど明るくはありませんでしたがね．しかも，ひどい雨が降っていましたしね」（弁解の追加）

【解説 1：コンマの有無】 用例第 1 例のように，コンマが省略されることもある．この場合は and と同様に，接続詞的な機能を担っている．次の例では，and と並列的に用いられていることに注意：“Brazil requires a visa, and we’ll have to pull some strings. *Plus* there are some loose ends around here.” —Grisham, *Testament*「ブラジルにはビザが必要だし，我々の影響力を行使しなくてはいけなくなるだろう．さらにここには未解決の問題がいくつかあるしね」

plus の後にコンマが置かれると，plus の副詞化が進み，「付加」を合図する談話標識に発展していく．

【解説 2：重要な情報の導入】 ある話題について述べている場合に，自分では決定的であると思われる情報を導入する際に用いられる：“Had you known her a long time?” “I’ve seen her around. We’re in the same youth group at the church.” He looked at me. “*Plus*, we’re in the sixth grade, but we have different teachers. I have Mrs. Winters.” —Cornwell, *Farm*「彼女を昔から知っていたの？」「よく彼女を見かけたよ．教会で同じユースグループにもいるしね」 彼は私に目をやった．「それにね，2 人とも 6 年生だよ，担任の先生は違うけどね．僕はウィンターズ先生だ」

ただし，客観的により重要な情報を導くというよりは，主観的な理屈づけを示すことが多い：“Any tattoos or piercings I should know about?” “No, I think they’re tacky. *Plus* my mom’d kill me.” —Block, *Man*「たぶん僕が知っている刺青とかピアスはあるかい？」「いえ，そんなものは安っぽい代物だわ．それにそんなことしたらお母さんに殺されちゃうわよ」

【解説 3：相手の発話の解説】 相手の発話に同調し，自ら情報を加える場合にも用いられる：“Something like that.” “Might be fun.” “Think of it as an adventure.” “*Plus*, it will keep me off the office, right, Josh?” —Grisham, *Testament*「そんなところだ」「面白そうだね」「一つの冒険だと考えている」「それに，事務所にいなくていいんだろ，そうだろ，ジョシュ？」/ “According to family members and friends, Emily wouldn’t have been hard to control. She was shy, easily frightened." "*Plus*, she had a history of being sick, in and out of doctors' offices." —Cornwell, *Farm*「家族や友人によると，エミリーは扱いにくいなんてことはなかったそうだ．恥ずかしがり屋で，すぐびくびくしていたそうだよ」「付け加えて言うと，病気がちで，病院通いをしていたとのことだ」

【解説 4：besides との使い分け】 次の例では，同義的な besides と plus を使い分けていることに注意．plus を介して，感情的な陳述を導入している："There wasn't anything to tell. *Besides*, I was embarrassed," she said. "I didn't want J.D. to know I didn't trust him, especially when it turned out he's innocent. I felt like a fool. *Plus*, the whole thing's illegal, so why incriminate myself?" —Grafton, *Killer*「何も言うことはなかったわ．それに，どぎまぎしていたしね」と彼女は言った．「J.D. には私が彼を信頼していないことは知られたくなかったのよ，特に彼が無罪だと分かった時にはね．自分が馬鹿みたいな気がしたわ．だって付け加えて言うと，すべてが法律違反でしょ．何でわざわざ自分を有罪にしなくっちゃいけないのよ」(⇒ BESIDES)

【解説 5：書き言葉での使用】 plus はくだけた話し言葉で用いられることが多いが，書き言葉でも用いられる：Rollie wanted more time than a fifteen-minute fuse could provide. *Plus*, he considered himself an expert and wanted to experiment with new devices. —Grisham, *Chamber* ローリーは 15 分間もつ導火線以上に多くの時間が欲しかった．しかも，自分のことを専門家だと思いこみ，新しい装置で実験をしたがっていた．

関連事項

① **前置詞の用法**　前置詞の plus は，数値を含む表現と共によく用いられる："I don't think he wrote very many of them, did he?" "Seven novels," I said, "*plus* two dozen short stories and four or five articles." —Block, *Library*「彼がそれらの多くを書いたとは思えないんだが」「7 冊の小説に，20 あまりのショートストーリーと 4, 5 本の記事って感じかな」と私は言った．

また，物事の追加を表す場合にも用いられる：She's got a son to raise and a boss who's threatening to lynch her if she doesn't get out of jury duty. *Plus* a show going on at Inez's gallery for her sculpture. —Green, *Juror* 彼女には育てなければならない息子がいるし，陪審人の仕事をやめないと彼女をリンチすると脅している上司がいる．さらにアイネズギャラリーで彼女の彫刻の展示会もある．

列挙する場合に，繰り返し用いることも可能："Al thinks it may be due to

the fact that so many go on the pills at a very early age. *Plus* the fact that so much of our meat, especially chicken, has been treated with growth-accelerating hormones. *Plus* the current fad for vitamins and food supplements." —Sanders, *Bending*「非常に多くの者がとても幼い時からピルを服用している事実によるかもしれないとアルは考えている．そして我々が食べる肉の多くが，特に鶏肉は，成長ホルモンを用いて処理されており，さらに加えて，ビタミン剤やサプリメントの最近の流行のせいだと考えている」

② **接続詞の用法**　plus は接続詞としても用いられる："In court it's a crowded public place, *plus* you have to go through a metal detector to get in." —Block, *Wicked*「裁判所というのは人が込み合った公共の場だし，加えて中に入るのに金属探知機を通過しなくちゃいけないんだ」/ "Why did you choose Memphis State for law school?" "It's really a fine school, *plus* I like Memphis." —Grisham, *Rainmaker*「法律学校になぜメンフィス州立大学を選んだんだい？」「本当にとっても素晴らしい学校だし，それにメンフィスが好きなんだ」

接続詞としては，まだその用いられる範囲は限定されており，動詞を結びつける場合にも，過去形同士を結びつけたり過去形と現在形を結びつけたりするのは通例不可：*?I overslept *plus* missed the train. / *It was *plus* is an unfortunate state of affairs.　また，形容詞や副詞を結びつけるのも通例不可：*It is an unfortunate *plus* regrettable state of affairs. / *He acted swiftly *plus* decisively. [以上，Peterson, p. 140]

③ **関連表現** (⇒ BESIDES【関連事項 (i)～(v)】).　(廣瀬)

so

概　説

この語は元来，発話状況と密着した直示的な語 (deixis) として発達し，形状や数量，さらに様態や程度について「これくらい，その [この] ように，その [この] 程度に」の意を表した．発展的に，指示する内容が文脈の一部となり，前述の内容を受ける代用表現として「そう (する，思う)，本当に [実際] (……が) そうである」の意を表すようになった．程度についても，特に発話状況とは関連なしに程度が著しく高いことを表すようになり，「とても，非常に」の意の程度副詞の用法が生じた．そして，さらに so の機能化が進み，現在では前述の内容を受けて論理的な結論を導く接続詞として「その結果，それで，だから」の意で幅広く用いられる (⇒【解説 1】).

談話標識の so は，接続詞の so が副詞化して生じ，文頭で，先行文脈から導かれる論理的結論を合図し，「だから，それで」の意を表す．また，発話と発話，発話と状況などを話し手の推論によって幅広く結び付け，先行する発話や発話状況などから推論によって得られる結論を導くことを合図し，「ということは，じゃあ」の意を表す (⇒ 用法 1).

so は，より大きな単位の発話や談話とも関連し，話題調整の機能を担い，「さて，ところで」の意で，新しい話題を導入したり，「それでは，じゃあ」の意で，話題の転換や話題の終結，そして会話全体の終了を合図したりする (⇒ 用法 2).

その他，間投詞的に「そうなんだ，へえ，まさか」の意で単独に用いることも多く，新しいことを発見した驚きや発話状況における話し手のさまざまな感情を表す (⇒【解説 7】)．また，上昇調の音調を伴い，単独で「それで？」のように，相手の発話を促す場合や，what を伴い「それがどうしたんだ」の意で相手に対して詰問する場合に用いられる (⇒【解説 12, 13】).

言語使用域としては，いずれの用法も会話で多用され，学術的な文章では話し言葉ほどは用いられない．

［以上，Bolden 2009; Biber et al., pp. 883, 886; Leech & Svartvik[2], pp. 108, 110; Alexander 1988, p. 598］

マッピング

用法 1 ［文頭］だから，それで；ということは，じゃあ（論理的・推論結果）

2 ［文頭］さて，ところで，それでは，じゃあ（話題の導入・転換・終結）

発話の状況を受ける ⇒ 解説 5, 6

(付加)疑問文での使用 ⇒ 解説 8, 9, 10

So (what)? ⇒ 解説 12, 13

会話の冒頭での使用 ⇒ 解説 14

命令文での使用 ⇒ 解説 18

共起する他の談話標識 ⇒ 解説 2, 3, 11, 17, 21

関連事項① 関連表現 (i) so と therefore (ii) consequently (iii) as a result (iv) in [as a] consequence

② 日英語比較 (i) 話し手の態度を表す「だから」 (ii) 非言語的文脈から導き出される推論結果を表す用法 (iii)「だから」と「それで」

各用法の解説

【用法 1】
形式：**《文頭》A: 先行発話　B: *So*(,) S V (O).**
意味：(先行発話などからの情報を受けて) だから [それで] S が (O を) V する；(ああ，なるほど) ということは [じゃあ] S が (O を) V するんだ．
解説：先行する発話や発話の状況から，論理的な結論や推論される結論を述べることを合図する．

【用　例】
"The last bus has gone." "*So*, we'll back to walk." —*OALD*[5]「最終バスが出てしまったよ」「じゃあ，歩いて帰らないとね」/ "How much will it cost?" "Three thousand bucks." "*So* we save money?" "Absolutely." —Grisham, *Christmas*「それ (カリブ海旅行) にはいくらかかるの？」「3000 ドルだよ」「じゃあ，(家でクリスマス休暇を過ごすより) 節約できるのね」「全くその通り」〔相手の発話意図の確認〕/ MITCH: [⋯] What led you to law school? [⋯] AVERY: I used to caddie for young lawyers off from work on weekdays, and their wives. I'd look at those long tan legs and just knew I had to be a lawyer. The wives had long tan legs, too. Ellis, another martini, please. MITCH: *So* we're not a couple of idealists. —*Firm* [映] ミッチ：[⋯] なぜロースクールに行ったんですか？ [⋯] エイバリ：平日のオフに若い弁護士たちのキャディをしてたんだ．奥さんたちもいたな．日焼けした長い脚を見て弁護士にならないと，と思った．奥さんたちも日焼けした長い脚をしてたよ．エリス (ウェイター)，マティーニをもう 1 杯頼む．ミッチ：ということは，僕たちは 2 人とも理想主義者じゃないってことですね (要約的な結論)．

【解説 1：論理的結論を導く】 基本的には，前述の内容を受けて論理的な結論を導く場合に用いられる：STEPH: Uh, can a maid apply? BEXTRUM: Uh, well, technically, if an employee's been here for three consecutive years, he or, indeed, she, is qualified to apply. *So* yes. Sure. Absolutely. —*Maid* [映] ステフ：あのう，メイドが (副支配人のポストに) 応募できますか？ ベクストラム：ああ，まあ，手続き上は 3 年間連続して勤めた従業員ならば，男性は，いや実際，女性でも応募資格はあります．だから，できますよ．もちろん．間違いなく (⇒【解説 4】)．

【解説 2：therefore との共起】 同義的に論理的結論を導く therefore と共起する：JACKIE: I ain't your partner. I'm your manager. And I'm managing to get your money out of Mexico into America, in your hands and I'm managing to do it all under the nose of the cops. *So*, *therefore*, I'm your manager and a manager gets fifteen percent. —*Brown* [映] ジャッキー：パートナーなんかじゃないわ，マネージャーよ．あなたの金をメキシコからアメリカへ運んで，あなたの手に渡るよう手配しているじゃないの．サツの目と鼻の先で私が全部やってるのよ．ということは，したがって，私はマネージャーであるといえて，マネージャーが15% もらうのは当たり前でしょ (⇒【関連事項① (i)】).

【解説 3：and との共起】 付加的に結論を添える場合に，and と共起する [*COB*(*U*)², p. 430]：Madeira has an ideal climate, *and so* it is not surprising that it has become of a tourist paradise. —*LD*⁴ マデイラは理想的な気候なので，それで観光客にとってはパラダイスになっていることに不思議はない．and の詳細は (⇒ AND 用法 5).

【解説 4：推論による結論】 話し手が既に持っている情報に加えて，先行発話などから新しい情報を得て，推論によって導かれる結論を合図する際に用いられる．したがって，so の前後の発話は therefore のように必ずしも論理的な因果関係は表さないことに注意．次例でも「重要でない無駄なことを省く」ということと「明日のクリスマス晩餐会に出席しないことが本当である」ということに必ずしも直接論理的な因果関係は成り立たない [Rouchota, 1998b, p. 12]：“I hear you're not going to be at the Christmas dinner tomorrow night,” he said, [...] “I'm eliminating a lot of things this year, Stanley, no offense to anyone,” Luther said. “*So* it's true.” —Grisham, *Christmas*「明日の晩のクリスマスディナーには参加しないそうだな」と彼は言った．[...]「今年は重要ではない色々なことを取り除こうと思っているんですよ，スタンリー．別に人に不愉快な思いをさせるつもりはないんですけど」とルーサーは答えた．「じゃあ，本当だったんだ」〔cf. Blakemore 1992, 2002; Rouchota 1998b〕(⇒【解説 1】)

【解説 5：発話状況を受ける】 先行する具体的な発話 (言語的文脈) がない場合でも用いられ，その場の状況などから推論して得られる結論を述べる際に用いられる [Blakemore 2002, p. 166]．次例では，警官が突然訪ねて行ったにもかかわらずチャーリーには驚いた様子も動揺した素振りもなかったという状況から，話し手は so 以下のように推論している：The policeman looked at Charlie and Charlie smiled back. “*So* you know about the robbery?” queried the man. —Freemantle, *Clap* 警官がチャーリーの方に目をやると，チャーリーは微笑み返した．「じゃあ盗難事件のことはご存じなんですね」と警官は尋ねた (⇒【関連事項② (ii)】).

【解説 6：直近の発見を述べる】 発話状況から今しがた分かったことや発見したことを述べたり，確認したりする際に用いられる：Peter Tomkins said, "*So* this is the famous Dana Evans, eh?" —Sheldon, *Sky* (テレビ出演していて有名なダナに初めて会って) ピーター・トムキンズは言った．「じゃあ，この人があの有名なダナ・エバンスですね？」〔確認を求める eh との共起に注意〕(⇒【解説 7】,【関連事項② (ii)】)

【解説 7：間投詞的用法】 直近の発見を述べることから，単独で間投詞的に用いられ，おだやかな驚きや憤りを表すこともある［*NTC's AELD*］：*So!* You've got a new girlfriend? —*LD*[4] そうだったんだ！ 新しい彼女ができたの？ / *So!* Do you think you can fool me? —*NTC's AELD* へえ！ 私をからかえると思ってるの？ (⇒【解説 6】)

【解説 8：付加疑問文での使用】 「肯定＋肯定」の付加疑問文に so が添えられることがあり，しばしば皮肉や相手に対する非難の気持ちなどが表される［Leech & Svartvik[2], p. 127; 松尾 1995, pp. 157–58］：WILL: I will not open the door to Marcus again. Okay? I'll be glad to be rid of the pair of you, frankly. Go on. Bugger off. I'm sorry. FIONA: *So* that's it, *is it?* You're just out of his life like that? —*Boy*［映］ウィル：マーカスが来ても 2 度と家に入れないから．いいな？ あんたたち (親子) 2 人を厄介払いできれば嬉しいよ，正直なところ．出て行けよ．さっさと消え失せろ．(店員に謝って) すまないね．フィオナ：で，これで終わりってわけ？ そんなふうにして彼の前には二度と現れないわけ？

【解説 9：疑問文での使用】 疑問文で用いられて，相手の発言の意図や内容を確認する［*MED*[2]］：*So* we're not going away this weekend after all? —*CIDE* ということは結局，私たちは今週末出かけないってことなんだ〔after all との共起に注意〕/ *So* you're a runner, huh? —*COB*[5] ということは，君はランナーだってことかい？〔huh との共起に注意〕/ "That machine gun you just mentioned? We have at least six on the premises." "*So* I should stay here, right?" —Grisham, *Associate*「君がさっきふれたマシンガンのことだけど．敷地内に少なくとも 6 丁はあるぞ」「つまり，僕はここにいるべきだってことかい？」〔right との共起に注意〕(⇒ 用例第 2 例)．after all，huh の詳細はそれぞれ (⇒ AFTER ALL；HUH)．

【解説 10：発話行為と関わる】 次例の so も疑問文で用いられているが，so は後続発話の内容ではなく，発話行為に関わっている．つまり，先行発話で述べられたことを根拠に，「だから私はあなたに尋ねるのだが」(I ask you . . .) の意になる：“I am asking you as a favor, Rachel, and also because I believe it is part of your job. *So* which is it? Yes or no? Will you brief my staff on this matter?” —Brown, *Deception*「君に頼みたいことがあるんだ，レイチェル．それに君の仕事の 1 つでもあると思うからだけど．で，どうだろう，イエスかノーか？ 私のスタッフにこの件を説明してくれるかね？」

【解説 11：then との共起】 同じ推論結果を表す then と共起し，then は文尾で用いられる．通例話し手が先行文脈から推論結果を聞き手に確認する．したがって，しばしば疑問文とともに用いられる［松尾 2013b; Rouchota 1998b, p. 37; Blakemore 1992, p. 139］：“*So* it’s decided, *then*.” Miller asked quietly. —Clancy, *Games*「じゃあ，もう決まったということだね」 ミラーは静かに尋ねた (⇒【解説 4】; THEN【解説 18】)．then の詳細は (⇒ THEN)．

【解説 12：So? と So what?】 しばしば単独で上昇調の音調を伴い，相手の発言が不十分である場合に「それで？」と発言を促すのに用いられる．また相手の発話を切り返し，「それがどうしたというのだ」の意を表す場合もある．後者の意ではしばしば what を伴い，下降調で発音される．やや失礼な言い方となり，相手の発言に対して異議を唱えたり，詰問調になったり，相手が話したことはそんなに重要ではないという含意がある［Bolden 2009, p. 976; Ball, p. 103; *MED*[2]; *LD*[4]］：“I’m on these crutches.” “*So?* It’s good exercise for your leg,” she said. —Tyler, *Tourist*「松葉杖をついてるんだよ」「それで？ 脚にはいい運動じゃないの」と彼女は言った / TY: Are you Republican? CHRIS: Yes. JERRY: Why? TY: Richard Nixon was Republican. JERRY: *So what?* TY: He lied. JERRY: *So*, what does that mean? TY: Nothing. —*Boy*［映］ タイ：あなたは共和党員？ クリス：そうさ．ジェリー：なぜ？ タイ：リチャード・ニクソンは共和党員だったからさ．ジェリー：だからどうなの？ タイ：彼は嘘をついたんだ．ジェリー：で，何を言いたいんだ？ タイ：別に．Then what? については (⇒【解説 20】,【関連事項②(i)(iii)】; THEN【解説 13】)．

【解説 13：So (what)? に対する応答】 so や so what が単独で用いられる場合，しばしば相手も so で受け継いで会話が進められていく：“I guess I am a little hungry.” “*So?*” “*So* take me to this Thai place. But we go Dutch.” —Margolin, *Dark*「ちょっとお腹がすいたみたい」「それで？」「で，例のタイレストランに連れて行ってちょうだいよ．でも，割り勘よ」/ KATHERINE: Let’s go upstairs and get gussied up and go out dancing? NANCY: Silly, it's after eight o'clock. 'Strike it Rich' is on. KATHERINE: Oh . . . ! Life isn't about 'Strike it Rich.' NANCY: It's a school night. KATHERINE: *So what?* NANCY: *So* I don't want to go. I'm happy here. —*Mona*［映］キャサリン：2 階に行って，おめかししてダンスに出かけましょうよ．ナンシー：何バカなこと言ってるの．もう 8 時過ぎよ．『金持ちになろう』を（テレビで）やってるわ．キャサリン：まあ……！ 人生，そんなにうまく番組通りにはいかないわよ．ナンシー：明日は学校があるわ．キャサリン：だからどうだっていうの？ ナンシー：だから，出かけたくないのよ．ここにいて満足よ．

ただし，文脈によっては漠然とした内容の発話となり，確認が求められることもある：MARISA: Have you seen this? STEPH: No. What? MARISA: Well, let me show you. STEPH: Give me this. Yeah. *So?* MARISA: What do you mean, "so"? What if somebody from the hotel sees it? What if Bextrum sees it? —*Maid*［映］（ホテルの従業員マリサと宿泊客の議員が公園を歩いている写真が載っている新聞の第一面を差し出して）マリサ：これを見た？ ステフ：いいえ．何？ マリサ：ほら，見せてあげる．ステフ：貸して．なるほど．それで？ マリサ：『それで』ってどういうこと？ もしホテルの誰かが見たらどうするの？（上司の）ベクストラムさんが見たらどうするの？（⇒【解説 12】，【関連事項② (i) (iii)】）．

【用法 2】
形式：**《文頭》*So* (,) S V (O).**
意味：さて［それでは，ところで，じゃあ］S が（O を）V する．
解説：新しい話題を導入したり，話題を本題に戻したり，一連の話題や会話が終了する合図をするなど，談話調整の機能を担う．

【用　例】

So, just to finish what I was saying earlier. —*CALD* では，私が先ほど話そうとしていたことを最後まで述べましょう / HAL: There we go. TESS: Dad, aren't we a little old for these? HAL: No. TESS: Good, 'cause I love 'em. HAL: *So*, Tess, how long you here for? —*Dresses*［映］ハル：さあ，できたぞ．テス：パパ，私たち，こういうの（クマの形のパンケーキ）食べるにはちょっと年取ってるんじゃない？ ハル：そんなことないさ．テス：良かった．だって，大好きなんだもん．ハル：で，テス，こっちにはどのくらいいるんだい？（話題導入）/ "That's good. The important thing about mistakes is that we learn from them. *So* let's go over your proposed operation." —Clancy, *Games*「よかろう．大事なのは間違いから学ぶ

ことだ．さて，君の提案している作戦を検討しよう」〔let's 構文との共起に注意〕（話題転換）/ BARBARA: The fact is, Susan, I don't need a live-in. This was my husband's suggestion. I mean, I have raised two kids on my own and now they're about to go off to college. They were both accepted at Harvard. SUSAN: Hmm, that's a nice school, too. BARBARA: Thanks. *So* anyway, it'll just be Oliver and me here at home. —*War*［映］バーバラ：実は，住み込み（のお手伝い）はいらないのよ，スーザン．これは主人の考えなの．つまり，私は自力で2人の子どもを育て上げ，今度大学に入るのよ．2人ともハーバードに合格したの．スーザン：うーん，あそこもいい学校ですね．バーバラ：ありがとう．そういうわけで，この家ではオリバーと私だけしか暮らさないのよ〔anyway との共起に注意〕（話題終結）．

【解説 14：会話の冒頭の so】 一連の会話の冒頭で so を用いて，聞き手を会話の場面に引き込む際に用いられる：BUD: *So* what do you see in this? DARIEN: Purity. Innocence. —*Wall*［映］（絵を見つめているダリアンに近づいて）バッド：で，この絵，どう思う？ ダリアン：純粋．潔白ってとこかな．

【解説 15：新しい話題の導入】 so により聞き手の注目を喚起して新しい話題を導入する．特に話し手が目下興味のある話題を導入し，しばしば疑問文で用いられる［*MED*²］：JANE: Hey, everybody. In case you haven't already read, I have been to my fair share of weddings. *So*, to start things off I thought you should all know the truth about Tess and George. —*Dresses*［映］（テスの結婚式のスピーチ）ジェーン：こんにちは，皆さん．新聞を読んでいないといけないので申し上げておきますが，私はこれまでいろいろな結婚式に出席してきました．さて，まず，皆さんにテスとジョージの真実を知っていただきたいと思います〔to start things off との共起に注意〕（⇒ 用例第2例）．oh との違いは（⇒ OH【関連事項（iii）】）．

【解説 16：本題への回帰】 本題から脱線したり，関連のない話や他の議論をしたりした後で，話し手にとって重要な話題を持ち出すことを合図する．通例 so で導入される話題は話し手があらかじめ持ち出そうと考えていたものがくる．so の後に休止が置かれ，下降調になる［Bolden 2009; Ball, p. 99; *MED*²］：BUD: It's a very nice club, Mr. Gekko. GEKKO: Yeah. [⋯] I just go on the board of the Bronx Zoo. It cost me a mil. That's the thing you gotta remember about WASPs. They love animals, but they can't stand people. BUD: Uh, Mr. Gekko? [clears throat] *So* we took a little loss today. Uh, we got stopped out on Terafly. About a hundred grand. —*Wall*［映］バッド：とてもいいクラブですね，ゲッコーさん．

ゲッコー：ああ．[…] ついこないだブロンクス動物園の役員になったんだ．100 万ドルかかったよ．ワスプ［アングロサクソン系白人新教徒］の連中のことで覚えておくべきことがある．彼らは動物は大好きだが，人間嫌いなんだよ．バッド：そのう，ゲッコーさん？（咳払いをして）ところで，今日，少し損をしました．そのう，テラフライ（社名）で損切りはしたんですが．10 万ドルほど．

【解説 17：you see との共起】 次例では，you see と共に用いて聞き手の注意を喚起している：BEXTRUM: Rather extraordinary due to overbooking and understaffing we've decided to accelerate your application. PAULA: And move you directly into management after the six-week training. BEXTRUM: With the proviso of course that you pass the practical exam and fulfill each requirement for every station. *So you see*, Miss Ventura, sometimes when life shuts one door, it opens a window. So jump. —*Maid*［映］ベクストラム：特別な措置だが，オーバーブッキングと人手不足のために，君の（管理職への）登用を早めることになった．ポーラ：それで，6 週間の訓練の後すぐにマネージメント部署に異動してもらいます．ベクストラム：もちろん実地試験に通って，各部署で全ての必要条件を満たす前提だ．さあ，いいですか，ベンチュラさん，時に人生では 1 つのドアが閉まると窓が開くものです．だから飛んでみなさい．you see の詳細は（⇒ YOU SEE）．

【解説 18：let's 構文や命令文での使用】 話題を切り替える際に，しばしば次の行動を促す let's 構文や命令文で用いられる："We don't know what he used to kill Sandy." "Oh." "*So*, look at his right hand. Most people are right-handed. It would probably be there." —Margolin, *Man*「彼がサンディーを殺すのに何を使ったかはまだ分からない」「ええ」「それじゃ，右手を見てみろ．たいていの人は右利きだ．たぶん凶器はそこにあるはずだ」/ "[…] I am going to trust that the Grail has found me for a reason, and when the time comes, I will know what to do." Both of them looked startled. "*So* then," she said, monitoring to the rosewood box. "*Let's* move on." —Brown, *Code*（重大な決断を迫られて）「[…] 何らかの理由で聖杯のほうが私を見つけ出したと信じてみることにするわ．それで，しかるべき時が来れば，どうすべきか分かるわ」（それを聞いた）2 人とも驚いた表情をした．「ということでじゃあ」と彼女は言って，紫檀の箱を指して言った．「先へ進みましょう」〔then との共起に注意〕（⇒ 用例第 3 例）

【解説 19：発言権の獲得】 so は会話の順番取りと関わり，先に So と言った者が会話を続行する意思を示して発言権を獲得できる："Hi." "Hello. You surprised me.” “Sorry.” “No. Good. I mean, it’s ok. *So*. How are you?” —Harper, *Love*「やあ」「こんにちは．驚いたわ」「ごめん」「いえ，いいわよ．つまり，別に構わないってことよ．で，元気なの？」/ It was Molly who finally took the initiative. “*So*,” she said, offering her hand. “It’s good to see you again.” —Harper, *Love* ついに主導権を取ったのはモリーだった．手を差し出しながら「さて，またお会いできて嬉しいわ」と彼女は言った．

次のやりとりでは，so で発言権を得た後すぐに話を切り出さないので，聞き手も so で応じ，発話を促していることに注意：“*So*,” she said, shrugging and still smiling. “*So*.” The smile died. “Today I want to talk about him.” —Kellerman, *Self-Defence*「それで」と彼女は言ったが，肩をすくめて依然として微笑んでいた．「それで」微笑みが消えた．「今日は彼のことについて話したいと思います」(⇒【関連事項② (i)】).

【解説 20：会話のつなぎ】 それまで話されていた話題に一段落をつけ，すぐに別の話題を始める唐突さを避け，so で話をつなぎつつ会話を進めていく場合がある［Bolden 2009, p. 990］：MARISA: Okay. Oh, cool. I won’t get dirty. Oh, Lord! I almost sat on your face. Right there. CHRIS: *So*, um, Ty seems like a terrific kid. —*Maid*［映］(公園のベンチに雑誌を置いて座ろうとするが，表紙にはクリスの写真が載っている場面) マリサ：さてと．これでとってもいいわ．汚れたくないもの．まあ，何てこと！ もう少しであなたの顔の上に座るところだったわ．ちょうどここの所に．クリス：ところで，えー，(君の息子の) タイはいい子のようだね〔um との共起に注意〕.

なお，前の話題が終了した後，沈黙が生じたり相手が uh, yeh などと口ごもりの反応を示したりした時に，応答表現として so が単独で用いられることがある．この場合，話し手が相手に何らかの行動を起こすよう促す気持ちが示されることがある［Raymond, pp. 192–93］(⇒【解説 12】,【関連事項② (i)】).

【解説 21：anyway との共起】 同様の機能を持つ anyway としばしば共起し，それていた話を元に戻していよいよ本題に入ることを示し，「とにかく；それはそうとして」の意で，話し手が本当に言いたいことを切り出す合図となる：Sarah pulled her coat on, making sloppy job of it. One corner of her collar was tucked inside. “*So anyway*,” she said. “this is what I wanted to tell you: I’m having John Albright send you a letter.” —Tyler, *Tourist* サラはだらしなくコートをはおった．片方の襟が内側に折り込まれていた．「それでとにかく，私があなたに言いたかったのはこのことよ．今，(弁護士の) ジョン・オルブライトにあなたへの手紙を送ってもらうよう手はずを整えているところなの」と彼女は言った (⇒

用例第 4 例).

なお, so と anyway が共起する場合に, *So* who was in the car, *anyway*? のように, anyway がコンマを伴い疑問文の後に置かれることもある [Schourup & Waida, pp. 44, 48]. anyway の詳細は (⇒ ANYWAY 用法 2, 【解説 4, 6】).

【解説 22: 会話終了の合図】 一連の会話の切り上げの合図として用いられる. so が本来は結論を提示する機能を持つことから, その機能が大きな談話単位で作用して, 結論がその会話, あるいはその場面のまとめとなり, 会話の切り上げの合図になる [松尾 1993, p. 201]: "*So* that's it," Vincent Lord concluded ten minutes later. —Hailey, *Medicine*「さて, 僕の言いたいことはこれで全部です」ビンセント・ロードは 10 分後に話を終えた / MARISA: Lily? We're here. LILY: Hey. Are you gonna keep me company today, Ty? Yeah? MARISA: Yeah. Now, he's got books and puzzles and all kinds of fun stuff. Right, baby? (to Lily) I'm on twenty-two if you need me, okay? LILY: Okay. MARISA: *So* I'll see you at lunch time. You all right? TY: I'm cool. —*Maid* [映] マリサ: リリー? 来たわよ. リリー: こんにちは. 今日は私と付き合ってね, タイ? ね? マリサ: ええ. で, タイは本やパズルやいろんな遊び道具を持って来てるの. いいわね, タイ? (リリーに) 何かあったら 22 階にいるから, よろしくね. リリー: いいわよ. マリサ: じゃあ, お昼ご飯で会いましょう. 2 人とも大丈夫? タイ: へっちゃらさ.

関連事項

① **関連表現** (i) so と therefore: 結果や推論による結論を表す so は therefore のくだけた形として交換可能であるが, therefore を用いる場合には通例論理的な因果関係が示され, 交換できない場合があることに注意. 次例では, B は A の発話から論理的に導かれる結論を述べているのではなく, ミーティングに行かないという A の意思を推測しているだけなので, therefore を用いると不自然になる [Blakemore 2002, pp. 161–62]: A: I'm just going to have a cup of coffee. B: *So* / ?*Therefore* you're not going to the meeting? A: コーヒーを 1 杯飲もうかな. B: ということは, ミーティングには行かないってことなんだ.

また, so は先行発話がなくても用いられるが, therefore は通例先行発話を必要とし, 談話の冒頭で用いるのは容認度が下がる [Blakemore 1988, p. 189]: *So* / ?*Therefore*, you've spent all your money. (山のような包みを抱えて帰宅した相手の姿を見て) ということは, 有り金全部使ってしまったんだ (⇒【解説 2】).

なお, therefore は堅い語で, 次のようなくだけた言い方となる単独用法は通例不自然となる [Blakemore 1992, p. 139]: A: Your clothes smell of perfume. B: ?*Therefore* (*what*)?

(ii) consequently:「その結果，したがって，それゆえ」の意で，先述したことから論理的に引き出せる事柄や，先述されたことが原因で起こる出来事や生じる状態を述べる．堅い言い方で，通例文頭で用いられる［Swan[3], p. 157; *Activator*[2]］: The book has no narrator or main character. *Consequently*, it lacks a traditional plot. —*LAAD* その本には語り手も主人公もいない．それゆえ，伝統的な意味でのプロットがない．

(iii) as a result:「結果として」の意で，先述した事柄や状態から生じる結果を述べる．通例文頭，ときに文尾で用いられる［Carter & McCarthy, p. 258; *COB*(*G*)[2], p. 423］: Modern technology has changed the way journalists cover the news. Information now spreads quickly because of the Internet computer system and satellite television. *As a result*, public opinion has changed about what news is and how reporters do their jobs. —*VOA*, 13 Feb. 2007 現代の科学技術によって，ジャーナリストがニュースを伝える方法が変わってきた．インターネットのシステムや衛星テレビを使って，今や情報はあっという間に広まる．その結果，ニュースとは何か，記者はどのように仕事をすべきかについての世論も変わってきた．

(iv) in [as a] consequence:「その結果，したがって」の意で，先述した事柄や状態から生じる結果を述べる．堅い言い方で，話し言葉より書き言葉で多く用いられる［Carter & McCarthy, p. 594; Eastwood, p. 326; Ball, p. 60］: We got stuck in traffic, and *as a consequence*, we missed the movie. —*NTC's AELD* 私達は渋滞に巻き込まれた．そしてその結果，その映画を見損なった．

② **日英語比較** (i) 話し手の態度を表す「だから」:「だから」には原因—結果という論理的な関係を表す機能の他に，聞き手の注意を引いて「分かってよ，聞いてよ」という話し手の感情や発話態度を表す機能がある．また，「だから」以下に「というんです，いったでしょう」などの遂行動詞を付加して，発話行為自体を明示する用法がある．この場合，文尾に「でしょ」を伴って，話し手の不満や苛立ち，不快感などを表す．さらに，「だから」は相手の発話を聞いた時点で話し手の判断の根拠が裏付けられた結果を述べ，同時に聞き手に確認する場合に用いられる．その際，確認を表す終助詞「ね」や，新情報をマークする「なるほど」が用いられることがある: A: あの人たち，夏休みに 3 週間も沖縄に行っていたんだって．B: なるほど，だから，真っ黒に日焼けしているんだね．—劉［劉, p. 130; メイナード, p. 316; 山本, p. 193; 岡本 & 多門, p. 57］．

萩原 (2012) においても，「だから」の持つ判断の主観性や感情を示す機能が分析され，話し手なりの論理が成立していれば使用可能で，説明という言語行為のために用いられるが，相手に説明を求める場合にも用いられることが指摘されている．さらに，対人関係調整機能として，相手の認識にアピールする機能（理解の確認，提案・アドバイスなど）と，心にアピールする機能（何度も説明してきたのにという怒り・苛立ちなどの気持ち，共鳴・同調を求めるなど）がある．また，発話コントロール機能として，ターンの取得・保持・譲渡を認めており，so との共通点が見られる（⇒【解説 12, 13, 19, 20】）.

(ii) 非言語的文脈から導き出される推論結果を表す用法：so と同様に，「だから」も具体的な発話ではなく発話が行われる状況に基づいて導き出される推論結果を述べることができる：（町の病院の前）だから病院はいやなんだよ，こんなおおげさに包帯なんか巻いちゃってさ［劉, p. 130］（⇒【解説 5】）.

(iii)「だから」と「それで」：両語は交換可能な場合があるが，用いる語によってニュアンスが異なる場合もある．たとえば，発表を終えた学生に教授が「だから / それで，君の結論は（いったい）何なのか？」と言った場合，「だから」では「君の発表は馬鹿げている」というような皮肉なニュアンスが伝わり，学生は答えを続けることが困難になる．一方「それで」は単なる質問で，学生は教授の問いに答えることができる．英語の So what? は「だから」に通じるところがある［以上，Sasamoto, p. 130］（⇒【解説 12, 13】）.　（松尾）

4 間投詞表現

ah

概　説

この語は元来，何らかの刺激に対する驚きや喜びなどの感情が起こった時に人が自然に発する声の反応だったものが，間投詞としてそのような感情を表すために用いられるようになった．基本的には，「たった今受け取った（外的・内的）情報が話し手の頭の中でそれまで考えていたこととつながった，またその結果理解した，納得した，思い出した」という話し手の心的態度を表すために用いられ，発話の文脈の中でさまざまな感情を表す．

談話標識 ah はさらに幅広く用いられ，話し手の心的態度を先に伝えておくことによって，そのような文脈で後続する発話を解釈するよう聞き手を導く．つまり，ah 以下で導入される話の内容は，たった今受け取った情報が話し手の頭の中でそれまで考えていたこととつながった結果生まれたものであることを強調する機能を持ち，言いたいことをより自然にさりげなく伝える表現効果がある．

ターンの冒頭で用いられ，「ああ（そうか，そうだ）」の意で，その状況で突然気づいた相手に伝えるべきことを導入し，喜びや安堵の気持ちを表すほか，申し出をしたり，話題を変えたりする際の前置き表現として相手に対する気遣いを示すこともある（⇒ 用法 1）．

相手の発話（あるいは，相手から得られる何らかの情報）を受けて発される場合は，「ああ（なるほど）」の意で，たった今頭の中で何かとつながった結果得られた情報を述べ，話し手の納得や理解を表すと同時に，喜びや安堵感，嫌悪感などが伝えられる（⇒ 用法 2）．

話し手が発話の途中で何かを思い出したり，言い淀んだりする場合には，発話の途中で用いられる（⇒ 用法 3）．

言語使用域としては，くだけた会話で用いられ，英国語法でより頻繁に用いられる．また，変異形として aah が用いられ，音調は通例下降調となる．

［以上，西川 2010; Biber et al., p. 1097; Aijmer 1987, p. 62］

マッピング

用法 1　［ターンの冒頭・文頭］ああ（そうか）（今思い出したことを述べる）

2　［ターンの冒頭・文頭・相手の発話を受けて］ああ（なるほど）（今分かったことを述べる）

3　［ターンの途中・文中］あっ（そうそう）（突然思い出したことを述べたり，思案中であることを示したりする）

話題の切り出し・転換　⇒　解説 3

発話の状況を受ける ⇒ 解説 5
共起する他の談話標識 ⇒ 解説 7, 8
関連事項 関連表現の比較 (i) ah と oh (ii) ah と ahm (iii) ah と uh

各用法の解説

【用法 1】
形式：《文頭》 ターンの冒頭 ***Ah*, S V (O).**
意味：(一連の発話の冒頭で) ああ(そうか，そうだ) [あーあ(また)] (たった今思い出した，思いついた，分かった)，S が (O を) V する(んだ).
解説：一連の発話の冒頭で用いて，ある状況に置かれて，そこでたった今思い出した(思いついた，気づいた)ことを述べる際に用いられる．しばしば喜びや安堵，嫌悪感などを表す．

【用 例】
Ah, there you are. —*OALD*[7] ああ，そこにいたの / *Ah*, that feels good! Now I just wanna die. —Bolinger ああ，いい気持ち！ もういつ死んでもいいわ〔感嘆符に注意〕/ Ed: *Ah*. I have to open a file. —*Erin*［映］ エド：ああ (そうだ)，ファイルを開かなきゃいけないんだ (突然思い出したことを合図) / Jerry: *Ah*, look, I hate to interrupt, but . . . . —*Maid*［映］ ジェリー：ああ，ちょっと，話を中断して悪いんだけど……〔注意を喚起する look との共起に注意〕(垣根言葉の切り出し) / Kevin: *Ah*. I forgot to give you this. It's a gift so you don't have to carry around that crazy Filofax from nineteen eighty seven. —*Dresses*［映］ ケヴィン：ああ，これを渡すの忘れてた．プレゼント．あんな大変な 1987 年製のシステム手帳を持ち歩かなくてすむようにね (突然思い出したことを合図).

【解説 1：喜びや安堵の表明】 たった今得た情報や思い出したことに対する喜びや安堵を表す［Ajimer 1989/1996, p. 64; Bolinger, p. 283; James 1973b］：Tess: Oh! This is so tiny and cute. I love it. *Ah*. Feels so good to be home. Six months away feels like forever. —*Dresses*［映］ テス：あら，とてもこぢんまりしてステキね．気に入ったわ．ああ，やっぱり故郷っていいわね．6 カ月はなれていただけなのにすごく長く感じる.

【解説 2：申し出を切り出す ah】 たった今その申し出をすることを思い出した (思いついた) ことを示す．相手のためになるような申し出をする時には，突然思い出したことを伝えて押しつけがましさを軽減し，相手に対するさりげない思いやりや気遣いを表す：GEORGE: *Ah*, look. I'm gonna go to the bar, get a couple of drinks. You guys need anything. —*Dresses*［映］ジョージ：ああ，そうだ．バーに行って飲み物を取ってくるよ．君たちも何かいるだろう〔注意を喚起する look との共起に注意〕.

【解説 3：話題の切り出しや転換】 言いにくいことを切り出したり急に話題を変えたりする際に，突然思いついたことを強調し，あらかじめ計画していたわけではないことを伝えることで，さりげない配慮を示す：NICK: You have a boyfriend? You're only thirteen years old. ALEX: Am I? I thought I was fifteen. NICK: We're gonna be fine. ALEX: *Ah*, look. I'm gonna meet Cameron. Is it okay if I meet dad back at this place? —*Women*［映］ニック：ボーイフレンドだって？まだ 13 歳じゃないか．アレックス：はあ？ 私はもう 15 歳よ．ニック：楽しくやろうな．アレックス：あっ，そうだ．キャメロンに会うことになっているの．あとでパパのアパートに行くわ〔注意を喚起する look との共起に注意〕(⇒用例第 3, 4 例).

【用法 2】

形式：《文頭》［ターンの冒頭］ **A: 先行発話　B: *Ah*, S V (O).**

意味：(先行発話などからの情報を受けて) ああ[ええっと] (なるほど，そうか，そうだったのか) (たった今分かった，思い出した，納得できた)，S が (O を) V する(んだ).

解説：先行発話や発話の状況などを受けて，たった今分かった (思い出した，納得できた) 情報を述べる際に用いられる．しばしば喜びや安堵，嫌悪感などを表す.

【用　例】

Ah, I see. —*CALD*[2] ああ，なるほどね / WIFE: Well, he has created a monster. He is exactly like him. HUSBAND: *Ah*, here we go again. It's the same old story. —*Sam*［映］妻：ええ，この人が怪物を作り出したんです，あの子はこの人に何もかもそっくり．夫：ああ，また始まった，カビの生えたような同じ話がね (嫌悪感の表明) / "She has the twenty thousand dollars in cash." "What nationality is she?" "American." "*Ah*, that explains it. All rich Americans are crazy, especially their women." —Sheldon, *Tomorrow*「彼女は 2000 ドルを現金で持ってるんです」「彼女の国籍は？」「アメリカ人です」「ああ，それで分かった．金持ちのアメリカ人は皆クレイジーなんですよ．特に女性はね」(納得の合図) / LEOPOLD: I take it you're a career woman. KATE: . . . Yeah. Market research. LEOPOLD: *Ah*. A fine vocation for women . . . research. Perfect for the feminine mind. —*Kate* ［映］ レオポルド：あなたは職業婦人とお見受けします．ケイト：……ええ．マーケットリサーチよ．レオポルド：ああ．女性にはいい職業だ……リサーチね．女性の思考にぴったりだ（賛辞の切り出し）/ "What's the name?" "Sisini, Joan Sisini." He frowned. "Why is that name familiar?" "She was involved in a lawsuit with Taylor Winthrop." "*Ah*, yes. I remember. That was about a year ago." —Sheldon, *Sky*「何て名前だ？」「シシーニ，ジョアン・シシーニ」 彼はまゆをひそめて考えた．「聞いたことがある名前だな」「テイラー・ウィンスロップに訴訟を起こした人よ」「ああ，そうだ．思い出した．1年ほど前だったな」〔yesとの共起に注意〕（相手の発話を受けての思い出し）

【解説 4：伝えられる話し手の態度】 受け取った情報が話し手の良い記憶や想定とつながれば喜びや安堵を，悪い記憶や想定とつながれば嫌悪感などを伝える．話し手が受け取った情報を何かと関連させようと努力していることから，事の重要性や真剣な態度を表すことがある［Nishikawa 2010, pp. 216–17; Aijmer 1989/1996, p. 64; Bolinger, pp. 266, 282–83; James 1973b］："I'm sorry, Jeff. I can't. I'm leaving Spain." "Really?" His voice was filled with regret. "When?" "In a few days." "*Ah*. I'm disappointed." —Sheldon, *Tomorrow*「残念だけど（バルセロナへは）行けないわ，ジェフ．スペインを発つのよ」「本当かい？」 彼はいかにも残念そうに言った．「いつだい？」「2，3日したら」「そうなんだ．がっかりだな」

【解説 5：発話状況を受ける用法】 具体的な発話ではなく，発話の状況から得られる情報を受けて用いられる．次の第1例では依頼人の姿を，第2例では宿泊客の姿を認めて発話している："Come in." She opened the door. "*Ah*, Mrs. Osborne, how nice to see you again. Do have a seat." —Archer, *Kane*（訪問を受けて）「どうぞ」 彼女はドアを開けた．「ああ，オズボーンさん，またお会いできて光栄です．どうぞおかけください」/ The concierge said, "*Ah*, good evening, Baroness. There is a message for you." —Sheldon, *Tomorrow*（客が宿泊先のホテルに戻ってきて）「ああ，お帰りなさいませ，男爵夫人．メッセージがございます」 コンシェルジュが言った．

【解説 6：言い淀み】 相手の発話を受けてどう答えようか迷ったり，適当な言葉が見つからず言い淀んだりしている場合には，長めに引き伸ばして発音する：CONNIE: What's the matter? CHARLIE: *Ah* . . . ! Um . . . ! Ha. CONNIE: What's the matter? —*Mona*［映］コニー：どうしたの？ チャーリー：あの……うーん……は！ コニー：どうしたのよ？（⇒【解説 10】）

【解説 7：well との共起】 言いにくいこと述べる前などに，話し手が少し考えていることを示し，またそうすることで相手への気遣いを表す場合には well と共起可能：TEDDY: What did you do before you took this post? LARRY: *Ah*, *well*, I've done a lot of different things. —*Night*［映］テディ：この仕事に就く前は何をやっていたんだい？ ラリー：ああ，そうですね，いろんなことをたくさんやりました．well の詳細は（⇒ WELL）．

【解説 8：but との共起】 反論する場合には but と共起可能［Aijmer 1987, p. 67］："She is sweet, isn't she? And how have you been lately, Duchess?" Tracy smiled for the benefit of those around them. "That's really none of your concern, is it?" "*Ah*, *but* it is. In fact, I'm concerned enough to give you some friendly advice. Don't try to rob this chateau." —Sheldon, *Tomorrow*「彼女，かわいいだろ？ ところで，最近ご機嫌いかがですか，公爵夫人？」トレーシーは周囲の人たちの手前，一応ほほ笑んだ．「あなたには関係ないことでしょう？」「ああ，ところが大ありなのさ．実はね，友人としてわざわざ忠告しようと思ってるのさ．この城を乗っ取ろうなどと思わんことだな」．but の詳細は（⇒ BUT）．

【用法 3】

形式：《文中》 ターンの途中 　**S, *ah*, V (O), etc.**

意味：（一連の発話の途中で）あっ（そうそう，そうだ）［あのう］（たった今分かった，思い出した），S が（O を）V する（んだけど）．

解説：一連の発話の途中で，突然気づいたり思い出したりしたことを述べる際や，言うべき言葉を探して言い淀んでいることを示す際に用いられる．

【用　例】

A: Who was it that was going to cook Saturday? B: Let's see . . . *ah*, it was Polly! —James 1973b A：土曜日に料理してくれるのは誰だった？ B：えーっと，あっそうだ，ポリーだったね［熟考中であることを示す let's see との共起に注意］/ ERIN: Is there something I can maybe do for you? NICK: No, no. Erin, *ah*, actually I came here to see if there was something I could do for you. —*Women*［映］エリン：何か私にできることありますか？ ニック：いや，そうじゃないんだ．エリン，あっそうそう，実は私がここに来たのは君のために何かできることはないか確かめるためなんだ〔相手の発話内容の修正を表す actually との共起に注意〕（相

手の誤った想定の気づきを合図) / “Hey, Jeff. Who was that?” Jeff looked guilty. “Oh . . . you mean Vernon?” “Yeah. What were you two talking about?” “We . . . *ah* . . .” The others could almost watch Jeff's thought processes as he tried to dodge the question. “I . . . *ah* . . . might write a book about him. He's a very interesting character.” “I didn't know you were a writer.” —Sheldon, *Tomorrow*「やあ，ジェフ．さっきの人 (訪問客) は誰だい ?」 ジェフは決まり悪そうな様子だった．「ああ……バーノンのことかい ?」「そうだ．2 人で何を話してたんだい ?」「それはそのう……」 他の者たちにはジェフがその質問をかわそうと考えをめぐらせている様子がほとんど丸見えだった．「ぼくはそのう……彼の本を書こうかと思ってるんだ．とても興味深い人間だから」「君が作家とは知らなかったな」(言い淀み)

【解説 9：発話の途中で気づいたことを述べる】 一連の発話の途中で気づいたり思い出したりしたことを述べる [Biber et al., p. 1137]．次は，1 つの文が終わってから ah が用いられている例：NICK: Anyway, so call me when you get this, on my cell. Triple five, one, two, two, six. I really need to talk to you. *Ah*, just making sure you're not there. —*Women* [映] ニック：とにかく，これを聞いたらすぐに携帯に電話してくれ．番号は 5 が 3 つに 1226 だ．話さなきゃならないことがあるんだ．そうそう，確認するが君はそこにいないんだよね (⇒ 用例第 1, 2 例)．

【解説 10：発話の途中での言い淀み】 「あのう (何て言ったらいいのか分からないけど)」の意で，頭の中で何かとつながりそうでつながらず，それを模索して言い淀んでいることを示してためらいを表す．通例長く伸ばし平坦な音調を伴って発せられる [Biber et al., p. 1137]：DARCY: Look, I'm *ah* . . . well come on in. I don't have any chairs, but if you want to . . . . —*Women* [映] ダーシー：そうね，あのう，中に入って．椅子はないんだけど，もし話があるのなら……〔ためらいを表す well との共起に注意〕(⇒【解説 6】) (⇒ 用例第 3 例)．

関連事項

関連表現の比較 (i) ah と oh：oh は重要で興味深い情報がたった今話し手の頭の中に入ってきたことを表す．一方，ah は受け取った情報を話し手が理解して，納得したことを表す．また，oh はよりくつろいだ雰囲気で用いられるのに対して，ah は真剣さを含意する [西川 2010; Aijmer 2002, p. 151; James 1973b]．oh の詳細は (⇒ OH)．

(ii) ah と ahm：ahm は ah よりも話し手が考え込んでいるニュアンスが感じられる：MIA: Are you going to get me something? HARRY: *Ahm* . . . I don't know

. . . I hadn't thought. —*Love*［映］ミア：私に何か買ってくれるの？ ハリー：うーん……分からない……考えてなかったよ.

(iii) ah と uh：uh はたった今何らかの情報が話し手の頭の中に入ってきたことを表す．uh の詳細は (⇒ UH).　(西川)

huh

概　説

この語は，子音 /h/ と中間的母音 /ʌ/ または /ə/ からなる間投詞で，基本的には受け取ったばかりの情報が非常に興味深いものであることを示すが，話し手の怒り，不同意，嫌悪感ややりきれない気持ちを示すために用いられる．/h/ という強い呼吸音には，受け取った情報に関して何かを強調する効果がある．一方で，この音は嫌な思いをした時に鼻や口を通して体の中から息を吐き出すことによって作られることから，嫌悪感を表す．さらに，疲れた時や退屈した時，あきれた時にも息を吐き出すことから，話し手がそのような状態にあることを示すこともある.

談話標識 huh は，話し手がこうした心的状態にあることを示して，後続発話に対する聞き手の解釈を制約するために用いられる.「へえっ，はあっ」の意で文頭で用いられ，相手の発話内容に対する強い疑念・不快感などを表しつつ，自分の意見を導入する (⇒ 用法 1).

「……だよね (たしか)」の意で上昇調の音調を伴い付加疑問として文尾で用いられ，主発話で述べたことを確認したり，相手に同意を求めたりする機能もある (⇒ 用法 2).

言語使用域としては，特に付加疑問の用法は主に米国語法の話し言葉で用いられることが多い.

［以上，Nishikawa 2010, pp. 11–14; Wierzbicka, pp. 178–79; Bolinger, pp. 264–65；Biber et al., p. 1097; Celce-Murcia & Larsen-Freeman[2], p. 261; Wilson & Sperber 1993, p. 22; *OALD*[7]; *LD*[4]; *CALD*[2]］

マッピング

用法 1　［ターンの冒頭・文頭］へえっ
　（先行発話を受けて，不同意・不快感の表明）

2　［文尾・疑問形で］〜だよね（確認する・同意を求める）

共起する他の談話標識　⇒　解説 4

関連事項　関連表現の比較　huh と eh

各用法の解説

【用法 1】
形式:《文頭》ターンの冒頭　**A: 先行発話　B: *Huh*(!) S V (O).**
意味:(先行発話を受けて) へえっ [ええっ, はあっ] (!) (あまり同意できませんが), S が (O を) V する(んだね).
解説: 先行発話を受けて, それに対する不同意・不快感などを表す際に用いられる.

【用　例】
Huh! Is that all you've done? —*OALD*[7] ええっ, それだけしかできてないの? / "She looks nice." "*Huh*! Too much make-up, if you ask me." —*LD*[4]「彼女素敵だね」「ええっ! 化粧が濃すぎるんじゃない」/ NICK: I mean, to your mind, who's your whale? Um . . . Nike? Women's division? DARCY: You heard they were shopping? NICK: I got wind of it. DARCY: *Huh*. That's amazing. I heard no one knew. —*Women* [映] ニック: つまり, 鯨ほどの獲物はどこなんだ? ああ……ナイキの女性部門かな? ダーシー: ナイキが新しい代理店を探しているのを知ってたの? ニック: うわさを聞いただけだけどね. ダーシー: へっ, それは不思議ね. 誰も知らないはずなんだけど (不快感の表明).

【解説 1: 興味深さの表明】 受け取ったばかりの情報に対する話し手の興味深さを伴った強い驚きやあきれた気持ちが表される [Biber et al., p. 1097; Celce-Murcia & Larsen-Freeman[2], p. 261; Wilson & Sperber 1993, p. 22]: NICK: You get them here in two weeks. I'll be ready. DARCY (Her thought): *Huh*, this guy's kind of exciting. —*Women* [映] ニック: 2 週間後に彼らと会議をする. それまでに準備しよう. ダーシー: (心の中で) へえっ, なかなかやるわね.

【解説 2: ユーモラスな態度表明】 ユーモラスに不同意を表す: KEVIN: There's, there's a, there's a lot more to her than that. MAUREEN: *Huh*! If I didn't know you any better I would say that you'd developed a little crush. —*Dresses* [映] ケビン: 彼女は, つまり, 何かそれ以上のものを持ってるんです. モリーン: へえっ! あなたをよく知らなかったら, (彼女を) 好きになったかと思っちゃうわ.

【用法 2】
形式：**《文尾》S V (O), *huh?***
意味：(確か) S が (O を) V するんだよね(それであってる？), V するのかなあ(そうは思えないけど).
解説：主発話で述べたことを確認したり，相手に同意を求めたりする際に用いられる.

【用　例】
So you won't be coming tonight, *huh*? —*OALD*[7] ってことは，今夜は来ないってこと？［相手の発言意図を尋ねる so との共起に注意］/ Pretty cool, *huh*? —*CALD*[2] 結構いけるよね / CARL: God, this place looks great. SAM: Yeah. MOLLY: You like it, *huh*? —*Ghost*［映］(新しく引っ越してきた部屋を片付けながら) カール：すごい. 見違えたよ. サム：だろ. モリー：気に入った？(相手の気持ちの確認) / He was staring at her. "Wait a minute! You're Dana Evans. I'm a big fan of yours. I watch you on WTN every night, and I saw all your broadcasts from Yugoslavia." His voice was filled with enthusiasm. "It must have been really exciting for you, covering that war, *huh*?" —Sheldon, *Sky* 彼は彼女をじっと見つめていた.「ちょっと待った. ダナ・エバンスじゃないのか. あなたの番組の大ファンなんだよ. 毎晩 WTN で見てるよ. ユーゴスラビアからの放送も全部見たよ」 彼は熱っぽく語った.「きっとすごい経験だったんだろうな，あの戦争を担当するなんてね」［主発話で must (……に違いない) が用いられ話者の確信を表している］(同意を求める)

【解説 3：音調】 主発話で述べたことを確認したり，相手の同意を求めたりする付加疑問的な機能を果たす. この場合，音調は上昇調になる［Biber et al., p. 1097; Celce-Murcia & Larsen-Freeman[2], p. 261; Wilson & Sperber 1993, p. 22］: Oh hi, you're Brent's, you're Brent's older sister, *huh*? Your brother's so cool. —Biber et al. あら，こんにちは，あなたはブレントの，ブレントの姉さんでしょ？弟さんかっこいいわね.

【解説 4：so との共起】 推論結果を表す so が文頭で用いられることがある. so 以下で相手の発言意図を推測して述べ，さらにそれを確認したり，相手に同意を求めたりする：*So* you're a runner, *huh*? —*COB*[5] ということは，君はランナーだってことだね？(⇒ 用例第 1 例). so の詳細は (⇒ so).

【解説 5：皮肉的な用法】 独特の音調を伴うと，話し手がそうは思っていないという皮肉の含意が生じる［Wilson & Sperber 1993, p. 22］: Peter's a genius, *huh*! —Wilson & Sperber 1993 ピーターが天才ねえ（そうは思えないけど）/ HARRY: So, I'm some great date, *huh*? MARIN: Yeah . . . Mr Excitement. —*Something's*［映］ハリー：さて，私はとんだデートの相手だよね．マリン：ええ……お騒がせやさん．

【解説 6：疑問文での使用】 疑問文の文尾で用いられて，強い念押しの気持ちを表す：LARRY: Now, listen, guys. What is your problem, *huh*? Why can't you just get along? —*Night*［映］ラリー：いいか，よく聞け．問題は何なんだ，えっ？なぜ仲良くできないんだ？

関連事項

関連表現の比較 huh と eh：huh は米国語法で，eh はもっぱら英国語法で用いられる．特にカナダ英語では，しばしば eh は言明・質問に続き，繰り返して用いられる．付加疑問の eh はカナダ英語では通例 /ey/ と発音される［Algeo, p. 302; Biber et al., pp. 1097, 1089; Celce-Murcia & Larsen-Freeman[2], pp. 261, 270］: Eileen rushed forward and took Dana in her arms. "Dana, darling! And there's Kimbal!" "Mother . . ." Peter Thomkins said, "So this is the famous Dana Evans, *eh*?" —Sheldon, *Sky* アイリーンは飛び出して来るとダナを抱きしめた．「ダナ！ それとキンバルも！」「お母さん……（キンバルじゃなくてケマルなのよ）」ピーター・トムキンズが言った．「なるほど，これがかの有名なダナ・エバンスかい？」〔推論結果を導く so との共起に注意〕 （西川）

look

概　説

この語は元来，「（何かを見るために）意図的にある方向に目を向ける」の意の知覚動詞である．さらに，人や物事についての話し手の見方や観察を述べる用法があり，「（人や物事などが）ある様子を表している；ある外観を呈している」の意で用いられる．このように，look は元来は話し手の視覚による認識に関する語である．

談話標識 look は，こうした動詞の基本的意味が認識そのものに焦点を当てることによって元来の「見る」の意が薄れ，意図的に聞き手の注意を今から話し手が述べようとしていることに向けさせるために用いられる．これから述べる情報が聞き手の想定外であることを認識した話し手が，意図的に聞き手の今の視点を別の特定の方向に向けさせて注意を促すことにより，効率的に後続発話を解釈させ，かつ，その内容が重要，または興味深いものであることを示す機能を持つ．

元来，動詞 look の命令形 Look (here). から生まれた用法で，「こっち (へ視線を移して) を見て」が文字通りの意味である．したがって，「ねえ，あのう，ちょっと」の意で通例文頭で用いられ，さまざまな呼びかけ語と共起する．相手の発話を受けて自分の意見を述べる時に用いられ，ひと呼吸置くと共に，聞き手の注意を後続発話に向けさせる機能を持つ (⇒ 用法 1)．また，談話の冒頭で今から述べる内容に相手の注意を向けさせて理解を促す機能もある (⇒【解説 7】)．さらに，look は発話時点での相手の視点を意図的に別の特定の方向に向けさせる機能を持つことから，新しい話題を導入する時にも用いられる (⇒【解説 3】)．

一連の発話の途中で大切な内容を導入する際に，「あのね，ちょっと，いいかい」の意で改めて相手の注意を喚起する機能がある (⇒ 用法 2)．

言語使用域としては，もっぱらくだけた話し言葉で用いられ，あらたまった会話では用いられない．

[以上，西川 2010; 小西 1980, pp. 889–90; Carter & McCarthy, pp. 218–19; Biber et al., pp. 1118–19; *LD*[4]; *MED*[2]; *LAAD*; *COB*[5]; *OALD*[7]; *CALD*[2]]

マッピング

用法 1　[ターンの冒頭・文頭] あのね，いいこと (注意喚起)
2　[ターンの途中・文頭・文中] あのね，ちょっといいかい (注意喚起)
会話の終了・話題転換　⇒　解説 3, 8
共起する他の談話標識　⇒　解説 6, 9, 11
関連事項　関連表現　listen

各用法の解説

【用法 1】

形式：《文頭》 ターンの冒頭 　**A: 先行発話　B: *Look*(,) S V (O).**

意味：(先行発話を受けて) あのね[いいこと，ねえ，あの] (あなたは気づいて[そう思って]いないかもしれないけれど)，S が (O を) V する．

解説：先行発話を受けて，聞き手の注意を喚起し，自分の見解を述べる際に用いられる．

【用　例】

Look, I've already told you it's not possible. —*CALD*[2]　ほらね，無理だって言っ

たでしょ / Erin: Isn't it funny some people go out of their way to help people and others just fire them? Ed: *Look*, I'm sorry. You were gone. I just assumed you were off having fun. —*Erin* [映] エリン：人助けに走り回っている人間がいる一方で，そんな人間をクビにするなんて変じゃない？ エド：いやはや，本当にすまなかった．君は出たっきりいなくなったんで，てっきり遊びに出てしまったと思ってたんだ（謝罪の切り出し）/ Lydia: Mrs. Doubtfire? Daniel: Lydia, dear, get back inside right now before you freeze. Lydia: *Look* . . . just want to apologize for being such a pain today. Daniel: Oh, dear, it's all right. —*Doubtfire* [映] リディア：ダウトファイアさん？ ダニエル：リディア，いい子だから体が冷える前に中にお入りなさい．リディア：あのう……今日あんなに意地悪したのを謝りたくて．ダニエル：まあ，そんな，いいのよ（謝罪の切り出し）/ Erica: Oh God. What is this? Okay, you stay right where you are. We have a knife. Harry: Do you . . . live here? Erica: *Look*, Mister, I'm gonna dial 911 and you're not gonna move. Zoe, hand me the phone. Harry: You don't understand. I'm a friend of your daughter's. —*Something's* [映] エリカ：おお，いったい何事？ いいこと，動かないで．ナイフがあるんだから．ハリー：ここに……お住まいで？ エリカ：いいこと，あなた．110 番に電話するから動かないで．ゾーイ，受話器貸して．ハリー：誤解です．私はあなたのお嬢さんの友達です〔呼びかけ語との共起に注意〕(指示の切り出し).

【解説 1：真剣な態度の表明】 相手の発話を受けて聞き手の注意を喚起し，自分の見解を述べる．非常に重要な内容を導入する場合に，look を使うことによって今から述べようとしていることは極めて重要なのでしっかり聞いて欲しいということを強調して，話し手の真剣な態度を表す［西川 2010; Carter & McCarthy, pp. 218–19; Biber et al., pp. 1118–19］：Jane: He's cleaning the apartment. Tess: *Look*, don't tell George. It's Pedro and my little secret, okay? —*Dresses* [映] ジェーン：彼がアパートの掃除をしているのね．テス：ねえ，ジョージには言わないでね．ペドロと私だけの秘密なの，いい？ (⇒【解説 10】)

【解説 2：苛立ちの表明】 相手が思い通りに動いてくれない状況では，苛立ちが表される：Harry: *Look*, actually, I don't need a bag — I can just put it in my pocket. —*Love* [映] ハリー：あのねえ，実際の話，私は袋なんかいらないんだけど……ポケットに入るから〔予想外のことを表す actually との共起に注意〕/ Will: Marcus, *look*, I'm sorry, mate. I'm um . . . a bit busy at the moment. —*Boy* [映]（まとわりついて来る子どもに向かって）ウィル：マーカス，いいかい，すまないけど……今，ちょっと忙しいんだ〔呼びかけ語との共起に注意〕.

依頼や命令を表す発話が後続する場合には，その内容に相手の注意を向けさせると同時に苛立ちが示され，相手を急かす機能を持つ：Rufus: Just pop it in the box . . . there. Harry: *Look*, could we be quite quick? Rufus: Certainly, sir. Ready in the flashiest of flashes. —*Love*［映］ルーファス：箱に放り込んで……ほら．ハリー：あの，少し急いでくれるかい．ルーファス：承知いたしました．急いでご用意いたします（⇒【解説 13】）．

【解説 3：会話の終了・話題の転換】 会話を打ち切りたい，その話を続けたくない場合，また相手の意に反して新しい話題を導入する場合に戦略的に用いられる：Alex: *Look*, I'm supposed to meet my friends. So, I'm gonna go, okay? —*Women*［映］アレックス：そうだ，友だちに会うことになってるの．だから私，もう行くわ / George: If you need help with them, I could do that. Erin: I'm not leaving my kids with you. George: Why? Erin: I don't even know you. George: Well, what do you want to know? Ask me. Erin: *Look*, thanks for today. George: You're welcome. It was my pleasure. —*Erin*［映］ジョージ：もし助けが要るようなら，僕が子守をしてもいいよ．エリン：あなたに子どもたちを預けられないわ．ジョージ：どうして？ エリン：だってあなたのこと何も知らないんですもの．ジョージ：なるほど，何が知りたいの？ 聞いてくれよ．エリン：そうそう，今日は本当にありがとう．ジョージ：どういたしまして（⇒【解説 8】）．

【解説 4：説得的な意味の切り出し】 自分の意見を強く主張することによって相手を説得する：Erin: Please don't ask me to give it up. George: What about what your kids are giving up? Erin: *Look*, I'm doing more for my kids now than I did living with my parents. One day they'll understand that. —*Erin*［映］エリン：お願いだから仕事をあきらめろなんて言わないで．ジョージ：じゃあ子どもたちに親をあきらめろと言うの？ エリン：いい，私は両親と暮らしていた頃よりずっと子どもたちのために頑張っているのよ．いつかあの子たちも分かってくれるわ（⇒【解説 12】）．

【解説 5：反論の表明】 相手に対して強く異を唱える場合に用いられ，しばしば苛立ちを表す：Carl: Come on Mol. Just for a walk. It'd be good for you to get out. Molly: I don't want to. Carl: Molly, you can't stay in here all day. It's not healthy for you. Molly: *Look*, Carl, I can't do it. —*Ghost*［映］カール：モル，ちょっと散歩に行かないか．外の空気を吸ったほうがいいよ．モリー：行きたくないわ．カール：モリー，一日中家の中じゃ体に悪いよ．モリー：ねえ，カール，そんな気になれないの〔呼びかけ語との共起に注意〕．

【解説 6：謝罪の表明】 謝罪したり言い出しにくい話を切り出したりする場合に用いられる：STUART: *Look*. I'm sorry. I have to go. You'll get your pilot in the morning. —*Kate*［映］スチュワート：いいかい．ごめん．もう（電話を）切るよ．君のパイロットは，朝返すからね / JOHN: *Look*, ahm . . . sorry for being a bit forward, but you don't fancy going for a Christmas drink, you know, nothing implied. —*Love*［映］ジョン：ねえ，あの……ちょっとずうずうしすぎるかもしれないけど，クリスマス祝いに 1 杯やる気はないかい，特に意味はないんだけど〔ahm との共起に注意〕（注意を引いておきながら，言い出しにくい）（⇒ 用例第 3 例）．

このような場合少し考えてから意見を述べるので，ためらいや言い淀みを表す well と共起可能：KEVIN: Ah, *well look*, I wanna make it up to you, okay? How about a new datebook or maybe just a date? —*Dresses*［映］ケビン：ああ，ところでさ，埋め合わせをさせてもらいたいんだけど，いいかな？ 新しいスケジュール帳をあげようか，それともデートする？

well の詳細については（⇒ WELL）．

【解説 7：談話の冒頭の look】 談話の冒頭で，聞き手の注意を喚起して後続発話で述べる内容を十分理解するように促す：GEORGE: Hey, Jane. *Look*. By the way did you get that thing I left on your desk this morning? JANE: O-On my desk? —*Dresses*［映］（ジェーンの方へやって来て）ジョージ：やあ，ジェーン．ねえ．ところで，今朝君のデスクに置いといたあれ，見たかい？ ジェーン：私のデスクに？〔Hey，呼びかけ語との共起に注意〕

【用法 2】
形式：**《文頭・文中》** **ターンの途中**　***Look*(,) S V (O), etc.**
意味：（一連の発話の途中で）あのね［ねえ，ちょっといいかい］（きちんと聞いて欲しいんだ）．
解説：一連の発話の途中で聞き手の注意を喚起して，重要な見解を述べる際に用いられる．

【用　例】
"Oh, God, don't ever try to play poker. You sound awful." "That's how I feel. Jeff, I feel so guilty." "I thought you would. *Look*, you haven't done anything." —Steel, *Wedding*「おお，ポーカーなんかしないでくれ．ひどい声だね」「そうなの．ジェフ，とても罪悪感を感じてるの」「そうじゃないかなと思ってたよ．いいかい，君は何もしてないんだから」（相手をなだめる）/ ODA MAE: I don't know you. I don't

know this guy, Sam. But let me tell you what he did to me. He kept me up all night singing "I'm Henry the Eighth, I Am." MOLLY: That's how he got me to go out with him. *Look*, I, I'm sorry. I just . . . just don't believe in this life after death stuff. —*Ghost* [映] オダ・メイ：私はあなたを知らないわ．私はこの男性，サムのことも知らない．でも彼が私に何をしたかを言わせて．夜通し『ヘンリー 8 世』を歌って私を寝させてくれなかったのよ．モリー：その方法で私に彼とつき合うように仕向けたのよ．ねえ，本当にごめんなさい．私ったら，死後の世界なんて信じられなくって (謝罪の切り出し) / ERICA: Well, this was fun. And it was so great to see you. Honest. HARRY: So . . . It was great to see you. *Look* . . . Erica, if you ever . . . . ERICA: No. Take care of yourself, Harry. —*Something's* [映] (夕食を終えた後で) エリカ：じゃあ，今日は楽しかったわ．それに会えて本当に嬉しかった．本当よ．ハリー：じゃ……会えてよかったよ．あのう……エリカ，もしも……．エリカ：だめ．元気でね，ハリー (話題の転換)．

【解説 8：話題の転換】 一連の発話の途中で話題を転換する：MARTY: Hey, George, buddy, you weren't at school. What have you been doin' all day? GEORGE: I overslept. *Look*, I need your help. I have to ask Lorraine out, but I don't know how to do it! —*Future* [映] マーティ：やあ，ジョージ，おまえ，学校休んだだろ．今日一日何してたんだ？ ジョージ：寝過ごしたんだ．ねえ，助けてよ．ロレインを誘わなきゃいけないんだけど，どうやったらいいか分からないんだ (⇒ 用例第 3 例；【解説 3】)．

【解説 9：now との共起】 話題を次の段階に進める場合 now が共起し，話し手が今から述べることに聞き手の注意を向けさせる：RECRUITER 3: I know you've had a lot of offers. But did you know for example, that we have a hundred and twenty-seven clients that are Fortune five hundred companies? *Now*, *look*, we'll offer you seventy-four-thousand. —*Firm* [映] (法律事務所のスカウトがハーバード大学生のもとにやって来て) スカウト 3：たくさん誘いを受けていることとは思います．しかし，たとえば，『フォーチュン』誌が選ぶ 500 社に私たちのクライアントの 127 社が入っていることはご存じでしょうか？ さて，よろしいですか，あなたに 7 万 4000 ドルを提示いたしましょう．

now の詳細は (⇒ NOW)．

【解説 10：真剣な態度の表明】 非常に重要な内容を導入する場合に look を挿入して，今から述べることは極めて重要なのでしっかり聞いて欲しいということを強調して，話し手の真剣な態度を表す [西川 2010]：ODA MAE: Molly, I know what you think of me. I know what you think of me, but *look*, you gotta talk to me. You are in serious danger. I got Sam here with me. We gotta come in and talk to you. —*Ghost*［映］オダ・メイ：モリー，私のことをどう思ってるかは知ってるわ．でもね，聞いてほしいの．あなたは危険な状況にいるの．ここにサムもいるのよ．中に入って話をしたいんだけど (⇒【解説 1】)．

【解説 11：I mean との共起】 先行発話を解説したり，言い換えたりして，本当に言いたいことを強調する場合は，I mean と共起可能：MARTY: My mother would freak out if she knew I was goin' up there with you and I'd get the standard lecture about . . . how she never did that kind of stuff when she was a kid. *I mean*, *look*, I think the woman was born a nun. —*Future*［映］マーティ：君と一緒に出かけるなんて知ったら，カンカンになって，いつものお説教だよ……ママの若い頃は決してそういうことはしなかったわってね．まったく，ママはきっと生まれながらにして尼さんだったんだってことだよ．

I mean の詳細は (⇒ I MEAN)．

【解説 12：説得的な意味の切り出し】 相手と異なる自分の意見を強く主張することによって相手を説得する場合に用いられる：SAM: So you've gotta warn her. ODA MAE: And just what makes you think she's gonna listen to me? SAM: It's just a phone call. *Look*, you're all I've got. Now, I'm not leaving until you help me. I, I don't care how long it takes 'cause I can talk forever. —*Ghost*［映］サム：だから，彼女に警告してほしいんだ．オダ・メイ：私の言うことなんか聞いてくれるかしら？ サム：ただ電話するだけだ．いいかい，僕には君しかいないんだ．さあ，こうなったら君が助けてくれるまでどこへも行かないぞ．どれくらいかかっても知るものか．こっちはいつまでだって話してられるんだから (⇒【解説 4】)．

【解説 13：苛立ちの表明】 なかなか相手が言うことを聞いてくれない状況では，強い苛立ちを表す：CARL: I'll kill her, Sam. I swear to God I'll kill her! Just . . . *Look*, just give me the check, Sam, okay? I promise you I'll let her go if you just give it to me. Okay? Sam? Sam? —*Ghost*［映］カール：彼女を殺すぞ，サム．絶対殺してやる！ だから……いいか，小切手を渡せ．サム，いいか，もし渡せば彼女は助けてやる．いいか？ サム？ サム？〔呼びかけ語との共起に注意〕(⇒【解説 2】)

関連事項

関連表現　listen：単独で生起する命令文 Listen! は，話し手が今から述べようとすることに聞き手の注意を喚起するために用いられる談話標識の look と非常によく似た機能を持つ．しかしながら，look と異なり listen は字義通りの意味を表すこと，listen carefully や listen to me のように，副詞(句)と共起することから談話標識ではないと考えられる．さらに，look のほうがくだけた会話で用いられる傾向がある．それは，listen が「これから言うことをしっかり聞いて理解してほしい」という強い意味を持っているのに対し，look は話し手が自分が伝えたい情報を導入する前に，聞き手の注意を後続発話に向ける機能を持つだけだからである．両者が共起する例も見られる：MARVIN: Who are you callin' "spook", peckerwood? SKINHEAD: Hey, hey, *listen* guys. *Look*, I don't wanna mess with no reefer addicts, okay? —*Dresses*［映］マービン：誰のことを「カス野郎」と言ったんだ，小僧．スキンヘッド：おいおい，聞いてくれよ．いいかい，マリファナ中毒の野郎にちょっかいを出すつもりはないんだ．（西川）

oh

概　説

この語は元来，何らかの刺激に対して驚き・喜び・悲しみなどの強い感情が起こった時に自然に発せられる声の反応だったのものが，そのような感情を表すために用いられるようになった間投詞である．oh は，もともと何かに驚いた時に大きく口を開けて発される［ou］という音と，いとしい人にキスをする時のような口を丸くするジェスチャーの両方が関わり，「何か興味深い・重要なことがたった今話し手の頭の中に入った」という話し手の心的態度を表す．

oh によって表される驚き・喜び・悲しみなどのさまざまな感情は，そのような話し手の心的態度，先行発話や後続発話の内容や文脈が相互に関連しあって生じる．さらに，oh は自然の声の反応に由来する音であるので，このような感情を自然でさりげなく相手に伝えることができる．また，相づちの機能も持つ．

音調に関しては以下の特徴がある．新情報の受け取りを表す場合には下降調，発言を訂正する場合には上昇 - 下降調になる．平坦な音調で長めに発される oh は（ooh，oooh などとも綴られる），「何か思いがけない・興味深い・重要なことが話し手の頭に中に入って来つつある」という心的状態が続いていることを表す．

談話標識 oh は，伝えたいことを導入する前にさまざまな話し手の心的態度を示すことによって，話し手がある心的状態にあるという文脈で後続発話を解釈するように聞き手を導く．具体的には，たった今受け取った相手の発話内容や発話行為，今自分の頭の中に浮かんだこと，これから述べようとする発話内容を，話し手自身が興味深く重要であると思っていることを知らせる．

元来間投詞であるので，発話の中で話し手がある情報を受け取ったり，何かを思いついたりしたと同時に用いられる．談話の冒頭で用いられ，これから述べる事柄がたった今話し手の頭の中に入って来たこと，かつ，それが重要で興味深く，思いがけないものであることを示して相手の注意を喚起する (⇒ 用法 1).

相手の発話を受けて通例文頭で用いられ，その内容が「今受け取ったばかりで，今の今まで知らなかった」という驚きと情報の重要性や意外性を表し，発話内容に対するコメントや感想を導入する (⇒ 用法 2).

さらに，発話の途中で何か重要なことに突然気づいた場合に，「あっそうそう」の意で用いられる (⇒ 用法 3).

言語使用域としては，もっぱらくだけた話し言葉で用いられ，法廷や講演などあらたまった状況や，インタビューなど前もって内容が準備された会話ではあまり用いられない．また，対面より電話での会話で好まれる傾向がある．

［以上，西川 2010, pp. 98–103, 207–14; Carter & McCarthy, p. 115; Aijmer 2002, p. 109; Biber et al., pp. 1054, 1073–74; Fraser 1996, p. 176; Bolinger, p. 266; Aijmer 1987, p. 81; Heritage, pp. 299–345; Stubbs, p. 76］

マッピング

用法 1 ［一連の談話の冒頭・文頭］ああ（これから述べることの重要性）

2 ［ターンの冒頭・文頭］あら，へええ
（先行発話を受けて，受け取った情報の重要性と意外さ）

3 ［ターンの途中・文頭・文中］あっそうそう
（重要なことに今気づいた）

丁寧表現 ⇒ 解説 4, 6

発話の修正 ⇒ 解説 12

話題の転換 ⇒ 解説 20

引用の合図 ⇒ 解説 23

共起する他の談話標識 ⇒ 解説 14, 15, 16, 17, 19, 21, 22

関連事項 関連表現の比較 (i) oh と uh (ii) oh と ah (iii) oh と so

各用法の解説

【用法 1】
形式：《文頭》 ターンの冒頭 　***Oh*****, S V (O).**
意味：(一連の発話の冒頭で) ああ [おお，あっ] (たった今大切なことに気づいたんだが)，S が (O を) V する(んだ).
解説：一連の発話の冒頭で用いて，たった今受け取った情報や思い浮かんだこと，これから述べる内容が興味深く重要なものであることを示す際に用いられる.

【用　例】
Oh, look, I think that's Harry over there. —*LD*[4] あら，見て，あそこにいるのハリーじゃない / Erin: *Oh*, baby, don't play with that. It took me so long to get it organized. Will you put that back, please? —*Women* [映] エリン：あっ，ねえ，それで遊ばないでくれる？ まとめるのに時間がかかったんだから．戻してちょうだい［呼びかけ語との共起に注意］(指示を与えるための注意喚起) / Ed: *Oh*, er, look, now . . . you may want to . . . now that you're working here, you may want to er . . . rethink your wardrobe a little. —*Women* [映] エド：ああ，あの，その……もしかして……ずっとここで働くようなら，ちょっと着る物を考え直してみてはどうかな？［注意を喚起する look，新たな話題を導入する now との共起に注意］(思いついた助言の導入) / Saleswoman 1: *Oh*, Jane, it's stunning. It really is. It's the perfect dress. Oh, my God. You look so beautiful. —*Dresses* [映] (ジェーンの姿を見て) 店員 1：まあ，ジェーン，素敵だこと．本当に．完璧なドレスだわ．ああ，とてもきれいよ［呼びかけ語との共起に注意］(褒め言葉の導入).

【解説 1：挨拶を切り出す oh】 挨拶で用いられ，会えたことなどへの意外性やありがたさを強調することで話し手の喜びを表す．しばしば呼びかけ語と共起する：Jane: Dad? Hal: *Oh*, hey, sweetie. How are you? *Oh*, you didn't have to . . . . —*Dresses* [映] ジェーン：パパ？ ハル：ああ，よく来てくれた，ジェーン．元気かい？ ああ，そんなに気を使わなくても…….

【解説 2：いとまごいを切り出す oh】 いとまごいを切り出す場合に，予想外に速く時間が過ぎたことを強調する．それによって楽しかった時間からの去りがたさを伝え，相手に対する配慮を表す［西川 2010; Bolinger］：Mia: *Oh*, well, I have to go. —*Princess* [映] ミア：あら，ええっと，もう行かなくちゃ［ためらいを表す well との共起に注意］.

【解説 3：謝罪を切り出す oh】 謝罪の前で用いられ，自分の過ちを想定外，かつ深刻なことだと認識していることを強調することで，真摯な謝罪の態度を表す：NICK: *Oh*, I'm sorry! I absolutely did not mean to do that. Here, let me get that for you. —*Women*［映］（コーヒーをこぼして相手の胸にかかる）ニック：ああ，すまない．わざとじゃないんだ．僕が拭くよ．

【解説 4：依頼・命令での丁寧表現】 依頼や命令がたった今思いついたことで，以前から相手をこき使おうと考えていたわけではないという気持ちを伝え，命令という行為から生じる聞き手の負担感を和らげることによって丁寧さを表す［Nishikawa 2010, p. 210］：*Oh*, and don't forget to lock the back door. —*CIDE* そうそう，裏のドアに鍵をかけるのを忘れないでね．

【用法 2】
形式：《文頭》ターンの冒頭　**A: 先行発話　B: *Oh*, S V (O).**
意味：（先行発話などからの情報を受けて）あら［ああ，おお，へええ］（たった今知った［気づいた］んだけど，それはとても興味深い・重要なことだけど)，S が (O を) V する(んだ).
解説：先行発話を受けて，その内容が「今受け取ったばかりで，今まで知らなかった」という驚きと，情報の重要性や意外さを表し，相手の発話に対するコメントを述べる際に用いられる．

【用　例】
JANE: Hey! When did you start traveling so lightly? TESS: *Oh*. I always meet the nicest people on planes. —*Dresses*［映］ジェーン：ちょっと！ いつからそんな身軽な旅をするようになったの？ テス：あら，飛行機に乗るといつもすごく親切な人に出会うのよ（予想外の質問の受容）/ LARRY: How's that dissertation coming? REBECCA: *Oh*, I've hit a dead end. I mean, research can only get me so far. —*Night*［映］ラリー：あの論文の調子どう？ レベッカ：ああ，行き詰まってるの．調べれば調べるほど深みにはまっちゃうだけなのよね（新しい話題に対する興味の表明）/ "How tall are you?" Dana said, "Kemal! Don't be rude." "*Oh*, it's all right, Mrs. Evans. I'm quite used to it." —Sheldon, *Sky*「おじさん，身長はどれくらいあるの？」「ケマル！ 失礼なこと言うんじゃありません」とダナは言った．「いえ，構いませんよ，エバンスさん．慣れてますから」（相手に対する気遣い）/ PRESIDENT CARR: You going home for the holidays? KATHERINE: No. PRESIDENT CARR: Too far? KATHERINE: Too expensive. But I've never had a New England

Christmas, so . . . . PRESIDENT CARR: Then our weather hasn't scared you away? KATHERINE: *Oh*, I love it here. —*Mona*［映］(学長が教員に) カー学長：休暇には帰省するのですか？ キャサリン：いいえ．カー学長：遠すぎるの？ キャサリン：高くつきますから．でも，ニュー・イングランドのクリスマスを体験したことがありませんし，それで…….カー学長：それなら，ここの気候にうんざりはしていないのね？ キャサリン：ええ，とても気に入っていますわ (相手の発話内容に対する同意).

【解説 5：驚きの表現】 相手の発話を受けてその内容が「今受け取ったばかりで，今の今まで知らなかった」という驚きを表す：DEBBY: So what, you have three kids? IRINE: I have four. Three boys and a girl. DEBBY: Four kids. *Oh*, I didn't know that. —Schiffrin 1987 デビー：ところで，子どもさんは 3 人？ アイリーン：4 人いるの．男の子が 3 人と女の子が 1 人よ．デビー：4 人！ あら，それは知らなかったわ.

【解説 6：丁寧表現】 相手の発話内容や行為そのものに対する賛同や賞賛を導入し，意見が一致したことの意外さ，内容それ自体の重要性や興味深さを強調することによって丁寧さを表す［Nishikawa 2010, p. 208］：DARCY: I like it here. NICK: *Oh*, I like it here too. —*Women*［映］ダーシー：ここが好きよ．ニック：ああ，僕もここが好きだ (⇒ 用例第 4 例).

【解説 7：共感の表明】 相手の発話を受けて，その内容に対する強い関心や興味を伝えることにより，話し手の共感や熱意を表す［Nishikawa 2010, p. 208; Bolinger, pp. 270–71］：“How's Kemal?” Dana hesitated. “At the moment, I'm afraid there's a problem.” “*Oh*? What kind of problem?” “Kemal was expelled from school.” —Sheldon, *Sky*「ケマルは元気でやってるの？」 ダナはためらいがちに言った.「目下のところ，問題を抱えてるの」「えっ？ どんな問題？」「退学になったのよ」(⇒ 用例第 2 例)

【解説 8：評価を表す】 相手の発話内容に対して興味深さや意外性を強調することで，それを肯定的に評価していることを示す．また，そうすることで相手を喜ばせ，ひいては自分に対する良い印象を相手に持たせることができる［Nishikawa 2010, p. 209; Aijmer 2002, p. 137; Heritage, p. 302］：MIRANDA: Well, I have two girls. DANIEL: *Oh*, two precious gems. No doubt, the jewel of your eyes. MIRANDA: And one boy. DANIEL: *Oh*, the little prince. How wonderful! MIRANDA: I must tell you, there would be a little light cooking required. DANIEL: *Oh*, I don't mind that, dear. I'd love some heavy cooking. [⋯] MIRANDA: No. Um, would you mind coming on an interview, say, Monday night at seven thirty? DANIEL: *Oh*, I'd love to, dear. MIRANDA: Wonderful. I'm at two-six-four-oh Steiner Street. DANIEL: Steiner. *Oh*, how lovely. —*Doubtfire* [映] ミランダ：あのう，女の子が2人おりますの．ダニエル：おお，2つの大切な宝石をお持ちですね．分かります．目の中に入れても痛くないような愛らしさの．ミランダ：それに男の子が1人．ダニエル：おお，王子様ですね．何て素敵な！ ミランダ：それと，ちょっとしたお食事もお願いしたいのですが．ダニエル：おお，構いませんよ．ちゃんとした食事も喜んで準備させていただきます．[⋯] ミランダ：まあ，じゃあ，1度面接に来ていただけませんか．月曜日の晩7時半はいかがでしょう．ダニエル：おお，喜んで伺います．ミランダ：よかった．家はシュタイナー通り2640です．ダニエル：シュタイナー通り．おお，素敵な場所ですね．

【解説9：意図的でないことを伝える】 たった今何かに気づいたことを強調することで，相手や自分の行為が意図的に仕組んだ(悪質な)ものではないことを伝える [Nishikawa 2010, p. 210]：DEWEY: Rose, excuse me, just wanted to remind you about our little field trip tomorrow. MS. MULLINS: What field trip? DEWEY: The educational concert we were talking about. MS. MULLINS: *Oh*, I forgot about that. —*Rock* [映] デューイ：ローズ，ちょっと失礼，明日の校外学習について確認しておこうと思って．マリンズ先生：何の校外学習？ デューイ：この前話した教育的コンサートですよ．マリンズ先生：あら，すっかり忘れてたわ．

【解説10：安心感を与える】 相手の心配や疑問に対して意外性を示し，それが取るに足らないことであることを伝えることによって，安心感を与える [Nishikawa 2010, p. 211; Aijmer 2002, p. 104; Bolinger, p. 277; Carlson, p. 73]：MARCUS: Who? WILL: What do you mean, "who"? The ones trying to embed sweets into your skull. MARCUS: *Oh*, them. Just a couple of older kids. They started following me after school. —*Boy* [映] (マーカスをいじめようとした子どもたちのことを) マーカス：誰のこと？ ウィル：『誰のこと』ってか？ お前の頭蓋骨にお菓子をのめり込まそうとしたやつらだよ．マーカス：ああ，アイツらね．ただの上級生さ．放課後，僕の後をついて来るようになったんだ (⇒ 用例第3例)．

【解説11：皮肉の表明】 受け取った情報の興味深さや重要性を強調することで，皮肉の意味合いを強める：KEVIN: I'm just trying to point out the hypocrisy of the spectacle. JANE: *Oh*, that's so noble of you. —*Dresses* [映] ケビン：あの見世物

が偽善だってことを指摘しようとしてるだけだよ．ジェーン：あら，ご立派なこと．

【解説 12：発話の修正】 相手や自分自身の発話を修正する時に用いられる．相手の発話内容を修正する場合，発話内容の興味深さや重要性を強調しておくことで修正という行為から生じる失礼さを弱めることができる．自分の発話を修正する場合は，たった今間違いに気づいたことを強調することで，相手に間違った情報を与えるつもりはなかったことを伝え，相手に対する配慮を示す［Schiffrin 1987, pp. 74–76］：I think it was in seventeen fifteen, or seventeen fifty-five, I'm not sure when. Eh, *oh* I'm wrong. Seventeen seventeen. —Schiffrin 1987 1715 年か 1755 年だったと思うんだけど．はっきり分からない．えー，あっそうだ，間違ってた．1717 年だ〔少し考えていることを示す eh との共起に注意〕/ Lucy: They're those thin pancakes. Waitress: *Oh*. The crepe pancakes? —*Sam*［映］ルーシー：それ，薄いパンケーキよ．ウェイトレス：ああ，クレープパンケーキのことですね．

【解説 13：反論・不同意・拒否の表明】 相手に反論したり，相手の申し出を拒否したりする場合，oh を先行させて相手の発話内容への関心，興味深さや重要性を示すことで，それらの行為から生じる失礼さを軽減する［Nishikawa 2010, pp. 211–12; Bolinger］：Sam: But you still need to leave your husband. Rita: *Oh*, my marriage isn't so bad. —*Sam*［映］サム：でもやっぱり旦那さんと別れたほうがいいよ．リタ：あら，私の結婚生活も悪くないわよ / Mother: I thought he was never nice to you. Mia: *Oh* well . . . I don't know. He is now. —*Princess*［映］母親：彼はいつだってあなたに良くしてくれたことなかったんじゃないの．ミア：おっと，そうねえ……それはどうかな．今は優しいわよ〔熟考中であることを示す well との共起に注意〕．

【解説 14：but との共起】 何らかの情報を受け取り，それが興味深い・重要な情報であることを表し，また，そうすることで丁寧さを示しつつ，それとは対照的な内容を導入する時は but と共起可能：Nick: Hey, anybody know why the staff meeting was cancelled? Margo: Nobody called us. Nick: Thank you. Margo: *Oh, but* Mr. Wanamaker wants to see you as soon as you get in, which I told him was fifteen minutes ago. —*Women*［映］ニック：ねえ，どうしてスタッフミーティングが取りやめになったのか知っているか？ マーゴ：何の連絡もありませんでしたが．ニック：そうか．マーゴ：ああ，でもワナメーカーさんが出社したらすぐに会いたいって言ってました．15 分ほど前のことです．but

の詳細は（⇒ BUT）．

【解説 15：now との共起】 一連の話の流れの中で突然何かに気づき，続けてそれについて述べたい時は now と共起可能：He was eating a nice pork pie, and when the waitress offered him dessert he said. "*Oh*, *now*, let me see, maybe I will try some at that." —Tyler, *Tourist* 彼はおいしいポークパイを食べていた．ウェイトレスがデザートをすすめるとこう答えた．「そうだなあ，どうしようか，あれをちょっと食べてみようか」〔熟考中であることを示す let me see との共起に注意〕（⇒【解説 22】）．now の詳細は（⇒ NOW）．

【解説 16：look との共起】 突然気づいたことを述べようとする時に，その内容が相手の想定外であることを示すことで，しっかり聞くよう注意を促したい場合は，look と共起可能：SCAR: *Oh*, now, *look*, Zazu. You've made me lose my lunch. —*Lion*［映］スカー：おっと，さて，こら，ザズー．私の昼ご飯を奪ったな〔注意を喚起する now との共起に注意〕．look の詳細は（⇒ LOOK）．

【解説 17：well, um との共起】 突然言うべきことに気づきながらも，それが言いにくいことだったりして，適切な言葉の選択のために少々時間が必要な時には，ためらいを表す well や um と共起可能［Aijmer 2002, p. 128］：BETTY: Have you seen Spencer? I can't find him anywhere. TOMMY: *Oh*, *um* . . . . Actually, uh, Spencer asked me to take you home. —*Mona*［映］ベティ：スペンサーを見なかった？ どこにもいないの．トミー：ああ，えーっと……．実は，うーん，スペンサーに君を家まで送っていくよう頼まれたんだ〔予想外のことを述べることを示す actually，ためらいを表す uh との共起に注意〕．well の詳細は（⇒ WELL）．

【解説 18：発話内容の確認】 相手の発話内容の確認や，より詳細・正確な情報を求める場合にも用いられ，相手の発話内容に相当の興味を示しておくことで，相手にあれこれ尋ねることから来る失礼さを和らげて丁寧さを表す［Aijmer 2002, p. 115; Schiffrin 1987, pp. 81, 85］：SECRETARY: Erin? I don't think she's in today. NICK: Ah . . . did she call in sick? SECRETARY: I don't think so. She just didn't show up. NICK: *Oh*, where does she live? Does anyone know where Erin lives? —*Women*［映］秘書：エリンですか？ 今日は来てないと思います．ニック：ああ……病欠の電話は？ 秘書：いいえ．ただ，出社してこないものですから．ニック：あの，彼女はどこに住んでるの？ 誰かエリンの住所を知っている人はいますか？

【解説 19：you know との共起】 相手の発話を受けて，相手に理解しておいてほしい内容を述べたり，相手の理解を求めたりする場合は you know と共起可能：“I still think he ought to be trained.” “*Oh*, *you know*, he’s four and a half and I suppose —” —Tyler, *Tourist*「（あなたの飼い犬は）やっぱり訓練を受けるべきだ」「えっ，だってもう 4 歳半なんだよ．だから（訓練するには遅すぎると思う）——」/ “It’s nice to be so unconnected,” he told her. “I wish things could stay that way a while.” “Why can’t they?” “*Oh*, well, *you know*, someone will call here, Sarah or someone —” —Tyler, *Tourist*「周りと連絡が取れないでいるというのもいいな」と彼は彼女に言った．「こういう状況がしばらく続くとうれしいんだが」「続かないの？」「ああ，そうだなあ，だって誰かがここに電話してくるだろうし，（妻の）サラとか誰かが」〔熟考中であることを示す well との共起〕．you know の詳細は（⇒ YOU KNOW）．

【解説 20：話題の転換】 突然新しい話題が頭に浮かんだことを強調し，故意に話題を変えるのではないことを伝えることで，自然でさりげない話題の転換を可能にする［Bolden 2006; Carter & McCarthy, p. 219］：NICK: Hi, Annie. How’s the boyfriend in Israel? *Oh*, by the way, I wanna thank you for picking up that wine. That’s above and beyond. Appreciate it so much. —*Women*［映］ニック：おはよう，アニー．イスラエルの彼氏は元気？ おっと，そうだ．あのワインを選んでくれたお礼を言わなくちゃ．期待以上だったよ．どうもありがとう〔話題の転換を示す by the way との共起に注意〕．by the way の詳細は（⇒ BY THE WAY）．

【用法 3】
形式：**《文頭・文中》** **ターンの途中**　***Oh*, S V（O）, etc.**
意味：（一連の発話の途中で）あっそうそう［あっそうだ］（今突然思い出したんだけど），S が（O を）V する（んだ，けど）．
解説：一連の発話の途中で，重要なことに突然気づいたことを示す際に用いられる．

【用　例】
Milk, cereal, juice . . . *oh*, and put lettuce on the list too. —*LD*[4] ミルクにシリアル，ジュース……あっそうだ，レタスも入れなきゃ / LOLA: Nick . . . *oh*. I hate that I’m crying. Well, lookit, if things should ever change in that department . . . . —*Women*［映］ローラ：ニック，あら……いやだ，私泣いてるわ．あの，でも，もしそっ

ち方面で変化があれば……（感情の気づき）/ JANE: Okay. I'll go look for it. *Oh*, did you get those catalog pages in for George? He wants to see them first thing this morning. —*Dresses*［映］ジェーン：分かった．自分で探すわ．あっそうだ，ジョージに見せるカタログの原稿届いてる？ 今朝一番に見たいらしいの（重要な話題の気づき）．

【解説 21：I mean との共起】 突然自分が言いたいことに気づいてそれを伝えたい場合や，自らの発言を修正する場合は，I mean と共起可能：LOLA: Nick. Come on! Admit it. You're totally and completely gay! NICK: I am? LOLA: You're not? *Oh*, *I mean*, if you're not you gotta tell me! —*Women*［映］ローラ：ニック，さあ！ 認めなさい．あなたは完全かつ完璧にゲイだって．ニック：僕が？ ローラ：違う？ ああ，つまり，もしそうでないなら，説明してよ．I mean の詳細は（⇒ I MEAN）．

【解説 22：now との共起】 突然何かに気づいて，続けてそれについて述べたい場合は now と共起可能：LEIGH: It was a long time ago. *Oh*, *now*, *now*, Robert. You above all people shouldn't be one to dismiss the influence of the past. —*Code*［映］レイ：もう昔のことだ．あっ，そう，そう，ロバート．誰より君たちは過去の影響を無視してはいけないよ（⇒【解説 15】）．

【解説 23：引用の合図】 主に英国語法で，第三者の発話を直接引用することを示す［Aijmer 2002, pp. 142–43; Biber et al., pp. 1118–19］：Then he says *oh* I thought you weren't coming. —*MED*[2] そして彼が言ったの，君は来ないのかと思ってたって / and, uh, and a teacher comes up to me and she says, "*Oh*, you've got a stain on your pants!" —Biber et al. そして，えーと，そして先生が私のところまでやってきて言ったの，「あら，パンツにシミがついてるわよ」ってね．

【解説 24：長めの発音】 長めに発されて「おお，ああ，ええ（っと）」の意で，何か重要なことが今頭に中に入ってきつつある，思い出し（思いつき）そうであるということを伝える：I think I'll get . . . *oh* . . . some apples. —James 1973 私，あのう……ええっと……りんごを買ってこようと思うんだけど．

関連事項

関連表現の比較 （i）oh と uh：oh は話し手がたった今何か重要な・興味深い・思いがけない情報を受け取ったことを示す．一方 uh は，話し手がたった今何らかの情報を受け取ったことのみを表す．uh の詳細は（⇒ UH）．

(ii) oh と ah：いずれも話し手がたった今何らかの情報を受け取ったことを示すが，ah は受け取ったばかりの情報が既に話し手の頭の中にあることとつながったことを表す：A: Bill's gotten a job at last. B_1: *Oh*, I know that. B_2: *Ah*, I know that. —James 1973 b（p. 27）A：ビルがついに仕事見つけたよ．B_1：あら，そのことなら僕も知っているよ（君は僕が知っていることを知らなかったんだね）B_2：ああ，そのことなら僕知っているよ（ビルが就職したことを今思い出した）/ "It's Muriel," she said. "Muriel," he said. "Muriel Pitchett." "*Ah*, yes," he said, but he still had no clue who she was. "From the vet's?" she asked. "Who got on so good with your dog?" "*Oh*, the vet's!" He saw her, if dimly. —Tyler, *Tourist*（電話をかけてきて）「ミュリエルよ」と彼女は言った．「ミュリエルねえ」と彼は答えた．「ミュリエル・ピチェットよ」「ああ，はい」と彼は言ったが，まだ相手が誰なのか分からなかった．「犬猫病院のね．あなたの犬と仲良くなったのは誰だった？」「あっ，犬猫病院ね！」 ぼんやりとはしていたが，彼は彼女の顔を思い出した．この例では，最初にミュリエルという名前を聞いているので，ミュリエル・ピチェットとあらためて聞いた時には，ah を用いてその名前を既に知っていることを表している．一方，oh は先行発話から受け取った情報がミュリエルという人物を特定するのに非常に重要な情報であったことを表すために用いられている．ah の詳細は（⇒ AH）．

(iii) oh と so：いずれも話題を転換する時に用いられるが，oh がたった今話し手の頭の中に思い浮かんだ話題を導入するのに対して，so はずっと話し手の頭の中にあった話題を導入するために用いられる [Bolden 2006, p. 663]．so の詳細は（⇒ so【解説 15】）．　（西川）

okay

概　説

okay は，米国語法の会話で最も多用されるこの語の一つで，OK とも綴られ，発話の状況の中で多様な意味を持つ．基本的には形容詞として用いられ，correct,（all）right とほぼ同義で，「是認」を表す．「ある程度喜びや満足のいくことを認めたり，述べたりする行為」と関連し，命令や示唆，申し出，忠告，許可の申請など，将来の行動に関連するさまざまな発話行為に対する肯定の回答を伝える応答表現としても機能し，話し手の納得・承知などを示して「よろしい，分かった」の意を表す．

談話標識 okay は，相手の発話内容・発話状況・話し手の頭の中に浮かんだ想定など，新たに受け取った情報に対する話し手の受け入れを合図するので，通例文頭で用いられる.「よろしい，分かりました」の意で，話し手が自分の言いたいことを述べる前に，相手の発話内容や意図，発話状況に対して理解・容認を伝え，一応の納得・承認を示しておくことで，効果的に自分の主張を導入できる.

談話の冒頭で用いて，「さて，よし，(それ)では」の意で，次の発話行動に移る状況が整ったことを伝える (⇒ 用法 1).

相手の発話を受けて用いられる場合は，「はい，分かった」の意で，話し手が受け取った内容に一応の理解・同意を与えることで次の行動や発話にスムーズに移る機能を持つ (⇒ 用法 2). 反論や妥協する場合にも用いられ，相手の意図の受け入れや理解を示す配慮の表現となるが，実際は自分の主張を通すための見せかけの丁寧表現として用いられることもある (⇒【解説 4, 5, 6】). また，意図的に会話を途中で終了させる場合に，戦略的に用いられることがある (⇒【解説 10】).

一連の発話の途中で用いられる場合は，「さて，では」の意で，次の発話行動に移る状況がほぼ整ったことを知らせたり，次の行動や発話へ移るために自らを励ます機能を持ち，話題の転換や新たな指示をする (⇒ 用法 3).

コンマを伴い文尾で用いられ，「だよね，いいかい，分かってるの」の意で，相手が発話内容を理解しているかを確認する付加疑問の機能を果たす (⇒ 用法 4). 通例親密な相手とのくだけた会話で用いられるので，改まった場面では失礼になる. 強く発されると，いくぶん有無を言わせぬ断固とした言い方になる (⇒【解説 17】). 通例一連の談話の締めくくり，あるいはその直前の発話で用いられる.

言語使用域としては，対面での会話よりも電話の会話で，また英国語法より米国語法で多く見られる.

[以上，Carter & McCarthy, p. 116; Biber et al., pp. 96, 1089; Merritt, p. 6]

マッピング

用法 1 ［一連の発話の冒頭・文頭］さて，(それ)では (次の行動に移る合図)

2 ［ターンの冒頭・文頭］はい，じゃあ
(先行発話を受けて，同意・情報の受け取りと次の行動に移る合図)

3 ［ターンの途中・文頭・文中］さて，では (次の行動に移る合図)

4 ［文尾］～だよね (理解の確認)

会話の終了 ⇒ 解説 10

話題の転換 ⇒ 解説 12

共起する他の談話標識 ⇒ 解説 2, 3, 6, 7, 11, 13

関連事項 関連表現の比較 okay と all right

各用法の解説

【用法 1】
形式：《文頭》ターンの冒頭　***Okay*** **(,) S V (O).**
意味：（一連の発話の冒頭で）さて［よし，（それ）では，じゃあ，よろしい］，Sが（Oを）Vする．
解説：一連の発話の冒頭で用いて，次の行動に移る状況が整ったことを伝える際に用いられる．

【用　例】
OK. Now, let's talk some business. —*COB*[5] よし，さあ，仕事の話に入ろうか〔次の行動に移ることを示す now との共起に注意〕/ Darcy: *Okay*, so let's see how we did. —*Women*［映］ダーシー：さてと，それでは始めましょう〔次の行動を促す so との共起に注意〕（提案の前置き）/ Emily: *Okay*. First of all, you and I answer the phones. The phone must be answered every single time it rings. —*Devil*［映］エミリー：さてと，まず最初に，私たちは電話を取ります．電話には必ず出なければなりません〔順序を示す first of all との共起に注意〕（一連の指示の前置き）/ Erin: *Okay*, I'll just be as quick as I can, right? Matthew, can you watch your sister? —*Erin*［映］エリン：さあ，すぐ戻るから，ね？ マシュー，妹を見ていてくれない？（依頼）/ Casey: *Okay*. Which one do you want? The brunet or the blond? I kinda want the blond. I'm not gonna lie. —*Dresses*［映］ケーシー：ねえ，どっちの男がいい？ ブルネットか金髪か？ 私は金髪のほうかな．嘘はつかないわよ（質問の導入）．

【解説 1：新たな行動の合図】 何か新しい行動を始めたり，相手に何らかの行為を促したりする合図となる．しばしば命令文と共起する：Zoe: *Okay*, open your eyes. —*Reservations*［映］ゾーイ：いいわよ．目を開けて（⇒ 用例第1, 2, 3例）．

【用法 2】
形式：《文頭》ターンの冒頭　**A: 先行発話　B:** ***Okay*** **(,) S V (O).**
意味：（先行発話を受けて）はい［うん，そう，分かった，よろしい；いい，じゃあ］，Sが（Oを）Vする．
解説：先行発話を受けて，その内容や意図に対する理解を示してから，次の行動に移る際に用いられる．

【用　例】
MIRANDA: I need 10 or 15 skirts from Calvin Klein. ANDY: *Okay*. What kind of skirts do you . . . ? —*Devil*［映］ミランダ：カルバン・クラインのスカートを10枚か15枚用意して．アンディ：分かりました，どんなスカートで……？（質問に移る）/ JANE: About your hair . . . . CASEY: What? The bitch said, "Up." It's up. JANE: *Okay*, I'll fix it inside. —*Dresses*［映］ジェーン：あなたの髪型なんだけど……．ケイシー：何よ？ あいつがアップにしろって言ったから，アップにしてるのよ．ジェーン：分かった，私が中で直してあげるから（相手をなだめる発言に移る）/ CHRISTIAN: She's a notorious sadist. And not — not in a good way. ANDY: *Okay*, she's tough. But if Miranda were a man . . . no one would notice anything about her except how great she is at her job. —*Devil*［映］クリスチャン：彼女は悪名高いサディストだよ．悪魔のような女だ．アンディ：なるほど，彼女は厳しいわ．でもね，もしミランダが男性だったら，皆有能だって褒めるでしょうよ〔対比を表す but との共起に注意〕（自分の主張に移る）.

【解説 2：ためらい表現との共起】 相手の発話に納得しながらも，すぐに返答出来ない場合には well や um などのためらい表現と共起可能：FRANCES: Marcello, I really think I'd better stay here. Oh, I'm sorry. How about next weekend? *Okay*, *well* how about the one after that? No, of course, I understand. I won't forget you. I think a lot about you, too. *Okay*. *Well*, until then. Bye. —*Tuscan*［映］（電話で）フランシス：マルチェロ，今はここにいたほうがいいと思ってるの．ごめんなさいね．来週末はどう？ じゃあ，そうね再来週は？ もちろん，そんなことないわ．分かってる．忘れてなんかいないわよ．私だってあなたのことすごく考えてるのよ．じゃあ，そうね．それまで．さよなら．

well の詳細は（⇒ WELL）.

【解説 3：oh との共起】 相手からの情報を受けて，意外さと重要性を認識し一応納得したことを示す場合は oh と共起可能：B: If there a public restroom in the mall? A: Well, I have one. I have one here. Go over against the door and the door right there. B: Uh huh. *Oh*, *okay*, thank you. —Biber et al. B：このモールに公衆トイレはありますか？ A：ええと，あります．ここに 1 つ．そこのドアの反対側に回ってください，そこのドアです．B：ええ，ああ，分かりました．ありがとう．

oh の詳細は（⇒ OH）.

【解説 4：見せかけの丁寧さ】 本心では納得していなくても，一応の理解を示すことによって相手の気持ちを落ち着かせることで，見せかけの丁寧さを表す．一方で，話し手の不本意な気持ちや相手に対する嫌味を伝えることもある：ERICA: Which record company? HARRY: Drive By Records. ERICA: "Drive By" Records? Is that a joke? I mean, what is that? HARRY: It's a HIP HOP label. ERICA: Hip Hop? Oh, rap? Oh, right. Well. *Okay*. That's . . . "interesting". —*Something's*［映］エリカ：どのレコード会社？ ハリー：ドライブ・バイ・レコード．エリカ：「ドライブ・バイ」 レコード？ ウソでしょ．どんな音楽？ ハリー：ヒップ・ホップ系ですよ．エリカ：ヒップ・ホップ？ ああ，ラップ？ なるほど．そうねえ，まあ，「興味深い」……わね〔熟考中であることを表す well との共起に注意〕．

【解説 5：妥協の態度】 相手の意見を受け入れることができない場合は，相手の気持ちに対する理解を示すことで相手と妥協するために okay が用いられる：ZOE: You forgot me. KATE: It's not what you think. ZOE: You forgot me. KATE: Leah had her baby. I had to take her to the hospital. ZOE: But you still forgot me. KATE: *Okay*, I forgot you. And I'm sorry. —*Reservations*［映］ ゾーイ：私を忘れてたのね．ケイト：そうじゃないわ．ゾーイ：忘れてた．ケイト：リーアに赤ちゃんができて病院へ連れて行ってたの．ゾーイ：それでも忘れてたのよ．ケイト：分かったわ．忘れてたわ．だから，ごめんなさい．

【解説 6：反論と but との共起】 いったん相手の発話内容や意図を受け入れたことを示し，その上で反論する場合に用いられる．この場合，しばしば反論は but によって導入される：ANDY: Um, shoot. NIGEL: Oh, never mind. I'm sure you have plenty more poly-blend where that came from. ANDY: *Okay*. You think my clothes are hideous. I get it. *But* . . . you know, I'm not going to be in fashion forever, so I don't really see the point of changing everything about myself just because I have this job. —*Devil*［映］（セーターにスープをこぼして）アンディ：あら，いやだ．ナイジェル：ああ，気にしなくていいよ．そういう化学繊維の服はたくさん持ってるだろ．アンディ：いいわ．私の服最悪だと思ってるのね．分かってるわ．でも，ほら，私はずっとファッションの仕事をする気はないの．だから，この仕事をしてるからって自分の全てを変える必要があるとは思えないの（⇒ 用例第 3 例）．

but の詳細は（⇒ BUT）．

【解説 7：you know との共起】 反論する場合，相手に同意を求める you know との共起も可能：CHRISTIAN: You're — You're a vision. Thank God I saved your job. ANDY: *Okay*. *You know*, I figured out a few things on my own too. —*Devil*［映］

クリスチャン：君は——君は綺麗だよ．僕は君の仕事を手伝ったよね．アンディ：なるほど．でもね，私も自力でやるだけのことはやったのよ．

you know の詳細は (⇒ YOU KNOW).

【解説 8：質問・要求の導入】 いったん相手の発話内容や意図に対する理解を示した後，さらに質問したり要求したりする：NIGEL: We're going to celebrate. I'm going to get some champagne. ANDY: *Okay*. What are we toasting? —*Devil*［映］ナイジェル：お祝いをしよう．シャンペンでも開けるよ．アンディ：いいわよ．ところで何のお祝い？

【解説 9：やりきれなさ・あきらめの表明】 相手の言い分を十分理解したことを示し，あらためてそれに対する不安・不満を導入して，あきらめややりきれない気持ちを表す：MARISA: This weekend is the holiday. MARCUS: I know. MARISA: *Okay*. He's counting on it. —*Maid*［映］マリサ：今週末はお休みよ (息子に会いに来ないの?) マーカス：分かってるよ．マリサ：もういいわ．あの子楽しみにしてたのに．

【解説 10：会話の終了】 相手の発話の意図や発話の状況に満足しているふりを装い，スムーズに会話を打ち切ったり，会話から抜けようとしたりする場合に用いられる：CHRISTIAN: Well, you seem nice, smart. You can't do that job. ANDY: Gotta go. CHRISTIAN: *Okay*. Well, it was very, very nice to meet you — Miranda girl. —*Devil*［映］クリスチャン：なるほど．キミは優しいし，頭が切れる．その仕事は務まらないよ．アンディ：そろそろ行かなくちゃ．クリスチャン：分かった．お目にかかれて嬉しかったよ．ミランダのアシスタントさん〔会話の締めくくりを示す well との共起に注意〕．

【解説 11：so との共起】 一連の会話の最終的な段階に入ったり，決定的な話題に移ったりする場合は so と共起可能：*Okay, so* we'll check on her, if she's not home, we'll talk to a couple of her neighbors. —Robb, *Death* よし，それでは彼女が家にいなければ，彼女のことに関して調べてみよう．近所の人にも聞いてみよう．

so の詳細は (⇒ SO).

【用法 3】
形式：**《文頭・文中》** **ターンの途中**　***Okay*(,) S V (O), etc.**
意味：(一連の発話の途中で) さて［では，じゃあ，よろしい］，S が (O を) V する．
解説：一連の発話の途中で，次の発話行動に移る状況が整ったことを知らせる際や，次の発話行動に移る自分を励ます際に用いられる．

【用　例】
ERICA: I can't even imagine what you think of me. *Okay*, pancakes . . . pasta, left over coq au vin, or grilled cheese. —*Something's*［映］エリカ：私だってどう思われてるか分かったものじゃないわ．さて，パンケーキ……パスタ，残り物のチキンの煮込みか，グリルドチーズもあるわよ (他の発話行動への移行) / JANE: Thanks. Thirty-one Water Street. Brooklyn. *Okay*. I will give you three hundred dollars flat for the whole night on one condition. —*Dresses*［映］ジェーン：(タクシーに乗り込んで) ありがとう．ブルックリンのウォーター・ストリート，31 番地までお願い．ねえ，300 ドル払うから今夜一晩貸切にしてもらえないかなあ，条件つきだけど (交渉に移る) / KEVIN: All right. She's fine, folks. Just a little bump on the head. Carry on.　JANE: You a doctor?　KEVIN: No, but "Tweedledee and Tweedledrunk" were bugging me so . . . .　*Okay*, do you know your name? —*Dresses*［映］ケビン：よろしい，皆さん，彼女は大丈夫です．ちょっと頭を打ってこぶができただけです．気にしないで．ジェーン：あなたお医者様？ケビン：違うけど，君の友達がうっとうしくて……で，君，自分の名前言える？(本題に戻る)

【解説 12：話題の転換】　話題を転換する時に，その状況が整ったことを合図する：LARRY: So, I'm just gonna show you.　NICK: What?　LARRY: You'll see in about twenty seconds. *Okay*, you like Tyrannosaurus Rex? —*Night*［映］ラリー：だから，お前に見せることにしたよ．ニック：何を？ ラリー：20 秒たったら分かるよ．よし，お前ティラノサウルス好きだよな？(⇒ 用例第 3 例，【解説 13】)

【解説 13：look, now, right などとの共起】　話題を転換したり，新たな発話行動に移ったりする場合に，look, now, right などと共起可能［Carter & McCarthy, p. 116］：ERICA: You know something. I have no idea how to do this . . . .　I don't know how to be intimate . . . .　The color is draining from your face. *Okay*, *look*, I'm gonna pee, take one of your blood pressure pills then when I get back, let's not talk anymore. —*Something's*［映］エリカ：ね，どうしたらいいのかし

ら……. どうしたら親しくなれるのか分からないわ……. あなたったら青ざめてる. じゃあ, トイレに行って戻ってくるときに血圧の薬を取って来るわ. もうおしゃべりはおしまいね (⇒【解説 12】). look の詳細は (⇒ LOOK), now の詳細は (⇒ NOW【解説 10】).

【解説 14: 自分を励ます】 独り言などで, 気乗りしないことに関して「大丈夫」とむりやり自分に言い聞かせることによって気持ちを切り替え, 自分自身を激励する場合に用いられる: ERICA: Wait, wait, wait, wait. You're leaving, Zoe's leaving, the entourage is leaving. And I'm gonna be stuck here with him alone? MARIN: The hospital's sending over a Nurse in the morning. ERICA: The morning? That's nineteen hours from now . . . . 〔takes a deep breath〕*Okay*, I can handle this. —*Something's* [映] エリカ: 待って, ちょっと待ってよ. あなたは帰っちゃうし, ゾーイも, 秘書たちも帰っちゃうのね. ということは私 1 人で彼の世話? マリン: 朝になれば看護師が来るわ. エリカ: 朝? まだ 19 時間も先よ……. (深呼吸をして) よし! 何とかやれるはずよ.

【解説 15: 指示】 教師など指示を与える立場にある人がしばしば次の段階が始まることを示すために用いる. くだけた言い方 [Swan[3], p. 157]: REBECCA: This museum was originally dedicated to that man on the horse up there, President Theodore Roosevelt, and he absolutely loved history, and believed that the more you know about the past, the better prepared you are for the future. *Okay*, kids. Who can tell me what this room's called? —*Night* [映] レベッカ: この博物館はもともと, 馬に乗っているあのセオドア・ルーズベルト大統領に捧げるために設立されました. 大統領は歴史が大好きで, 過去を知れば知るほど未来への心構えができると信じていました. (別の部屋に案内して) では, 皆さん, この部屋は何と呼ばれているか誰か分かりますか?

【用法 4】
形式: **《文尾》S V (O), *okay?***
意味: (分かってると思うけど) S が (O を) V するんだよね (いいかい, いいね) ?
解説: 相手が発話内容を理解しているかを確認する際に用いられる.

【用　例】
I'll do it my way, *OK*? —*OALD*[7] 僕は自分のやり方でやるから, いいね? / Let's go and see a film tonight, *OK*? —*MED*[2] 今夜映画見に行こうよ, いいだろ? /

MOLLY: I feel so alone. CARL: You're not alone, *okay*? You've got your work. You're incredibly talented. —*Ghost*［映］モリー：1 人ぼっちって感じがするの．カール：君は 1 人なんかじゃないよ，ね？ 仕事があるし，とても才能がある（慰めと励まし）/ LARRY: Look. I . . . need a job . . . tomorrow, *okay*? If I don't have one . . . . Well, I just need it, *okay*? —*Night*［映］ラリー：ねえ，私……仕事が必要なんです……明日にでも，いいですか？ もしなかったら……．あのう，本当に必要なんです，分かっていただけますか？（懇願）

【解説 16：真剣な態度の表明】 話の内容を確認したり念押ししたりすることで，真剣な態度や相手を思う気持ちを表す：KATE: Oh, thank God. Zoe, are you all right? Zoe, please, don't ever do that again. I was so afraid something happened to you. Sweetheart, what is it? ZOE: I'm afraid I'm gonna forget her. KATE: We'll never forget her. I promise. Never. And we can come here whenever you want, *okay*? —*Reservations*［映］ケイト：ああ，よかった．ゾーイ，大丈夫？ ゾーイ，お願いだからもうこんなことはしないで．何が起こったのかと心配したのよ．ねえ，どういうこと？ ゾーイ：ママを忘れてしまいそうな気がして．ケイト：私たちは絶対ママのことは忘れないわ．絶対．そして来たい時にここに来られるのよ，いいわね？（⇒ 用例第 3 例）

【解説 17：苛立ちの表明】 相手が発話内容を理解しているかどうかを強い口調で一方的に確認する場合は，強い苛立ちが表される：CARL: If that psychic lady does not bring it here, Molly is dead, *okay*? MOLLY: Carl. Who are you talking to? CARL: Nothing. Now, Molly, listen to me. I have to go, *okay*? MOLLY: What? CARL: I can't explain this now but there is a problem, *okay*? Something going on at the bank. —*Ghost*［映］カール：（幽霊のサムに向かって）もしあの霊媒師がそれを持って来なかったら，モリーを殺してやる，いいな？ モリー：カール，誰と話しているの？ カール：（モリーに向かって）何でもないよ．さあ，モリー，いいかい，行かなきゃ，な？ モリー：え？ カール：今は説明している時間はないんだけど．ちょっと問題があってね，分かるか？ 銀行で面倒なことが起きてるんだ．

関連事項

関連表現の比較　okay と all right：英国語法やあらたまった会話では okay より all right が好まれる：NIGEL: These are all sample sizes, two and four. *All right*, we're doing this for you, and . . . . —*Devil*［映］ナイジェル：これらは全てサンプル用のサイズ，2 と 4 のね．よし，君のためにこれを選ぼう．そして…….

（西川）

say

概 説

この語は元来,「言葉を発する (utter, pronounce)」の意の動詞で, そこから「言葉で事実・考えなどを言い表す」「何らかの情報を (音声または文字で) 伝える」の意になった. 基本的には, say は「何かを言う」と,「情報を伝える」の 2 つの意味を持ち, 後者の場合は伝達内容に重点が置かれるので前者と比べてやや弱く発音される. こうした say が独立的に用いられるようになり, 談話標識としての用法が発達した.

談話標識 say の由来は大きく 2 つある. 1 つには間投詞に由来し, 後続発話を伴う場合に話し手のさまざまな感情や態度を先に示すことによって, 聞き手の注意を促し,「あら, ねえ」などの意を表す. 他方, Let me [us] say, Let's say that, Shall we [I] say, That is to say など会話で頻繁に用いられる表現の冒頭部分が消え, 短縮されて say だけが残ったとも考えられる. 後者は「いってみれば, たとえば, およそ」などの意で, 主に新しい話題を導入したり, 例を述べたり, ためらいなどを表したりする.

談話の冒頭で,「あら, おい」の意で, 驚きや喜びを表しつつコメントを述べたり, これから導入する発話に相手の注意を促したりする際に用いられる (⇒用法 1). また, 通例疑問文が後続し, 新しい話題を導入する機能も持つ (⇒【解説 2】). さらに, 相手の発話を受けて,「あら」の意で, 驚きや喜びなどを交えながらコメントや提案を述べる際に用いられる (⇒【解説 3】).

一連の発話の途中で,「そうだ; たとえば; 何ていうか」の意で, 思いついたことを述べたり, 例を挙げて説明したり, 何をどのように言おうかとためらったりしている場合に用いられる (⇒ 用法 2).

say は主に米国語法で, 英国語法の古い用法では I say が用いられる.

[以上, *OALD*[7]; *LD*[4]; *CALD*[2]; *MED*[2]]

マッピング

用法 1 [ターンの冒頭・文頭] あら (驚き・喜びの気持ち, 注意喚起)

2 [ターンの途中・文頭・文中] そうだ; たとえば (例示・説明, 言葉を探す)

英国語法 ⇒ 解説 1

話題の導入 ⇒ 解説 2

文尾の say ⇒ 解説 7

関連事項 関連表現 say と I say

各用法の解説

【用法 1】
形式：《文頭》 ターンの冒頭 　***Say***(,) **S V (O).**
意味：（一連の発話の冒頭で）あら［おい，ねえ，なあ］，S が（O を）V する（んだ）．
解説：談話の冒頭で用いて，驚きや喜びの気持ちを込めてコメントを述べたり，これから述べることに相手の注意を喚起したりする際に用いられる．

【用　例】
Say, how about going to a movie tonight? —*OALD*[7] ねえ，今夜映画に行かない？ / "*Say*, that's something out in the garage." —Webb, *Graduate*「おい，ガレージにすごいものがあるじゃないか」（驚きの表明） / DAVID: Oh, *say*, Linus, while I was lying in that hammock, I, I got a great idea. —*Sabrina*［映］デイビッド：ああそうだ，ライナス．あのハンモックで寝ころんでいた時に，そのう，いい考えが浮かんだんだ［今しがた思いついたことを示す oh と呼びかけ語との共起に注意］（注意喚起） / "*Say*. I heard you on the phone with Howard. Is Connie swimming this year?" "Yeah, he is." —Guest, *People*「なあ．君がハワードと電話で話してるのを聞いたんだけど，コニーは今年，泳いでるのかい？」「ああ，泳いでるよ」（話題の導入）

【解説 1：英国語法の I say】　驚きや喜びを伴いコメントを導入する場合には，英国語法の口語では I say の形で用いられるが，古風な響きを伴う：*I say*, what a splendid hat you're wearing! —*CALD*[2] うわあ，何て素敵なお帽子なんでしょう！（⇒【関連事項】）

【解説 2：話題の導入】　新しい話題を導入する場合は，通例疑問文が後続する：LINUS: Look at that. Greatest plastic ever made. Not a scratch on it. *Say*, I wonder how this would stand up against a bazooka? —*Sabrina*［映］ライナス：それ（銃のシールド）を見ろ．これまで作られた中で一番素晴らしいプラスチックだ．傷さえつかない．ところで，これはバズーカ砲にどれぐらい耐えられるんだろうか？（⇒ 用例第 1, 4 例）

【解説 3：相手の発話を受ける用法】　相手の発話を受けて，驚きや喜びなどの気持ちを込めてコメントや提案，示唆を述べる：MARTY: You're George McFly! GEORGE: Yeah. Who are you? GOLDIE: *Say*, why do you let those boys push you around like that for? —*Future*［映］マーティ：君はジョージ・マクフライだね！ ジョージ：うん．君は？ ゴルディ：ねえ，なぜあんな奴らの言うなりになってるのさ？

【用法 2】
形式：**《文頭・文中》** ターンの途中 ***Say*(,) S V (O), etc.**
意味：（一連の発話の途中で）そうだ［ねえ，なあ］，S が（O を）V する；たとえば［いわば，何ていうか］，S が（O を）V する．
解説：一連の発話の途中で思いついたことを述べたり，例を挙げて説明したりする．また，次に言うべき言葉を考えていることを示す際に用いられる．

【用　例】
"Well, certainly. Would you like to come here?" "That would be fine. When would be convenient for you?" There was a brief hesitation. "Any time. I'm here all day." "What about tomorrow afternoon, *say* around two o'clock?" "All right." —Sheldon, *Sky*「そうね．いいわよ．うちへ来ない？」「いいよ．何時が都合がいい？」一瞬ためらう様子があった．「何時でも．一日中ここにいるわ」「じゃあ，明日の午後，そうね，2 時頃はどう？」「了解」（例示の導入）/ There's a senior center that opened near here. Dozens of elderly people come there every day. If you're a young man or young woman and you have a skill, you are asked to come and teach it. *Say* you know computers. You come here and teach them computers. —Albom, *Tuesdays* この近くにオープンしたシニアセンターがある．何十人ものお年寄りが毎日そこに通っている．若くて技術があれば，それを教えるよう頼まれる．そうそう，コンピューターができるとすると，行ってコンピューターを教えてあげる（発話の途中での思いつき）．

【解説 4：発話の途中での思いつき】 発話の途中で思いついたことを述べる：Nick: Jesus Christ! The guy's getting away! Ahhh! *Say*, what's . . . what's going on? —*Rain*［映］ニック：何てことだ！ 奴は逃げやがった！ ああ！ なあ，いったい……どうなってんだ？（⇒ 用例第 2 例）

【解説 5：例示】 発話の途中で例を挙げて説明する：Nick: Then let's not talk about this now. Why don't I meet you here, *say* tomorrow . . . 10:00, 10:30? Lola: Okay, that would be good. —*Women*［映］ニック：とりあえずその話は保留にして，ここで会おうよ，えーっと，明日の……10 時か 10 時半は？ ローラ：い

いわよ (⇒ 用例第 1 例).

【解説 6：ためらいの態度】 次に言うべき言葉を探していることを示し，ためらいを表す：CHUCK: You know that reminds me, I almost forgot. I have one more present for you. Only this isn't an "open in the car" kind of present. Like, . . . *say* . . . hand towels, which were a joke by the way. KELLY: I'm terrified. —*Cast*［映］チャック：あっ，そうだ．忘れるところだった．もう 1 つプレゼントがあるんだ．これはその場ですぐ開けるようなプレゼントじゃないんだ．つまり……何ていうか……ハンドタオルみたいな，というのは冗談だけど．ケリー：嬉しいわ〔言うべき言葉を探していることを示す like との共起に注意〕．like の詳細は (⇒ LIKE).

【解説 7：文尾の say】「たとえば，つまり」の意で，まれに文尾で用いられる：[…] if one says, "John is sorta tall," meaning he's neither really impressively tall nor actually short, […]: 5 feet 9 rather than 6 feet 5, *say*. —Lakoff 1972 […] 目立って背が高いのでもなく，かといって低くもないという意味で，「ジョンは背が高い方だ」と言ったとすれば […] それはたとえば 6 フィート 5 インチではなく，5 フィート 9 インチくらい，そういうことだ．

関連事項

関連表現　say と I say：say は米国語法の口語表現であるのに対し，I say は英国語法の口語表現で，間投詞的に用いられて聞き手に注意を促したり，話し手の驚き，聞き手への警告を表したりする．ただし，いずれの用法も古風［*LDEI*］：*I say*, can you lend me five pounds? —*OALD*[7] ねえ，5 ポンド貸してくれない？ / "My husband's broken his leg." "*I say*! I'm sorry to hear that." —*LD*[4]「夫が足の骨を折ったの」「あら！ それはお気の毒に」(⇒【解説 1】)

(西川)

uh

概　説

この語は，人がある刺激や情報を受けたり，頭の中に何かが浮かんだりした時に自然に発する声の反応だったものが，その事実を伝えるために用いられるようになった．/ə/ /ɛ/ /ʌ/ のような母音で発せられる uh は，音声学的には中立母音で，情報の受け取りを示す最も自然で出しやすい音であるが，時に単に音声を文字化したものと見なされ，語としての位置づけを完全に確立しているとは言い難い面もある.

文頭の uh は，通例急激な下降調で発せられ，「何らかの情報が今ちょうど頭の中に入ってきた」，「何かがたった今頭の中に浮かんだ」ことを表し，文脈の中で驚きなどさまざまな感情を表す．また，伸ばして平坦な音調で発せられると，次に何を言うべきかためらっていること，頭に浮かんだ思考をどのような語で伝えようか考えていることを表す．さらに，自然の声の反応に由来するので，そのような心的態度を自然にさりげなく伝えることができる.

意識的に用いられる uh は，話し手の心的態度を先に伝えることによって，そのような文脈で後続する発話を解釈するよう聞き手を導く働きをする．つまり，ある情報をたった今受け取ったこと，また，これから述べる内容は今話し手の頭の中に浮かんだばかりのことであることを示す．文頭にくることが多いが，文中でも用いられ，他のさまざまな談話標識や呼びかけ語と共起する.

談話の冒頭で，「あの，あっ (そうだ)」の意で，言わなければならないことに突然気づいてそれを導入する場合や，特に重要なことを伝えたい場合には相手の注意を喚起するために用いられる (⇒ 用法 1).

相手の発話を受けて文頭で用いられ，「あっ，ああ」の意で，情報の受け取りと確認や相手の意見に対する理解や同意を示す (⇒ 用法 2)．まれに，文尾で相手に発話内容の確認を求めるために用いられる (⇒【解説 8】).

さらに，「ああ (そうそう)」の意で文頭で用いられ，一連の発話の途中で何かに気づいたことを示す (⇒ 用法 3)．また，聞き手にとって負担になるような内容を伝える前に，ためらいや配慮を表すことで丁寧な気持ちを伝えるなど，対人関係調整の機能も併せ持つ (⇒【解説 9】).

「あのう，ええと」の意で文中で用いられ，発話の途中で言うべき言葉を考えていることを示す (⇒ 用法 4).

言語使用域としては，返答表現として使う際には主に米国語法のくだけた会話で用いられる．垣根言葉の場合は，英・米国両語法でくだけた会話で用いられるが，どちらかというと米国語法でより頻繁に用いられる.

[以上，西川 2010, pp. 95–98; Biber et al., p. 1096]

マッピング

用法 1 ［一連の談話の冒頭・文頭］あの (注意喚起)

2 ［ターンの冒頭・文頭］あっ (先行発話を受けて，情報の受け取りと確認，相手に対する理解・同意)

3 ［ターンの途中・文頭］ああ (そうそう) (突然気づいたことを述べる)

4 ［ターンの途中・文中］あのう，ええと (言葉を探す)

発話の順番取り ⇒ 解説 6

共起する他の談話標識 ⇒ 解説 3
関連事項 関連表現の比較 (i) uh と oh (ii) uh と ah (iii) uh と um (iv) uh と er

各用法の解説

【用法 1】
形式：《文頭》ターンの冒頭 ***Uh*** **(,) S V (O).**
意味：(一連の発話の冒頭で) あの [あっ(そうだ), ああ(そうだ)] (今気づいたんだけど), S が (O を) V する.
解説：一連の発話の冒頭で用いて，言うべき重要なことに突然気づいて，相手の注意を喚起してそれを述べる際に用いられる.

【用　例】
CHRIS: *Uh*, Lionel, who is that over there? —*Maid* [映] クリス：あの，ライオネル，向こうにいるのは誰なんだ？ (問いの導入) / CHRIS: *Uh*, you know who I can't figure out where I know them from? Um, the woman visiting you the other day. —*Maid* [映] クリス：あの，ちょっと分からないんだけど，君の部屋にいた 2 人を知らないかな？ この前君の所に訪ねて来た女性なんだけど (重要な内容の気づき).

【解説 1：注意喚起】 重要な用件に入る直前に用いて相手の注意を喚起し，唐突さを避けて，後続の発話をきちんと解釈する準備をさせる機能がある：MRS. MORALES: *Uh* . . . listen. —*Erin* [映] モラレス夫人：ええと，ねえ……聞いて / ED: So. *Uh*, why don't you tell me what happened? —*Erin* [映] エド：さて，あの，事故の様子を教えてくれませんか [話題の転換を示す so との共起に注意].

【用法 2】
形式：《文頭》ターンの冒頭 **A: 先行発話 B:** ***Uh*** **(,) S V (O).**
意味：(先行発話を受けて) あっ [ああ] (そのことなら今気づいたんだけど), S が (O を) V する.
解説：先行発話を受けて，今情報を受け取りその内容を確認したことや，相手に対する一応の理解や同意を示す際に用いられる.

【用　例】
BRENDA: Did you see it last night? ED: *Uh*, I was out, but I taped it. Don't tell me what happens. —*Erin*［映］ブレンダ：昨夜，見ましたか？ エド：ああ，出かけていたんだが，録画したよ．結末は教えないでくれよ（質問の受容）/ MOLLY: What about the things she knew? CARL: What things? MOLLY: *Uh*, the photo that Sam took for me on our trip to Reno. Carl, we were alone. —*Ghost*［映］モリー：じゃあどうして彼女はあんなことまで知っているの？ カール：どんなこと？ モリー：えっと，リノに行った時サムが撮ってくれた写真のこと．カール，私たち 2 人きりだったのよ（質問を受けての情報提供）/ MIRANDA: Who are you? ANDY: *Uh*, my name is Andy Sachs. I recently graduated from Northwestern University. —*Devil*［映］（就職の面接で）ミランダ：あなたは？ アンディ：ああ，名前はアンディ・サックスです．この前，ノースウェスタン大学を卒業しました（質問の受容）．

【解説 2：理解・同意の表明】 相手の発話を受けて，その内容に対する納得・理解・同意を示す［*OALD*[7]］．次例は電話の会話で，話し手は相手の発話（おそらく "Miranda Priestly's office?" 等）を受けて，同時に理解・同意を示している：ANDY: Hello, Mrs. Priestly's office. *Uh*, that's what I meant. Miranda Priestly's office. —*Devil*［映］アンディ：もしもし，プリーストリーさんのオフィスです．あ，そうです．ミランダ・プリーストリーのオフィスです．

【解説 3：you know との共起】 これから述べる内容に関して，あらかじめ聞き手と情報の共有を促す時は，you know と共起可能：MARISA: They're so funny. They look like little, fat, short guys with tuxedos. CHRIS: *Uh*, *you know*, speaking of fat guys in tuxedos, there's this thing Monday night. It's a black-tie. —*Maid*［映］マリサ：面白い格好ね．ちっちゃくて，太った，背の低い人がタキシード着ているみたい．クリス：そうだ，タキシードを着た太っちょといえば，月曜日の夜にそんな会があるんだ．タキシード着用で〔話題を提示する speaking of との共起に注意〕．you know の詳細は（⇒ YOU KNOW）．

【解説 4：熟考の態度】 相手の発話を受けて返答までに時間がかかりそうな場合，とりあえず uh で応じ，時間かせぎするのに用いられる："Charlie Bartlett's an old friend?" "Kind of." "What were you and your old friend Charlie discussing, Jeff?" "*Uh* . . . cars, mostly. Old Charlie likes antique cars [···]" —Sheldon, *Tomorrow*「チャーリー・バートレットが昔からの友達だって？」「そんなところだ」「きみと友達のチャーリーは何の話をしてたんだい，ジェフ」「そうだなあ……

ほとんど車のことかな．奴はアンティークの車が好きなんだ［…]」/ “Ten years, you said you were in the convent, Sister?” Lucia was startled out of her reverie. “What?” “You’ve been in the convent for ten years?” “Oh. Yes.” He shook his head. “Then you have no idea what’s been happening in all that time.” “*Uh* — no.” —Sheldon, *Time*「10 年間，修道院にいたって言ってましたね，シスター」 ルチアは物思いから突如我に返った．「えっ？」「修道院に 10 年間いたのですよね？」「あ，ええ，そうですけど (実際はそうではない)」 彼は首を横に振った．「じゃあ，その間世間ではどんなことが起こったか，ご存じないということだ」「あの，まあそうです (本当は知っている)」(⇒ 用例第 3 例)

【解説 5：上昇調での発話】 相手の言ったことが即座に聞き取れなかった時や，よく理解できない時に，uh 自体を上昇調で発話したり疑問文を伴ったりする：SCOTT: You’ve got quite a lot done already, so . . . uhm . . . I’m sorry, but we need those records back now, okay? ERIN: No. SCOTT: *Uh*, what? —*Erin*［映］スコット：もう随分やったから，その，そろそろ，悪いんだけど，もうその記録を戻してもらわなきゃならないんだ，いいだろ？ エリン：だめよ．スコット：えっ，なんだって？

【解説 6：発話の順番取り】 発話の順番取りや発言権を奪われないように，話す内容をきちんと計画しないでとにかく話し始める時に用いられる［Schourup 1981, p. 5］：RITA: So, what you’re saying is you don’t worry about Lucy’s future. ANNIE: No, I do. RITA: *Uh* . . . . ANNIE: No, I . . . I . . . I . . . I worry all the time. —*Sam*［映］リタ：つまり，あなたはルーシーの未来に不安を感じないということですか？ アニー：いいえ．感じています．リタ：あの…….アニー：いいえ，私は……私……はいつも心配しています．なお，この例では，順番取りに失敗している．

【解説 7：ためらいの態度】 言いにくいことを伝えるのに口ごもったり遠慮したりしながら話す際に用いる：MIRANDA: So you don’t read Runway. ANDY: *Uh* . . . no . . . MIRANDA: And before today, you had never heard of me. ANDY: No. MIRANDA: And you have no style or sense of fashion. ANDY: Well, *uh*, I think that depends on what you’re . . . . —*Devil*［映］(新人が上司を訪ねて) ミランダ：てことは，『ランウェイ』を読まない．アンディ：あのう，はい．ミランダ：それで，今日まで私のことは聞いたこともない．アンディ：はい．ミランダ：それにださいし，ファッションセンスもゼロ．アンディ：ええと，あのう，それは人それぞれ……〔ためらいを表す well との共起に注意〕(⇒ 用例第 2 例；**【解説 10】**)．

【解説 8：文尾の uh】 まれに文尾で用いられ，付加疑問として発話内容の確認を表す：We can discuss this another time, *uh*? —*OALD*[7] このことはまた改めて話そう，ね？

【用法 3】
形式：《文頭》ターンの途中 ***Uh*, (!) S V (O).**
意味：（一連の発話の途中で）ああ（そうそう）[あっ（そうそう）]（!）（今気づいたんだけど）S が（O を）V する．
解説：一連の発話の途中で，突然気づいたことを述べる際に用いられる．

【用　例】
WAITRESS: What about you? SAM: Yeah, I . . . I wan . . . I would like to have two eggs, sunny side up. *Uh*, but not runny, okay? —*Sam*［映］ウェイトレス：そちらは何になさいますか？ サム：ああ，僕，僕は……卵を 2 つ，目玉焼きにして．あっ，でも，少し固めで，いいかな？（補足的な陳述の導入）/ NITA: Mr. Marchall? CHRIS: What a surprise, a dog walker. Let me guess. *Uh*, Jerry sent you. —*Maid*［映］（ホテルから遣わされた犬の散歩請負人のニタが彼らの前に現れる）ニタ：マーシャル様ですね？ クリス：驚いたな，犬の散歩請負人とは．さては，あっ，ジェリーの差し金だね（思いついた考えの提示）/ DONNA: I don't wanna move. Uh ah. Uproot the kids? I got a couple of girls. Honest to God, I . . . I don't know if I have the energy. *Uh*, you know, I've been sick. Me and Pete both have. —*Erin*［映］ドナ：私は引っ越したくなんかないのよ．全然．子どもたちを生まれ育った場所から引き離すの？ うちには女の子が 2 人いるの．全く……引っ越しをするエネルギーがあるかどうかも怪しいわ．あっそうそう，私，このところ具合が悪いの．私も主人もよ〔相手に理解を求める you know との共起に注意〕（理解を求める陳述の導入）．

【解説 9：依頼表現での使用】 依頼を表す発話の前で用いて，それを突然思い出したように述べることで，相手をずっとこき使おうと思っていたのではないことを示し，配慮を表す［西川 2010］：CAROLINE: Aren't you the maid um, I had yesterday? MARISA: Yes ma'am. CAROLINE: Oh, fantastic. *Uh*, I need another favor. —*Maid*［映］キャロライン：昨日お会いしたメイドさんじゃないかしら？ マリサ：そうです．お客様．キャロライン：わあ，良かった．あっそうだ，もうひとつお願いがあるの．

【用法 4】
形式：《文中》ターンの途中　**S, *uh*, V（O）, etc.**
意味：あのう［ええと］（今どう言おうか考えているのだが），S が（O を）V する．
解説：発話の途中で，次に言うべき言葉を考えていることを示す際に用いられる．

【用　例】
It's not too far — it's about, *uh*, five miles from here. —*CALD*[2] そんなに遠くはありません……およそ，ええと，ここから 5 マイルぐらいです / LARRY: What are you looking at? TEDDY: I'm, *uh* . . . tracking, dear boy. Man's got to track. —*Night* ［映］ラリー：何を見ているのですか？ テディ：私は，あのう，……獲物を追っているんだ，君．男たるもの，追跡ができねばならぬ（適切な言葉を探す）/ RITA: Oh the Porsche, the *uh* . . . *uh* . . . *uh* . . . door handle is a little hidden by that . . . that thingamajig. So if you're having trouble finding it . . . . —*Sam* ［映］リタ：ポルシェの場合，えーと，そのう……えー……ドアの取っ手はその……何とかというもの……でちょっと隠れています．もし見つからないんだったら……（不確かな知識の説明）．

【解説 10：ためらいの態度】 言いにくいことを伝えるのに口ごもったり遠慮しながら話す際に用いる：MIRANDA:（to Andy）There you are, Emily. How many times do I have to scream your name? ANDY: A . . . actually, it's Andy. M . . . my name is Andy. Andrea, but, *uh*, everybody calls me Andy. —*Devil* ［映］ミランダ：（アンディに）やっと来たわね，エミリー．何度名前を呼ばせれば気が済むの？ アンディ：じ……実は，アンディなんです．な……名前はアンディです．アンドレアなんですけど，そのう，皆アンディと呼びます（⇒【解説 7】）．

【解説 11：不完全な発話】 言うべき言葉が見つからない場合は，そのまま発言が終わることもある：RITA: That's ridiculous. What happened with my car? Because it wasn't my fault. PATRICIA: Oh, I . . . I know. I . . . I . . . *uh* . . . *uh* . . . . —*Sam* ［映］リタ：ばかばかしい．私の車がどうしたって言うの？ だって私のせいじゃないもの．パトリシア：ええ，わ……分かってます．わ……私……あの……あの…….

関連事項

関連表現の比較 (i) uh と oh：uh は話し手がたった今何らかの情報を受け取ったことを表すのに対し，oh は話し手がたった今情報を受け取り，かつその情報が重要な・興味深い・思いがけないものであることを表す．oh の詳細は (⇒ OH).

(ii) uh と ah：いずれも話し手がたった今何らかの情報を受け取ったことを表すが，ah は受け取ったばかりの情報が話し手がすでに考えていたこととつながったことを表し，そのような状況で後続発話を解釈するよう聞き手を導く．ah の詳細は (⇒ AH).

(iii) uh と um：um は uh よりも熟慮していることを強調することで，さらに深いためらい，懐疑心，自信の欠如を表す．たとえば，依頼など伝えにくい内容を述べる前に用い，自分がためらいつつ頼んでいることを示すことによって相手に対する配慮を表す：CAROLINE: *Um*, excuse me. Sorry. Could you just hold up those two outfits that Dolce sent over earlier? —*Maid* [映] キャロライン：あのう，すみません．申し訳ないんだけど．ドルチェが前に送ってきたあの2着を見せてもらえるかしら〔謝罪の前置き表現の excuse me との共起に注意〕/ RITA: But good luck to you. Don't give up. SAM: I'm not gonna give up. Where am I going? PATRICIA: *Um*, I . . . I can show you out. —*Sam* [映] リタ：ご健闘をお祈りしますわ．あきらめないでくださいね．サム：あきらめないよ．僕はどこへ行くの？ (サムが弁護士のリタに愛想をつかされていることを知って，申し訳なさそうに) パトリシア：あの……出口をご案内しますわ．

(iv) uh と er：両語とも /ɛ/ の音を持ち，情報を受け取った際それに対してとりあえず何らかの応答をする場合に用いられる．このようなためらい語は，米国語法では uh, um と，英国語法では er, erm と綴られる [Biber et al., pp. 1053, 1096; Howard 1993, p. 150]：Dana waited. Another woman's voice came on the phone, soft and hesitant. "Hello . . ." "Miss Sisini?" "Yes." "This is Dana Evans. I wondered if —" "*The* Dana Evans?" "*Er* — yes." —Sheldon, *Sky* (ダナが電話をかけた) ダナは待った．別の女性が電話に出た．小さなためらいがちな声だった．「もしもし……」「シシーニさんですか？」「そうですけど」「ダナ・エバンスです．実は——」「あの (有名な) ダナ・エバンス？」「ええまあ——そうですけど」

(西川)

well

概　説

この語は元来，形容詞として「(身体的に) 良い状態にある」の意や，副詞として，「うまく・上手に・十分に」という意を表し，状況に関する書き手・話し手の好ましい評価が示される．発展的に，会話では，文の直前・文中・文尾に生起し，単独でも用いられ，驚き・譲歩・安堵・催促などの話し手の心的態度を表す．

談話標識としてのさまざまな意味は，形容詞や副詞が持つ「良い」という意味に基づき，話し手が受け取った情報に対してそれを受け入れながらも多少の思慮を伴うことを伝える．話を切り出す，相手の発話を受けて返答するなど，さまざまな種類の発話を導入する際に用いられ，発話の状況や前後の発話の内容，さらに音調とも関連し，話し手の多様な心的態度を表す．

安堵や驚きを表す時に，well を使いどのように表現すべきか一瞬考えていることを合図し，それらが簡単に言い表せないほどのものであるということ，あるいは安堵しながらも話し手がまだ十分納得していないことを示す (⇒【解説 1】)．また，相手の発話内容を受けて，返答する前に話し手が考えたりためらったりしていることを示す．特に，即答できない場合や，即座に同意できない場合にどのように返答するべきかを考えていることを示すために頻繁に用いられる．同時に，話し手のさまざまな心情を表す (⇒【解説 2】)．談話の冒頭や話題転換をする時，「さて」と状況が整ったことを確認しつつ少しためらいながら，次の言葉を考えていることを示す (⇒【解説 3, 4】)．

依頼や質問をする際に用いられる (⇒【解説 5, 6】)．また，同意や反論を伝える際にも頻繁に用いられ，それらが十分納得のいくものではないことを示す．一方，熟慮に基づいた真摯なものであることを示すこともある (⇒【解説 7, 8】)．相手や自分の発話内容を訂正する場合にも用いられる (⇒【解説 9】)．また，自分自身に対する肯定的な評価を導入することへのためらいを示すことで謙遜を表す際や，前言をさらに発展させるような内容を導入する前に間を取って，さらに相手の興味を掻き立てる際にも用いられる (⇒【解説 10, 11】)．

well が表すある種の容認や熟慮の態度は，さまざまな発話行為を遂行する中で戦略的に用いられ，対人関係にも貢献する．特に，反論・不同意・依頼・質問などの行為を遂行する場合には，相手の意見や心情を受け入れつつ，それらの発話行為を遂行することへのためらいを示し，相手に対する配慮を伝えることで丁寧さを表す．

文中でも用いられ，話し手が話の途中で詰まり，どのような言葉で伝えようか迷っていることを示す．時おり well で発話が打ち切られることもあり，話が終わった後，まだ何を言おうか考えていることを示す (⇒【解説 12】)．また，単独で用いられ，話し手が相手の発話を受けてどう返答すればいいか考えていることを示し，疑問文で用いられ相手に発話を促す (⇒【解説 13】)．

言語使用域としては，くだけた話し言葉で用いられ，速度の速い会話では w'l [ul] のように発話される．

［以上，Schourup 2001; Biber et al. p. 1048; Swan[3] p. 380; Bolinger, p. 334; 小西 1989 pp. 2002–9; Schiffrin 1987; *OALD*[7]; *LD*[4]; *COB*[5]］

マッピング

用法　［文頭］さて，えーと (配慮を示す)

話題の転換　⇒　解説 4

文中・文尾の well　⇒　解説 12

単独の用法　⇒　解説 13

共起する語句　⇒　解説 15, 16, 17, 18

各用法の解説

【用法】

形式：**《文頭》*Well*(,) S V (O).**

意味：さて[えーと，あのう] (それはそうなんです(が))，S が (O を) V する．

解説：発話するにあたって，多少の思慮が必要なことを示す際に用いられる．

【用　例】

Well, let's see now, I could meet you on Thursday. —*LD*[4] えーと，そうですねえ，木曜日ならお会いできますが［思慮を表す let's see との共起に注意］/ WILLIAM: What are the choices? SPIKE: *Well* . . . wait for it . . . . First there's this one. —*Hill*［映］ウィリアム：どんなのがあるんだい？ スパイク：えーと……ちょっと待っててくれ……．まずこれが 1 つ目だ (慎重な答えの切り出し) / "Please tell the court what else you may have seen or heard." "*Well*, he always called her 'that bitch.' He didn't want her to go near him." —Sheldon, *Nothing*「他に見たり聞いたりしたかもしれないことがあればこの場で述べてください」「そうですね，彼はいつも彼女を『あのアマ』と呼んでいました．彼は彼女がそばに来るのを嫌がっていました」(口にしにくい発話の切り出し) / ED: So, how many altogether? ERIN: *Well*. Er . . . we got just about everybody that came here tonight but that still leaves us about a hundred and fifty short. —*Erin*［映］エド：で，(譲渡契約書は)

全部でどれくらいになる？ エリン：そうね，えーと……今夜ここに来た人は全員よ，でも（調停に持ち込むには）まだ150通足りないわ〔口ごもりのerとの共起に注意〕（はっきりとしない答えの切り出し）．

【解説1：驚き・安堵の表明】 状況や相手の発話内容に対して驚いていることや，完全に納得しているわけではないが，満足感や安堵の気持ちがあることを表す．しばしば急激な下降調で発せられる［Swan[3]; Bolinger; *OALD*[7]］：When Kincaid had finished, he smiled and said, "*Well*! You have some good news, I trust?" —Sheldon, *Dreams* キンケイドは署名を終えるとにっこり笑って言った．「さてと！ 良い知らせがあるんだろうね，きっと」/ Nick: That's why, I took a job. In San Francisco. The executive chef at a new restaurant. Kate: Wow! *Well*, that's great. —*Reservations*［映］ニック：だから，仕事を受けたんだ．サンフランシスコで，新しいレストランの料理長だ．ケイト：わあ！ まあ，それってすごいわね．

【解説2：懸念・ためらいの表明】 発話をする際，その内容を導入することに対する躊躇を示す．そうすることで相手への配慮を示す場合もあれば，苛立ちを伝えることもある［Jucker 1993; Bolinger; *OALD*[7]; *LD*[4]］："What did you think of her boyfriend?" "*Well*, I was a bit surprised . . ." —Swan[3]「彼女のボーイフレンドどう思った？」「そうだね，ちょっとびっくりしたよ……」/ "Would you describe what happened that morning?" Dr. Peterson said reluctantly, "*Well*, things started to go wrong." —Sheldon, *Nothing*「その朝何が起きたのか説明してください」 ピーターソン博士はしぶしぶこう言った．「そうですね，状況が悪化し始めました」（⇒ 用例第3例）

【解説3：談話の切り出し】 話を始めるにあたり，唐突さをなくしてスムーズに話に入るために用いる［Bolinger］："*Well*, now you've seen most of it," Stanford told Sophia at the end of the tour. "I'll show you the rest tomorrow." —Sheldon, *Morning*「さて，君はもうほとんど見学してしまったね」 スタンフォードはツアーの最後にソフィアに言った．「残りは明日見せてあげよう」

【解説4：話題の転換と終結】 新しい話題に転換する際や，話題を切り上げていとまごいする際に用いられる［Schegloff & Sacks; Labov & Fanshel; *OALD*[7]; *LD*[4]］：William: Hello. Anna: You disappeared. William: Yes, I'm sorry. I had to leave. I didn't want to disturb you. Anna: *Well*, how have you been? —*Hill*［映］ウィリアム：こんにちは．アナ：いなくなっちゃったでしょ．ウィリアム：そう，ごめんね．帰らなくちゃならなかったんだ．邪魔したくなかったしね．アナ：

ところで，あれから元気だった？ / Fitzgerald looked around the room. "*Well*, if there's nothing else . . ." Tyler rose. "I think not. Thank you, Mr Fitzgerald, Mr Sloane. If there are any problems, we'll be in touch." —Sheldon, *Morning* フィッツジェラルドは部屋を見回した.「さて，他に何もないようなら……」 タイラーが立ち上がった.「ないと思う，どうも，フィッツジェラルドさん，スローンさん．もし問題でもあればまた連絡を取り合おう」

【解説 5：依頼や提案の切り出し】 相手に何かを頼んだり提案したりする時，そうすることに対するためらいを示すことで丁寧さを表す：FERGASON: *Well*, we have some, uh, things for you to sign here. This officially closes the account. —*Ghost*［映］ファーガソン：あの，サインをしていただきたいものが少しばかりあります．これで正式に解約となります / "How is my husband? Is the doctor going to operate?" "Yes," Kat said. "*Well*, don't ask us to give any of our blood. It's much too dangerous these days, with AIDS and all." —Sheldon, *Nothing*「主人の具合はどう？ お医者様は手術をしてくださるんですか？」「ええ」 カットは答えた.「あのう，献血は困ります．最近エイズやらでかなり危険なので」

【解説 6：質問の切り出し】 質問をすることへの熟慮・ためらいを示すことによって丁寧さを表す．また，相手が当然答えるべきことに対して質問する場合には話し手の苛立ちを示すこともある［*LD*[4]］："*Well*, why don't you ask me?" he said finally. —*COB*[5]「あれ，どうして僕に訊かないんだ？」 ついに彼は言った / "You just never know," Laura Lee Hill said somberly. "*Well* — What can I do for you?" —Sheldon, *Sky*「分からないものね」 ローラ・リー・ヒルは沈んだ調子で言った.「それで……何かお探しですか」

【解説 7：同意・承諾の切り出し】 あらかじめためらいを示すことによって，同意や承諾が十分納得のいくものではないことを伝える［Schiffrin 1987; *OALD*[7]; *LD*[4]］：BERNIE: Always imagined it's a pretty tough job, though, acting. I mean the wages are a scandal, aren't they? ANNA: *Well*, they can be. —*Hill*［映］バーニー：いつだって，役者っていうのは大変な仕事だと思ってたけどさ．だって，ギャラはひどいもんだよね．アナ：なるほど，まあ，そうなんでしょうね．

【解説 8：反論・不同意の切り出し】 相手の発話を受けて，それに同意できないことを表したり，反論を導入したりする前に用いられる．しばしば反論することへのためらいを示すことで相手に対する配慮を表す［Bolinger; Schiffrin 1987; Owen］："And Marc, what do you do?" "I'm with a brokerage house." "Oh, you're one of those young Wall Street millionaires." "*Well*, not exactly, Judge. I'm really just getting started." —Sheldon, *Morning*「で，マーク，君の仕事は何かね？」「証券会社に勤めています」「ああ，君は例の若くして金持ちになったウォールストリートの 1 人ってことだね」「いやあ，それは少し違います，裁判長．私はまだほんの駆け出しですので」/ ERIN: I left a message. I've been dealing with this real estate thing. I was gonna write a whole damn report. ED: *Well*, that's not how we work here. You don't just, uh, leave a message and take off. —*Erin*［映］エリン：伝言を残したわ．この不動産の件を扱っていたの．報告書も書くつもりでいたのよ．エド：でもな，うちの事務所ではそんなやり方しないんだよ．伝言を残しただけで，まあ，休むなんてことはしないんだ．

【解説 9：訂正・要約を表す用法】 自らの発話を訂正したり要約したりする時に用いられる．また，相手の発話を受けてその内容（の一部）を修正する場合に，そうすることに対する話し手のためらいを示すことで丁寧さを表す［Swan[3]; Schiffrin 1987; *LD*[4]］："There were thousands of people there — *well*, hundreds, anyway." —*OALD*[7]「そこには何千人もの人がいたよ，そうだな，何百人かな，とりあえず」/ HARRY: So baby, you're rich . . . MARIN: *Well*, my mother is, sort of. Not really. —*Something*［映］ハリー：ところで，君って金持ちなんだね……．マリン：っていうか，母がね，小金持ちってとこかな．それほどじゃないけど．

【解説 10：謙遜した態度表明】 話し手が自分自身に対する肯定的な評価を表す発話の前で用いて，それを言うことにためらいを示すことで，謙遜の気持ちを伝える：Over a drink, Kat said, "Everyone talks about what a wonderful doctor you are, Ken." "*Well*," Mallory said modestly, "I've had fine training, and I care a lot about my patients. They're very important to me." —Sheldon, *Nothing* 1 杯飲みながらカットは言った．「皆あなたは素晴らしいお医者様だと言ってるわ，ケン」「どうかなあ」 マロリーは謙遜しながら言った．「良いトレーニングを受けてきたし，患者はとても大切にしている．彼らは僕にとってはとても大切な人たちだからね」

【解説 11：話を興味深くする】 発話の中で間を持たせることによってもったいをつけ，導入しようとしている内容をさらに興味深いものにする．しばしば新しい話題を導入した後，それに関して驚くような新しいことを述べる［Swan[3]; Bolinger; *LD*[4]］：LARRY: Okay, you like Tyrannosaurus Rex? NICK: Yeah. LARRY: Yeah? *Well*, I call him Rexy. And he's about to come to life, Nicholas, [⋯]. —*Night*［映］ラリー：よし，お前はティラノサウルスのレックスが好きだろう？ニック：うん．ラリー：だよな．いいか，俺はあいつをレクシーって呼んでるんだ．もうすぐ生き返るぞ，ニコラス［⋯］．

【解説 12：文中・文尾の well】 文中では，話の途中で適切な言葉を選んだり，どのように言うべきかを考えたりするための言い淀みを表す．文尾では，話が終わった後もまださらに言うべきことを探したり考えたりしていることを示す：DONNA: No, no, no. No, that's . . . that's not what, that's not what our doctor said. He said that . . . uhm, *well*, that one's got absolutely nothing to do with the other. —*Erin*［映］ドナ：違う，違う，違うのよ．そうじゃなくて……医者がそう言ったんじゃないの．彼はね……えーと，そのう，これとそれとは絶対に何の関係もないって言ったの〔言い淀みの uhm との共起に注意〕.

【解説 13：単独の well】 話し手が返答に窮し（後続発話を予測させながらも）後が続けられない時，どのように自分の気持ちを伝えるべきか分からないという心情を表す．また，上昇調の音調を伴い疑問文として用いられ，相手に発言を促す．時に苛立ちを表す［Bolinger; *OALD*[7]］：JULIAN: Harry, why don't you take it. HARRY: No, no. I think I'm gonna walk. You two take it. ERICA: *Well*. —*Something's*［映］ジュリアン：ハリー，乗って行かない？ ハリー：いや，僕は歩くよ．君たちが乗ればいい．エリカ：あのう.

【解説 14：くだけた会話での発音】 速度の速いくだけた会話では［ul］と発音され，W'l, wul と綴られることもある：MIRANDA: Who are you? ANDY: Uh, my name is Andy Sachs. I recently graduated from Northwestern University. MIRANDA: And what are you doing here? ANDY: *W'l*, I think I could do a good job as your assistant. —*Devil*［映］ミランダ：あなたは誰？ アンディ：ああ，アンディ・サックスといいます．最近ノースウェスタン大学を卒業しました．ミランダ：それで，ここに何をしに？ アンディ：あのう，あなたのアシスタントとしていい仕事ができると思います.

【解説 15：oh との共起】 下降調の音調で，失望や懸念を感じながらもある状況をしぶしぶ容認することを示す［Bolinger; *LD*[4]; *COB*[5]］：Mallory said, "What about tomorrow night?" "I'd love to . . ." "Great!" ". . . but I can't." "*Oh. Well*, what about Friday?" —Sheldon, *Nothing* マロリーは言った．「明日の夜はどうだい？」「いいけど……」「良かった！」「……でも無理よ」「ああ．じゃあ，金曜日はどうかな？」/ ERIN: Uh, well, Mrs. DeSoto said that she wasn't exactly sure what you had. LAURA: *Oh*, *well*, we know what it is. MIKE: It's . . . it's gastrointestinal . . . . LAURA: Gastrointestinal cancer. —*Erin*［映］エリン：あっ，えーと，デ・ソトさんがおっしゃっていましたが，あなたが何の病気かはっきりしないんですね．ローラ：ええ，まあね，私たちは知っているのですが．マイク：そのう……腸の……．ローラ：腸癌なの．oh の詳細は（⇒ OH）.

【解説 16：then との共起】 あまり好ましくない状況に対し，話し手がしぶしぶ納得・容認したことを伝え，次の行動に進もうとする：WILLIAM: I saw you put that book down your trousers. THIEF: What book? WILLIAM: The one down your trousers. THIEF: I haven't got a book down my trousers. WILLIAM: Right. *Well*, *then* we have something of an impasse. I tell you what, I'll call the police. —*Hill*［映］ウィリアム：見たよ，君がズボンの中に本を入れるのを．万引き男：何の本？ ウィリアム：君のズボンの中の本さ．万引き男：そんなことしてないよ．ウィリアム：そうかい．なるほど，じゃあ，しょうがないな．警察を呼ぼう．then の詳細は（⇒ THEN）．

【解説 17：yes との共起】 yes が well に後続する場合は，相手の発話を受けて，その内容をとりあえず肯定しながらも，何か付け加える必要がある時に，それを言うことへのためらいを表す．またそうすることによって丁寧さを表す．さらに，話し手が同意・承諾することに少なからずの躊躇があることを表す："She worked as a secretary. Didn't you say you needed a new file clerk?" "*Well*, *yes*, but . . . wait a minute!" —Sheldon, *Nothing*「彼女は秘書として働いていたんだ．君だってファイルを整理してくれる人が必要だって言ってたじゃないか」「うーん，そうなんだけど……ちょっと待ってくれよ」/ ED: Jesus! And this guy just offered all this information? ERIN: *Well*, *yeah*. I mean, Nelson cared what's in those ponds. He used to spend half the day wading around in them . . . that was his job. —*Erin*［映］エド：何てことだ！ で，その男が情報を全部出してくれたのか？ エリン：まあ，そうよ．つまり，ネルソンはあのため池の中が気になっていてね．半日がかりで見回っていたらしいの．それが彼の仕事だったのよ〔説明を導入する I mean との共起に注意〕．yes の詳細は（⇒ YES/NO）．

【解説 18：you know との共起】 相手が自分の言うことを理解していなさそうな時，ためらいを示しつつ，相手の理解を期待しながらさらに発話を続ける：WILLIAM: I mean, today's newspapers will be lining tomorrow's waste paper bins. ANNA: Excuse me? WILLIAM: *Well*, *you know*, it's just one day. Today's papers will all have been thrown away tomorrow. —*Hill*［映］ウィリアム：つまり，今日の新聞は明日はごみ箱行きなんだ．アナ：何ですって？ ウィリアム：うーん，分かるだろ，その日しか役に立たないんだ．今日の新聞は明日にはもう捨てられるんだよ．you know の詳細は（⇒ YOU KNOW）． （西川）

why

概　説

この語は元来，疑問副詞として「なぜ，どうして」の意を表す．発展的に，間投詞としてくだけた話し言葉で用いられて，驚きなどを表す．間投詞として用いられた場合においても，「なぜ……するのか (しなくていいのに)」，「なぜ……しないのか (したらよいのに)」の含意をしばしば伴う．

談話標識 why は，「おや，まあ，何だ；ええと」の意で，話し手が驚いたり熟慮したりしているという心的態度を持っているという文脈で後続発話を解釈するよう仕向ける機能を持つ．

通例文頭で，「あら，ええと」の意で，意外な発見や認識を強調する際や，話し手の熟慮を表す際に用いられる (⇒【解説 1, 2】)．また，強い疑念から生じる苛立ちや不満を表す場合や，そこから生じる反論や抗議をする場合にも用いられる (⇒【解説 3, 4】)．

言語使用域としては，主にくだけた話し言葉で用いられ，古風な響きを伴う．特に驚きを表す用法は米国語法の話し言葉で多く見られる．

［以上， Wilson, p. 467; *OALD*[7]; *CALD*[2]; *LD*[4]］

マッピング

用法　［文頭］あら，ええと (意外さ，熟慮の態度表明)

関連事項　関連表現の比較　why と well

各用法の解説

【用法】

形式：**《文頭》*Why*(,) S V (O).**

意味：あら[ええと]，S が (O を) V する(んだ，のか)．

解説：意外な発見や認識を強調する際や，熟慮の態度を表す際に用いられる．

【用　例】

MARTY: You guys . . . you guys, look great! Mom, you, you look so thin. LORRAINE: *Why*, thank you, Marty. —*Future*［映］マーティ：皆……皆本当に元気そうだ！母さん，とてもほっそり見えるよ．ロレイン：まあ，ありがとう，マーティ (褒め言葉への意外性) / MIA: Do you want a bite of this? CLARIS: Why not? Well, here goes. *Why*, it's delicious! —*Princess*［映］ミア：ちょっといかが？ クラリス：ありがとう．じゃあ，これにしよう．あら，美味しいわね！（予想外の気持ち）/ "*Why*, it's Sheppard! Glad to see you." —Christie, *Ackroyd*「ああ，シェパードじゃないか．お目にかかれて嬉しいよ」（予想外の出会いの切り出し）

【解説 1：意外な発見・認識】 意外なことを発見したり認識したりした場合に用いられる："Henry's arriving on the twenty-eighth." "*Why*, that's tomorrow!" —*MED*[2]「ヘンリーは 28 日に到着するって」「ええっ，明日じゃない！」/ "Does it mean so much to you?" "Mean much to me? *Why*, it's everything. Freedom . . . life . . . no more scheming and scraping and lying . . ." —Chiristie, *Ackroyd*「それは君にとってそれほど大事なの？」「大事？ おお，全てよ．自由……生活……もう何か企むことも，お金に汲々とすることも嘘をつくこともない……」

【解説 2：熟慮の態度】 熟慮していることを示す："Ever seen this before, Mr. Raymond?" "*Why* . . . I believe . . . I'm almost sure that is a curio given to Mr. Ackroyd by Major Blunt." —Chiristie, *Ackroyd*「以前これを見たことはありますか，レイモンドさん？」「ええ……確か……アクロイド氏にブラント少佐から贈られた品だと思います」（⇒**【関連事項】**）

【解説 3：不満・怒り・苛立ちの表明】 当然だと思っていることと現実が異なる場合，「どうして？」という強い疑念から，しばしば不満や怒り，苛立ちを伴う：Richard: I want two weeks off. My wife and son are in the country and I want to join them. Mr. Brady: *Why*, that's impossible, Sherman. —*Itch*［映］リチャード：2 週間休暇をください．妻と息子は田舎に居て，一緒に過ごしたいのです．ミスター・ブラディ：何言ってんだ，無理だよ，シャーマン．

【解説 4：異論・抗議】 相手に対する不満や苛立ちから，異論を唱えたり，抗議したりする場合に用いられる：Erin: Okay, so here's what I'll do. I'll go to Ted and Rita Daniels, two of the nicest people you could ever hope to meet . . . and I'll tell them that well we can't help them because you just don't wanna work that hard. Ed: Work hard? *Why*, you little manipulative . . . Let me tell you something. I've worked all my life. I built a firm, manage to keep it alive through lawsuits, injunctions, and eviction . . . . —*Erin*［映］エリン：いいわ，だからこうするのよ．テッドとリタ・ダニエル夫妻の所へ行ってくるわ，2 人は最高にいい人たちよ．……あの人たちに言うわ，力になれませんって，弁護士にやる気がないからね．エド：やる気がない？ 何だって，おい，ずる賢い奴め……ひと

こと言わせてもらうぞ．私はこれまでずっと働いてきたんだ．法律事務所を設立して訴訟も差止めも，追いたても何とかやり遂げている…….

関連事項

関連表現の比較　why と well：いずれも両唇音 [w] により，話し手が熟慮していることを表すが，why は突然起こる発話と関連し，基本的に「なぜ」という話し手の疑問から自動的に生じる純粋な熟慮である．一方，well は基本的に現状を容認しつつ話し手が言うべきことを考えている熟慮である [Schourup 2001, p. 1048]（⇒【解説 2】）．well の詳細は（⇒ WELL）．　（西川）

yes/no

概　説

基本的に，yes は質問に対する肯定の応答を，no は否定の応答を与えるために用いられる．また，yes は提案・依頼・申し出に対する受諾に，no はそれらに対する拒絶に用いられる．さらに，相手の発話内容に対して，話し手が yes は肯定，no は否定の評価を与える際にも用いられる．

談話標識として yes と no は，さらに幅広く用いられ，相手の発話を受けて話し手が何らかの情報を伝える前に先行発話の内容に対して一応の同意・不同意，あるいは肯定・否定の評価を与えるために用いられる（⇒【解説 1, 2】）．同意・不同意を強く伝えたいときには複数回繰り返すこともある（⇒【解説 3】）．yes と no は話し手が自ら発した直前の内容の正当性・妥当性を強調することで確認をし（⇒【解説 4】），no は直前の内容を強く否定することで修正を行う（⇒【解説 5】）．特に自分の発話が相手の誤解を招く恐れが生じた場合に頻繁に用いられる．

また，yes によって発話の開始を望む相手にその許可を与えたり，誰かが話し続けるのを促したりすることができる（⇒【解説 6】）．yes は話し手が自らの発話の中で忘れていたことを突然思い出した際に（⇒【解説 7】），さらに yes と no は話している途中で自らを納得させるために用いられる（⇒【解説 8】）．先行発話から導かれる想定に相反する内容を導入する際に yes に but が後続することもある．これは，相手の言いたいことをいったん受け入れることで，それに相反する自分の意見を快く解釈させるための戦略的な用法である（⇒【解説 9】）．

oh や well など他の談話標識とも頻繁に共起し，肯定や否定に伴う話し手の複雑な心情を表す（⇒【解説 10, 11】）．なお，応答詞としては単独でも用いるが，談話標識としては基本的に関連する主文を伴う．

言語使用域としては，話し言葉で用いられる．特にくだけた米国語法の会話では，yes の代わりに最後の子音が脱落した yeah /jɛə/ が頻繁に用いられる．最近では，唇を閉じて yep /jép/，nope /nóup/ のように発音される時もある．他に yup /jʌ́p/，nah /nɑ́ː/ なども用いられる［以上，*OALD*[7]; *LD*[4]; *COB*[5]; *CALD*[2]; *MED*[2]］．

マッピング

用法　［文頭］はい，なるほど / いいえ，そうじゃなくて
（先行発話を受けて，相手や自分の発話の正しさ・間違いの表明）

自己修正の no　⇒　解説 5

発言を促す yes　⇒　解説 6

共起する他の談話標識　⇒　解説 9, 10, 11

各用法の解説

【用法】

形式：**《文頭》** ターンの冒頭　***Yes/No*** **(,) S V (O).**

意味：はい［なるほど，そうですね］/ いいえ［違う，そうじゃなくて］，S が（O を）V する．

解説：先行発話を受けて，その内容や今から述べることが正しい / 間違っている，あるいは事実である / ないことを表す際に用いられる．

【用　例】

"I enjoyed her latest novel." "*Yes*, me too." —*OALD*[7]「彼女の最近の小説面白かったわ」「ええ，私も」/ A: We were talking about walking last night. B: *Yeah*, well, I used to walk a lot, but I, er, I [...] now all I do is eat. —Biber et al. A：昨夜は散歩のことを話していましたね．B：ええ，あのう，昔はよく歩きましたからね．でも，えー，私は［…］今じゃ食べるだけです〔ためらいを表す well との共起に注意〕（相手の発話への賛同）/ "He . . . he hates me!" "*No*. He doesn't hate you." —Sheldon, *Morning*「彼は……彼は僕が嫌いなんだ！」「違うわ．嫌ってなんかいないわよ」（相手の意見の否定）/ George: You always this hard on people who try to help you? Erin: I'm out of practice. George: *Yeah*, well, let me remind you, then. The polite thing is to say you could say, "Thank you." —*Erin*［映］ジョージ：君はいつも助けてやろうっていう人にそんなに辛くあたるのかい？ エリン：慣れてないのよ．ジョージ：なるほど，そうだな，じゃあ教えてあげよう．礼儀正しく振舞うにはまず「ありがとう」っていうことだ〔熟慮を表す well と

の共起に注意］（相手の発話の受容）.

【解説 1：相手の発話内容に対する同意・共感】 肯定文で与えられた相手の発話を yes で受けて，その内容や意図に対する同意や共感を積極的に表す．一方，相手の発話内容が否定文で与えられた時は，no で受けると後続する内容は話し手の同意・共感を示すことになる．またそうすることで時に丁寧さを表す：LUCY: They have Oreo ice cream mud pie. This is so great. SAM: *Yeah*, this is so great. —*Sam*［映］ルーシー：オレオ・アイスクリーム・マッドパイもあるわ．すごい．サム：そうだね，すごいね / "It's not very good, is it?" "*No*, you're right, it isn't." —*OALD*[7]「あまり良くないね」「そうだね，その通りだ．良くないよ」（⇒用例第 1 例）.

【解説 2：相手の発話内容に対する不同意の表明】 相手の発話を no で受けて内容に対する不同意，あるいは相手の発話内容が自分の意図に合っていないことを積極的に表わす．一方，相手の内容が否定文で与えられると，yes に後続する内容は相手に対する不同意となる．そうすることで相手の発話内容を修正することもある．時に失礼な響きを持つ：ERIN: I can't leave my job, George. GEORGE: *Yes*, you can. You can just quit. People do it all the time. —*Erin*［映］エリン：仕事は辞められないわ，ジョージ．ジョージ：いや，辞められるさ．すぐに辞められるよ．皆いつだってそうしてるじゃないか / "Who the hell are you?" "I'm Julia Stanford." She was almost stammering in her nervousness. "*No*. I mean who are you really?" —Sheldon, *Morning*「お前はいったい誰なんだ」「ジュリア・スタンフォードよ」 彼女は緊張のあまりどもりがちになった．「いや，そう（名前を訊いている）じゃなくて，本当は何者なのかを聞きたいんだ」（発話意図のすれ違い）/ Woody looked up at her and shook his head from side to side. He began to sob. "I'm . . . I'm responsible. It's m . . . my fault." "*No*. You mustn't blame yourself. It isn't your fault." "*Yes*, it is," Woody cried. —Sheldon, *Morning* ウッディは彼女を見上げ頭を横に振った．そして，すすり泣き始めた．「僕の……僕のせいだ．僕……僕が悪かったんだ」「違うわ．自分を責めないで．あなたが悪いんじゃないわ」「いや，僕のせいだ」（⇒用例第 3 例）

【解説 3：複数回用いる用法】 前言の内容に強く同意・共感や不同意・反対を伝えたい際には 2 回重ねて用いる：DONNA: So, the whole idea of selling this house if they're not gonna pay us properly, I just don't see the point. ERIN: *Yeah, yeah*, I can see that. —*Erin*［映］ドナ：で，もし会社がきちんとした額を払わないのなら，この家を何とかしなきゃならないなんて，さっぱり分からないわ.

エリン：ええ，ええ，そうよね / HAL: All I'm saying is you two are sisters. You have got to work this out. JANE: I know, but, I'm telling you, she doesn't want to talk to me. HAL: *No*, *no*. She loves you. Everything is gonna be fine. —*Dresses* [映] ハル：とにかくお前たちは姉妹なんだ．2人で解決するんだ．ジェーン：分かってる．でも，言ってるでしょ．あの子は話したくないみたい．ハル：いや，違うよ．あの子はお前が大好きなんだ．うまくいくよ．

次の例では，3回重ねて用い，さらに次の発話もnoで切り出している：ERIN: I know, I know, but the toxicologist that I've been talking to . . . he gave me a list of problems that can come from hexavalent chromium exposure. Everything you all have is on that list. DONNA: *No*, *no*, *no*. *No*, that's . . . that's not what, that's not what our doctor said. —*Erin* [映] エリン：分かるわ，分かる．でもね，私が話した毒物学者……彼は六価クロムにさらされた場合にどんな問題が起こりうるかのリストをくれたの．あなたたち皆の症状はすべてそのリストに入っているわ．ドナ：いいえ，違う，そうじゃない……違うの．私たちのお医者さんはそうは言わなかったわ．

【解説 4：前言を強める用法】 通例コンマを伴い，直前の発話内容の正当性や妥当性を改めて強調したり確認したりする際に用いられる："Making a lot of noise?" "There was plenty of noise, *yes*." —Sheldon, *Nothing*「結構音がしていたかい？」「結構したね．うん」/ SECURITY: I'm afraid I can't really let you through then, sir. WILLIAM: Oh right. I mean, I am a friend, I'm not a lunatic but, *no*, you basically . . . . SECURITY: . . . can't let you through. —*Hill* [映] ガードマン：すみませんが，お通しできません．ウィリアム：ああ，そう，あのさ，友達なんだけどね．変な奴じゃないよ，うん．でも，君は基本的に……．ガードマン：……入れないんです．

【解説 5：自己修正の no】 直前の内容を強く打消し，修正する場合に用いられる．自らの発話内で用いて，前言から予想される相手の誤解を取り除く [Lee-Goldman, pp. 2634–39]：TESS: Jane. JANE: Sorry. Uh, George, this is my sister, Tess. Tess, this is my George . . . *No*! I didn't mean it like that. That's not . . . . —*Dresses* [映] テス：ジェーン．ジェーン：ごめんなさい，あのう，ジョージ，妹のテスです．テス，こちらは私のジョージ……じゃない！ そういうつもりで言ったんじゃなくて，つまり，そのう…….

【解説 6：発言を促す yes】 相手の発話内容を肯定することで興味を示し，さらに話を続けるよう相手に促したり，軽い疑念を表したり，発話内容を確認したりする：“Sorry I'm late — the bus didn't come.” “Oh *yes*?” —*OALD*[7]「ごめん，遅れて．バスが来なくって」「へえ，そう？」〔興味を表す oh との共起に注意〕/ Kendall said slowly, “I got lost that day.” “*Yes*? What else?” Tyler asked. —Sheldon, *Morning* ケンドールがゆっくりとした口調で言った．「あの日は道に迷ったんだ」「で？ 他には？」 タイラーが尋ねた．

【解説 7：突然の想起を表す yes】 何かを思い出したり，思いついたりしたことを表す：George: *Yeah*. Um, look, Jane, Tess and I are gonna take Pedro to his baseball game, if you wanna join us. —*Dresses*［映］ジョージ：そうだ．あの，ねえ，ジェーン，テスとぼくは野球の試合にペドロを連れていくところなんだけど，もしよかったら一緒にどう / Lucy: Daddy, what is mustard made of? Sam: Because it's ket . . . *yeah*, it's yellow ketchup. —*Sam*［映］ルーシー：パパ，マスタードは何でできてるの？ サム：それはね，ケチャ……そうそう，黄色いケチャップなんだ（⇒【解説 10】）．

【解説 8：自分を納得させる用法】 そうは思えない状況で，むりやり自分を納得させるために用いられる：Tess: You don't mind, right? Jane: No. No. Tess: I mean, you can have it after me. Jane: No. That's good. It's right. That's what Mom, *yeah*, Mom would've wanted that. *Yeah*. Mom would've wanted that. —*Dresses*［映］テス：気にしないでしょ？ ジェーン：ええ，しないわ．テス：だって，私の後に使えばいいし．ジェーン：いいえ，いいの．それでいいのよ．ママも，そうよ，ママだってそうしてほしかっただろうし．そうよ．ママだってそうしてほしかったんだわ / I pushed myself too hard, he thought. I wasn't really ready to go back to the game yet. . . . What I need is a little pick-me-up. *No*! I won't do that, I can't. I promised. But the team is waiting for me. I'll do it just this once, and never again. I swear to God, this is the last time. He went to his car and reached into the glove compartment. —Sheldon, *Morning* ちょっとやりすぎたかな，と彼は思った．まだきちんと試合に戻る覚悟ができてなかった……．景気づけが必要だ．いや！ だめだ．できない．約束したんだ．でもチームの奴らは僕を待っている．今回限りだ，絶対もうしない．神に誓うよ，これが最後だ．彼は車のところに行き，ボックスに手を伸ばして酒を取った．

【解説 9：but との共起】 先行発話の内容への賛同を表明したにもかかわらず，それに反する内容を述べたり，対照的な考えを述べたりする場合には，先行発話の内容や相手の意図の正当性・妥当性を表明し，相手の気持ちに配慮することによって，丁寧さを表す．同時に，後続発話で伝える内容を相手に受諾させるための戦略として用いられることがある．さらに，いったん相手の発話内容を受け入れながら，重要な情報を導入する時にも用いる：ED: Now go back and see if he'll make a declaration. ERIN: A declaration. ED: *Yeah*, *but* be careful. Don't scare him off. —*Erin*［映］エド：さて戻って供述するつもりかどうか様子を見よう．エリン：供述ね．エド：そう，だが気を付けるんだよ．怖がらせちゃいけない / JANE: You're the one who is always telling me to stand up for myself. CASEY: *Yeah*. *But* that's not what you did. What you did was unleash twenty years of repressed feelings in one night. —*Dresses*［映］ジェーン：あなたはいつも言いたいことを言うべきだって言ってたじゃない．ケイシー：ええ．でもそれとこれとは違う．あんたのしたことは 20 年間のうっぷんを今夜晴らしただけよ．

【解説 10：oh との共起】 何か重要なことを急に思い出したり，思いついたりしたことを表す時に，oh と共起可能：Her father went on, as though there had been no interruption. "Where were we? *Oh*, *yes*. Going out with Shane Miller is a mistake. A big mistake." —Sheldon, *Dreams* 彼女の父親はまるで何もなかったかのように続けた．「どこまで話してたかな？ ああ，そうだ．シェーン・ミラーと付き合うのは間違っている．大きな間違いだ」(⇒【解説 7】)

【解説 11：well との共起】 相手の発話を受けて，即座に同意できない場合には well を用いてためらいを示してから yes と続けることも多い：JEFF: How you doing? I though you guys all wore those penguin coats. WILLIAM: *Well*, *yes*, usually . . . I'd just changed to go home . . . but I thought I'd just deal with this final call. —*Hill*［映］ジェフ：何だい？ 君たちは皆あのペンギンスタイルかと思ってたよ．ウィリアム：ええっと，そうですね，たいていはそうなんですが……ちょうど着替えて帰ろうと思っていたんですが……最後に何かご用がないかと思いまして (⇒ 用例第 2, 4 例)．　(西川)

5　レキシカルフレイズ

I mean

概　説

この表現は，I mean (to say) that . . . が短縮され，会話で挿入的に用いられるようになったものである．談話標識としては，しばしば [əmɪ:n] と発音される．

基本的には，伝達の成功を望む話し手が自らの先行発話に対して修正を行う時に，聞き手に注意を促すために用いられる．このように，I mean は話し手志向で用いられ，聞き手の解釈に困難が予想される状況，言い換えれば，自分の真意が相手に十分伝わるかどうか話し手が不安を感じた時に，頻繁に用いられる傾向がある．また，話し手がさらに入念に真意を伝える合図として機能するので，通例その元となる話し手自身の発話を受けて用いられるが，時に元になる発話が省略されて，I mean で発話が始められることもある．

文頭で「つまり，そのう」の意で用いられ，先行発話の意図を明確化したり，補足説明したり，より適切な表現を付け加えたりする場合に用いられる (⇒ 用法 1)．その際，先行発話の内容を主張する理由を導入する (⇒【解説 2】)．具体的な例を挙げて先行発話を説明する一方で，先行発話で述べた具体的な内容を簡潔にまとめる際にも用いられる (⇒【解説 3, 4】)．さらに，間接的な表現で述べられた発話の真意を導入したり，前言の内容の強さを和らげたりするために戦略的に用いられる (⇒【解説 5, 6】)．また，どのように言うべきか迷っている場合には，話し手のためらいを表す機能を持つ (⇒【解説 7】)．

文中で「つまり，正確に言うと」の意で用いられ，直前の語句を訂正したり，解釈に困難が生じる恐れのある部分を分かりやすい表現で言い直したりする際に用いられる (⇒ 用法 2)．また，発話の途中でどのように真意を伝えるべきかためらったり言い淀んだりする場合にも用いられる．

文尾で「つまり，正確に言うと」の意で用いられ，直前の内容を明確化したり，訂正したり，詳しい情報を追加したりする (⇒【解説 10, 11】)．

言語使用域としては，階級，男女，年齢にほぼ関係なく，くだけた話し言葉で広く用いられる．英国語法より米国語法で若干多く見られる傾向がある．

[以上，Carter & McCarthy, pp. 107–8; Swan[3], p. 157; Macaulay, p. 77; Biber et al., p. 1096; *Bloomsbury*[3], p. 147; Schiffrin 1987, pp. 296, 309–10; Ball, pp. 53, 56; Schourup 1985, pp. 77–79; Quirk et al., p. 1313; Östman, p. 35]

マッピング

用法 1　[文頭] つまり～ということだ (先行発話の明確化・訂正)
2　[文中] つまり～ということだ (直前の語句の明確化・訂正)

垣根言葉 ⇒ 解説 6
文尾の I mean ⇒ 解説 10, 11
共起する他の談話標識 ⇒ 解説 7, 8, 9
関連事項 関連表現の比較 (i) I mean と you know (ii) I mean と in other words (iii) I mean と well

各用法の解説

【用法 1】
形式:**《文頭》*I mean*(,) S V (O).**
意味:つまり[そのう,と[て]いうか],S が (O を) V する(ということだ).
解説:発話内容や意図を相手にきちんと伝えるために,前言を明確化したり,訂正したり,説明を加えたりする際に用いられる.

【用　例】
I'm sure he wouldn't mind. *I mean*, I was the one who asked him. —*COB*[5] きっと彼は気にしないわ.そのう,私が彼に尋ねたんだから / We couldn't live on that! *I mean*, it's ridiculous. —*MED*[2] 私たち,それでは暮らせないわ!というか,馬鹿げてるわ / ERICA: Which record company? HARRY: Drive By Records. ERICA: "Drive By" Records? Is that a joke? *I mean*, what is that? —*Ghost* [映] エリカ:どのレコード会社? ハリー:ドライブ・バイ・レコードさ.エリカ:『ドライブ・バイ』レコード? 冗談でしょ? というか,何それ?(発話意図の明確化) / KATHERINE: And it says here that you're pre-law. What law school are you gonna go to? JOAN: I hadn't really thought about that. *I mean*, after I graduate, I plan on getting married. —*Mona* [映] (学生のファイルを見ながら) キャサリン:それで,ここには法学部志望と書いてあるわ.どのロースクールに行くつもりなの? ジョーン:そんなことを本気で考えたことはありません.つまり,卒業後は結婚準備をするってことです(説明の付加).

【解説 1:内容の補足・説明】 I mean 以下で先行発話で伝えたかったことを明確化するために,内容を補足したり説明し直したりする [Carter & McCarthy, pp. 107–8; Swan[3], p. 157; *Bloomsbury*[3], p. 147; Schiffrin 1987, pp. 296, 309–10; Ball, pp. 53, 56]: WILL: So, Fiona, um, how are you? *I mean*, how are you feeling? —*Boy* [映] (レストランで友人同士が集まっているところにやって来て) ウィル:で,フィオナ,元気かい? っていうか,気分はどうだい?(⇒ 用例第 2, 4 例,**【解説 10】**)

【解説 2：理由の導入】 先行発話で述べたように話し手が判断した理由を導入する場合に用いられる：MICKEY: Yes. They got the admittance form, says she ate nine hours before she was admitted to the hospital. Sister's testimony is no good. *I mean*, the jury knows if we win, she gets the cash. —*Verdict*［映］（2 人の弁護士が担当事例を検討して）ミッキー：そうだな．受付記録があって，病院に入る 9 時間前に食事をしたということだ．姉の証言は良くないな．というのも我々が（裁判に）勝ったら，彼女に現金が入ることを陪審員は知っているからな（⇒用例第 1 例）．

【解説 3：具体例の提示】 先行発話の内容を具体的な例を挙げて説明することを合図する：EMILY: Remember, you and I have totally different jobs. *I mean* . . . you get coffee and you run errands. I am in charge of her schedule . . . her appointment and her expenses. —*Devil*［映］エミリー：いいこと，私とあなたは全く違う仕事をするのよ．つまり……あなたはコーヒーを入れたり，使い走りをしたり．私は彼女のスケジュール……アポや出費の管理をするの．

【解説 4：先行発話の要約】 先行発話で述べた具体的な内容を簡潔にまとめる際に切り出しとして用いられる："I'm like anybody else. You get up, you go out, you sit in the sun, you go to the office, you watch the TV, you play records — *I mean*, I live my life. Just like you." —Greene, *Four*「他の人と同じだよ．起きて，出かけて，日向ぼっこして，会社へ行って，テレビを見て，レコードを聞いて——つまり，自分の生き方で生きてるってことだ．君と同じだよ」

【解説 5：間接的な表現の言い換え】 間接的な表現で伝えた内容を直接的な表現で伝え直す場合に用いられる："I promise you I won't say anything about it," Tracy said coldly. He grinned. "There's really nothing you could say, my dear, is there? *I mean*, who would believe you? *I* am Conrad Morgan." —Sheldon, *Tomorrow*「誰にも話さないと約束します」とトレイシーは冷ややかに言った．彼はにやりと笑った．「君に話せることなんてあるのかな．つまり，君の話を信じる人がいるのかってことだよ．私はかのコンラッド・モーガンなんだからな」

【解説 6：垣根言葉としての使用】 先行発話の内容が強すぎた，言いすぎたと話し手が考えた場合，I mean 以下で内容を和らげる［Swan[3], p. 157］："I wish you'd eat something now."［a sharp bark, startlingly rude］"Shut up!"［silence］"I'm sorry. *I mean*, it was like I was talking to myself. Like I'd forgotten you were here. And your voice . . . ." —Capote, *Hello*「そろそろ何か食べてくれても」［鋭く，

驚くほど無礼な口調で]「黙れ！」〔沈黙〕「すまない．いや，自分に対して言ってたんだ．君がいることを忘れてた感じだ．すると君の声が……」/ HARRY: I'd like to meet your mother. MARIN: No you wouldn't. *I mean*, she's great. She's totally brilliant, but she's not your type. —*Something's*［映］ハリー：君のお母さんに会いたいね．マリン：いえ，だめよ．っていうか，彼女は最高よ．とっても頭もいいし，でもあなたの好みじゃないわ．

【解説 7：ためらいを表す表現との共起】 直前の語句を訂正・明確化し，本当に伝えたいことを述べるが，適切な表現が思い浮かばない時や真意を伝えることをためらっている場合には，well，erm，uh などと共起可能：FRANCES: No, *I mean . . . well*, actually, I have to admit it has been a while. —*Tuscan*［映］フランシス：いいえ，つまり……その，実は，しばらくご無沙汰なものだから……〔予想外のことを表す actually との共起に注意〕/ DOCTOR: Out of curiosity, does he have any special abilities? CHARLIE: *Well*, he, *uh*, *I mean*, he's got a pretty good memory. —*Man*［映］ドクター：ちょっと訊きたいんだが，彼は何か特別な才能があるのかね？ チャーリー：あの，彼は，あの，つまり，非常に記憶力がいいんです (⇒【関連事項 (iii)】)．well の詳細は (⇒ WELL)．

【解説 8：you know との共起】 話し手自身の先行発話の修正を意図しながら，相手が自分の発話を完全に理解しているかを確認したり，理解してほしいという願望を伝えたりしたい場合には，聞き手に同意や理解を求める you know と共起可能：JACKIE: Can you do it or not? NICOLET: *You know*, *I mean* it's possible. —*Brown*［映］ジャッキー：君はできるのかい，どうなんだい？ ニコレット：あのう，つまり，できることはできるんだけど / JIMMY: *I mean*, *you know*, I really like Jasmine. You know that, right? —*Day*［映］ジミー：つまり，いいかい，俺は本当にジャスミンが好きなんだ．分かるだろ？〔後続の right で理解の確認をしていることに注意〕(⇒【関連事項 (i)】)．you know の詳細は (⇒ YOU KNOW)．

【解説 9：so との共起】 結論を述べる時，それが真意であることを合図すると同時に聞き手に注意を促す場合には，so と共起可能：CHRISTINA: You know, even if I did regret not going to the party, it's not like I can do anything about it now. *So*, *I mean*, sometimes you just have to let these things go, right? —*Thing*［映］クリスティーナ：あのね．たとえパーティーに行かないことを後悔しても，今それに対して何ができるっていうもんじゃないじゃない．だから，つまり，忘れちゃえばいいのよ，分かる？〔後続の right で理解の確認をしていることに注意〕．so の詳細は (⇒ SO)．

【用法 2】
形式：**《文中》S, *I mean*, V（O）, etc.**
意味：S が，つまり[そのう，正確に言うと，と[て]いうか]，（O を）V する（ということだ）.
解説：直前の語句を訂正したり明確に言い直して，本当に伝えたいことを述べる際に用いられる.

【用　例】
She plays the violin, *I mean* the viola, really well. —*LD*[4] 彼女はバイオリン，いや，ビオラをとても上手に演奏するんだ / Erica: But in terms of us, *I mean*, you just want to be friends, right? Julian: Honestly? No. —*Something's*［映］エリカ：でも，私たちのことだけど，つまり，ただの友達になりたいってことよね？ ジュリアン： マジ？ 答えはノーだよ（前言の明確化）/ Tess: Why did you say you weren't you last night? Jack: Because I knew what would happen. All mergers and acquisitions. No . . . lust and tequila. Tess: That was . . . *I mean*, that just happened, okay? I want to make it clear, um . . . . —*Girl*［映］テス：なぜ昨日の夜は自分の正体を言わなかったのよ？ ジャック：言ったら何が起こるか知ってたからだよ．合併とか買収の話ばかりさ．いや，欲望とかテキーラ三昧になっていたよ．テス：あれは……つまり，起こってしまったのよ．いい？ はっきりさせておくわ，あの……［okay との共起に注意］（前言の明確化）.

【解説 10：文尾の I mean（前言の明確化）】 文尾で用いられ，前言を分かりやすく言い換えたり，詳しい情報を付加したりする："I'm thinking of asking you to do something that might offend you," he warned. "Professionally, *I mean*." —Freemantle, *Clap*「あなたが気分を害するかもしれないことをお願いしようと考えているんです」 彼は警告するように言った．「つまり，仕事のことでです」/ "Happy?" she asked. "Completely." "I never thought it would end like this. So perfectly, *I mean*." —Freemantle, *Clap*「幸せなの？」と彼女は尋ねた．「完璧だよ」「こんな終わり方をするなんて考えたこともなかったわ．100 点満点ってことね」（言い換え）（⇒【解説 1】）

【解説 11：文尾の I mean（前言の訂正）】 文尾で用いられ，直前の語句や発話の一部を訂正・修正する［Carter & McCarthy, p. 108; Swan[3], p. 157］：She's English . . . Scottish, *I mean*. —*OALD*[7] 彼女は英国人……というか，スコットランド人なんだ / I really do love him . . . as a friend, *I mean*. —*CALD*[2] 本当に彼のことが好きなの……友達としてってことだけど.

関連事項

関連表現の比較 (i) I mean と you know: いずれも伝達を調整するために用いられるが，I mean が話し手志向で自身の前言の修正を目的とするのに対し，you know は聞き手の解釈の確認や情報の共有を目的とする．両者はこの意味で補完的 (complementary) である［Schiffrin 1987, p. 309］: "I thought about you today," she admitted. Frank was delighted. "You did?" "Yes. *I mean*, seeing you again. *I mean*, well, *you know*, seeing you again after so many months." — Harper, *Love*「今日一日，あなたのことを考えてたの」と彼女は告白した．フランクは嬉しかった．「本当に？」「ええ．つまり，もう一度会えるかって．あのう，つまり，何カ月も経って再会できるかしらって」(⇒【解説 8】)．you know の詳細は (⇒ YOU KNOW)．

(ii) I mean と in other words: いずれも言い換えによる発話内容の修正に用いられるが，in other words は同格的に言い換えを示す談話標識であるのに対し，I mean は発話内容の修正を含むもっと広い意味での前言の修正を行う［Schiffrin 1987, p. 302］．in other words の詳細は (⇒ IN OTHER WORDS)．

(iii) I mean と well: いずれも話し手が直前に述べた語や表現の修正に用いられるが，well は主にある尺度で制限を加える修正で用いられ，単なる異なる語の置き換えによる修正には通例用いられない［Schourup 1985, pp. 78–79］: I have a dog, *I mean* / **well*, a cat named Flora. 犬を飼ってるの．いえ，猫よ．フローラっていうの (⇒【解説 7】)．well の詳細は (⇒ WELL)． (西川)

if anything

概　説

この表現は，文字通りには「(事実として) 何か存在するとすれば」の意を表す．談話標識としては，ある状況に対して「どちらかといえば (……である)」の意で，控えめに意見を述べる場合に用いられる．しばしば否定文の後で，前言に反することが事実であることを述べる際に用いられ，「むしろそれどころか (……である)」の意を表す (⇒ 用法 1)．

文中でも用いられ，通例比較構文と共起し，実際に何か変化や相違があるかはっきりとしない場合に用いられ，漠然と誰かあるいは何かが，いかに異なっているかを伝える (⇒ 用法 2)．

言語使用域としては，主としてくだけた言い方で用いられるが，話し言葉と書き言葉の両方で用いられる．

［以上，*ODCIE*; *OALD*[8]; *COB*[3]］

マッピング

用法 1　[文頭] どちらかといえば (控えめな主張)
　　2　[文中] どちらかといえば，むしろ (適切な言葉の選択)

コンマの有無　⇒　解説 1, 7

先行文脈について　⇒　解説 2

文尾の if anything　⇒　解説 5

単独用法　⇒　解説 6

関連事項　関連表現　if any

各用法の解説

【用法 1】

形式：**《文頭》*If anything*, S V (O).**

意味：どちらかといえば，S が (O を) V する.

解説：通例否定文に後続し，それに反する内容を控えめに述べる際に用いられる.

【用　例】

I'm not angry. *If anything*, I feel a little surprised. —Swan[3] 私は怒ってはいない. どちらかといえば，少し驚いている / He doesn't look any slimmer. *If anything*, he's put on weight. —*LED* 彼は全く痩せたようには見えない. むしろ，太ったと言っていい / Alan was no help at all; *if anything*, he made matters worse. —*TCEED*[2] アランは全然助けになっていない. どちらかといえば，事態をより悪化させている / She's not thin — *if anything* she's on the plump side. —*OALD*[8] 彼女は痩せてはいない. どちらかといえば，ぽっちゃりしている / The painting she was working on was a good, vigorous action picture: *if anything* I think she was a better draughtsman than a painter. —*ODCIE* 彼女が取り組んでいた絵画は上手な，活気と動きのある絵画であった. しかしどちらかといえば，彼女は画家というよりも製図が上手な人だったのだと思う (より正確な記述の導入).

【解説 1：コンマの有無】　if anything が文頭にくる場合，直後にコンマが置かれることが多いが，省略されることもある (⇒ 用例第 4, 5 例，【解説 7】).

【解説 2：先行文脈について】　用例第 1～4 例に見られるように，先行文には否定文が来て，それに反する内容を控えめに付け加える際に if anything が添えられることが多い［*COB*[3]］: I never had to clean up after him. *If anything*, he did most of the cleaning. 彼の後にはきれいにする必要が全くなかった．どちらかといえば，彼が掃除のほとんどをやってしまったのだ．

【解説 3: 先行文の補強】 先行文が肯定文の場合には，先行文の主張を強める陳述の導入語句として if anything が用いられる: Katie and I also lived with a friend and we got on OK. *If anything* it strengthened our relationship. —*COB*[3] ケイティーと私はもう 1 人の友人と同居して仲良くやっていた．それどころか，そうしたことで 2 人の関係が強くなった．

【解説 4: 比較構文との共起】 比較級構文に先行することも多い: *If anything*, he looks younger and healthier than he did before. —*MED* どちらかといえば，彼は以前より若く，より健康そうに見える (⇒ 用法 2)．

【解説 5: 文尾の if anything】 控えめに主張を行う場合に文尾に添えられることもある．次例では，垣根言葉として用いられている．I'd say との共起にも注意: I'd say he is more like his father, *if anything*. —*OALD*[8] 彼は父親に似ていると言える，あえて言うとね．

また，相手の発言を訂正して，話し手の主張を強調する場合にも文尾に添えられることがある: Turn the music down? It needs to be louder, *if anything*. —*CIDE* 音楽の音量を下げろって？ いやむしろ，もう少し大きな音にすべきだよ / Too sweet? I thought it was a little dry, *if anything*. —*LDELC* 甘口すぎるって？ むしろ少し辛口だと思っていたんですが．

【解説 6: 単独用法】 文尾にくる if anything が発展的に単独で用いられることもある: "I never even knew your father. I have no way of guessing what he was up to. *If anything*." —Grafton, *Lawless*「あなたのお父さんなんて知ってもいなかったわ．だから彼が何を企んでいたかなんて全く想像もつかないわ．あえて言わせてもらえばね」

【用法 2】
形式: **《文中》S be, *if anything*, C.**
意味: S は，どちらかといえば，C である．
解説: 話し手の慎重な言葉の選択を表し，C に焦点を当てる機能を果たす．

【用　例】

Eleanor was, *if anything*, even more beautiful than I'd remembered. —*TCEED*[2] エレノアは，どちらかといえば，私が記憶していたよりもずっと美しかった / The situation is, *if anything*, worsening rather than improving. —*MED* 状況は好転しているというよりは，悪化している / He had not, it is true, displayed any overt hostility. His behavior had been, *if anything*, rather casual. —*ODCIE* なるほど彼はあからさまな敵意は見せたことがなかった．彼の態度は，どちらかといえば，かなり打ち解けたものだった / I tried starting my car again. "Come on," I said. The engine seemed, *if anything*, a little less energetic. —Grafton, *Noose* 私はもう1度車のエンジンをかけようとした．「さあ」と私は言った．エンジンは，どちらかといえば，少し馬力がないように思われた (適切な表現の選択)．

【解説 7：コンマの有無】 文中においても直後のコンマが省略されることがある："We used to look very nice then, didn't we, Charles?" said Evelyn Ramage, as she showed the old snapshots. "My dear Evelyn, you look, *if anything* more beautiful now," answered Charley Murley. —*ODCIE*「昔は私たちも見栄えが良かったわね，チャールズ」と古いスナップ写真を示しながらエブリン・ラメイジは言った．「愛しきエブリン，君はむしろ今のほうが美しいよ」とチャーリー・マーレイは答えた (⇒【解説 1】)．

【解説 8：動詞句の前での使用】 動詞句の前で用いることも可能："Sometimes it seemed like Granddad — who, *if anything*, intimidates Mom — was more my father than he was." —Patterson, *Judgment*「どうもおじいちゃんのほうが，どちらかといえば，お母さんを怖がらせていて，本当の父親よりも父親らしかったことが時々あったわ」

関連事項

関連表現 if any：if any は，文尾，あるいは文中で「もしあるとすれば」の意で，控えめに尋ねたり，主張したりする場合に用いられる：What happens to the surplus, *if any*? It belongs to the local community who can dispose of it as it sees fit. —*ODCIE* もしあるとして黒字はどうなるか？ 適切だと判断して処理できる地元のコミュニティのものだ / In many small private schools teachers were recruited from the genteel poor and their qualifications, *if any*, were of the lowest. —*ODCIE* 多くの小規模な私立学校では教師は上品な貧しい人々から募集され，彼らの資格は，たとえあるにせよ，最低のものであった / Few foreign films, *if any*, are successful in America. —*LED* 外国の映画でアメリカ

で成功するものは，たとえあるにせよ，ほとんどない．（廣瀬）

if you don't mind

概 説

この表現は，文字通りには「もしあなたが気にしなければ」の意を表し，条件節となるが，主節の内容とは論理的な因果関係はない．

聞き手の気持ちに配慮する表現として，話し手の意向や願望を伝える際の丁寧な態度を表し，「(もしあなたが) よろしければ，差し支えなければ」の意を表す (⇒ 用法 1, 2)．なお，丁寧な言い方で皮肉を込めて話し手の意向を伝える表現としても用いられる (⇒【解説 3, 7】)．通例，文頭や文尾で用いられ，文頭にくるほうがより丁寧な言い方となる．

相手の申し出などに対する丁寧な応答表現として単独でも用いられ，「(もし) よろしければ，お願いします」の意を表す (⇒ 用法 3)．他方，相手のマナー違反等をたしなめる際の切り出し文句や，聞き手の注意を促す表現として「気をつけてください」の意を表し，話し手の苛立ちや怒りなどを表す感情表現としても機能する (⇒【解説 9, 10】)．

言語使用域としては，主に丁寧な話し言葉で用いられ，米国語法と英国語法の両方で幅広く用いられる．

［以上，*OALD*[8]; *LAAD*］

マッピング

用法 1　［文頭］もしよろしければ，差し支えなければ
（意向や願望の丁寧な表明）

2　［文尾］もしよろしければ，差し支えなければ
（意向や願望の丁寧な表明）

3　［単独］どうぞそうして下さい，お願いします（丁寧な同意）

発話行為との関係　⇒　解説 2

皮肉的な用法　⇒　解説 3, 7

yes との共起　⇒　解説 8

相手に注意を与える用法　⇒　解説 9, 10

関連事項　関連表現　(i) if you wouldn't mind　(ii) if you don't mind my asking

各用法の解説

【用法 1】
形式：**《文頭》*If you don't mind*, S V (O).**
意味：もしよろしければ[差し支えなければ]，S が (O を) V する[したい].
解説：話し手の意向や願望を伝える場合の切り出し文句として，話し手の丁寧な態度を合図する.

【用　例】
If you don't mind, I'd like to sit at the back. —*MED* よろしければ，後ろの席に座らせていただきます / *If you don't mind*, I'd rather wait until tomorrow. —*MED* 差し支えなければ，明日まで待たせていただきたいのですが / *If you don't mind*, I won't be joining you at the party tonight — I'm just so tired. —*CIDE* 差し支えなければ，今晩のパーティーは失礼させていただきます．疲れがひどいものですから / "*If you don't mind*, Mrs. Rinaldi, I'd like to take a look." —Segal, *Only*「リナルディさん，よろしければ，ちょっと拝見いたします」(丁寧な意向) / JANE: *If you don't mind*, could I have your broccoli? JOHN: Help yourself. —Spears ジェーン：もしよければ，あなたのブロッコリーをいただいてもいいかしら？ ジョン：どうぞ召し上がれ (丁寧に許可を求める).

【解説 1：主節で用いられる表現】 主節 (帰結節) には話し手の意向を丁寧に表す I'd like to . . . (⇒ 用例第 1 例) や I'd rather . . . (⇒ 用例第 2 例) のような表現が用いられる．なお，否定的な意向・意志を表す場合には，I won't . . . が用いられていることにも注意 (⇒ 用例第 3 例).

【解説 2：発話行為との関係】 丁寧に許可を求める疑問文にも添えられる："*If you don't mind*, would it be all right if I borrowed your car?" "Sure, here are the keys." —バーダマン＆バーダマン「できたら，車を貸してもらえないかな？」「いいよ，ほら，キーだ」

また，丁寧な依頼を表す疑問文が後続することも可能："Do you want me to get you something while I'm at the stationary shop?" "*If you don't mind*, could you get me some paper clips?" —バーダマン＆バーダマン「文房具屋に行くんだけど，何か用事はない？」「もしよければ，クリップを買ってきてもらえないかしら」(⇒ 用例第 5 例)

【解説 3：皮肉的な用法】 丁寧な言い方で皮肉を込めて不快感を示すこともあ

る：*If you don't mind*, I'd like my pen back. —*PESD* 申し訳ないですが，僕のペンを返していただきたいのですが (⇒【解説 7】).

【解説 4：文中の if you don't mind】 文中で用いることも可能．if you don't mind によってワンクッション置き，後続する発話内容に焦点が当てられていることに注意：Then he looked at Andrew with mischief in his eyes and added, "That's *if you don't mind* actually mixing with a Jew boy." —Segal, *Class* それから彼はいたずらっぽい表情を目に浮かべ，アンドリューを見て付け加えた．「こう言っていいなら，これがまさしくユダヤ人の男との付き合い方だ」

【用法 2】
形式：**《文尾》S V (O) (,) *if you don't mind.***
意味：もしよろしければ[差し支えなければ]，S が (O を) V する[したい].
解説：話し手の意向や願望を伝える発話に添えられ，話し手の丁寧な態度を合図する．

【用　例】
I'd prefer to stay in tonight, *if you don't mind.* —*CIDE* 差し支えなければ，今夜は家にいるほうがいいんですが / I'm going to close the window, *if you don't mind.* —*LAAD* 窓を閉めたいんですが，よろしいですか / "You want to give me your number?" "I'll just hold on *if you don't mind*," said Sonny the polite sibling. —Deaver, *Kitchen*「電話番号を聞いておきましょうか？」「よろしければ電話は切らないでおきます」と礼儀正しい兄のソニーは言った (丁寧な申し出) / "You've come to ask me what I know about the death of Betsy Clendenin." "Yes, Sir. I'd like to talk about that, *if ya don't mind.*" —Harrington, *Files*「ベッツィ・クレンデニンの死について私が知っていることを尋ねにいらっしゃったんですね」「おっしゃる通りです．差し支えなければ，その話をしたいんですが」(丁寧な意向)

【解説 5：丁寧な断り】 しばしば相手の申し出や依頼を丁寧に断る際に添えられる："Will you come with us tonight?" "I won't, *if you don't mind* — I've got a lot of work to do." —*OALD*[8]「今夜私達と一緒に行きませんか」「よければ遠慮したいのですが．しなければならない仕事がたくさんあるので」

【解説 6：念押し】 付け加えた発話に添えて，念押しをする場合に用いられることがある："Okay, you guys, it's yours. Keep us informed. In triplicate, *if you don't mind.*" —McBain, *Ice*「それじゃ，お前ら，金を取っておけ．我々に連絡を取り続けるんだぞ．3 回連絡するんだ，いいな」

【解説 7：皮肉的な用法】 皮肉を込めて，相手の言動に対して反論する場合に用いられる：I give the orders around here, *if you don't mind.* —*OALD*[8] ここで命令を出すのは私です，よろしいですか / "You're making an awful fuss about a few pence." "£3.75 *if you don't mind*, and I want it now." —*ODCIE* 「2，3 ペンスのことで大騒ぎをしているね」「いいですか，3 ポンド 75 ペンスですよ，今払ってもらいたい」（⇒【解説 3】）

【用法 3】
形式：**《単独》A：先行発話　B：*If you don't mind.***
意味：よろしければ[いいですよ]．
解説：相手の申し出に対して，丁寧な同意を表す際に用いられる．

【用　例】
Jane: Shall I open the door? Bill: *If you don't mind.* —Spears ジェーン：ドアを開けていいかしら？ ビル：どうぞ / Tom: Do you want me to take these dirty dishes away? Mary: *If you don't mind.* —Spears トム：僕にこの汚い食器を洗ってもらいたいのかい？ メアリ：もしよければね / "Walter Mahaffey isn't in right now. Shall I set up an appointment for you?" "*If you don't mind.*" —Harrington, *Files*「ウォルター・マハフィは今不在です．アポイントメントを取りましょうか？」「お願いします」（丁寧な同意）/ "You want to hear it again?" "*If you don't mind,*" I said. "I've never heard Lorna's voice, but I'm assuming you can identify her as well." —Grafton, *Killer*「もう 1 度聞きたいですか？」「差し支えなければお願いします」と私は言った．「私はローナの声は聞いたことがないんですが，あなたもきっと彼女を確認できると思います」（丁寧な同意）

【解説 8：yes との共起】 丁寧な応答をする場合に，yes に添えることがある："Would you mind if I asked you a couple of questions?" "You mean, right this minute?" "Well, *yes, if you don't mind.*" —Grafton, *Burglar*「2，3 質問してもよろしいですか？」「あのう，今すぐにですか？」「ええ，そうです，差し支えなければね」

【解説 9：マナー違反に対する注意】 相手が礼儀に反した際に，不快感を示す表現としても用いられる．この場合は先行発話を必要としないことに注意：Bill accidentally sat on Mary's purse, which she had placed in the seat next to her. She said, somewhat angrily, "*If you don't mind*!" —Spears ビルがうっかりメアリのハンドバッグの上に座ってしまった．というのも彼女がそれを隣の席に置いていたからだったが，彼女はいくぶん怒った様子で言った．「気をつけてよね！」/ The ragged hem of it brushed against the neck of one of Hark's nameless associates, an earnest young man already bothered by Bright's body odor. "*If you don't mind*!" He said sharply, swinging a backhand toward Bright, and missing. —Grisham, *Testament* そのぼろぼろのへりが，ハークの名もなき取り巻き連中の1人の首に軽く触れた．その熱心な若者はすでにブライトの体臭を嫌がっていた．「気をつけろ！」 彼は，ブライトを払いのけるようにきつい口調で言い，姿を消した．

【解説 10：注意喚起】 相手が失敗を犯しそうな場合に，それを避けるために相手の注意を喚起する表現として用いられる："*If you don't mind*!" said Jack, swiftly retrieving his glass before it reached Patrick's lips. —*ODCIE*「気をつけてください！」とジャックは，彼のグラスがパトリックの唇に届く前に素早く取り戻して言った / "*If you don't mind*! That's my briefcase you have picked up." "Oh, I'm terribly sorry. Mine looks just like yours." —バーダマン & バーダマン「ちょっとすみません！ あなたが手に取ったのは私のブリーフケースですよ」「あっ，どうもすみません．私のもあなたのとそっくりなんです」

【解説 11：excuse me の意を表す用法】 excuse me と同義的に，その場を離れる際の断り文句として用いられる場合がある．より丁寧な言い方となる："I am kind of tired," she said to her mother. "*If you don't mind*." "Of course," Nerheim said with a tolerant smile, and rose from the table. —Patterson, *Judgment*「少し疲れたわ」 彼女は母親に言った．「失礼するわ」「もちろんいいわよ」とナーハイムは忍耐強く微笑んで言い，テーブルから立ち上がった．

関連事項

関連表現 （i）if you wouldn't mind：if you don't mind と同様に用いられる．より丁寧な表現となる：Can you read that form carefully, *if you wouldn't mind*, and then sign it. —*OALD*[8] もしよろしければ，その書類を注意深く読んで，それからそれに署名をなさってください / "Okay," he said. "Meaning you want me to tell him to get his ass to Richmond. Versus your telling him." "*If you* *wouldn't mind*, I'm beat." —Cornwell, *Exposure*「分かった」と彼は言った.「つまり私に，彼がリッチモンドに来るように言ってもらいたいんだね．あるいは，君が彼に言うかのどちらか」「もし許していただけるのでしたら，私はくたくたなのでお願いします」

(ii) if you don't mind my asking の用法：my asking との対応で，通例疑問文に添えられる："What's she do, *if you don't mind my asking*?" —Block, *Walk*「お尋ねしてよろしければ，彼女の職業は何ですか」．文中でも可能："So how, *if you don't mind my asking*, do I come into it?" —Block, *Walk*「それで，もし訊いてよければ，僕はどんなふうにその事件に関わっていけばいいのですか？」

（廣瀬）

if you like

概　説

この表現は，文字通りには「もしあなたが好むなら」の意を表し，条件節となるが，主節の内容とは論理的な因果関係はない．

話し手が申し出や提案，勧誘などを行う際に，相手の立場から発話する場合に用いられ，「(もしあなたが) よろしければ」の意を表す．主節の内容を相手に押し付けない丁寧な話し手の態度を表す．文尾に現れることが多いが，文頭にくることも可能 (⇒ 用法 1)．

また，適切な語句の選択を合図して，「たとえて言うなら，言ってみれば」の意を表す．この場合，文中で，提示する表現の前にくる場合と言い換えた表現の後置修飾語句として添えられる場合がある (⇒ 用法 2)．

さらに，申し出や提案，許可を求める発話に対する応答表現として単独で用いられ，「(あなたがよければ) どうぞ，いいですよ」の意を表す (⇒ 用法 3)．

言語使用域としては，特に英国語法やニュージーランド英語の話し言葉で多く用いられるが，米国語法においても用いられる [以上，*OALD*[8]; *Active*[3]]

マッピング

用法 1　[文尾] (もしあなたが) よろしければ
　(丁寧な申し出・提案・許可の表明)
2　[語修飾] たとえて言うなら，言ってみれば (適切な言葉の選択)
3　[単独] (もしあなたがよろしければ) どうぞ，いいですよ
　(丁寧な賛同)

発話行為との関係　⇒　解説 1, 7
文頭の if you like　⇒　解説 2

if you'd like の用法 ⇒ 解説 3, 10
関連事項 関連表現 (i) if you please (ii) if you would

各用法の解説

【用法 1】
形式：**《文尾》S V (O) (,) *if you like.***
意味：(もしあなたが)よろしければ，S が (O を) V する．
解説：申し出や提案を表す文に後続し，相手の都合を配慮した話し手の丁寧な態度を合図する．

【用　例】
I'll give you a lift, *if you like*. —*TCEED*[2] もしよろしければ，車で送りましょう / I'll take him to the hospital *if you like*. —*MED* よければ私が彼を病院に連れて行きますよ / We'll go to the Louvre tomorrow *if you like*. —*MED* よければ明日ルーブル博物館に行きましょう / We could watch a video this evening *if you like*. —*Active*[3] よければ今晩ビデオを観ましょう / "Claire Phillips. I'll give you her number, too, *if you like*." —McBain, *Hope*「クレア・フィリップスです．よろしければ彼女の電話番号も教えますよ」(丁寧な申し出)

【解説 1：発話行為との関係】 主節には，I を主語にして申し出 (⇒ 用例第 1, 2, 5 例) を表したり，we を主語にして勧誘 (⇒ 用例第 3, 4 例) を表す発話がくる．また，次のように you を主語にした文や命令文に添えられ，許可を表す：You can stay here *if you like*. —*COB*[3] あなたが望むならここにいていいよ / "Call me daddy," he said, "*if you like*." —Sanders, *Bending*「よければお父さんと呼んでいいよ」と彼は言った / "I didn't mean to interrupt you." "Not at all. Come on in, *if you like*. I'm just going through the boxes," I said. —Grafton, *Lawless*「あなたの邪魔をするつもりはなかったのですが」「全然気にしていません．よろしければ入ってください．書類の記入欄に目を通しているだけですから」と私は言った．

【解説 2：文頭の if you like】 文頭で用いることも可能．この場合，まず話し手の丁寧な態度が打ち出され，文尾にくるよりもより丁寧な申し出や提案を表す：*If you like*, we could go out this evening. —*OALD*[6] よろしければ，今晩でかけましょう / "*If you like*," he said, "I'll give Debra a call, ask if it's okay to supply the information you're looking for." —McBain, *Mischief*「よければデブラに電話して，あなたが探している情報を提供してくれるか尋ねてみましょう」と彼は言った / "Let's put it this way. I'm not satisfied, but it's your money. *If you like*, I can nose around for a couple days and if nothing turns up, we'll dump the whole business and you'll just have to live with it." —Grafton, *Deadbeat*「ではこうしましょう．私は満足していませんが，あなたのお金の問題ですからね．よろしければ，2, 3 日嗅ぎまわってみて，もし何も出てこなかったら，我々は全ての仕事を打ち切るので，あなたには現状に我慢していただくしかありません」

主節に you can がくると，丁寧な依頼や許可を表す："*If you like* you can wait till I leave, then call the police." —Green, *Juror*「よければ私がこの場を離れるまで待って，それから警察に電話してください」/ "Look," I said, smiling at her, "*If you like*, you can put on your hat and coat and walk out of here right now." —Sanders, *Seduction*「ねえ，君が望むなら帽子とコートを身につけてすぐにここを出て行っていいよ」と彼女に微笑みかけながら僕は言った．

【解説 3：if you'd like の用法】 しばしば would を伴った if you'd like の表現も用いられる．より丁寧な言い方となる：*If you'd like*, I'll do the dishes. —*LAAD* もしよろしければ，私が皿洗いをしますよ / "I'm Danny's dad. *If you would like*, we could have breakfast in the morning." —Segal, *Class*「私はダニーの父親です．もしよければ朝食を一緒にどうですか」（丁寧な勧誘・提案）．次は文尾の例："I could go in with you *if you'd like*." —Roberts, *Manhattan*「もしよろしければあなたに協力しますよ」（丁寧な申し出）（⇒【解説 10】）

【用法 2】
形式：**《語修飾》A, *if you like*.**
意味：たとえて言うなら［言ってみれば］A である《A は名詞句》.
解説：物事について新しい言い方をする場合に用いられ，相手に賛同を求める形で陳述を和らげ，しばしば相手から反発が出るのをあらかじめ防ぐ防御的な態度を表す．

【用　例】

This is a milestone, *if you like*, in the study of human genes. —*OALD*[5] これは，こう言ってよければ，人間の遺伝子研究において，画期的な出来事だ / His latest sculpture is an object of beauty, a masterpiece *if you like*. —*MED* 彼の最新の彫刻は美のオブジェで，傑作と言っていいようなものだ / This is more like a downpayment, or a deposit, *if you like*. —*COB*[3] これはどちらかと言えば手付金で，言い換えると，前払い金と言っていいようなものだ．

【解説 4：程度を強める】 前言で用いた言葉を一歩進めて言い換える場合に用いられることもある：It was a misleading thing to say; dishonest, *if you like*. —*TCEED*[2] それは誤解を招く言い方であった．不正直と言っていいくらいのものだ．

【解説 5：前置修飾の用法】 文中で前置修飾として用いられる．この場合，後続する表現に焦点を当てる働きがある：It was, *if you like*, the dawn of a new era. —*OALD*[8] たとえて言うなら，新しい時代の夜明けが訪れた．

【解説 6：その他の類似表現】 if you will や if you please も適切な言葉を選択する際に用いられる：“So your mother was . . . sort of a substitute, huh?” “A surrogate, *if you will*.” —McBain, *Ice*「じゃあ君の母親は……いわば身代わりということかい？」「言うなれば，代理母だったんだ」/ After all, Caroline had thought, it was comfortingly better than “headed straight for menopause, with cellulite lurking around the corner. . . .” Which was, *if you please*, a suitable description for a high federal judge. —Patterson, *Judgment* つまるところ，「セルライトがすぐそこに潜んでいるような更年期にまっしぐらだ……」と言われるよりは心地よいほど適切な表現だとキャロラインは思った．というのもそれは，いわば，身分の高い連邦判事にうってつけの表現だったからだ（⇒【関連事項 (i)】）．

【用法 3】
形式：《単独》A：先行発話　B：*If you like.*
意味：（もしあなたが）よろしければ［どうぞ］．
解説：提案・申し出に対して，相手の立場になって丁寧な賛同を表す応答表現として用いられる．

【用　例】
“I’ll come with you to the station.” “*If you like*.” —*Active*[3]「駅まで一緒に行きましょう」「お願いします」/ “Shall we go out for a meal tonight?” “*If you like*.” —*TCEED*[2]「今夜食事に出かけませんか」「よろしいですよ」/ “Let’s sit here for a minute.” “OK, *if you like*.” —*MED*「ここにちょっと座りましょう」「ええ，いいですよ」/ “Shall we stop talking about her?” “*If you like*.” —*COB*[3]「彼女の話

をするのはやめにしませんか？」「いいですよ」/ "Then I can call you again?" I said eagerly. "*If you like.*" —Sanders, *Seduction*「それじゃ，あなたにもう 1 度電話していいですか？」と私ははやる思いで言った．「どうぞ」（丁寧な賛同）

【解説 7：発話行為との関係】 通例，聞き手の申し出（⇒ 用例第 1, 4 例）や提案（⇒ 用例第 2, 3 例）の応答表現として用いられる．また，次のように許可を求める疑問文の応答にも用いられる："Kinsey Millhone. May I join you?" [···] "*If you like,*" he said. —Grafton, *Judgment*「キンジー・ミルホーンです．ご一緒させてもらっていいですか」[···]「よろしければどうぞ」と彼は言った / "I know what you want. But can we talk a minute?" "*If you like.*" —Sanders, *Seduction*「君の欲しいものは分かっている．でも少し話していいかい？」「いいですとも」

次例は，自らの発話の中で聞き手に許可を与える際に単独で用いている例：He looks down upon 224 from his high altar and says, "You may be excused, ma'am. *If you like.*" —Green, *Juror* 彼は高い判事席から 224 番の番号札をつけていた人物を見下ろして言った．「退席してよろしいですよ．そうしたければ」

【解説 8：聞き手の陳述への同意】 聞き手の立場に立って，陳述に同意する場合にも用いられる："And we'll have a lot of children." "Sure. *If you like.*" —Sheldon, *Nothing*「そして子どもをたくさん持つのね」「もちろんさ．君が望むならね」

【解説 9：聞き手の言葉への同意】 聞き手の言葉の選択に同意する場合にも用いられる："The point is, I don't blame all men for the faults of one." "You're just cautious." "*If you like.*" —Roberts, *Hero*「大事なことは，ひとりの人の欠点で必ずしも全ての人を責めはしないということなんですよ」「あなたは用心深い人なんですね」「そう言ってくださって結構です」（⇒ 用法 2）

【解説 10：if you'd like の用法】 would を伴う表現も単独で用いられ，聞き手の申し出や提案に同意を表す．より丁寧な言い方となる："Can we have spaghetti tonight?" "*If you'd like.*" —*LAAD*「今夜スパゲッティを食べませんか？」「あなたがそうしたければね」

次は許可を与えている例："May I call you Ted and Jane?" "*If you'd like,*" Ted smiled back diplomatically, "but my wife's name is actually Sara." —Segal, *Class*「あなたがたのことをテッドとジェーンと呼んでいいですか？」「よろしいですよ，でも家内の名前は実はサラというんですよ」と彼はそつなく微笑み返した（⇒【解説 3】）．

【解説 11：if you want の用法】 like の代わりに，しばしば want も用いられる："Mind if I come in?" "*If you want*. Place is a mess." —Grafton, *Judgment*「入ってよろしいですか？」「どうぞ．散らかっていますが」

関連事項

関連表現 (i) if you please：この表現は please より堅苦しい言い方で，依頼を表す命令文に添えられることが多い［*MED*[2]; *LAAD*］：Come this way, *if you please*. —*MED*[2] どうぞこちらへおいでください / Spell it for me, *if you please*. —*LAAD* どうか私のためにその綴りを教えてください．

ただし，直接聞き手に向かって非難を表すのにも用いられる：*If you please*, would you be quiet! —*NHD* 言わせてもらうと，静かにしてもらえませんか．

また，間接的な申し出を表す文がくることも可能：John: *If you please*, the driveway needs sweeping. Jane: Here's the broom. Have at it. —Spears ジョン：もしよければ，家の車が通る道を掃除するよ．ジェイン：はい，ほうきよ．頑張ってね．

さらに，申し出に対する応答表現として単独で用いられる：Bill: Shall I unload the car? Jane: *If you please*. —Spears ビル：車の荷物を下ろそうか？ジェイン：よければ，お願い．

次のように，許可を求める発話の応答表現に用いられる："May I go to the movies Mom?" "*If you please*." —*NHD*「母さん，映画に行っていい？」「そうしたければどうぞ」

相手の注意を引く表現としても用いられる：The sugar, Gerald, *if you please*. —*TCEED*[2] よければ，砂糖を取ってくれよ，ジェラルド / Ladies and gentlemen, *if you please*. Miss Taylor's playing for us. —*COB*[3] よろしいですか，皆さん．テイラーさんが私たちのために演奏してくれます．

特に英国語法で，相手の行動に対する不快感や驚きを表す場合に用いられる．古風な言い方となる［*OALD*[6]］：She was pretty unforthcoming. Made Sally wait until she'd cooked Selby's lunch, *if you please*. —*COB*[3] 彼女はとても不親切だったわ．だってセルビーの昼食を作るまでサリーを待たせたのよ / He says the food isn't hot enough, *if you please*. —*OALD*[5] 彼ったら食事が十分温かくないなんて言っているよ．

特に，And now, ... と切り出し，理不尽なことに対する不平や反駁を訴える場合に用いることが多い：And now, *if you please*, he wants me to rewrite the whole thing! —*OALD*[8] 驚いたことに，彼ったら私に全部書き直せって言うのよ！ / "And now, *if you please*, I am to get nothing for all my work!" —*OALD*[3]「こともあろうに，あれだけの仕事に報酬はなしだなんてひどい話だ！」

(ii) if you would：命令文に後続し，丁寧な依頼を表す：“Get a half gallon of low-fat and a quart of orange juice, *if you would*. There’s some money on the kitchen table.” —Grafton, *Judgment*「半ガロンの低脂肪牛乳と1クォートのオレンジジュースを買ってきてください，よろしければね．キッチンテーブルの上にお金がありますから」/ “What do you want me to do in the meantime?” I asked. “Just stay there, *if you would*.” —Grafton, *Judgment*「その間，私に何をしてもらいたいのですか」と私は尋ねた．「そこにずっといてください，差し支えなければ」

相手の申し出に対する応答として単独でも用いられる：“You want me to drop them off?” “*If you would*. I feel like I should do it myself, but I don’t have time.” —Grafton, *Killer*「私に彼らを車で送って行ってほしいのですか？」「よろしければお願いします．自分でそうすべきだと思っているのですが，時間がないんです」

（廣瀬）

mind (you)

概　説

この表現は元来，「これから言うことを心に留めておきなさい，注意しなさい」という命令的な意味を表したが，今日ではこうした意味は薄れ，もっぱら聞き手の注意を喚起する談話標識として機能する．

しばしば文頭で，通例，mind と you の両方に強勢が置かれ，「(念のために) 一言付け加えておくが，いいかい」の意で，先行発話に追加的な説明や異なった観点からの意見を添えて，聞き手の注意を喚起し，前言の妥当性を補強する場合に用いられる．また，自らの発話中にふと気づいて，「もっとも (～だけれどもね)，断っておくが」の意で，少し言いすぎた前言の主張を弱めたり，対照的な内容を述べたりして，聞き手の反論を避ける場合にも用いられる．この場合，聞き手との心理的な距離を詰めようとする話し手の親しみの情や自己防衛の気持ちを表す (⇒ 用法 1,【解説 3, 4】)．

上記の意で文尾にも用いられるが，mind you は追加陳述的に添えられ，通例，mind と you のいずれの語にも強勢は置かれず，you が省略されることも多い (⇒【解説 8, 9, 10】)．文尾に来る場合，話し手，あるいは聞き手にとって明白に思われる内容に後続し，その後にしばしば話し手の主張点を表す but 節を導く合図としても用いられる (⇒ 用法 2,【解説 6】)．

この他，前言の一部を繰り返したり別の表現に言い換えたりして，聞き手の注意を喚起する用法もある．この mind you は，通例，後置修飾の形を取る (⇒

【解説 7, 10】).

言語使用域としては，主にくだけた言い方で用いられ，堅い書き言葉では用いられない．また，米国より英国でかなり広く用いられる．

［以上，Bell 2009, pp. 915–16; Ball, p. 77; Quirk et al., p. 1115］

マッピング

用法 1 ［文頭］（念のために）一言付け加えておくが［いいかい］（前言の追加説明）；もっとも［断っておくが］（対照的な意見の導入）

2 ［文尾］なるほど［確かに］（～であるが）（対照的な主張の導入）

but との共起 ⇒ 解説 4, 6

命令文での使用 ⇒ 解説 5

前言の一部への注意喚起 ⇒ 解説 7, 10

mind のみの用法 ⇒ 解説 8, 9, 10

関連事項 関連表現 (i) mark you (ii) (you) mark my words (!)

各用法の解説

【用法 1】

形式：**《文頭》*Mind you*, S V (O).**

意味：（念のために）一言付け加えておくが［いいかい］，S が（O を）V する；もっとも［断っておくが］，S が（O を）V する．

解説：前言を説明する情報を付け加えたり，前言と対照的な情報を述べることによって聞き手の注意を喚起する．

【用　例】

They pay full rates. *Mind you*, they can afford it. —*COB*[5] 先方が全額を支払うことになっている．いいかい，向こうには余裕があるんだよ / Paul seems very tired. *Mind you*, he has been working very hard recently. —*Wordpower*[2] ポールはとても疲れているようだね．何といっても，彼は最近ずっと一生懸命仕事をしているからね / He's very untidy about the house; *mind you*, I'm not much better. —*CALD* 彼の家はとても散らかっている．もっとも，私の家もそれほどきれいとは言えないがね / I've heard they're getting divorced. *Mind you*, I'm not surprised — they were always arguing. —*OALD*[8] 彼らは離婚するって耳にしたよ．でも，驚いちゃいないよ．だっていつも言い争っていたもの / "A number of acquaintances have been called as witnesses," he tells us. "*Mind you*, I don't know what they were asked, or what they might have said under oath." —Martin, *Judge*「多くの知り合いが目撃者として法廷に召喚されたとのことだ」と彼が私たちに告げた.「もっとも何を訊かれ，宣誓の下に何を語ったかは知らないがね」(聞き手の動揺を避ける)

【解説 1：発音と強勢】 発音に関しては，文頭，文尾のいずれにおいても同化 (assimilation) が生じ，あたかも 'mine Jew' のように発音される．また，文頭では mind と you の両方に強勢が置かれるが，文尾ではいずれの語にも強勢は置かれない [Crystal & Davy, p. 100; Ball, p. 77].

【解説 2：前言の説明】 先行発話の内容を説明する追加情報を提示し，前言の主張の妥当性を補強する：They provide a good service. *Mind you*, they charge enough for it. —*MED*[2] 彼らのサービスは行き届いている．いいかい，それだけお金を取っているんだからね (⇒ 用例第 1, 2 例).

【解説 3：対照的な情報の提示】 先行発話の内容と対照的な情報を提示する場合に用いられる.「もっとも……だけど」の意で，後からふと思いついた情報を付け足すニュアンスを伴う [Bell, p. 916; Carter & McCarthy, p. 111; Swan[3], p. 139]：I don't like the job much. *Mind you*, the money's OK. —Swan[3] その仕事あまり好きじゃないんだ．もっとも，給料はまあまあなんだけどね / The car is a bit too expensive. *Mind you*, it's got a diesel engine so that's good for economy. —Carter & McCarthy その車は少し高すぎるよ．とはいえ，ディーゼルエンジンを積んでいるから，経済的なんだけれどもね (⇒ 用例第 3, 4, 5 例，【解説 4】).

【解説 4：but との共起】 対照的な情報を提示する場合に，しばしば but と共起する．ただし，but 以下にくる内容は必ずしも論理的に矛盾する内容ではないことに注意：He's very well dressed, *but mind you*, he's got plenty of money to buy clothes. —*NTC's AELD* 彼は身なりがすごくいい．でもいいかい，服を買うには十分なほどたくさんお金を稼いでるんだ / Lisa is unfriendly to me, *but mind you*, she's never very nice to anyone. —*NTC's AELD* リサは私に対して素っ気ない．でも言っておくが，誰に対してもそう愛想は良くないね.

次は though 節に mind you が現れている例：I'll be catching up with a few old cronies at the game on Sunday. Though, *mind you*, we had an 80th birthday party for Paddy Reid a fortnight ago. —*The Guardian*, 2003. 3. 26 [Bell 2009, p. 919] 日曜日の試合では何人かの旧友と親交を温めていると思います．でも，言っておきますがね，2 週間前にパディー・ライドの 80 歳の誕生日パーティーを開い

たんですよ (⇒【解説 3】).

【解説 5: 命令文での使用】 聞き手を脅かすような強い語気を持つ命令文とは通例共起しない [Crystal & Davy, p. 100]: **Mind you*, get out! なお, 動詞の mind 自体は命令文との共起が可能: *Mind* you pay the bill each month. —Carter & McCarthy 毎月支払うように気をつけてください.

【用法 2】
形式: **《文尾》S V (O) (,) *mind* (*you*) (, but . . .).**
意味: なるほど[いいかい, 確かに], S が (O) を V する (が……である).
解説: 話し手, あるいは聞き手にとって明白な内容に後続し, but 節を導き, 前言と対照的な主張を導く.

【用 例】
It wasn't excellent, *mind you*, but it was a definite improvement. —*LAAD* なるほど, それは優れたものだとは言えないが, 確かに改善された / You could earn a lot of money in America. I'm not trying to make you leave England, *mind you*, but the idea is worth considering. —*LDEI* アメリカに行けばたくさんお金が稼げるよ. 君をイギリスから追い出そうとしているわけじゃないが, 考えてみる価値はあると思うよ / "The job has a lot of pressure, and that usually means a lot of booze. These guys aren't a bunch of teetotalers, *mind you*, but they keep it under control." —Grisham, *Firm*「この (弁護士の) 仕事はプレッシャーが多いんだ. だからたいてい大酒がつきものなんだ. 皆絶対禁酒主義の連中だとは確かに言えないが, でもな, 誰も飲まれたりはしないんだ」(前置き表現の導入)

【解説 6: but 節の後続】 この用法では, 話し手, あるいは聞き手にとって明白であると思われる内容に mind you が後続し, 対照的な内容が示される but 節を導く. その but 節以下で, 話し手の主張点が示される. 以下の例では but で発話を止め, 相手から意見を求めていることに注意: "You're right," I said. "There's a definite resemblance." "Not that he's the spitting image, *mind you*, but —" "But there's a resemblance." —Block, *Dance*「君の言う通りだ」と僕は言った.「明らかな類似点がある」「言っておくが, 彼はそっくりだというわけじゃないんだ, でも……」「でも, 類似点があるということだね」

【解説 7: 前言の一部への注意喚起】 後置修飾する形で, 使用した言葉の一部を繰り返し，注意喚起するのにも用いられる：Most of our clients are individuals who hold numbered accounts with the bank. You might see their names Penciled somewhere inside the files. Penciled, *mind you*. Erasable. They are to remain officially anonymous. —*Numbered Account*-Christopher Reich [Bell 2009, p. 915] 我々の顧客のほとんどは銀行に番号のついた口座をもっている個人です．おそらくそのファイルの中のどこかに鉛筆書きした顧客の氏名が見つかると思います．鉛筆書きですよ，いいですか．消すことができるんです．その氏名は公式には匿名にしておくことになっています．

前言を言い換えて，強調する場合もある：Mike, bless him, is filthy rich, which he atones for by still wearing his hair in a ponytail and favouring blue jeans (Polo Ralph Lauren's, *mind you*), but happily, no earrings. —*Barney's Version*-Mordecai Richler [Bell 2009, p. 919] マイクは，ありがたいことに，今ではとっても金持ちなんですが，まだポニーテールの髪型をし，ブルーのジーパン（ポロ・ラルフ・ローレンの（高価な）ジーンズですがね）を好むことで償いをしています．幸い，イヤリングは付けていませんがね（⇒【解説 10】）．

【解説 8：mind のみの用法①】 文尾では you を省略して，mind が単独で用いられることも多い．前言の内容を説明する情報を提示する場合に用いられる：I know I'm lazy — I did go swimming yesterday, *mind*. —*CALD* 分かっているよ，私は怠け者なんだ．確かに昨日は泳ぎに行ったよ．

また，しばしば対立的な内容が添えられる [Carter & McCarthy, p. 111]：He's putting on more weight each week. He did go to the gym this week, *mind*. —Carter & McCarthy 彼は毎週のように体重が増えていく．今週は確かにジムに行ったのにね．

【解説 9：mind のみの用法②】 単独の mind は，少し言いすぎた前言に制限を加える場合にも用いられる：You need a bit cold water in there to make it comfortable. Not too cold, *mind*. —*COB*[5] そこで快適に過ごすには少し冷水がいるよ．冷たすぎないように，いいかね / I love hot weather, but not too hot, *mind*. —*LD*[4] 暑い気候が大好きだ．でも，暑すぎないほうがいいよ〔対比を示す but との共起にも注意〕．

【解説 10：mind のみの用法③】 単独の mind は，発話の一部分に注意を喚起する際にも用いられる：The first night, we started — started, *mind* — with a platter of smoked bluefish, one of a dozen thirteen-pounders her husband had caught in the summer off the end of Long Island. —Cooke, *Letters* 最初の夜，私たちは食

事を始めて――初めにですよ――燻製にしたアミキリの大皿から箸をつけた．彼女の夫がロング・アイランド沖で夏の間に捕まえた 13 ポンド級の獲物 1 ダースのうちの一尾であった．

補足的な語句を加える場合もある：“You won't be getting anything for Christmas,” Harry told him, thrusting Omnioculars into his and Hermione's hands. “For about ten years, *mind*.” —Rowling, *Goblet*「これからクリスマスには何ももらえないよ」とハリーは万能双眼鏡を彼とハーマイオニーの手に押し付けながら言った．「いいかい，ざっと 10 年はもらえないよ」(⇒【解説 7】)

【解説 11：文中の mind you】 文中に現れることもある：“It gave me such a shock — not, *mind you*, seeing Elsie, but seeing what she'd grown to be like — that for a moment things swam in front of my eyes.” —*Coming Up for Air* — George Owell [Ball, p. 77]「その光景に僕はとてもショックを受けた．言っとくが，それはエルシーの姿を見たからではない．彼女が大人になってどんなふうになったかを目にしたからだ．一瞬目の前で物がぐるぐる回っているような感じになった」

関連事項

関連表現 (i) mark you：古風な言い方 [Ball, p. 77]：“*Mark you*,” said Blaise, “occasionally it happened that an entirely innocent trader came under suspicion.” —*ODCIE*「申し上げておきますが，全く罪のない貿易商が疑われるなんてことも時折あったんですよ」とブレイズは言った．

文尾でも用いられる：In fact I do not know anything; so I do not bother to say anything anymore. I used to once, *mark you*. —*ODCIE* 実際私は何も知らないんだ．だからわざわざ誰かに何か言うなんてことは決してしないよ．断っておくと，1 度そんなことをした経験はあるがね．

(ii) (you) mark my words(!)：古風な言い方 [*LAAD*]．将来そうなると話し手が確信を持っている場合に用いられる：He'll cause trouble — you *mark my words!* —*CALD* 彼は厄介なことになるぞ．見ていたまえ！ / Then Slughorn's voice rang out through the mist, unnaturally loudly: — “you'll go wrong, boy, *mark my words*.” —Rowling, *Prince* するとスラグホーンの声が霧の中から不自然なまで大きく響いた．「しくじるぞ，この言葉を覚えておけよ」 (廣瀬)

you know

概 説

この表現は，you know that . . . の you know が，that 節と意味的にも音調的にも切り離されて独立した機能を持つようになったものである．会話で，発話内容や意図に対する聞き手の理解・共感・同意を確認したり念押ししたりすると共に，それを期待していることを示し，you know what I mean と同義的に用いられる．たとえば，分かりにくい表現を使った場合，聞き手が十分に理解しているかどうか疑わしい時に，you know 以下で分かりやすい表現や説明を導入する．また，間接的な表現で遠まわしに言った時，真意を導入する．

さらに，as you know（あなたもご承知のとおり）と同様，既知の情報と思われる発話内容を聞き手に想起させる時にも用いられる．このように，you know は挿入的に用いられ，聞き手に発話内容の念押しや理解の確認をしながら注意を喚起したり，聞き手の理解に対する配慮を表すことによって発話を和らげたりする機能を担う．伝達の成功を願う話し手にとっては非常に有効な手段であり，会話では最も頻度の高い表現の 1 つである．また，同じ情報や考えを共有することによって聞き手との連帯感を強めるなど，対人関係調整の機能も担う．

ただし，多用すると話し手の自信の欠如や，効果的に伝達できないことによる神経質さや，聞き手の理解を過度に期待する話し手の甘えを表す．また，言語表現の稚拙さから知性を疑われる恐れもある．

しばしば文頭で前置きとして用いられ，上昇調の音調を伴って「ね，あのね」の意で，「これから伝えようとしていることを理解していただけると思うが」と，新しい情報を伝達するにあたってあらかじめ聞き手の理解や同意を要求したり期待したりして，聞き手の注意を喚起する（⇒ 用法 1）．また，「もうよくご承知でしょうが，念のために確認すると」の含意で既知の事実を導入する場合，その内容を聞き手にあらかじめ想起させるような状況でも用いられる（⇒【解説 7】）．

文中で挿入的に用いられ，「ええと，ほら」の意で，直前に述べた表現を分かりやすく説明したり，これから述べようとすることに対する聞き手の理解・同意・共感を期待したりする前置きとなる（⇒ 用法 2）．また，発話の途中でどう言おうか考えている時や，とりあえず沈黙を避けて話す順番を確保したい時，聞き手の理解を求めつつ修正をする時にも用いられる（⇒【解説 10】）．

文尾で，「いいかい？　分かるかい？」の意で，付加疑問文のように今述べたばかりの発話に対する聞き手の理解や同意を確認したり念押ししたりする際に用いられる．そのため，これで自分の発話の順番が終了したということを知らせる合図としての機能も持つ（⇒ 用法 3，【解説 11】）．

言語使用域としては，階級，男女，年齢を問わず，くだけた話し言葉，特に対面の会話で広く用いられる．また，男女の会話より同性同士の会話でより頻繁に用いられる．英国語法より米国語法で頻繁に用いられる傾向がある．

［以上，Carter & McCarthy, p. 211; Biber et al., p. 1096; Stubbe & Holmes, pp. 63, 73, 80; Erman 1987, 2001, p. 228; Schourup & Waida, pp. 162–92; Schiffrin 1987, pp. 267–95; Holmes, p. 14; Schourup 1985, pp. 94, 109–10, 120–25; Östman, pp. 19–29; Dines, p. 16; Brown, p. 107; Jefferson, p. 69; Lakoff 1972, pp. 919–20; 小西 1980, p. 816; *Bloomsbury*[3], p. 315; Fowler-Burchfield, p. 486; Howard 1993, p. 416; Wilson, p. 473; Hook, p. 258］

マッピング

用法 1　［文頭］ね，～なんだよ（理解・同意を求める）
2　［文中］ええと，～なんだよ（前言の説明，理解・同意を求める）
3　［文尾］～なんだよ，いいかい（確認・念押し）
事実や前言の想起　⇒　解説 7, 14
修正　⇒　解説 10
共起する他の談話標識　⇒　解説 3, 4, 5, 6, 15
関連事項　関連表現の比較　(i) you know と I mean　(ii) you know と you see　(iii) you know と after all　(iv) you know と uh　(v) you know what [something]?

各用法の解説

【用法 1】
形式：**《文頭》*You know*(,) S V (O).**
意味：ね［あのね(え)，ほら］，(分かってくれる［知ってる］と思うけど，分かってほしいんだけど) S が (O を) V する(んだよ).
解説：「これから伝えることを分かってくれる［知っている］と思うが」の含意で，あらかじめ聞き手の理解や同意を求める際に用いられる．

【用　例】
Guess who I've just seen? Maggie! *You know* . . . Jim's wife. —*OALD*[7] 誰に会ったと思う？ マギーだよ！ ほら……ジムの奥さんの（言い換えによる確認）/ KEVIN: Well, would you . . . have a drink with me, yeah? JANE: Uh, *you know*, thank you for bringing back my Filofax. That was very nice. —*Dresses*［映］ケビン：あの，一緒に……1 杯どう？ いいだろ？ ジェーン：ああ，あのね，手帳を届けてく

れてありがとう．どうもご親切に〔相手の発言を一応受け取ったことを示す uh との共起に注意〕(後続発話の内容を思い出させる) / MOLLY: Do you love me, Sam? SAM: Now, what do you think? MOLLY: Why don't you ever say it? SAM: What do you mean, why don't I ever say it? I say it all the time. I feel like . . . . MOLLY: No, you don't. You say "ditto," and that's not the same. SAM: People say I love you all the time and it doesn't mean anything. MOLLY: *You know*, sometimes you need to hear it. I need to hear it. —*Ghost*［映］モリー：私を愛してる，サム？ サム：さて，何を考えてるの？ モリー：どうしてそう言ってくれないの？ サム：どういうこと，なぜそう言わないかって？ ずっと言ってるじゃないか．僕は…….モリー：言ってないわ，「僕も」と言うだけ．同じじゃないわ．サム：いつだって皆愛してるって言うし，それは中身がないじゃないか．モリー：あのね，そう言ってほしい時があるでしょ．私は言ってほしいわ (共感を求める).

【解説 1：共感・理解を求める】 聞き手の同意・共感・理解を期待しながら，後続する発話内容に聞き手の注意を促す［*OALD*[7]; *LD*[4]; *COB*[5]］：KATE: I cooked us something tasty. ZOE: I'm not hungry. KATE: Okay. *You know*, you can leave on Friday. You know that? ZOE: Yes. —*Reservations*［映］ケイト：おいしいものを作ってきたのよ．ゾーイ：お腹すいてない．ケイト：分かった．あの，金曜日には退院だからね，知ってるよね？ ゾーイ：うん (⇒ 用例第 3 例).

【解説 2：談話戦略的な使用】 聞き手の共感や同意を期待しつつ，後続する発話内容に強く注意を促すことから，広告などで戦略的に用いられる［Schourup 1985, pp. 109–10; Schourup & Waida, p. 172］：*Y'know*, there's nothing quite as refreshing as a Coca-Cola. 知ってる，コカコーラほどスカッとする飲み物はないよね．

【解説 3：but との共起】 聞き手の理解・同意を期待しながら，直前の発話と矛盾する内容や相手の発話を受けてそれに反する内容を述べる場合には，対比を表す but と共起可能：I'm not happy with the situation *but*, *you know*, there isn't much I can do about it. —*CALD*[2] その状況はあまり嬉しくないけど，何ていうか，どうしようもないしね．but の詳細は (⇒ BUT).

【解説 4：and との共起】 直前に述べた内容に加えて，さらに相手の理解・同意を期待しつつ意見や情報を述べる場合は，and と共起可能：GEORGE: I mean, we must've stood there for like three or four minutes and just looked at her. And she just had her arm out like that. *You know*, "ball." *And you know*, her little lips wrapped around her. It was great. —*Erin*［映］ジョージ：つまり，きっと僕たち

は 3, 4 分そこにぼーっと立って見てたんだろうな．あの子はひょいと腕を伸ばして，いいかい，『ボール』と言ったんだ．いいかい，小さな唇を丸めてね．すごかった．and の詳細は (⇒ AND)．

【解説 5：well との共起】 熟慮の後，聞き手の理解や同意を期待しつつ，自分の伝えたいことを述べる場合は，ためらいを表す well と共起可能：WILL: Um, she doesn't see much of him, no. No. SUZIE: How does he cope with that? WILL: *Well*, *you know*, he's a very good little boy, very, um, very brave. —*Boy*［映］ウィル：あの，彼女は彼にあまり会いに行ってないんだ，全然．全然．スージー：その子どうやって暮らしてるの？ ウィル：そうだね，あのう，彼はとてもいい子なんだ，とても，えーと，とても勇ましくて．well の詳細は (⇒ WELL)．

【解説 6：so との共起】 聞き手の理解や同意を期待しつつ，最終的に最も大切な話題を述べる場合は，結論を表す so と共起可能：WILL: Matter of fact um, I should be on the way to play school just at the moment. MARCUS: What's that noise? WILL: That's a lawn mower. *So*, *you know*, just time-wise, it's not um . . . It's not bril . . . Tell you what, just hold, just hold the line one sec. Hold on one second. —*Boy*［映］(電話で) ウィル：実はね，今ちょうど保育園へ行くところなんだ．マーカス：その音は何？ ウィル：芝刈り機だよ．だから，ね，タイミングがまずいんだ，その……あんまり……あの，ちょっと待っててくれ．ほんのちょっとの間，切らないで．so の詳細は (⇒ SO)．

【解説 7：事実の想起】 特定の人や物事について話し始める時「もうよくご存じでしょうが，念のために確認します」の含意を伝え，聞き手が既に知っているであろう事実を想起させるような状況で用いられる［*CALD*[2]］：ODA MAE: Hi, I'm, I'm, I'm, I'm Oda Mae. *You know*, I called you last night about your friend, Sam Wheat? —*Ghost*［映］オダ・メイ：こんにちは，私，私，私，私オダ・メイっていうの．ほら，昨日の夜お友達のサム・ウィートのことで電話した者です (⇒ 用例第 1 例)．

【用法 2】

形式：**《文中》S, *you know*, V (O)．**

意味：(一連の発話の途中で) ええと［ほら，あの］(分かるでしょ，分かりやすく言うとね)，S (O を) V する(んだよ)．

解説：一連の発話の途中で，前言を分かりやすく説明したり，これから述べることに対する理解や同意を求める際に用いられる．

【用　例】
What's the name of that guy on TV . . . *you know*, the American one with the silly voice? —*CALD*[2] テレビのあの男性の名前何だったっけ……ほら，変な声のアメリカ人？（前言の説明）/ WILL: What are you, nuts? All right. Wrong word completely. But that's, *you know*, something that we should, *you know*, talk about a bit. —*Boy*［映］ウィル：お前は何者だ，くそっ？ 分かった．全く不適切な言葉だ．でも，それは，ほら，僕らがまた，ほら，ちょっと話しておくべきことなんだ（後続発話への注意喚起）/ SECRETARY: *You know*, not everybody wanted you. I'm not naming any names. These jobs usually go quickly. Ex-students, friends of, *you know* . . . the right people. Well, the person they wanted took a job at Brown, and no one else was available. So here you are. —*Mona*［映］（名門女子大学に赴任した新任教員に）秘書：お分かりでしょうけど，全員があなたに来てほしかったわけじゃないのよ．特に誰とは言いませんけど．こういう仕事はたいていすぐに決まるのよ．卒業生や，友だちや，あのね……ふさわしい人にってこと．実はね，赴任する予定だった人がブラウン大学に就職しちゃったの．でも他に適任がいなくて．それであなたが来ることになったってわけ〔最初の you know は用法 1 の例〕（より適切な表現の導入）.

【解説 8：理解を前提とした説明】 文中で直前の表現を分かりやすく説明する場合，「あなたも知っているあの」の含意で，あらかじめ聞き手の理解を前提として説明する際に用いられる：That flower in the garden, *you know*, the purple one, what is it? —*LD*[4] 庭に咲いてるあの花，ほら，紫のやつ，あれ何の花？（⇒用例第 1 例）

【解説 9：熟慮・順番取り】 次に何を言おうか考えている時や，沈黙を避けて話す順番を確保する時に用いられる：Well I just thought, *you know*, I'd better agree to it. —*CALD*[2] あの，ちょうど考えたんだけど，何ていうか，それには賛成したほうがいいんじゃないかって〔熟慮を表す well との共起に注意〕（⇒用例第 2, 3 例）.

【解説 10：前言の修正】 前言を修正し，同時に聞き手の理解を求める際に用いられる［Schourup 1985, pp. 120–25; Östman, p. 29; Brown, p. 107］：Well, it's just none of their . . . *you know*, that's really none of their business. —Schourup 1985 そうですね，それは彼らの，あのう，実際彼らの知ったことではないのです〔熟慮を表す well との共起に注意〕.

【用法 3】
形式：**《文尾》S V (O), *you know.***
意味：S が (O を) V する(んだよ)，いいかい[分かる(よね)].
解説：今述べたことに対する聞き手の理解や同意を確認したり，念押ししたりする際に用いられる.

【用　例】
I felt very upset, *you know*? —*LD*[4] 僕は怒ってたんだ，分かるかい？(念押し) / WILL: Um, and his mum left. FRANCES: Really? WILL: Yeah. Yeah, I mean, obviously it was a very big shock, because we were so happy, *you know*. —*Boy* [映] ウィル：あのう，彼のママが出て行ったんだ．フランシス：本当？ ウィル：うん．うん，つまり，本当にすごくショックだったんだ．だって僕たちとても楽しかったんだもの，分かるだろう (同意を求める) / FRANCES: It needs a little work. PATTI: Well, who's gonna do it? FRANCES: I am. PATTI: You are? I never realized you were so handy. FRANCES: I can do things, *you know*. Remember, I fixed that drain. —*Tuscan* [映] フランシス：ちょっと手直しが必要なの．パティ：ええと，誰がするの？ フランシス：私．パティ：あなた？ そんなに器用だったっけ？ フランシス：私だってできるわよ．知ってるでしょ？ 思い出してよ，排水溝を修理したじゃない〔後続部分で器用だとする根拠が述べられていることに注意〕(念押し).

【解説 11：付加疑問文の機能】 文尾で付加疑問文の機能を担い，今述べたことを聞き手が理解していることを確認したり，同意を求めたりする．したがって，自分の発話の順番が終了したことを知らせる合図となることもある [Östman, pp. 24–28; Jefferson, p. 69]：KATE: Zoe, we need to talk about something. You can't come to work with me anymore. ZOE: Why not? KATE: Because I'm afraid they're gonna take you away from me. ZOE: But I like going to the restaurant. KATE: I know, I know you do, but it's just . . . just not right for a little girl to be up so late, *you know*. —*Reservations* [映] ケイト：ゾーイ，話があるの．もう一緒に仕事には行けないわ．ゾーイ：どうして？ ケイト：そうじゃないとあなたは連れて行かれちゃうのよ．ゾーイ：でも私レストランに行くのが好きなのよ．ケイト：分かってる，分かってるわ．でも小さい子どもが夜遅くまで起きてるのは……良くないの，分かるでしょ．

【解説 12：理解の念押し】 先行する発話内容に対する相手の理解を念押しする際に用いられる [*OALD*[7]]：MITCH: I thought I'd jump start the bar exam. LAMAR: Good. No associate's ever failed the bar exam, *you know*. —*Firm* [映] ミッチ：

すぐに司法試験の勉強を始めようと思ってるんだ．ラマー：いい考えだ．同僚で司法試験に落ちた奴なんていないんだからな (⇒ 用例第 1 例)．

【解説 13：返答を促す】 you know が聞き手の理解度を確認する機能を持つことから，yes や I know などと返答される場合がある：A: And they spend hundreds of dollars on those dogs *you know.* B: Yeah I know. —Biber et al. A：それに，あんな犬に何百ドルも使うんだってね．B：ああ，知っているよ．

【解説 14：前言の想起】 強勢を置かず文尾に軽く添えられて，聞き手に今述べた発話内容を想起させる働きがある［Schourup & Waida, p. 174］："It's not contagious, *you know*. Death is as natural as life. It's part of the deal we made." —Albom, *Tuesdays*「死は病気じゃないんだよね？ 生と同様自然のものだ．生の一部なんだよ」/ "After all, they are for sale, *you know*." —Lipman, *Point*「どうこう言っても，それらは売り物だからね」［理由を確認する after all との共起に注意］(⇒【関連事項 (iii)】)．after all の詳細は (⇒ AFTER ALL)．

【解説 15：I mean との共起】 伝えたいことがありながら適切な言葉が見つからず，聞き手に理解や同意を求める時は，前言を修正しつつ本当に言いたいことを導入する．その場合，I mean と共起可能：MOLLY: You seem a little tense. Ah, eh, are you okay? CARL: No, I'm fine. It's just . . . what can I tell you? It's been tough. It's, *I mean*, *you know*. It just still hurts so much. —*Ghost*［映］モリー：なんだか変よ．あのう，大丈夫？ カール：ああ，大丈夫だ．ただ……何と言ったらいいのか？ 結構大変だったんだ．それが，つまり，分かるだろ．まだすごく悲しくてさ．

修正内容が後続する場合は，you know で聞き手の理解を期待し注意を喚起してから，I mean 以下で修正内容を述べる：I had no idea what to say, so I said, "Well, *you know*, *I mean* . . . you never know." —Albom, *Tuesdays* どう言ったらいいか分からなかったので，私は次のように言った．「そうだね，あのね，つまり……あなたには分からないだろうけど」［熟慮を表す well との共起に注意］(⇒【関連事項 (i)】)．I mean の詳細は (⇒ I MEAN)．

【解説 16：察してほしい気持ち】 これ以上言うと問題が生じるという理由で話したくない場合に，言いたいことを聞き手が察してくれることを求める際に用いられる［Schourup 1985, pp. 130–31］：HARRY: Honey . . .? I think I should go back to my room . . . let you get some sleep. ERICA: Let me sleep? Oh right . . . you usually send the girls home . . . but I am home . . . okay. HARRY: I'm an old dog, *you know.* —*Something's*［映］ハリー：君？ そろそろ部屋に戻るよ．君を眠ら

せないと．エリカ：眠らせる？ ああ，なるほど．いつも女の子たちを家に帰してるのね．でも私は家にいるんだけど……いいわ．ハリー：僕はもう若くないから，分かるよね．

関連事項

関連語 (i) you know と I mean：両者とも伝達を成功させるために用いられるが，you know は聞き手の理解・同意の確認に力点が置かれるのに対して，I mean は話し手の発話の修正に力点が置かれる．自己修正の場合，I mean は聞き手が当該文脈内で話し手の真意をつかめそうにない修正にも用いられるが，you know は真意を推察できる範囲内での修正にしか用いることができない．したがって，次例のように dog から全く異なる cat への修正に you know を用いると不自然となる：I got a dog *I mean* / ?*you know* cat for my birthday. —Schourup 1985 誕生日に犬，いや猫をもらったんだ．

また，両者は頻繁に共起する (⇒【解説 15】)．I mean の詳細は (⇒ I MEAN)．

(ii) you know と you see：you know は話し手が聞き手の理解に関して懸念がある場合には常に用いられるのに対して，you see はあらかじめ理由と結果の関係が明示されている文脈において，聞き手がその因果関係に気づいているかどうかを確認する場合にのみ用いられる．その意味で，you see のほうが断定的・結論的な響きを持つ [Schourup & Waida, pp. 181, 192]：Those seats are reserved, so, *you see*, he shouldn't be sitting there. その席は予約済みだよ．だから，ね，彼はそこに座っちゃいけないんだ / I wonder if he realizes that, *y'know* / **you see*. He shouldn't be sitting in that section. 彼は気付いているかしら，ねえ．彼はそこに座っているべきじゃないわ．

頻度に関しては，you know のほうがはるかに高い [Macaulay, p. 78]．you see の詳細は (⇒ YOU SEE)．

(iii) 相手に何かを想起させるために用いられる you know と after all：after all は話し手と聞き手の両方が既に知っている理由を，話し手が改めて確認する表現として先行発話を必要とするが，you know は必要としない．両者ともいわゆる丁寧表現であるが，相手が既に知っていることを突然導入するのが失礼にあたる場合には，after all も共起する [Schourup & Waida, p. 176] (⇒【解説 14】)．after all の詳細は (⇒ AFTER ALL)．

(iv) you know と uh などのためらい語：両者とも話し手が次に何を言うべきか迷っている場合に用いられる．発話の途中で用いられる uh は，話し手が話を続けたいが何も思いつかず途方に暮れている状態を表すが，you know は相手に理解を促しつつ積極的に会話に従事していることを示す [Schourup 1985, pp. 135–37]．uh の詳細は (⇒ UH)．

（v） you know what [something]?：詳細は (⇒ YOU KNOW WHAT).　　（西川）

you know what?

概　説

この表現は元来，Do you know what . . . ? (あなたは……を知っていますか ?) であったものが短縮されて，談話標識として用いられるようになった．

you know what? は，話し手が重要な，あるいは興味深い意見を導入する際に，聞き手の注意を喚起し関心を持たせるために用いられる．また，その内容の共有や理解を望んでいることを示す．

疑問文に由来することから，通例音調は上昇調となる．通例文頭で用いられ，時に呼びかけ語などと共起する．後続発話は，常に聞き手にとって新情報となる．「知っていますか ?，分かりますか ?」と尋ねることによって，今から述べる内容に聞き手を引き込む表現として機能する．また，なかなか理解してくれない聞き手に，「分かってもらえるかしら」と前置きしたり，「分かってるの ?」と念押ししたりする機能も持つ．基本的に，伝える内容が双方にとって重要であることをあらかじめ示すことで，話し手が意図的に聞き手の注意・関心を後続発話に向ける機能を持つ．

先行発話を受けて，「あのね，いいかい，言っとくけどね」の意で，話し手の意見を導入する際に用いられる (⇒ 用法 1)．談話の冒頭で話題を導入する場合には，「あの，ねえ，ちょっといい (かい)」の意で，唐突さを避けたり強い関心を引いたりするために用いられる (⇒【解説 7】)．なお，単独で用いられることもあるが，直後にコンマやピリオドを伴い後続発話を伴うことが多い．

自らの発話の途中で，「いい(こと)，言っとくけどね」の意で，改めて重要なことを導入して聞き手に理解を求める機能がある (⇒ 用法 2)．また，急に心変わりしてそれを述べる場合に，聞き手の理解を求めるためにも用いられる (⇒【解説 10】)．

言語使用域としては，もっぱらくだけた話し言葉で用いられ，形式ばった会話ではほとんど用いられない．

［以上，Fergusson, p. 186; Ball, p. 123］

マッピング

用法 1　［文頭］ あのね (重要事項の導入)
　　2　［ターンの途中・単独］ いい (こと) (重要事項の導入)
話題の転換　⇒　解説 2
共起する他の談話標識　⇒　解説 4

関連事項 関連表現の比較 (i) you know what? と you know (ii) you know what? と you know something?

各用法の解説

【用法 1】
形式: **《文頭》*You know what?* S V (O).**
意味: あのね [いいかい, 言っとくけどね] (今から大切な [興味深い] ことを言いたいんだけど, 知ってる?), S が (O を) V する(んだよ).
解説: 先行発話を受けて, 聞き手の理解を求めながら重要だと考えている意見を述べる際に用いられる.

【用 例】
JERRY: Uh . . . No, *you know what*, Chris? You're in a hurry. Okay, he doesn't have time. CHRIS: No, *you know what*, he's in a hurry. I'm fine. You take him. JERRY: What? No. I . . . . CHRIS: I'll go up with you. *You know what*, I forgot his ball anyway. —*Maid* [映] ジェリー: ああ……いいかい, クリス. 君, 急がなきゃ. いいね, 彼(犬)には時間が無いんだ. クリス: いや, ほら, 犬が急いでるだけだ. 僕は大丈夫. 君が連れて行けよ. ジェリー: 何? いや, 僕……. クリス: 僕も一緒に行くよ. ほら, どっちみちボールを忘れたんだからね〔3 つめは, 用法 2〕/ MIRANDA: I was angry. DANIEL: Oh! MIRANDA: Look, you hurt me. DANIEL: Oh, you ripped my heart out! What? Did you come back to do it again? MIRANDA: *You know what*? DANIEL: What? MIRANDA: I don't want to do this anymore. I don't want to do anymore who-did-what-to-whom. —*Doubtfire* [映] ミランダ: 私は腹を立てていたの. ダニエル: ほう! ミランダ: いいこと, あなたに傷つけられたのよ. ダニエル: で, 君は僕の心を引き裂いた! 何だ? もう 1 度そいつをやりに戻って来たってわけか? ミランダ: ねえ, 聞いて! ダニエル: 何を? ミランダ: もうケンカはいやなの. 誰が何を誰にどうしたなんてことはもう言い合いたくない〔単独での使用〕(本音の切り出し).

【解説 1: 意見の導入】 先行発話を受けて, 話し手の意見を述べる. 次例では, 母親は重要だと思う意見を述べて, 息子を慰めている: TY: They were all laughing at me, and then I lost my words. MARISA: *You know what?* It happens sometimes, honey. —*Maid* [英] (学校の集会でのスピーチがうまくいかなかった息子を母親が慰めて) タイ: 皆が僕を笑ったんだ. それで言葉を全部忘れちゃった. マリサ: あのね, そういうことは時々起こることなのよ.

【解説 2：話題の転換】 話題を転換したい場合，you know what? と切り出すことで聞き手がそれを理解してくれるよう期待する気持ちが込められる．次例では，フランシスはこの話を続けたくないので，突然話題を転換して，相手がその気持ちを察してくれることを望んでいる：PATTI: So, have you met him yet? FRANCES: Uh, who? PATTI: The guy you're gonna meet. FRANCES: Patti, please. *You know what*? It's starting to rain here a little bit. So I think I have to go now. —*Tuscan*［映］(電話で) パティ：で，会ったの？ フランシス：えー，誰に？ パティ：運命の男よ．フランシス：パティ，よしてよ．聞こえる？ 雨が降ってきたの．もう行くわ．

【解説 3：依頼・命令・提案の打ち出し】 依頼・命令・提案を述べる場合，話し手の真剣な態度を伝える：JANE: Stop. Just please. I'm not doing this with you again. I don't even know why I'm standing here talking to you. KEVIN: *You know what*? Let me tell you. Look. Come here. Listen to me. Do you want to know the real reason why I came here tonight? —*Dresses*［映］ジェーン：やめてよ．お願いだから．またあなたとこんなことしたくない．どうしてここであなたと話しているのかしら？ ケビン：いいかい？ 説明させてくれ．さあ，こっちへ来て．聞いてくれ．どうして今夜ここに来たと思う？

【解説 4：ためらい表現との共起】 反論や不同意など言いにくいことを言う前に用いる．この場合，um や well などのためらいを表す語としばしば共起する：NICK: It's awesome that you're working here. DON: Hey, Nico, you wanna take a little look-a-doo inside? Maybe your dad will give you a VIP tour. LARRY: *You know what*? *Um*, we're pretty slammed this morning. Yeah. But Nicky, I promise, I'll, uh, I'll show you around soon, okay? Deal? —*Night*［映］ニック：ここで働いてるなんてすごいな．ドン：おい，ニコ，ちょっと中をのぞいてみたいかい？ パパがビップ待遇で案内してくれるかもしれないよ．ラリー：あのね，その，今朝は皆とても忙しいんだ．ほんとに．でも，ニッキー，約束するよ．そのうち案内してあげるからね．いいかい？ / ERIN: May I? ED: Yeah. Go ahead. ERIN: *Well*, *you know what*, Mr. Potter? We completely forgot your birthday this year and seeing as how you've been so good to me. It seemed a terrible oversight. So what Ed and I have been doing over the last few days is putting together a present for you. —*Erin*［映］エリン：いーい？ エド：ええ，どうぞ．エリン：あの，いいですか，ポターさん？ 私たち，あなたのお誕生日を今年はすっかり忘れてたの．あなたのこれまでのご親切を考えるととんでもないミスです．それで，エドと私で，この何日かでプレゼントの品を集めたの．

【解説 5：控えめな態度】 先行する聞き手の発話内容とは直接結びつかないが，ぜひとも今伝えなければならない大切な意見を，時に聞き手の顔色を見ながら控えめに導入する：ERICA: Good, that's good. Honey, does Harry have a robe? HARRY: *You know what*? Actually, I think I should just take off. Let you gals enjoy your weekend [⋯]. —*Something's*［映］エリカ：結構．分かったわ．ところで，ハリーに何か服を着せてよ．ハリー：あの，実のところ，私はもう失礼したほうがいいと思うので．あとは皆さんで週末を楽しんでください［⋯］〔予想外のことを述べる actually との共起に注意〕．

【解説 6：苛立ちの表明】 話していることを聞き手がなかなか理解してくれない状況で，再度理解を促す場合に用いられる．時に話し手の苛立ちを示す：RANDY: Sam, you're early. SAM: Yeah, well, all the lights were green. When I was walking here, all the lights were green. RANDY: *You know what*? There's a reason for the court schedule. You stopped showing up. —*Sam*［映］ランディ：サム，早いわよ．サム：ああ，でも，信号が全部青だったんだ．ここまで歩いて来る途中，信号が全部青だったんだ．ランディ：分かってるの？ 裁判所が決めた時間にはちゃんと理由があるのよ．ずっと来なかったくせに．

【解説 7：談話の冒頭での使用】 談話の冒頭で用いられ，重要な事柄を導入したりする：KEVIN: Hey, *you know what*, could you . . . ? ZIGGY: Yeah? KEVIN: Forget it. —*Dresses*［映］ケビン：ちょっと，ねえ，頼みたいことが……．ジギー：えっ？ ケビン：何でもないよ〔呼びかけ語の Hey との共起に注意〕/ KATE: *You know what*, Stuart? *You know what*, Stuart? STUART: Please. I've got somebody here. OK? KATE: I know. I saw her. —*Kate*［映］ケイト：聞いて，スチュワート．ねえ．スチュワート：頼むよ．ここには客がいるんだ．な？ ケイト：分かってるわ．あの女でしょう．見たわよ〔呼びかけ語との共起，および繰り返し使用されていることに注意〕．

【用法 2】
形式：《単独》 ターンの途中 ***You know what?***
意味：（一連の発話の途中で）いい（こと）［言っとくけどね，分かりますか，知ってるの］
解説：一連の発話の途中で，改めて重要な事柄を述べて，聞き手に理解を求める際に用いられる．

【用　例】
KEVIN: How about a new datebook or maybe just a date? JANE: Yeah, sure. Let me just pencil you in. Except . . . hey! You already did. Every Saturday for the rest of the year. *You know what*? Can you please, please find someone else to be creepy with? —*Dresses*［映］ケビン：新しいスケジュール帳をあげようか，それともデートする？ ジェーン：ええ，いいわよ．とりあえず書いとくわ．ただ……ちょっと！ もうあなたが書いてるじゃない．年末まで毎週土曜日に．いいこと，頼むから，頼むから，そういう変なことは他の誰かとやってくれない？（懇願の切り出し）/ VERONICA: Don't speak to me like that. I am not the one who lost her job today. MARISA: No, I did. VERONICA: Mm-hmm. MARISA: I messed up. Okay? It's all my fault. But *you know what*? It's all right. I'm gonna be fine. —*Maid*［映］ベロニカ：そんな口きくんじゃないよ．今日仕事を失ったのは私じゃないからね．マリサ：ええ，私のことよ．ベロニカ：でしょ．マリサ：もうむちゃくちゃ．これでいい？ 全部私のせいよ．でも言っとくけどね．大丈夫よ．元気になるわ［but との共起に注意］（言い返しの導入）．

【解説 8：理解・同意を求める】 自らの発話の途中で用いて，改めて大切な事柄を導入して聞き手に理解を求めたりする：OLIVER: Mitch . . . we're always doing battle with the government. If it isn't the Justice Department, it's the I.R.S. And *you know what*? We beat them every time. And they hate us for it. They can't get to us so they pick on somebody new. —*Firm*［映］オリバー：ミッチ……我々はいつも政府と闘っている．司法省でなければ国税局が相手だ．そしていいかい？ 我々はいつも勝つ．それで我々は嫌われる．奴らは我々に勝てないから，新たな誰かをいじめるんだ．

【解説 9：強い主張】 相手の意見を認めながらも，自分の意見を強く主張する場合に用いられる：HELEN: We were going to tell you when you were 18 years old. But when your father died, things changed, Mia. We wanted to protect you. MIA: OK. *You know what*? I don't feel protected. You try living for fifteen years . . . thinking that you're one person . . . and then in five minutes you find out that you're a princess. —*Princess*［映］ヘレン：あなたが 18 歳になったら言うつもりだったの．でもお父様が亡くなって状況が変わったのよ，ミア．私たちはあなたを守りたかったの．ミア：なるほど．いいこと，私は守られてるなんて思えないわ．15 年間あなたひとりだって信じ込ませておいて……今になって突然王女だって言われても……（⇒ 用例第 2 例）．

【解説 10：急な心変わりの伝達】 急に気が変わって，それを伝える場合に相手の理解を期待して用いられる：FLO: Let me get you a cab, sir? NICK: Sure. Thank you, Flo. […] *You know what*? I think I'll walk today. I think I could use some fresh air. —*Women*［映］フロウ：車を呼びますか．ニック：頼む．ありがとう，フロウ．［…］いや，そうだ，今日は歩いていくことにするよ．いい空気が吸いたくなった．

関連事項

関連表現 (i) you know what? と you know：you know は聞き手にとっても既知の情報である事柄を話し手と聞き手が共有していることを確認するために用いられるのに対して，you know what? が導入する情報は常に新情報となる．一方で，文頭で用いられ上昇調で発話される you know は新情報を導入し，you know what? に似た機能を持ち，「分かる？，あのね」などの意を表す．しかしながら you know は，これから述べる新情報への聞き手の理解や同意を期待することによって注意を促すのに対して，you know what? は「あなたは……を知っていますか？」と興味を引き出すことによって注意を促す点で異なる．また，両者は共起可能：RALPH: Aunt Kelly was married before? KELLY: Yeah. *You know*, *you know what* it's not even worth remembering. —*Cast*［映］ラルフ：ケリーおばさん結婚してたの？ ケリー：ええ，でもね，分かるでしょ？ 思い出す価値もないわ．you know の詳細は (⇒ YOU KNOW)．

(ii) you know what? と you know something?：両者とも聞き手の注意を引きながら意図的に重要なことや興味深い新情報を導入する場合に用いられる．you know something? は you know what? より秘密めいた否定的な情報，たとえば不平・不満などを打ち明けるような場合に用いられる傾向がある．一方，you know what? は肯定的な情報を導入する際に用いられる傾向が強い：*You know something*? I don't think I like that man. —*CALD*[2] ねえ，私あの人嫌いだわ / SAM: I'm proud of you, Oda Mae. ODA MAE: *You know something*, Sam? I don't care if you're proud of me. —*Ghost*［映］サム：あんたを誇りに思うよ，オダ・メイ．オダ・メイ：いいこと，サム．あなたが私のことを誇りに思おうとどうしようと，そんなことどうでもいいの［呼びかけ語との共起に注意］．

（西川）

you see

概　説

この表現の see は，基本的に「光・色などの外界の対象物やその動きを目で知覚する，見える」の意を表す無意志動詞である．こういった肉体的な直接知覚の中核的意味がさまざまに発展し，that節を伴うと精神的知覚を表したり，「確かめる，考える」などの意志動詞としても用いられる．

談話標識 you see は，精神的知覚を表す do you see?，don't you see? などの表現が短縮された成句で，通例上昇調の音調を伴って発話される．you see は相手に発話内容の理解を促すために用いられることから，you see を多用すると話し手としての能力が低いという印象を与える．

通例文頭で，話し手が状況や先行発話から受け取った情報に関して背後に存在する因果関係を想起させつつ説明を導入するために用いられる．聞き手と情報を共有していることを確認することで気遣いを表すこともある（⇒【解説 1, 2, 3】）．一方で，導入する内容について聞き手も知っていることを強調することで，聞き手にそれを思い出させたり，注意や理解を促したり，話し手の満足感やあきれた態度を表す（⇒【解説 4, 5, 6】）．

文中で挿入的に用いられて，聞き手が聞いているか，理解しているかを確認したりする（⇒【解説 9】）．

文尾では聞き手の理解の確認をしたり，それまでの発言の要約を示す機能を持ち「私の述べたことがお分かりなら」の含みを持つ場合もある（⇒【解説 10】）．

いずれも see に強勢が置かれ，テンポの速い会話では you が落ちることもある．このほか do you see, don't you see も使用され，文のいずれの位置でも用いられるが一般に語調が強くなる．

言語使用域としては，もっぱらくだけた話し言葉で用いられ，あらたまった会話では用いられない．

［以上，Biber et al., pp. 1077, 1097; Greenbaum & Whitcut; *OALD*[7]; *LD*[4]; *COB*[5]; *MED*[2]; *CALD*[2]; Crystal & Davy, pp. 95–97; 小西 1980, p. 1333; 小西 1989, p. 1332］

マッピング

用法　［文頭］ね，～するんだよ（説明）

文中の you see　⇒　解説 9

文尾の you see　⇒　解説 10

共起する他の談話標識　⇒　解説 7, 8

関連事項　関連表現の比較　you see と you know

各用法の解説

【用法】
形式：**《文頭》*You see*(,) S V (O).**
意味：ね［ほら］（ご存じの通り，お分かりでしょうが），S が（O を）V する（んだよ）．
解説：発話の状況や先行発話から受け取った情報の説明をする際に用いられる．情報の共有を確認したり，理解を促す機能がある．

【用　例】
You see, the thing is, I'm really busy right now. —*LD*[4]　何しろ，実際，私は今とても忙しいのです / MIRANDA: It's not my fault, honey. If he would get a job and a decent apartment. . . . *You see*, he's the kind. —*Doubtfire*［映］ミランダ：ママを責めないでちょうだい．パパが定職に就いていてそれなりの家に住んでいたら……．だって，パパって人はね，ああいう人なのよ（共感を求める）/ SCAR: Life's not fair, is it? *You see* I . . . well, I . . . shall never be King. —*Lion*［映］スカー：人生って不公平だよな．知っての通り，俺……そのう，俺様が王になれないんだから / TY: A paper clip? Was that a paper clip? CHRIS: It was. *See*, I, I had to find something to draw all the nervous energy away from my heart. —*Maid*［映］タイ：ペーパークリップ？ それってペーパークリップだったの？ クリス：そうだ．ほら，僕の神経エネルギーを全て抜き出してくれるものを見つけなければならなかったんだ〔you の省略にも注意〕（もっともらしい説明の導入）．

【解説 1：理解を求める】「もうご存じでしょうけど」と相手との情報の共有を前提とすることで表現を和らげる機能がある［小西 1980, p. 1333］．またそうすることで，聞き手に発話内容の理解を求めたりする：DANIEL: Oh, she's half English, half American. Half sister, really, so that makes her about an eighth English. I don't know, I've never really done the mat. *You see*, my father was American. —*Doubtfire*［映］ダニエル：ああ，彼女は半分イギリス人で半分アメリカ人です．実は半分血のつながった姉だから 8 分の 1 ほどイギリス人かな．よく分からないよ，数学は苦手だったから．ほら，僕の父はアメリカ人だったから．

【解説 2：判断の導入】聞き手の発話を受けてその判断を導入する際に用いられる：HONEY: I've got feathers, and I've got funny goggly eyes, and I'm attracted to cruel men and . . . no one'll ever marry me because my boosies have actually started shrinking. MAX: *You see* . . . incredibly sad. —*Hill*［映］ハニー：髪はばさ

ばさだし，ギョロ目で男運が悪く……おっぱいもしぼんできてるので誰も結婚してくれないの．マックス：なあ……信じられないくらい嘆かわしい話だね．

【解説 3：遠慮がちな発話の導入】 聞き手が知っていると思われる内容を遠慮がちに導入する：MRS. LITTLE: Yes, it's been almost . . . . MR. LITTLE: . . . unbearable. MRS. LITTLE: Just the word I was looking for. MRS. KEEPER: Oh, maybe this isn't a good time, then. *You see*, I came over to give you some news. —*Stuart* [映] リトル夫人：ええ，それはもう……．リトル氏：……耐えられないということですね．リトル夫人：その言葉を探していたのよ．キーパー夫人：まあ，それなら間が悪いかもしれませんね．そのう，ちょっとお知らせしたいことがあって来たものですから．

【解説 4：自分の意見の肯定】 話し手自身が言ったことや思っていたことが正しいことに満足して，「それ見たことか，だから言ったでしょ？」の気持ちを表す：KATE: I mean, we're family, but I don't even know what your favorite color is. ZOE: Red. KATE: Red? *See*, I didn't know that. I love red. —*Reservations* [映] ケイト：つまり，私たち家族なんだけど，あなたの好きな色さえ知らないのよ．ゾーイ：赤よ．ケイト：赤？ ほらね，知らなかったわ．私も赤が好きよ．

【解説 5：事実の想起】 聞き手にある事実を想起させるために用いられる：MAUREEN: Wow. KEVIN: All right, *see*, I told you I was not done with it yet. MAUREEN: No, no, no, it's good. I meant, "Wow, it's actually decent." —*Dresses* [映] モリーン：うわあ！ ケビン：分かりましたよ，だから，言ったでしょ，まだちゃんと書けてないって．モリーン：違う，違う，よくできてる．つまり「うわあ，きちんとできてる！」ってこと．

【解説 6：無理解に対する怒り】 聞き手の発話を受けて，「ほら，今さら何言ってるんだ？ そんなことは分かっているだろ？」「(いい加減にしてよ) もう分かるでしょ？」といった聞き手の無理解に対するあきれた態度，強い疑問や怒りを伝える場合もある：SAM: Push three. ODA MAE: *See*? Nobody's there. —*Ghost* [映] サム：3 番押して．オダ・メイ：ね，留守でしょ？ / SAM: I'm Lucy's father. MR. TURNER: But are you? I want to know, are you? SAM: *See*, I'm her father. —*Sam* [映] サム：僕はルーシーの父親だ．ターナー氏：そうでしょうか？ 教えてください，本当にそうなんですか？ サム：あのさ，僕はあの子の父親なんだよ．

【解説 7：well との共起】 聞き手の意見に反することなど，言いにくいことを遠慮がちに導入する時はしばしば well と共起し陳述を和らげたりする：CLARIS: I raise mustangs. That is not a sensible car for a princess. MIA: *Well*, *you see*, it's not really . . . a sensible car for anyone. It doesn't run. —*Princess*［映］クラリス：マスタングね．あまりお姫様にふさわしい車ではないわね．ミア：まあね，ほら，実際のところ……誰にとってもふさわしい車ではないわ．走らないし．well の詳細は（⇒ WELL）．

【解説 8：but との共起】 聞き手の意見と異なる意見を導入しながらそれに対する理解を求める時には but が先行する：JULIAN: But I've never met one I've reacted to quite like this and when something happens to you that's never happened to you before, don't you have to at least find out what it is? ERICA: I suppose *but*, *see*, I don't know. This is an area that's a little trick for me. —*Something's*［映］ジュリアン：でも，こんなふうに感じる人に会ったことがないんだ．もし以前起こったことがないようなことが起きたら，せめてそれが何か知りたいと思うだろ？ エリカ：ええ，でも，ほら，なんていうか．こういうことは慣れていないし．but の詳細は（⇒ BUT）．

【解説 9：文中の you see】 文中で挿入的に用いられる．ワンクッション置いて後続内容に注意を向ける効果がある："This one, *you see*, is so obvious. You know exactly whom to mistrust." —Tyler, *Tourist*（テレビドラマを見ながら）「この女はね，分かるでしょ，（悪い奴だってことが）すごくはっきりしてるのよ．どう考えたって信用できない女だってね」

【解説 10：文尾の you see】 文尾で用いて，導入したい内容に関する聞き手の理解を確認したりする："Well, I meant to send my sister for those," Macon said. "I broke my leg, *you see*." —Tyler, *Tourist*「いやね，妹をそれ（たまっている新聞や郵便物）を取りにやるつもりだったんだ．ご覧の通り，脚を骨折したんでね」とメイコンは言った．

関連事項

関連表現　you see と you know（⇒ YOU KNOW【関連事項（ii）】）．　（西川）

Appendix Ⅰ

A　談話標識研究の歩み

B　談話標識についての
　　基本的な考え方

C　談話標識の機能的分類

A　談話標識研究の歩み

1. はじめに

ここでは，談話標識 (discourse marker) と称される一連の言語表現を取り上げ，これらが言語研究の中でどのように扱われてきたのか，それぞれの分析とアプローチを振り返り，基本的な考え方を整理する.[1]

まず現代言語学の流れをごく簡単に回顧しながら，それぞれの時期で談話標識がどのように話題となったかを見ていく．次に，これまでの主要な談話標識分析のアプローチを紹介し，各アプローチにおける談話標識の基本的な位置づけをまとめて，その評価を示す．さらに，談話標識を理論言語学の表舞台に登場させるきっかけとなった関連性理論に焦点を当て，中心的役割を果たしたBlakemore の研究を追いながら，関連性理論における談話標識の考え方を議論する．次に，現在，談話標識研究の中心的存在である Fraser の枠組みをまとめる．最後に，特に 1995 年以降に大きな展開を見せている歴史語用論の観点を紹介する．

2. 現代言語学の発展と談話標識

現代言語学の父祖と称される Sapir や Bloomfield による先駆的な研究を経て，1950 年代に登場した構造言語学，1950 年代後半以降の Chomsky による生成文法が言語学の本流に位置してきた．この流れと並行して，米国では 1960 年代後半から Hymes を中心に「ことばの民族誌」(ethnography of speaking) という観点からの言語分析が行われた．この流れで，社会言語学的見地を取り込んだSacks, Schegloff, Jefferson, Labov などの一連の研究を通して会話分析 (conversational analysis) が発展した．会話分析的アプローチの研究成果として Schiffrin (1987) が出て，談話標識自体に対する関心が高まった．

一方英国では，1960 年代から Austin や Searle による発話行為論 (speech act theory) や Grice の研究を経て語用論 (pragmatics) が確立した．語用論の研究では，広く話し手と聞き手の知識体系を踏まえた意味解釈が論じられた．その枠組みで提唱された慣習的含意 (conventional implicature) や会話的含意 (conversational implicature) との関係や，それらを司るさまざまな公理 (maxims) との関わりで，談話標識が注目されることになる [cf. Grice (1975, 1989), Levinson (1983)].

また英国において，Halliday の独自の言語観に立った体系文法 (systemic grammar)，後に機能主義文法 (functional grammar) としてまとめられた文法論では，節や文を超えたレベルを射程に入れ，テクスト分析に目が向けられた．そうした研究の一環である Halliday & Hasan (1976) は，結束性 (cohesion) を中心概念に据えて具体的なテクスト分析の手法を示し，接続関係を担う談話標識の研究が初めて体系的に行われた．また，van Dijk (1977, 1979) も初期の体系的な談話研究として注目される．ここでは，接続語が語用論的連結語として用いられることがあり，その場合，当該の語の意味論的条件が語用論的妥当性の条件の基礎になるとする．その後，発話行為理論とテクスト分析の手法を融合させた形で，談話分析 (discourse analysis) が言語学の一分野として定着し，Coulthard, Edmondson などによって研究が進んだ．このアプローチの特色の 1 つとして，フィールド・ワークによって得られた会話資料を言語資料としたことが挙げられる．この資料をもとに，談話の構成 (organization) や型 (pattern) の理論を立て，談話標識がそれらに関わると考えた．さらに，IT 機器の発達に伴って膨大な資料を蓄積することが可能になり，資料の分析手法を理論的にまとめたコーパス言語学 (corpus linguistic) が発展して，米国や英国だけではなくヨーロッパにおいても談話分析が浸透していった．大規模コーパスの利用によって談話標識の共時的記述研究が進む一方で，歴史的コーパスの利用によって通時的な研究も可能になり，歴史語用論の視点からの分析が進みつつある．

さまざまな言語理論が提唱される中で，1980 年代半ばから，人間の認知能力を基盤にした言語理論が言語研究の新たな潮流となっている．その中で，認知語用論である関連性理論 (relevance theory) において Blakemore などが談話標識を取り上げ，理論言語学の中で中心課題の 1 つとして談話標識の分析に関心が集まっている．

こうした流れで，1990 年代には談話標識そのものに焦点を当てた研究書や論文が次々と出て，談話標識が言語研究の課題の 1 つとして定着したことが窺える [cf. Schourup (1985, 2000, 2001, 2011), Brinton (1996), Jucker & Ziv (1998), Carston & Uchida (1998), Rouchota & Jucker (1998), Lenk (1998a)]．そして今日，もっぱら談話標識に絞って研究を進める学者も現れ，代表格の Fraser は，談話標識の詳細な分類を提示して体系的な研究を進めている [Fraser (1990, 1996, 1999, 2006, 2009)]．

3. 談話標識研究を巡るさまざまなアプローチ

本節では，テクスト分析的アプローチ，会話分析的アプローチ，コーパス言語学的アプローチ，そして語用論的アプローチを順に取り上げ，談話標識についての基本概念および分析方法を概観する．

3. 1. テクスト分析的アプローチ—Halliday & Hasan (1976)

談話標識研究の初期の段階で，談話標識をまとまった形で取り上げて記述的研究をしたものとして Halliday & Hasan (1976) がある．そこでは，結束性 (cohesion)，あるいはもう少し幅広く首尾一貫性 (coherence) を中心的な概念として，テクスト分析が進められた．談話標識は，結束性を担うカテゴリーの中の接続関係を示すものとして位置づけられる．

接続関係は additive (付加)，adversative (反意)，causal (因果関係)，temporal (時間関係) の 4 つのタイプと，これらの範疇に入らないがテクスト内で結束を保つ雑多な項目として continuative (継続)[2] に下位区分される．これらの接続関係を合図する標識として，接続詞などと共に談話標識が論じられている．

3. 2. 会話分析的アプローチ

米国や英国において，「生の資料」を分析対象とする会話分析や談話分析の中で談話標識が注目され，談話標識に焦点を当てた研究も出てきた．代表的なものとして Schourup (1985) と Schiffrin (1987) を取り上げる．

3. 2. 1. Schourup (1985)

Schourup (1985) では，談話標識は「話し手の発話時点における思考状態を明示するもの」(evincive) で，話し手の私的世界 (the private world of the speaker)，話し手・聞き手の共有世界 (the shared world of the speaker and hearer)，他者世界 (the other world) の 3 つの「世界」に関わるとする．この枠組みで *like*, *well*, *y'know* が詳しく分析され，他に *now*, *I mean*, *mind you*, *sort* [*kind*] *of*, *and*, *everything and stuff* や間投詞についての個別分析が行われている．

この研究はいくつかの個別の談話標識に関する記述的研究として価値があり，独自の言語観，あるいは「世界観」で談話全体を司る概念を一般化しようとした点にも特徴がある．彼はその後も独自に談話標識研究を進め，早い時期に Schourup & Waida (1988) を日本で出版し，Schourup (1999, 2000) などにおいて，談話標識の体系的研究を進めている．

3. 2. 2. Schiffrin (1987)

Schourup (1985) の後に，会話分析の英知を結集して本格的な談話標識研究となった Schiffrin (1987) が出版された．その中で，談話標識は以下のように定義されている．

> I operationally define markers as sequentially dependent elements which bracket units of talk. (機能的な観点から，談話標識を談話単位を括弧でくくって(区切って)，前の要素に連続的に制約を受ける要素と定義する．) (Schiffrin 1987: 31)

なお，Schiffrin (2001/2004) では，談話標識は以下のように定義されている．

> Discourse markers — expressions like *well*, *but*, *oh*, and *y'know* — are one set of linguistic items that function in cognitive, expressive, social, and textual domains.（談話標識——*well*, *but*, *oh*, *y'know* のような表現——は，認知的，表出的，社会的そしてテクスト的な領域で機能する一連の言語項目である．）(Schiffrin 2001/2004: 54)

上記で言う認知的機能とは，言語を通して概念や思考を表現する機能である．表出的機能とは，言語を使って個人として，および社会的なアイデンティティを示し，さまざまな態度を表明して何らかの行為を行う機能である．社会的機能とは，自己と他者との関係を調整する機能であり，テクスト的機能とは，単一の文より大きな言語単位内で形式を整えて意味を伝達する機能のことを言う．このように，談話標識は Schiffrin (1987) よりも拡大された機能を持つものとしてとらえられている．

Schiffrin (1987) に戻ると，談話標識は「談話の文脈的調整を担うもの」と規定され，観念構造 (ideational structure)，発話行為構造 (action structure)，発話交換構造 (exchange structure)，参与者の枠組み (participation framework)，情報状態 (information state) の 5 つのレベル (plane) で機能する．

この分析で明らかになったことは，極めて基本的なことであるが，談話 (会話) はランダムに生産されるものではなく，何らかのパターンを形成して，コミュニケーションに貢献するということである．そうしたコミュニケーションのプロセスの中で，談話標識が大きな役割を果たしていることが明らかにされたのである．具体的な項目としては，*oh*, *well*, *and*, *but* および *or*, *so* と *because*, *now* と *then* (時を表す副詞)，*y'know* と *I mean* をそれぞれの機能と関連づけて分析している．

ここで間投詞について触れておく．談話標識には間投詞由来の項目がある．1970 年代以降，間投詞は機能面から分析されるようになり，表される話し手の感情だけでなく，談話やコミュニケーションにおける役割に焦点が当てられるようになった．Schiffrin (1987) で扱われる *oh* は，情報を受け取った合図として修正，質問，応答などを表す発話と共に用いて，進行中の情報の流れを管理する．*well* は先行発話と後続発話のつながりは現時点では保証されないが，話し手は談話の流れの首尾一貫性を維持する意思があることを示す．一方，先述の Schourup (1985) では，間投詞は話し手の心的状態を示す evincive であるとする．

Schiffrin や Schourup などの会話分析的な研究は近年の IT 機器の発達と呼応

し，新たに確立したコーパス言語学の中で盛んに行われ，さまざまな研究成果が発表されている．次に，コーパス言語学の集大成の一つとして出版された Biber et al. (1999) における談話標識の扱いについて見る．

3. 3. コーパス言語学的アプローチ

Bublitz & Norrick (2011: 5) で述べられているように，語用論が特定の理論や特定の研究対象よりも言語使用に焦点を当てるなら，分析対象とするデータは非常に重要であり，本物 (authentic) の資料に基づく分析が望まれる．そしてこのような資料では談話標識の使用例が多く見出せる．コーパスを用いて英国英語と米国英語の話し言葉と書き言葉を記述した Biber et al. (1999) は，特に口語的な資料で頻度が高い談話標識に注目し，以下のような定義を与えている．

> Discourse markers are particularly characteristic of spoken dialogue. They are words and expressions which are loosely attached to the clause and facilitate ongoing interaction. (談話標識は特に話し言葉のやりとりに特徴的なものである．それらは，節にゆるやかに付随し，進行中の相互作用（やりとり）を首尾よく進める語や表現である．) (Biber et al. 1999: 140)

3. 4. 語用論的アプローチ

発話行為論や Grice の会話の協調の原理[3]に基づく語用論の議論の中で，談話標識が特に表立って議論されることはなかったが，Grice (1975/1989) の中で，“Bill is a philosopher and he is, *therefore*, brave.” における *therefore* の機能が議論され，*therefore* は慣習的含意を担う要素として位置づけられている．一方，語用論の概説書として定評のある Levinson (1983) においても，談話標識についての記述が若干見られ，談話的ダイクシスを担う要素として位置づけている．

このように，談話標識は従来の語用論において中心的な課題としては取り上げらなかったにせよ，特異な語用論的機能を持つ語彙項目として注目されていたことが指摘できる．また，これらの語句が命題の真偽値に直接関わるものではなく，聞き手に正確な発話意図を伝達するために発話の含意レベルで機能しているという分析は重要で，後に関連性理論で詳しく議論される各言語表現の持つ「言語的意味」の精緻化に影響を与えることになる．

4. 関連性理論と談話標識

談話標識が理論言語学の表舞台で注目されるようになったのは，Sperber & Wilson が提唱した認知語用論の関連性理論の登場のおかげであった．Wilson & Sperber (2012: 204–205) は，談話接続語 (discourse connective) は話し手によって意図された認知効果 (intended cognitive effect) に対する聞き手の解釈を操作する機能を担うとする．この枠組みでは，談話接続語は文脈の選択と認知効果を制限することによって，関連性を探す聞き手のガイド役を担うとしている［cf. Sperber & Wilson (1986, 1995[2])］．本節では，特に Blakemore の一連の研究を追いながら，現時点における関連性理論での談話標識の位置づけをまとめる．[4]

4. 1. Blakemore の一連の研究とその評価

当初 Blakemore (Brockway) (1981) は，意味論と語用論の接点に関心があり，発話解釈に関わって意味論と語用論をつなぐ存在としての談話接続語に着目した．そして一連の語句が発話や文脈を結びつける際に「発話の語用論的解釈に意味論的制約を加える」ものとして位置づけた．関連性理論の発展に伴い，従来のような意味論と語用論の区別は必要でなくなり，言語表現は全て関連性 (relevance) に貢献するという認知論的な観点から論じられることになった．「言語的意味」(linguistic meaning) は全て広く認知を反映したものであり，認知的意味をいかに位置づけるかが中心課題となり，議論の中で談話標識が注目されることになる．ただし，関連性理論は談話標識，あるいは談話接続語を説明するための理論ではなく，それらを精査することによって，「言語的意味」をより厳密に規定することを目的としていたことに注意する必要がある．

まず Blakemore (1987) は，談話接続語をさらに吟味することにより，「命題の真偽値に関わる要素」と「発話解釈の算出のみに関わる要素」を区別した．「言語的意味」の下位区分として，「概念的意味」(conceptual meaning) と「手続き的意味」(procedural meaning) の区別の重要性を指摘した．さらに Blakemore (1992) は，改めて関連性理論の枠組で談話接続語の機能を整理し，「推意 (implicature) に制約を課すもの」として，「関連性を生み出す文脈効果 (contextual effects)」の観点から談話接続語を特徴付け，以下の 3 つに整理した (Blakemore 1992: 136–142)．

①文脈含意を生み出す談話接続語 (新情報と旧情報を組み合わせて導き出される)：
so, *therefore*

②既存の想定の強化に関わる談話接続語 (既存の想定を強める証拠を提示する)：
after all, *besides*, *moreover*, *further*, *indeed*

③既存の想定を否定する談話接続語 (新情報が旧情報と矛盾し，既存の想定が打ち消される)：*however*, *still*, *nevertheless*, *but*

これらが共通して「手続き的意味」に貢献しており，「概念的意味」との区別を強調した．しかし，Blakemore はこの時点で既に談話接続語の秘める複雑さに気づいており，それぞれの語句について詳細な分析が必要であることを指摘している．

Blakemore (1996) は，従来扱ってきた *but* や *so* 以外に *in other words* に代表される同格標識 (appositive maker) の分析に取り組み，*so* や *but* とは異なり概念的意味を持ち，「高次表意 (higher-level explicature) の復元」を示唆し，「言語的意味」に寄与するものとして同格標識を位置づけた．このように談話標識の多様性にあらためて気づき，分析の難しさを指摘している [cf. Blakemore 1996: 345–346]．Blakemore (2000) では，*but* と *nevertheless* の使い分けを精査することにより，さらに Blakemore (2002) では最も難解な *well* を射程に入れて「手続き的意味」の再考が行われた．

当初の考え方では，「手続き的意味」は「推意に制約を課すもの」として規定されたに過ぎなかったが，「手続き的意味」は「(狭義の先行する言語的) 文脈に対する制限を含め，発話解釈に関わる推論プロセスの全ての情報を含むもの」として，その概念が拡張された．広範囲の用法を持つ *well* の一般化を図る過程で，談話標識は「最小限の労力で発話解釈できるように文脈および文脈効果を特定化し，文脈から生じるさまざまな推論の可能性についての選択を制限し，最適な関連性の達成に寄与することを合図する標識」という最も一般的な結論に至ったのである．[5] この結論の意味するところは，談話標識が言語表現の中で周辺的で特異な存在ではなく，他の言語表現と同様に，関連性理論の中で説明されるべきものとして位置づけられるということである．

5. Fraser のアプローチ

談話標識研究のアプローチとして，もっぱら談話標識そのものに焦点を当て研究を進めている Fraser の研究を取り上げる．

5. 1. Fraser の基本的枠組み

Fraser (1990, 1996) では，共通して固有の語用論的意味を持つとして語用論標識 (pragmatic marker) というカテゴリーを認め，「文の命題内容とは分離した別のものとして解釈され，話し手の潜在的な伝達意図を合図する，言語的に記号化された手がかりである」(Fraser 1996: 168) とする．

さらに語用論標識は以下の 3 つに細分化されている (Fraser 1996: 169)．

①基本的語用論標識 (basic pragmatic marker)：基本的なメッセージの発話の力を合図する．

②解説的語用論標識 (commentary pragmatic marker)：基本的なメッセージについてコメントするメッセージを合図する．

③並列的語用論標識 (parallel pragmatic marker)：基本的なメッセージに付け加えてメッセージを合図する．

これらの語用論標識と共に，④談話標識 (discourse marker) を 1 つの区分として設け，以下のように定義している．

> 談話標識は，先行する談話と基本的なメッセージの関係を合図する．他の語用論標識とは違い，談話標識は表示的な文の意味には貢献せず，手続き的な意味のみに貢献する．それらは聞き手に談話標識が付されている発話がどのように解釈されるかを聞き手に教える．(Fraser 1996: 169, 186)

さらに，談話標識は以下の 4 つに下位区分されている (Fraser 1996: 187–188)．

i) 話題転換標識 (topic change marker)：話し手の考えでは，後続の発話は現在話している話題とは異なる．(*incidentally*, *by the way*, etc.)
ii) 対比標識 (contrastive marker)：後続の発話は，先行の発話に関連する命題を否定するか対照的なものである．(*but*, *however*, *anyway*, etc.)
iii) 詳細表示標識 (elaborative marker)：後続の発話は，先行の発話の内容を詳述する．(*in other words*, *besides*, *furthermore*, etc.)
iv) 推論標識 (inferential marker)：先行の発話から導き出せる結論を示す．(*so*, *then*, *therefore*, *after all*, etc.)

5. 2. Fraser (2009) における改編

Fraser (2009) はそれまでの分類を改編し，大きな枠組みである語用論標識のうち，並列的標識を解説的標識に吸収している．さらに，基本的標識，解説的標識，談話標識の 3 区分に加えてメタコメントを示す談話マネジメント標識 (discourse management marker) を新たに設定し，以下のように下位区分している (Fraser 2009: 893)．

[談話マネジメント標識]
i) 談話構造標識 (discourse structure marker)：後続の部分が談話の全体構造の中でどのような位置を占めているかを示す．(*first*, *then*, *in summary*, etc.)
ii) 話題方向付け標識 (topic orientation marker)：後続の談話の話題に関する話し手の意図を示す．(*anyway*, *but*, *by the way*, *incidentally*, etc.)
iii) 注意喚起標識 (attention marker)：話題の転換が生じていることを示す．しばしば話題方向付け標識と共起するが，どのような転換が起こるかは示さない．（*ah*, *now*, *oh*, *ok*, *so*, *well*, etc.）

上記の下位区分を設けたことによって，少なくとも談話標識の下位区分の 1 つとして設けられていた話題転換標識は話題方向付け標識に吸収されることになる．したがって，現時点での Fraser の分類は，以下のように整理し直すことができる．

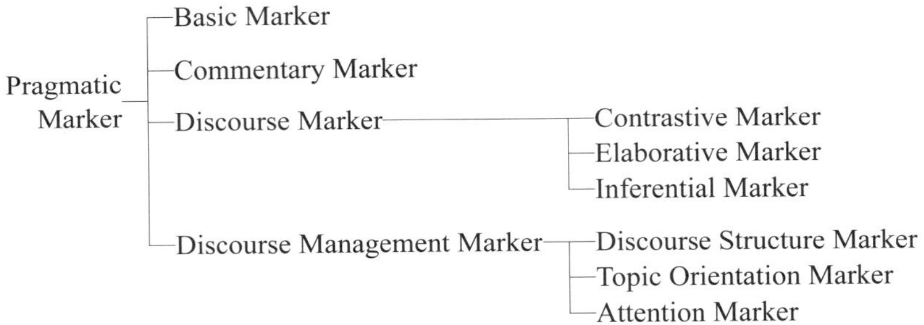

Fraser の研究は，厳密な理論言語学的研究というよりはむしろ記述的研究として評価でき，例文を提示しながら具体的に個々の談話標識の機能を丁寧に説明していく手法は，我々の伝統的な語法研究ともよく馴染む．Fraser のアプローチは独自の枠組みで談話標識を分析しようとしているものの，従来の研究成果を統合しようとした折衷的な研究としての位置づけが可能であろう．

6. 歴史語用論と文法化・主観化・間主観化に関るアプローチ

Jucker (1995) によって事実上名称が定着した「歴史語用論」(historical pragmatics) は，社会構造の変化に伴って言語を用いる状況が変化することで，言語使用がどのように変化するかを分析する．そのためには過去の言語資料が必要であるが，古英語から近代英語までの様々なジャンルのテクストを集めたヘルシンキコーパス (Helsinki Corpus of English Texts) をはじめとするコーパスの発達が言語資料の提供に貢献している．コーパスデータを通時的に観察することで，言語使用が時間の経過とともにどのように変化したかを記述できる．このような手法で談話標識を通時的に観察して意味の変化を見る研究が，歴史語用論の分野の中の文法化 (grammaticalization)・主観化 (subjectification)・間主観化 (intersubjectification) のトピックとして定着した (高田他: 30–31, 75)．[6]

文法化とは，時間の経過の中で語彙項目が文法的・形態統語的に新しい立場を獲得し，以前は全く示されていなかったか，異なるように示されていた意味的機能を示すようになるプロセスである (高田他: 24–25). 談話標識は先行発話と後続発話の関係についての話し手の判断や態度を示すので，ある表現が談話標識へと展開する過程では主観化が関わる．さらに，主観化を基盤にして話し手の聞き手に対する配慮を記号化・明示化する機能・意味を帯びていく変遷の間主観化が関わる．たとえば，発話内容を和らげる垣根言葉 (hedge) としての *well* がその例である．

歴史語用論の枠組みで意味や用法の変遷を考えると，歴史的には多くの談話標識が動詞を修飾する副詞からしばしば文副詞の用法を経て，談話的な機能を獲得していることが分かる．さらに，間投詞やレキシカル・フレイズに関しても，元来の意味・機能から談話標識としての用法に至るまで，連続性が見られる．

なお，紙幅の都合で本書に収められなかった談話標識研究の歩みの詳細は，松尾 & 廣瀬 (2014) を参照されたい．

注

1 「談話標識」の名称についてはさまざまなものが用いられてきた：discourse connective / operator / particle, pragmatic marker / particle, connective, filler, frame marker, initiator, etc. これらは談話標識研究の発展段階や各アプローチを反映している．また，さまざまな名称の使用は，談話標識の多機能性や位置づけの不安定さを反映しているともいえる．これらのうちで pragmatic [discourse] particle が好んで用いられた時期もあったが，現在では discourse marker が定着して，訳語としても「談話辞」はあまり用いられなくなってきた [cf. Brinton (1996), Takahara (1998), Jucker (1997), Schourup (1999) など]．

2 コミュニケーションの新たな段階を示す *now*，ためらいを表す *well* などがこれに含まれる．

3 会話を首尾よく進めるために，参与者は協調の原理 (cooperative principle)「会話における自分の貢献を，それが生ずる時点において，自分が参加している話のやりとりの中で合意されている目的や方向性から要求されるようなものにせよ」(今井 2011: 190) を守らなければならない．この原理には次の 4 つの公理 (maxims) がある．(1) 量：過不足なく適切な量の情報を示せ　(2) 質：真実だと思っていることを話せ　(3) 関連性：関連のあることを話せ　(4) 様式：明確に話せ．

4 Blakemore の他に，Blass (1990), Rouchota (1998a, b), Unger (1996), Andersen (1998, 2001) などがある．

5 関連性理論においては，文脈 (context) とは狭義の言語的文脈のみならず，発話の解釈にあたって発話の内容と共に推論 (inference) の前提として用いられ，結論を導く役割をする想定 (assumption) 全てを含む概念として用いられる．

また，関連性理論で言う推意 [あるいは含意] (implicature) は，理論的枠組みにおける表意 (explicature) と対で理解されるべき概念で，両者とも話し手が伝達しようと意図した発話内容を表す．厳密に言うと Grice に端を発する語用論における含意（implicature）とは一致しない．

6 Jucker（1993, 1995, 1997, 2006）は *well*，*in fact*，*indeed*，*besides*，*anyway*，*actually*，*cos* [*because*]，*after all*，*now*，*oh*，*OK*，*I think*，*like*，*I mean*，*I say* などを，Schwenter & Traugott（2000）は，*in fact* を，Tabor & Traugott（1998）は *anyway* を扱っている．

（廣瀬・松尾）

B　談話標識についての基本的な考え方

これまで談話標識が体系的に研究されてこなかった理由の 1 つとして，基本的な考え方が明らかではなかったことが挙げられる．以下，談話標識をどのように考えていけばよいのかについて，コラム形式でポイントを整理する．なお，松尾 & 廣瀬 (2015) も合わせて参照されたい．

Column 1：談話標識をプロトタイプ的な文法カテゴリーとしてとらえる

「談話標識」を 1 つの文法カテゴリーとして考える場合，名詞，形容詞，動詞，副詞といった，いわゆる品詞的 (統語的) なカテゴリーと並列的にとらえるのではなく，一段高次的な機能的・意味的カテゴリーとしてとらえることができる．したがって，その成員については種々の品詞，複数の構成要素を持つ言語表現も含まれる．一般に，接続詞，副詞，前置詞句，間投詞などが主な成員となるが，最近注目を集めているレキシカルフレイズ (lexical phrase) と称されるものも一部射程に入る．

談話標識をこうしたプロトタイプ的なカテゴリーとしてとらえることによって，カテゴリーを形成する各成員の特徴については一定の共通した特徴は認められるにせよ，全ての特徴を各成員が共有するとは限らない．ある成員は典型的に談話標識として用いられて極めて「談話標識的」なものとして存在している．一方，文の構成要素の一部としても機能し，それらの表現が本来持つ語彙的意味を反映した用いられ方をして，談話標識としては「周辺的」な成員もある．こうした段階性 (gradience)，あるいは連続性 (continuum) を持つカテゴリーとしてとらえることによって，接続詞，副詞，前置詞句，間投詞やレキシカルフレイズ本来の用法から談話標識としての用法へとつながりが見られるなど，特徴がより明らかになる．このことは，文法化 (grammaticalization)，(間)主観化 ((inter)subjectification) といった歴史語用論的視点から意味機能の変遷を記述することで裏付けられる．

Column 2：談話標識の一般的特徴

談話標識に共通する最も一般的な特徴は，「話し手の何らかの発話意図を合図する談話機能を備えている」ことである．ただし，「談話」(discourse)

は広義にとらえて，談話標識が現れる前後の文脈や，テクストとして具現化される文脈のみならず発話状況 (utterance situation) 全体を含むものとする．さらに，その発話状況に参与する話し手・聞き手の知識やコミュニケーションの諸要素が談話標識の機能に関与する．以下，いくつかの観点から談話標識の特徴をまとめる．

【語彙的・音韻的特徴】

(a) 一語からなるものが多いが，句レベル，節レベルのものも含まれる．
(b) 伝統的な単一の語類には集約できない．
(c) ポーズを伴い，独立した音調群を形成することが多い．
(d) 談話機能に応じ，さまざまな音調を伴う．[1]

【統語的特徴】

(a) 文頭に現れることが多いが，文中，文尾に生じるものもある．[2]
(b) 命題の構成要素の外側に生じる，あるいは統語構造にゆるやかに付加されて生じる．
(c) 選択的である．
(d) 複数の談話標識が共起することがある．
(e) 単独で用いられることがある．[3]

【意味的特徴】

(a) それ自体で，文の真偽値に関わる概念的意味をほとんど，あるいは全く持たないものが多い．
(b) 文の真偽値に関わる概念的意味を持つ場合にも，文字通りの意味を表さない場合が多い．[4]

【機能的特徴】

多機能的で，いくつかの談話レベルで機能するものが多い．

【社会的・文体的特徴】

(a) 書き言葉より話し言葉で用いられる場合が多い．
(b) くだけた文体で用いられるものが多い．
(c) 地域的要因，性別，年齢，社会階層，場面などによる特徴がある．[5]

注

1 *well* を例に取ると，上昇調で発話されると「どうしたいの？」の意を，上昇 - 下降 - 上昇調では「確かではないが，たぶん」と不確実さを，上昇 - 下降調では「そうかもしれないが」と譲歩や不本意さ，ためらいを，下降調では「へえ」と驚きを表す［Ball 1986: 117–118 2002: 132; Blakemore 2002, p. 132］．

また，談話標識ではしばしば，音韻的に弱化する現象が見られる［Brinton 1996: 33; Schiffrin 1987: 328］．

2 文尾で用いると，念押しのニュアンスや丁寧さなどが生じることがある．(⇒ ACTUALLY 用法 3; ANYWAY 用法 3; AFTER ALL 補足 16)
3 *And?*, *So?*, *Well?* のように，相手に発言を促したりする．
4 *that is*, *in other words*, *in short* のような言い換え標識がこれに当たる．これらは概念的情報を担い，それ自体は真偽判断が可能であるが，命題そのものの真偽値を左右しない [内田 2011: 104; Blakemore 1996]．
5 Ajimer (2013) は，独自の言語変種的語用論 (variational pragmatics) で社会言語学的な分析を行っている．

Column 3：談話標識の意味の考え方

意味的特徴として，談話標識は命題内容の一部として文の真偽値に関わる意味は (ほぼ) 持たないが，談話標識自体が何らかの「言語的意味」，あるいは「談話機能」を持っていることは明らかであり，それをどのようにとらえるのかについては，以下の 3 つの考え方が挙げられる (cf. Schourup 1999, 2011)．

①同音異義語的アプローチ (homonymy approach)：談話標識が複数の用法を持つ場合に，それぞれの意味を同音異義語的にとらえる考え方．
②単一意味的アプローチ (monosemy approach)：談話標識に中核的な共通の意味を認め，その中核的な意味から全ての用法，あるいは派生的意味を説明していく考え方．中核的意味アプローチ (core meaning approach) ともいう．
③多義語的アプローチ (polysemy approach)：談話標識が複数の用法を持つ場合に，多義語的にとらえる考え方．

記述的には多義語的アプローチをとり，機能的・意味的ネットワーク，あるいは用法的ネットワークを考えていくのが生産的である．ただし，単一意味的アプローチの立場から談話標識を眺めて，その全体像を理解することも重要である．

Column 4：談話標識の機能的特徴の考え方

機能的特徴については，多機能であることを指摘したが，機能するレベルについては，大きく以下のようなものが考えられる．詳細は，Appendix C を参照.

①Textual function（談話構成機能）

②Information function（情報授受・交換機能）

③Attitudinal function（態度・感情表明機能）

④Interpersonal function（対人関係調整機能）

Column 5：結局のところ「談話標識」とは何なのか

談話標識は，聞き手が発話を正しく理解できるように話し手の発話意図を合図するというコミュニケーション上の役割を担う．その合図には用いられる文脈に応じて，談話の構成に関わるもの，情報の授受に関わるもの，話し手の態度や感情を表明するもの，対人関係に関わるものがある．1つの談話標識が同時に複数の機能を担うこともある．談話標識がなくても伝えられるメッセージの「意味」に影響はほとんどないが，コミュニケーションを円滑に進めるためには必要不可欠な要素である．

（廣瀬・松尾）

C　談話標識の機能的分類

ここでは，談話標識を機能面から分類する．単一の談話標識が，同時に複数の機能を担うことがある．これは，談話標識の特徴の1つである．たとえば，*actually* は先行発話から予想されることとは異なる内容を述べることを合図する逆接機能を持つ．同時にこれから聞き手にとっては予想外のことを述べることをあらかじめ合図して，聞き手のショックを和らげて配慮を示す一種の丁寧表現になる対人関係調整機能も担うことがある．

それぞれの機能や語句に関する興味深い事柄を，NB に記している．各語句に関して個別語句記述で取り上げているものは，合わせてそれを参照されたい．

また，紙幅の都合上，例文や以下で扱っていない語句に関しては，Swan[3] (2005[3])，Carter & McCarthy (2006)，Fraser (1990, 1996, 2009)，松尾 & 廣瀬 (2015) などを参照されたい．

Ⅰ．談話構成機能

談話標識は，話し手が談話をどのように組み立てていくのかを合図する．直前の文や発話との関係を表すことが多いが，より幅広い談話の構成，あるいは一連の談話全体と関わって，談話の開始や終結等を合図する機能も持つ．その場合，会話の順番取り (turn-taking) とも関わることがある．

I-1．先行文脈あるいは後続する文や発話と関わって，談話構成を合図する機能

①**【付加的機能】**　前言に発話内容を付け加えることを合図する．
and, *besides*, *further*(*more*), *in addition*, *moreover*, *plus*, etc.

②**【同格的機能】**　(1) 別の言い方で言い換える［言い換え機能］，(2) 具体例を挙げる［例示機能］，(3) 比喩的な具体例を述べる［比喩機能］がある．
(1) *I mean* (*to say*), *in other words*, etc.
(2) *for instance* [*example*], *I mean*, *thus*, etc.
(3) *kind* [*sort*] *of*, *like*, etc.

③**【強化機能】**　前言よりさらに一歩進めた陳述をすることを合図する．
above all, *actually*, *after all*, *in* (*actual*) *fact*, *I mean*, *of course*, etc.

④**【制限機能】** 最小限言えることを合図する.
anyway, (*or*) *at least*, etc.

⑤**【逆接・譲歩機能】** 逆接・反対・矛盾・譲歩的な内容を述べることを合図する.
actually, (*and*) *yet*, *but*, *however*, *in fact*, *nevertheless*, *nonetheless*, *of course*, *on the contrary*, *still*, *though*, etc.

NB 1. 先行発話の内容に相反することを述べるので，話し手の反駁，不快感，疑念といった感情を表す応答詞的な用法がある (⇒ BUT 用法 3).

NB 2. 内容的に先行発話とは異なる方向にいくことから，談話の流れのレベルで先行文脈とは異なる話題を持ち出す話題転換の合図となる用法がある (⇒ BUT 用法 5; HOWEVER【解説 7】; IN FACT【解説 12】).

NB 3. actually は聞き手にとって (しばしば好ましくない) 予想外のことを述べることをあらかじめ合図して，聞き手に対する配慮を示す対人調整機能も持つ (⇒ ACTUALLY【解説 5, 6, 7, 11, 12】).

NB 4. of course が譲歩を表す場合，しばしば but と対をなす形で用いられる (⇒ OF COURSE【解説 9, 10】).

⑥**【対照機能】** 対照的な内容を述べることを合図する.
mean while, *on the other hand*, etc.

⑦**【比較・類似機能】** 比較や同類のことを述べることを合図する.
in comparison, *similarly*, etc.

⑧**【一般化機能】** 一般化を図ることを合図する.
broadly [*generally*] *speaking*, *in general*, etc.

⑨**【論理的・推論的結果機能】** 先行文脈から導き出せる論理的・推論的結論を述べることを合図する.
and, *in other words*, *so*, *then*, *therefore*, *thus*, etc.

NB 5. so には，先行文脈として具体的な発話ではなく発話の状況を受けて，推論結果を述べる用法がある (⇒ SO【解説 5】). 同様に，機能は異なるが，and, but も非言語的な先行文脈を受ける形で用いられる (⇒ AND【解説

10】; BUT【解説 13】).

NB 6. so は先行文脈から導き出される結論を述べる時に用いられるので，一連の会話をまとめる形で，会話終了の合図となる用法がある (⇒ so【解説 22】).

⑩**【訂正・修正機能】** (1) 非意図的な誤りを訂正する［とちり訂正機能］，(2) より適切な語句に変更する［適正語句修正機能］，(3) 前言に対する適用範囲や数値的制限を加える［制限的修正機能］がある.

(1) *actually*, *excuse me*, *I mean*, *no*, etc.

(2) *actually*, *I mean*, *in fact*, *in other words*, (*or*) *possibly*, (*or*) *rather*, *really*, etc.

(3) *anyway*, (*or*) *at least*, *well*, etc.

NB 7. 訂正されるとちりには，語句，発音，文法・語法の誤りなど，さまざまなものがある: The thirst, *I mean* the first thing to remember is that . . . —Quirk et al. (発音) 最初……いや，まず覚えておくべきことは…… / "I ain't sure — *excuse me* — I'm not sure what to say." —Stallone, *Rocky II*「分かんねえ，いや，分からないんです，どう言っていいのか」

NB 8.「訂正」と明示的に発して correction を副詞的に用いることがある: "You'll need a clear head for what you must do tomorrow." He glanced at his watch and laughed. "*Correction* — today." —Higgins, *Devil*「明日何をしなければならないかを考えるのに，頭をすっきりさせないといけませんね」 彼は時計にちらっと目をやり笑った.「訂正，もう今日になっていますがね」

NB 9. (or) rather は「(いえ,) むしろ」の意でより適切な表現への変更をする際に用いられるが，rather が変更された表現に後続する場合もある: "I did talk to the police, *or rather* they talked to me." —Grafton, *Burglar*「本当に警察に話しましたよ，いえ，正確には向こうから私に話しかけてきたんですがね」/ "Good morning, *or* good afternoon, *rather*." —Bernstein, *Seven*「おはようございます，いえ，こんにちは，でした」

NB 10. actually や in fact など，前言からすると予想外のことを述べる逆接の機能を持つ談話標識が，訂正・修正機能も担うことがある (⇒ ACTUALLY【解説 13, 14】; IN FACT 用法 2).

NB 11. 言い換えを表す in other words が訂正・修正機能を持つことがある (⇒ IN OTHER WORDS 用法 1).

NB 12. (or) maybe / perhaps / possibly が訂正・修正機能を持つことがある: "I

should know more later today, *or possibly* tomorrow." —Block, *Edge*「今日，あとでもっと情報を集めたほうがいいと思う，いやことによると明日になるかもしれないがね」

NB 13. 制限的修正機能の場合，通例修正後の表現は修正前の表現より控えめな内容である (⇒ AT LEAST 用法 2). また，anyway が文尾で用いられると，この機能を持つことがある (⇒ ANYWAY 用法 3). さらに，well の場合は，修正することへの話し手のためらいが含意される (⇒ WELL【解説 9】).

I-2. より幅広い文脈と関わって，談話構成を合図する機能

⑪**【談話開始機能】** (1) 聞き手の注意を喚起する [注意喚起機能], (2) 話題を提示する [話題提示機能] がある.

(1) *ah*, *look*, *now*, *oh*, *okay*, *so*, *well*, etc.

(2) *talking* [*speaking*] *of* [*about*], etc.

NB 14. 注意喚起機能を持つ談話標識のニュアンスの違いや使い分けは，それぞれの語の記述を参照.

⑫**【談話調整機能】** (1) 話題を提示する順序を合図する [話題順序立て機能], (2) 別の話題を提示する [話題転換機能], (3) 脱線した話題から本題に戻る [話題回帰機能] がある.

(1) *finally*, *first*(*ly*), *last*(*ly*), *next*, *then*, etc.

(2) *actually*, (*and*) *now*, *anyhow*, *anyway*, *but*, *by the way*, *however*, *in fact*, *look*, *oh*, *okay*, *so*, *well*, etc.

(3) *anyhow*, *anyway*, *now*, *so*, etc.

NB 15. NB 2 で述べたように，but, however, in fact のような逆接機能を持つ談話標識が，話題転換機能も担うことがある.

NB 16. now, okay, look, well のような注意喚起機能を持つ談話標識が，話題転換の際に用いられることがある. 特に look は，これから伝える内容や伝えるという行為自体が聞き手の頭の中にないことが明らかな状況で用いられる (⇒ NOW【解説 12】; OKAY【解説 12】; LOOK【解説 8】; WELL【解説 4】).

NB 17. by the way によって導入される話題は本題ではないことが多いが，戦略的に用いて重要な内容を伝えることがある. その場合，些末なことを伝えるふうを装って，聞き手に対する配慮を表す (⇒ BY THE WAY【解説 7】).

NB 18. oh, so はいずれも話題転換の合図となるが，oh はたった今話し手の頭に浮かんだ話題を導入するのに対して，so はあらかじめ話し手の頭

にあり，話そうと思っていた話題を導入する傾向がある（⇒ OH【関連事項（iii）】）.

⑬**【談話展開機能】** 聞き手にさらなる情報を求めることを合図する．通例疑問形になる．
And?, *But?*, *Like?*, *Meaning?*, *No?*, *Oh?*, *So?*, *Well?*, *Which is* [*was*]*?*, *Yeah?*, *Yes?*, etc.

NB 19. 話し手が求める情報や談話の流れの方向性が，談話標識によって明示されることが多い：“Meanwhile, there’s a ready solution to the problem out here.” “*And that is?*” —Segal, *Only*「その一方で，ここにはその問題の素早い解決法があるんだ」「つまり？」/ “Or maybe he was already dead from the blow to the head. Or maybe —” “*Yes?*” —Block, *Rye*「あるいは，たぶん頭部への打撃で彼は既に死んでいたかもしれない．あるいは，たぶん……」「それで？」/ “But that is not the strange part.” “*No?*” “The strange part is he listened to it.” —Deaver, *Collector*「しかしそれは奇妙な点ではないよ」「違うのかい？」「奇妙な点は，彼がそれに耳を傾けたってことだよ」

NB 20. 談話標識をそのまま引き継ぐことがある：“You know, kind of a wild guy likes to spend money, always got a smart remark. Promises a lot.” “*But?*” “*But* he’s not fun.” —Parker, *Chance*「ちょっとワイルドな奴は金を使うのが好きで，いつもしゃれたことを口にする．約束も多いし」「しかし？」「しかしそんな奴は面白みに欠けるのさ」

NB 21.「つまり（どういう意味だ）？」と，相手の発言の真意を問うことがある：“I’m a problem. I’m not doing what I want to be doing.” “*Which is?* Making money.” —Sanders, *Game*「私が問題なのよ．自分のしたいことをやっていないんだもの」「つまりは？ 金もうけをしてないってことかい」/ “Word is, it’s the company he keeps,” says Leo. “*Meaning?*” —Martin, *Judge*「噂では，問題なのは彼が付き合っている連中さ」「どういうこと？」

⑭**【談話継続機能】** 時間かせぎをして，談話を継続する意思があることを合図する．それによって，話し手が発言権を維持する意思があることが示される．
I mean, *kind* [*sort*] *of*, *like*, *uh*, *well*, *you know*, etc.

⑮**【談話終結機能】** (1) これまで述べてきたことを要約する［談話要約機能］，(2) 談話の締めくくりを合図する［談話締めくくり機能］がある．

(1) *in conclusion*, *in short*, etc.
(2) *anyway*, *okay*, *so*, etc.

II. 情報授受・交換機能

談話標識は，話し手が情報を受け取ったことや，新旧いずれの情報を伝達しようとしているか，情報を聞き手と共有したいかなどを合図する機能を持つ.

⑯**【情報授受・交換機能】** (1) 情報の受容と情報に対する話し手の態度を表す［情報受容機能］, (2) どのような情報をどのような態度で発信しようとしているかを表す［情報発信機能］がある.［情報発信機能］には，(ア) 新情報 (多くの場合は，聞き手にとって予想外の情報) を伝える［新情報発信機能］,（イ）聞き手と情報の共有化を望むことを合図する［情報共有化機能］,（ウ）情報の一部に焦点を当てて伝える［情報焦点化機能］がある.
(1) *ah*, *oh*, *uh*, *yes*, etc.
(2–ア) *actually*, *huh*, *no*, *why*, etc.
(2–イ) *after all*, *huh(?)*, *okay(?)*, *so*, *you know*, *you know what?*, *you see*, etc.
(2–ウ) *like*, etc.

NB 22. 談話標識によって導入される発話が新情報か旧情報かは，談話標識の機能によって決まる．たとえば，you know は通例聞き手の理解を確認するために用いられ，導入される内容は旧情報であることが多い．一方，これから話す内容に注意を喚起する you know what? や look には新情報が後続する (⇒ YOU KNOW【解説 1, 7】)：(電話で話している最中に雨が降って来て) "Patti, please. *You know what?* It's starting to rain here a little bit. So, I think I have to go now." —*Tuscan*［映］「パティ，ちょっとごめん．少し雨が降り始めたわ．電話を切るわね」

NB 23. 一方，you know や you know what? が戦略的に用いられることがある．たとえば，you know によって新情報をあたかも当然知っているべき旧情報のように示したり，you know what? で旧情報を導入して再度理解を求めたりする (⇒ YOU KNOW【解説 2】; YOU KNOW WHAT?【解説 8】).

III. 態度・感情表明機能

談話標識は，話し手がこれからどのようなスタンス (態度・感情・様式・確信度・明白性) で陳述するのかを合図する機能を持つ．いわゆる文副詞と称されるものが大半を占める．本書では紙幅の都合上，これらの項目の多くは取り上げていない.

⑰**【評価明示機能】** 後続する命題内容に対する話し手の評価を表す.
amazingly, *at least*, *importantly*, (*un*)*fortunately*, etc.

⑱**【発話様式表示機能】** 後続する命題内容に対する発話様式を合図する.
frankly, *honestly*, *seriously*, etc.

⑲**【確信・明白性明示機能】** 後続する命題内容に対する確信度・明白性を合図する.
certainly, *obviously*, *of course*, *perhaps*, etc.

⑳**【感情表出機能】** 驚き, 喜び, 安堵, 苛立ち, 嫌悪感, ためらいなど話し手の感情を合図する.
actually, *ah*, *but*, *huh*, *look*, *no*, *oh*, *okay*, *well*, *why*, *you know what*, etc.

NB 24. 談話標識は, 先行文脈と当該の発話が内容的にどのように関わるかを合図したり, 談話構成上の機能を果たしたりする. それと同時に, 話し手の様々な感情を伝える感情表出に関わる機能も持つ.

NB 25. oh, ah, huh は, 元来今受け取ったばかりの情報 (刺激) に対する自発的な声の反応に由来する間投詞であるので, 常にある程度の驚きを表す. oh は話し手が重要な, あるいは思いがけない情報を受け取った場合に, ah は受け取った情報が話し手が既に持っていた想定とつながった場合に, huh は強い興味や好奇心を抱かせる情報を受け取った場合に用いられ, 驚きの種類が異なる (⇒ OH【解説 5】; AH【解説 3】; HUH 用法 1).

NB 26. 文尾の huh や okay はまた, 聞き手に同意や確認を求めると同時に, 苛立ちを表す: "Now, listen, guys. What is your problem, *huh*? Why can't you just get along?" —*Night* [映]「いいか, よく聞け. 問題は何なんだ, えっ? なぜ仲良くできないんだ?」/ "Now, Molly, listen to me. I have to go, *okay*?" —*Ghost* [映]「さあ, モリー, いいかい, 行かなきゃ, な?」

NB 27. 逆接を表す but で論理的な関係よりも感情表出的な要素が強くなると, 応答詞的に反論や不快感, 疑念などが表される (⇒ BUT 用法 3).

㉑**【情報源明示機能】** 伝達する情報の出所を合図する.
according to, *allegedly*, *reportedly*, etc.

Ⅳ. 対人関係調整機能

談話標識は, 会話を円滑に進めるために, 話し手と聞き手の人間関係を調整する機能を持つ．しばしば，逆接やためらいを合図する談話標識が，この機能を果たす．

㉒**【敬意・配慮機能】**　会話において，聞き手に対する敬意や配慮を表し，丁寧表現となる．
actually, *if you don't mind*, *if you like*, *if you please*, *well*, etc.

NB 28. if you don't mind, if you like のような if 節がしばしばこの機能を持つ：
If you don't mind, bring it to me about 7 this evening. —Fraser (1996) よろしければ，今晩 7 時頃にそれを私のところに持ってきてください．

㉓**【自己防衛機能】**　自己防衛のために，ためらいや控えめな態度を表す機能を持つ．
at least, *I guess* [*think*], *I'm afraid*, *in my view* [*opinion*], *kind of*, *really*, *well*, etc.

NB 29. I＋思考動詞 (feel, guess, suppose, think, etc.) の形では，話し手が当該の内容を強く主張しているわけではないことになり，自己防衛の態度につながる．

（廣瀬・松尾・西川）

Appendix Ⅱ

談話標識研究の将来展望

談話標識研究の将来展望

以下，今後の談話標識研究の方向性として期待されるものを，いくつかの観点からまとめておきたい．

まず Appendix I でも述べたように，近年の IT 機器の発達と普及に伴って，大規模コーパスを用いたアプローチが可能になった．それによって，量的にも質的にも従来になかった研究ができる．たとえば，大量の実例にあたることで，ある表現の使用頻度や共起関係，用いられ方などがより明確になる．また，予期せぬ結果が得られて新たな仮説や分析法へとつながる可能性がある．

歴史語用論の枠組みでは，Appendix I で述べた事柄以外に，以下のような視点で談話標識を分析することができる．文法化や主観化・間主観化に関わるアプローチなどから，談話標識の文中における位置と意味機能の関係も論じられるようになってきている．多くの談話標識には文頭に現れるという特徴 (initialness) がある．この特徴は，本来あるべき位置からしだいに遊離しつつ独自の機能を保持していくといった文法化の拡張的見解を支持する要因となっている．談話標識は，話し手が伝えようとする内容の前に生じて話し手の意図や主観を示す戦略として用いることができる．文尾ではこの機能を全く果たさないか，効果が減じてしまう (Onodera 2011: 620–23)．しかし，Traugott (2011) は，英語ではある項目の機能，(間) 主観性，文中での位置の相関関係は絶対的なものではなく傾向に過ぎず，文中の位置だけで機能や意味が決まるわけではないとする．また，小野寺 (2011: 88–89) は，談話標識が出現する可能性のある場所として文頭と文尾を挙げ，英語でも日本語でも，さらに他言語でも，いずれの位置で用いるかの住み分けがあるようだとする．どの談話標識が，またどんな機能を持った談話標識が，「発話 (文) の左の周辺部」(文頭)，また「右の周辺部」(文尾) に現れるのか，いわゆる左と右の周辺部 (periphery) の問題である．

他方，内田 (2011) は文中での位置の違いが何らかの用法上の差として現れていないか，現れているとすればなぜかを考察した．発話行為や話し手の命題態度を表すある種の高次表意は日本語では文尾で明示的に言語化される場合がある．高次表意の復元に関わる，文尾に生起する談話標識はこの現象の延長線上にあると言えるとしている (109)．本書でも述べたように，談話標識が文尾に生じると，文頭の場合とは異なる用いられ方をする場合がある．

このように，談話標識が生じる位置とその機能との関係については，今後さらにきめ細かい分析が期待される．

言語習得の観点から談話標識を検討することもできる．Tagliamonte (2005) は，*like* を社会言語学的に分析し，*like* の使用の習得を論じた．Hellermann & Vergun (2007) は，米国移民と難民の大人の英語学習者を対象に *you know*，*like*，*well* といった対人関係に関わる談話標識の使用を観察した．これらの語句を多く使うのは，異文化との接触による文化受容によってアメリカにより馴染んだ人たちで，対人関係に関わる談話標識の語用論的機能を彼らに気づかせるべきだと主張した．Lam (2009) は，自然な英語の会話に触れる機会が少ない学習者に，いかに談話標識の使用を習得させるかを研究し，教材の重要性を説いている．Polat (2011) は，発達的学習者コーパス (developmental learner corpus) を利用して，移民の大人の第二言語習得を 1 年間追跡した．今後日本においても，英語教育の分野で談話標識の研究成果を活用することが望まれる．

対照言語学的視点としては，先述した談話標識の文中での位置以外に，個別の項目を実証的に記述した上で機能の観点から整理し直して，異なる言語間での談話標識の類似点と相違点を導き出すことができるだろう．また，談話標識の翻訳という問題もある．談話標識の解釈は文脈に左右されるところが大きいので，辞書的な訳語を与えることに限界がある．Brinton (2010: 286) が言うように，談話標識はいわゆる意味内容に欠けるので，異なる言語間での翻訳には困難を伴う．歴史語用論の知見から，談話標識の多くが (間) 主観化と関わることが明らかになっているが，(間) 主観性の表し方は言語によって異なり，文化的・社会的規範に適った表現形式を取るとされる〔cf. Onodera 1995, 2000; Traugott 2003; López-Couso 2010 など〕.

萩原 (2012) は，日本語の「だから」の対人関係機能を論じた．従来テクストにおいて論理性を導く際に使用されることばとして記述・説明されてきた「テクスト構成的機能」を持つ「接続詞」が，実際の言語使用では「人間関係」という指標を軸に運用されているという実態と，その使用に「対人関係的機能」というメタ機能が働いている，という接続詞の拡張した用法を萩原は指摘した．そこで話し言葉で使用頻度の高い「だから」を事例に検証し，その機能体系と運用ルールを具体的に記述した．このような対人関係的機能から談話標識を捉え直すこともできる.

その他に Fuller (2003) は，インタビューとくだけた会話での談話標識の使用を調査し，談話標識は会話の参与者の役割や関係によって使われ方が変化することを論じた．また Han (2011) は，公のスピーチで使用された談話標識を調査して，発話産出と理解における機能を分析した．このような観点から談話標識を論じることもできる.

このように，さまざまな切り口で談話標識を分析することができ興味が尽きないが，外国語学習者としての日本人の立場を活かすならば，本辞典で実践したように，個別の談話標識を実証的に記述してそこから談話標識の機能を割り出し，今度は逆に 1 つの共通する機能から複数の談話標識を捉え直すことが，英語理解につながると考えられる．その過程でさまざまな知見を取り入れることができれば，談話標識の全体像をより複眼的に捉え，多面的に描くことができる.

最後に Schiffrin (2004) と Blakemore (2002) の見解を記して，まとめとしたい．本辞典の編著者の思いを代弁してくれている.

> If interest in discourse markers continues over the next 10 years, then, perhaps we will see an even broader empirical base from which to build an integrative theory. And perhaps this base will be build not only through analyses that continue to focus on specific markers, their uses, and/or their contexts, but also through analyses of other topics in discourse analysis

that can be illuminated by incorporating discourse markers into the set of basic tools through which we (as speakers/hearers *and* linguists) understand discourse.

談話標識に対する関心がこれから10年間にわたって継続するならば，統合的な理論の構築につながるようなより広がりのある実証的な基盤を得ることになるだろう．そしておそらくこの基盤は，今後も特定の談話標識やその用法と／あるいは用いられる文脈に焦点を当てる分析のみならず，談話分析の他のトピックに関する分析を通して，築かれることになるだろう．それらのトピックは，（話し手／聞き手，そして言語学者である）私たちが談話を理解する際に用いる基本的な道具に談話標識を組み入れることによって解き明かすことができる．

(Schiffrin 2004: 67)

Research on discourse connectives or markers grows daily. However, as far as I can tell, there are two distinct groups of researchers — those whose interest derives from an interest in the philosophy of language, and those whose interest derives from an interest in discourse. The two groups go to different conferences, read different literature and have different heroes. ··· The investigation of the semantics of these expressions cannot ignore their role in communication. Equally, the study of the function of these expressions in communication cannot ignore questions about the kind of information that linguistic expressions can encode.

談話接続語や談話標識の研究は日々成長している．しかし，個人的見解だが，その研究には２つの異なるグループがある．言語の基本原理に対する関心から生じる興味を持つ人たちと，談話に対する関心から生じる興味を持つ人たちである．その２つのグループの人たちは異なる学会に出かけ，異なる文献を読み，異なる花形研究者がいる．……このような表現（談話接続語・談話標識）の意味論を探求するときには，コミュニケーションにおけるそれらの役割を無視できない．同様に，コミュニケーションにおけるそれらの表現の機能を研究するときには，言語表現がどのような種類の情報を記号化できるのかということについての問題を無視はできない．

(Blakemore 2002: 11)

(松尾・廣瀬)

引用作品

＊本文中の表示タイトルを，I, IIではイタリック体，III, IVでは［　］内で示す.
＊（　）内は発行年を示す.

I　小説・エッセイ等

Albom, M.: *Tuesdays* with Morrie: an old man, a young man, and life's greatest lesson (1998)

Amis, K.: The Russian *Girl* (1994)

Archer, J.: Not a *Penny* More, Not a Penny Less (1976) / *Kane* and Abel (1979) / Henry's *Hiccup* (1980) / The *Steal* (1980) / One-Night *Stand* (1980) / The *Luncheon* (1980) / The First *Miracle* (1980) / The Perfect *Gentleman* (1980) / The Perfect *Murder* (1988) / Too *Many* Coincidences (2000) / *False* Impression (2006)

Bernstein, B.: *Seven* Minutes in Heaven (1986)

Block, L.: Out on the Cutting *Edge* (1989) / *Dance* at the Slaughterhouse (1992) / A *Walk* among the Tombstones (1993) / The Burglar in the *Library* (1997) / Even the *Wicked* (1997) / The Burglar in the *Rye* (1998) / Tanner on *Ice* (1998) / Hit *Ma*n (1998)

Brown, D.: *Deception* Point (2001) / The Da Vinci *Code* (2003)

Buck, P.: *Answer* to Life (1977)

Capote, T.: *Hello*, Stranger (1975) / A Day's *Work* (1975)

Carothers, A. J.: *Hero* at Large (1980)

Chase, J. H.: Mission to *Venice* (1954)

Christie, A.: The Murder of Roger *Ackroyd* (1924)

Clancy, T.: Patriot *Games* (1987)

Clark, M. H.: While My *Pretty* One Sleeps (1989) / All Around the *Town* (1992) / Let Me Call You *Sweetheart* (1995) / *Moonlight* Becomes (1996)

Cook, R.: *Outbreak* (1988)

Cooke, A.: *Letters* from America (2004)

Cornwell, P. D.: *Postmortem* (1990) / *Body* of Evidence (1991) / The Body *Farm* (1994) / Unnatural *Exposure* (1997) / Black *Notice* (1999) / Blow *Fly* (2003) / The Scarpetta *Factor* (2009)

Crichton, M.: *Disclosure* (1993)

Davidson, D. M.: Tough *Cookie* (2000)

Deaver, J.: *Manhattan* Is My Beat (2000) / Hell's *Kitchen* (2001) / The Bone *Collector* (2009)

Ellis, B. E.: Less Than *Zero* (1986)

Engelhard, J.: Indecent *Proposal* (1988)

Fleischer, L.: Staying *Alive* (1983) / *Hearts* and Diamonds (1986) / Rain *Man* (1989)

Follet, K.: The *Hammer* of Eden (1998) / *Code* to Zero (2000)

Freemantle, B.: *Clap* Hands, Here Comes Charlie (1978)

Fulghum, R.: All I Really Need to Know I Learned in *Kindergarten* (1986)
Gardner, E. S.: The Case of the Amorous *Aunt* (1963)
Gilbert, P. Jr.: Daily *Life* in America (1989)
Gilmour, H. B.: Saturday Night *Fever* (1977) / Rich *Kids* (1979) / One Fine *Day* (1997)
Gipe, G.: Back to the *Future* (1985)
Grafton, S.: "B" Is for *Burglar* (1985) / "D" Is for *Deadbeat* (1987) / "E" Is for *Evidence* (1988) / "F" Is for *Fugitive* (1995) / "J" Is for *Judgment* (1993) / "K" Is for *Killer* (1995) / "L" Is for *Lawless* (1995) / "N" Is for *Noose* (1998) / "O" Is for *Outlaw* (1999)
Green, G.: The *Juror* (1995)
Greene, B.: The *Four* of Us (1983) / A *Wolf* in Wolf's Clothing (1983)
Greene, G.: The *Human* Factor (1978)
Grisham, J.: The *Firm* (1991) / The Pelican *Brief* (1992) / The *Client* (1993) / The *Chamber* (1994) / The *Rainmaker* (1995) / The Street *Lawyer* (1998) / The *Testament* (1999) / Skipping *Christmas* (2001) / The *Associate* (2009)
Guest, J.: Ordinary *People* (1976)
Hailey, A.: Strong *Medicine* (1984)
Harper, K.: Falling in *Love* (1985)
Harrington, W.: Columbo: The Helter Skelter *Murders* (1995) / Columbo: The *Game* Show Killer (1996) / Columbo: The *Glitter* Murders (1997) / Columbo: The Hoover *Files* (1999)
Harris, T.: The Silence of the *Lambs* (1988)
Hiaasen, C.: Strip *Tease* (1993)
Hill, C. D.: An *Unmarried* Woman (1970)
Howard, R. and C. Howard: The Cotton *Candy* (1978)
Ishiguro, K.: A *Pale* View of Hills (1982)
Jones, T.: Who Murdered *Chaucer*? (2003)
Kellerman, J.: *Self-Defense* (1995)
Klein, N.: *Sunshine* (1974) / It's *OK* If You Don't Love Me (1977) / *Angel* Face (1985)
Kleinbaum, N. H.: Growing *Pains* (1987)
Latham, B.: *Hook* No.1: Guilded Canary (1981)
le Carré, J.: The Constant *Gardener* (2001)
Lennard, E.: Charlie's *Angels* (2000)
Lipman, M.: *Point* of Law (1968)
Lottman, E.: *Morning* After (1987)
MacGregor, R.: *Indiana* Jones and the Last Crusade (1989)
Martin, S.: The *Judge* (1995)
Margolin, P. M.: After *Dark* (1995) / The Burning *Man* (1996)
McBain, E.: *Ice* (1983) / *Mary*, Mary (1992) / *Mischief* (1993) / *Romance* (1995) / *Nocture* (1997) / The Last Best *Hope* (1998)
Minahan, J.: Almost *Summer* (1979) / *Mask* (1985)

Paretsky, S.: Killing *Orders*（1985）

Parker, R. B.: The Godwulf *Manuscript*（1973）/ Mortal *Stakes*（1975）/ Hush *Money*（1999）/ Family *Honor*（1999）/ All Our *Yesterdays*（1994）/ Thin *Air*（1995）/ Promised *Land*（1976）/ *Pastime*（1991）/ Walking *Shadow*（1994）/ *Chance*（1997）

Patterson, J.: *Cradle* and All（2000）

Patterson, R. N.: The Final *Judgment*（1995）

Ridpath, M.: Final *Venture*（2000）

Robb, J. D.: Purity in *Death*（2002）

Roberts, N.: Truly, Madly *Manhattan*（2003）

Rovin, J.: Broken *Arrow*（1995）

Rossner, J.: Looking for Mr. *Goodbar*（1977）

Rowling, J. K.: Harry Potter and the *Goblet* of Fire（2002）/ Harry Potter and the Philosopher's *Stone*（2001）/ Harry Potter and the Half-Blood *Prince*（2005）

Sanders, L.: The Case of Lucy *Bending*（1973）/ The *Seduction* of Peter S.（1986）/ Timothy's *Game*（1988）

Segal, E.: *Love* Story（1970）/ *Oliver's* Story（1977）/ The *Class*（1985）/ *Doctors*（1988）/ *Prizes*（1995）/ *Only* Love（1997）

Sheldon, S.: The Naked *Face*（1970）/ If *Tomorrow* Comes（1985）/ The Sands of *Time*（1988）/ The *Sky* Is Falling（2001）/ *Nothing* Lasts Forever（1995）/ *Morning*, Noon, and Night（1996）/ Tell Me Your *Dreams*（1998）

Stallone, S.: *Rocky* II（1979）

Steel, D.: The *Wedding*（2001）

Tyler, A.: The Accidental *Tourist*（1985）

Wallace, I.: The Celestial *Bed*（1987）

Webb, C.: The *Graduate*（1963）

Woodley, R.: The *Champ*（1970）/ *Slap* Shot（1977）

Yoro, T.（Varnam-Atkin, S. 訳）: The Wall of *Fools*（2003）

II　映画台本

About a *Boy*（2003）/ *Anastasia*（1999）/ *Anne* of Green Gables（1992）/ Anne of Green Gables: the *Sequels*（1992）/ Back to the *Future*（1989）/ Back to the *Future* Part *II*（1990）/ Black *Rain*（1994）/ *Cast* Away（2001）/ Charlie's *Angels*（2001）/ The Da Vinci *Code*（2006）/ *Dance* with Wolves（1990）/ *Daylight*（2001）/ *Days* of Thunder（1995）/ The *Devil* Wears Prada（2008）/ *Die* Hard（1993）/ *Die* Hard *2*（1993）/ Driving Miss *Daisy*（1991）/ *Erin* Brockovich（2000）/ *Ever* After（2000）/ *Eyes* Wide Shut（2000）/ The *Firm*（1997）/ The *Fugitive*（1995）/ *Ghost*（1995）/ Gosford *Park*（2002）/ I Am *Sam*（2002）/ Independence *Day*（1998）/ Jackie *Brown*（1999）/ *Kate* & Leopold（2002）/ *L.A.* Confidential（1999）/ *Lion* King（1994）/ The *Lost* World: Jurassic Park（1998）/ Little Miss *Sunshine*（2006）/ *Love* Actually（2004）/ *Maid* in Manhattan（2003）/ *Mona* Lisa Smile（2004）/ Mrs. *Doubt-*

fire (1996) / The *Mummy* (2000) / The *Negotiator* (2001) / *Night* at the Museum (2008) / No *Reservations* (2007) / Notting *Hill* (2000) / *Pay* It Forward (2001) / The *Princess* Diaries (2001) / Rain *Man* (1991) / *Sabrina* (1995) / School of *Rock* (2004) / The Seven Year *Itch* (1994) / *Snow* Falling on Cedars (2000) / *Something's* Gotta Give (2003) / The Sound of *Music* (1996) / *Spy* Game (2001) / The *Sting* (1991) / *Stuart* Little (2000) / The Sweetest *Thing* (2003) / *Thirteen* Days (2001) / *Total* Recall (1990) / *Trainspotting* (1999) / Under the *Tuscan* Sun (2003) / 27 *Dresses* (2009) / The *Verdict* (1994/1995) / *Wall* Street (1994) / The *War* of the Roses (1993) / *West* Side Story (1994) / The *Women* in Red (1985) / Working *Girl* (1989) / The *X*-Files (1999)

Ⅲ　新聞・雑誌・百科事典類

The *Guardian Weekly* [*Guardian*] / *New African* [*African*] / The *Voice of EJ* [*EJ*]

Ⅳ　インターネットウェブサイト

Voice of America [*VOA*]: http://www.voanews.com/english/

参考文献

＊[　] 内は本文中の表示タイトルを示す.

I　一般辞書類

[*Activator*] [*Activator*^{2}]　*Longman Language Activator.* London: Longman. 1993, 2002^{2}.

[*Active*^{3}]　*Longman Active Study Dictionary of English*. London: Longman. 1998^{3}.

[*AHBEU*]　*The American Heritage Book of English Usage*. Boston: Houghton Mifflin. 1996.

[*AHD*^{3}] [*AHD*^{4}]　*The American Heritage Dictionary of the English Language*. Boston: Houghton Mifflin. 1992^{3}, 2000^{4}.

[*CALD*] [*CALD*^{2}] [*CALD*^{3}]　*Cambridge Advanced Learner's Dictionary.* Cambridge: Cambridge University Press. 2003, 2005^{2}, 2008^{3}.

[*CDAE*] [*CDAE*^{2}]　*Cambridge Dictionary of American English.* Cambridge: Cambridge University Press. 1999, 2007^{2}.

[*CED*^{2}]　*Collins English Dictionary*. London: Collins. 1986^{2}.

[*CIDE*]　*Cambridge International Dictionary of English.* Cambridge: Cambridge University Press. 1995.

[*COB*] [*COB*^{3}] [*COB*^{5}]　*Collins COBUILD Advanced Learner's English Dictionary.* London: HarperCollins. 1987, 2001^{3}, 2006^{5}.

[*COB(S)*] [*COB(S)*^{3}]　*Collins COBUILD New Student's Dictionary.* London: HarperCollins. 1997, 2005^{3}.

[*CULD*]　*Chambers Universal Learner's Dictionary*. Edinburgh: Chambers. 1994.

[*LAAD*]　*Longman Advanced American Dictionary.* London: Longman. 2000.

[*LD*^{2}] [*LD*^{3}] [*LD*^{4}]　*Longman Dictionary of Contemporary English.* London: Longman. 1987^{2},1995^{3}, 2003^{4}.

[*LDEI*]　*Longman Dictionary of English Idioms*. London: Longman. 1979.

[*LDELC*] [*LDELC*^{2}] [*LDELC*^{3}]　*Longman Dictionary of the English Language and Culture.* London: Longman. 1992, 2002^{2}, 2005^{3}.

[*LED*]　*Larousse English Dictionary*. New York: Larousse. 1997.

[*Lexicon*]　*Longman Lexicon of Contemporary English*. London: Longman. 1981.

[*MED*] [*MED*^{2}]　*Macmillan English Dictionary.* New York: Macmillan. 2002, 2007^{2}.

[*NHD*]　*The Newbury House Dictionary of American English*. Greenwich: Heinle & Heinle. 1996.

[*NODE*]　*The New Oxford Dictionary of English*. Oxford: Oxford University Press: 1998.

[*NTC's AELD*]　*NTC's American English Learner's Dictionary*. London: Macmillan Languagehouse. 1998.

[*OALD*^{5}] [*OALD*^{6}] [*OALD*^{7}] [*OALD*^{8}]　*Oxford Advanced Learner's Dictionary of Current*

English. London: Oxford University Press. 1995[5], 2000[6], 2005[7]. 2013[8].

[*ODCIE*] Cowie, A. P. and I. R. McCaig. 1983. *Oxford Dictionary of Current Idiomatic English Vol. 2: Phrase, Clause and Sentence Idioms*. Oxford: Oxford University Press.

[*ODT*[2]] *Oxford Dictionary and Thesaurus*. Oxford: Oxford University Press. 2007[2].

[*OED*[2]] *Oxford English Dictionary*. Oxford: Oxford University Press. 1989[2].

[*OTE*[2]] *Oxford Thesaurus of English*. Oxford: Oxford University Press. 2005[2].

[*PESD*] *Penguin English Student's Dictionary*. London: Penguin. 1991.

[*RHD*[2]] *The Random House Dictionary of the English Language*. New York: Random House. 1987[2].

[*SOED*[5]] *Shorter Oxford English Dictionary*. London: Oxford University Press. 2002[5].

[*TCEED*[2]] *Times-Chambers Essential English Dictionary*. Singapore: Federal Publications/ Chambers. 1997.

[*WDEU*] *Webster's Dictionary of English Usage.* Springfield: Merriam. 1989.

[*Wordpower*[2]] *Oxford Wordpower Dictionary*. London: Oxford University Press. 2002[2].

Ⅱ　雑誌・定期刊行物

[*AL*] *Applied Linguistics*. Oxford: Oxford University Press.

[*ALH*] *Acta Linguistica Hungaria.* Budapest: Akadémia Kiadó.

[*AS*] *American Speech: A Quarterly of Linguistic Usage*. American Dialect Society. New York: Columbia University Press.

[*BBS*] *Behavioral and Brain Sciences.* Cambridge: Cambridge University Press.

[*CLS*] *Papers from the Regional Meeting.* Chicago: Chicago Linguistic Society.

[*DS*] *Discourse Studies*. London: Sage Publications.

[*ELL*] *English Language and Linguistics.* Cambridge: Cambridge University Press.

[*JC*] *Journal of Communication*. Philadelphia: Annenberg School Press.

[*JEL*] *Journal of English Linguistics.* Los Angeles: Sage.

[*JHP*] *Journal of Historical Pragmatics.* Amsterdam: John Benjamins.

[*JL*] *Journal of Linguistics.* London: Cambridge University Press.

[*JML*] *Journal of Memory and Language.* Amsterdam: Elsevier.

[*JP*] *Journal of Pragmatics*. Amsterdam: North-Holland.

[*Lang. Soc.*] *Language in Society.* Cambridge: Cambridge University Press.

[*LC*] *Language and Communication*. Amsterdam: Elsevier.

[*Lg*] *Language*. Linguistic Society of America. Baltimore, Maryland: Waverly Press.

[*LI*] *Linguistic Inquiry.* Cambridge, Mass.: MIT Press.

[*Ling*] *Linguistics.* The Hague: Mouton de Gruyter.

[*Lingua*] *Lingua*. Amsterdam: North-Holland.

[*LL*] *Language and Literature.* Thousand Oaks. CA/London: Sage Publication.

[*LP*] *Linguistics and Philosophy.* Dordrecht: D. Reidel.

[*LS*] *Language Sciences.* Amsterdam: Elsevier.

[*PC*] *Pragmatics and Cognition*. Amsterdam/Philadelphia: John Benjamins.
[*Ph*] *Phonetica*. Basel: S. Karger.
[*PL*] *Papers in Linguistics*. Champaign: Linguistic Research.
[*Prag*] *Pragmatics.* Quarterly Publication of the International Pragmatics Association (IPrA). Antwerp: IPrA.
[*QLU*] *A Quarterly of Linguistic Usage*. American Dialect Society. New York: Columbia University Press.
[*RLSI*] *Resarch on Language and Social Interaction*. Edmonton: Boreal Scholarly Publishers & Distributors.
[*Semiotica*] *Semiotica*. Berlin: Mouton de Gruyter.
[*TESOL*] *TESOL Quarterly.* Washington, D.C.: TESOL International Association.
[*Text*] *Text*. The Hague: Mouton de Gruyter.
[*TL*] *Theoretical Linguistics.* Berlin: Mouton de Gruyter.

『英教』『英語教育』東京: 大修館書店.
『英青』『英語青年』東京: 研究社.
『現英教』『現代英語教育』東京: 研究社.

Ⅲ その他の文献

Aijmer, K. 1986. 'Why is *actually* so popular in spoken English?' In G. Tottie and I. Backland (eds.), *English in Speech and Writing: A symposium*. Stockholm: Acta Universitatis Upsaliensis. 119–29. [Aijmer 1986]
—. 1987. '*Oh* and *Ah* in English conversation.' In W. Meijs (ed.), *Corpus Linguistics and Beyond*. Amsterdam: Rodopi B. V. 61–86. [Aijmer 1987]
—. 1989/1996. *Conversational Routines in English: Convention and Creativity.* London: Longman. [Aijmer 1989/1996]
—. 2002. *English Discourse Particles: Evidence from a corpus*. Studies in Corpus Linguistics. Amsterdam: John Benjamins. [Aijmer 2002]
—. 2007. 'The interface between discourse and grammar: *The fact is that*.' In A. Celle and R. Huart (eds.), *Connectives as Discourse Landmarks*. P&B ns. 161. Amsterdam: John Benjamins. 31–46. [Aijmer 2007]
—. 2013. *Understanding Pragmatic Markers: A Variational Pragmatic Approach*. Edinburgh: Edinburgh University Press. [Aijmer 2013]
赤野一郎. 1993.「at least の語法と使用者の心理」衣笠忠司, 赤野一郎, 内田聖二（編）『英語基礎語彙の文法』東京: 英宝社. 183–92. [赤野]
Alexander, L. G. 1988. *Longman English Grammar*. London: Longman. [Alexander 1988]
—. 1994. *Right Word Wrong Word: Words and Structures Confused and Misused by Learners of English.* London: Longman. [Alexander 1994]
Algeo, J. 2006. *British or American English?: A Handbook of Word and Grammar Patterns.*

Cambridge: Cambridge University Press. [Algeo]

Andersen, G. 1998. 'The pragmatic marker *like* from a relevance-theoretic perspective.' In A. H. Jucker and Y. Ziv (eds.), *Discourse Markers: Descriptions and Theory*. P&B ns. 57. Amsterdam: John Benjamins. 147–70. [Andersen 1998]

—. 2001. *Pragmatic Markers and Sociolinguistic Variation: A Relevance-Theoretic Approach to the Language of Adolescents*. P&B ns. 84. Amsterdam: John Benjamins. [Andersen 2001]

安藤貞雄, 山田政美. 1995.『現代英米語用法事典』東京: 研究社. [安藤 & 山田]

Bäcklund, I. 1989. 'Cues to the audience: On some structural markers in English monologue.' In B. Odenstedt and G. Persson (eds.), *Instead of flowers: Papers in honour of Mats Rydén on the occasion of his sixtieth birthday, August 27, 1989.* Stockholm: University of Umeå. Almqvist and Wiksell International. [Bäcklund]

Ball, W. J. 1986. *Dictionary of Link Words in English Discourse.* New York: Macmillan. [Ball]

Bell, D. M. 1998. 'Cancellative discourse markers: a core/periphery approach.' *Prag* 8(4), 515–41. [Bell 1998]

—. 2009. 'Mind you.' *JP* 41, 915–20. [Bell 2009]

—. 2010. '*Nevertheless*, *still* and *yet*: Concessive cancellative discourse markers.' *JP* 42, 1912–27. [Bell 2010]

Biber, D., S. Johanson, G. Leech, S. Conrad and E. Finegan. 1999. *Longman Grammar of Spoken and Written English.* London: Longman. [Biber et al.]

Blakemore, D. 1987. *Semantic Constraints on Relevance*. Oxford: Blackwell. [Blakemore 1987]

—. 1988. '"so" as a Constraint on Relevance.' In R. M. Kempson (ed.), *Mental Representations: The Interface between Language and Reality*. Cambridge: Cambridge University Press. 183–95. [Blakemore 1988]

—. 1989. 'Denial and contrast: A relevance-theoretic analysis of *but*.' *LP* 12, 15–37. [Blakemore 1989]

—. 1992. *Understanding Utterances*. Oxford: Blackwell. [Blakemore 1992]

—. 1993. 'The relevance of reformulations.' *LL* 2(2), 101–20. [Blakemore 1993]

—. 1996. 'Are Apposition Markers Discourse Markers?' *JL* 32, 325–47. [Blakemore 1996]

—. 2000. 'Indicators and Procedures: *Nevertheless* and *But*.' *JL* 36, 463–86. [Blakemore 2000]

—. 2002. *Relevance and Linguistic Meaning*. Cambridge: Cambridge University Press. [Blakemore 2002]

—. 2005. '*and*-parentheticals.' *JP* 37, 1165–81. [Blakemore 2005]

—. 2009. 'Topic Orientation Markers.' *JP* 41, 892–98. [Blakemore 2009]

Blakemore, D. and R. Carston. 1999. 'The pragmatics of *and*-conjunctions: The non-narrative cases.' *University College London Working Papers in Linguistics* 11, 1–20. University College. [Blakemore & Carston]

Blass, R. 1990. *Relevance Relations in Discourse: A Study with Special Reference to Sissala.* Cambridge: Cambridge University Press. [Blass]

Blyth, C., S. Recktenwald and J. Wang. 1990. 'I'm like, 'Say what?!': A new quotative in American oral narrative.' *AS* 65, 215–27. [Blyth et al.]

Bolden, G. B. 2006. 'Little words that matter: Discourse markers "So" and "Oh" and the doing of other-attentiveness in Social Interaction.' *JC* 56, 661–88. [Bolden 2006]

—. 2008. '"So what's up?": Using the discourse marker *So* to launch conversational business.' *RLSI* 41 (3), 302–37. [Bolden 2008]

—. 2009. 'Implementing incipient actions: The discourse marker "so" in English conversation.' *JP* 41, 974–98. [Bolden 2009]

Bolinger, D. 1989. *Intonation and its Uses: Melody in Grammar and Discourse*. London: Edward Arnold. [Bolinger]

Brinton, L. J. 1996. *Pragmatic Markers in English: Grammaticalization and Discourse Functions*. Berlin/New York: Mouton de Gruyter. [Brinton 1996]

—. 2010. 'Discourse markers.' In A. Jucker and I. Taavitsainen (eds.), *Historical Pragmatics*. Berlin/New York: Mouton de Gruyter. 285–314. [Brinton 2010]

Brockway, D. 1981. 'Semantic constraints on relevance.' In P. Herman, M. Sbisà and J. Verschueren (eds.), *Possibilities and Limitations of Pragmatics*. Amsterdam: John Benjamins. 57–78. [Brockway]

Brotherton, P. 1976. *Aspects of the Relationship between Speech Production, Hesitation Behaviour, and Social Class*. Ph.D. Diss., University of Melbourne. [Brotherton]

Brown, G. 1977. *Listening to Spoken English*. London: Longman. [Brown]

Bublitz, W. and N. R. Norrick (eds.). 2011. *Foundations of Pragmatics*. Berlin/Boston: Mouton de Gruyter. [Bublitz & Norrick]

Carlson, L. 1984. *'Well' in Dialogue Games: A Discourse Analysis of the Interjection 'Well' in Idealized Conversation*. Amsterdam: John Benjamins. [Carlson]

Carston, R. and S. Uchida. 1998. *Relevance Theory: Applications and Implications*. P&B ns. 37. Amsterdam: John Benjamins. [Carston & Uchida]

Carter, R. and M. McCarthy. 2006. *Cambridge Grammar of English*. Cambridge: Cambridge University Press. [Carter & McCarthy]

Celce-Murcia, M. and D. Larsen-Freeman. 1983, 1999². *The Grammar Book.* Rowley, Mass.: Newbury House. [Celce-Murcia & Larsen-Freeman] [Celce-Murcia & Larsen-Freeman²]

Chalker, S. 1984. *Current English Grammar*. London: Macmillan. [Chalker]

Crystal, D. and D. Davy. 1975. *Advanced Conversational English*. London: Longman. [Crystal & Davy]

Dascal, M. and T. Katriel. 1977. 'Between semantics and pragmatics: The two types of "BUT" — Hebrew "aval" and "ela."' *TL* 4, 143–72. [Dascal & Katriel]

Davidson, M. 2006. *Right, Wrong, and Risky: A Dictionary of Today's American English Usage.* New York: W. W. Norton & Company. [Davidson]

Dines, R. E. 1980. 'Variation in discourse: "and stuff like that".' *Lang. Soc.* 9, 13–31. [Dines]

Eastwood, J. 1994. *Oxford Guide to English Grammar.* London: Oxford University Press. [Eastwood]

Erman, B. 1987. *Pragmatic Expressions in English: A Study of* you know, you see, *and* I mean *in Face-to-face Conversation*. Stockholm Studies in English 69. Stockholm: Almqvist and Wiksell. [Erman 1987]

—. 2001. 'Pragmatic markers revisited with a focus on *you know* in adult and adolescent talk.' *JP* 33, 1337–59. [Erman 2001]

Fergusson, R. 1999. *The Cassell Dictionary of English Idioms*. London: Cassell. [Fergusson]

Ferrara, K. W. 1997. 'Form and function of the discourse marker *anyway*: Implications for discourse analysis.' *Ling* 35, 343–78. [Ferrara]

Finnell, A. 1992. 'The repertoire of topic changers in personal, intimate letters: A diachronic study of Osborne and Woolf.' In M. Rissanen, O. Ihalainen, T. Nevalainen and I. Taavitsainen (eds.), *History of Englishes*: *New methods and interpretations in historical linguistics*. Berlin/New York: Mouton de Gruyter. 720–35. [Finnell]

Fowler, H. W. 1996. *The New Fowler's Modern English Usage.* Revised by R. W. Burchfield. Oxford: Clarendon Press. [Fowler-Burchfield]

Fraser, B. 1990. 'An approach to discourse markers.' *JP* 14, 383–98. [Fraser 1990]

—. 1996. 'Pragmatic markers.' *Prag* 6, 167–90. [Fraser 1996]

—. 1998. 'Contrastive discourse markers in English.' In A. H. Jucker and Y. Ziv (eds.), *Discourse Markers: Descriptions and Theory*. P&B ns. 57. Amsterdam: John Benjamins. 301–26. [Fraser 1998]

—. 1999. 'What are discourse markers?' *JP* 31, 931–52. [Fraser 1999]

—. 2005. *On the Universality of Discourse Markers.* (Aijmer, K. and A.-M. Simon-Vandenbergen. 2006. *Pragmatic Markers in Contrast*. Amsterdam: Elsevier. 73–92. に収録) [Fraser 2005]

—. 2006. 'Towards a theory of discourse markers.' In K. Fischer (ed.), *Approaches to Discourse Particles*. Studies in Pragmatics Series 1. Amsterdam: Elsevier. 189–204. [Fraser 2006]

—. 2009. 'Topic Orientation Markers.' *JP* 41, 892–98. [Fraser 2009]

Fuller, J. M. 2003. 'The influence of speaker roles on discourse marker use.' *JP* 35, 23–45. [Fuller]

Greenbaum, S. 1969. *Studies in English Adverbial Usage.* London: Longman. [Greenbaum]

Greenbaum, S. and J. Whitcut. 1988. *Longman Guide to English Usage.* London: Longman. [Greenbaum & Whitcut]

Grice, H. P. 1975. 'Logic and Conversation.' In P. Cole and J. L. Morgan (eds.), *Syntax and Semantics 3, Speech Acts*. New York: Academic Press. 41–58. reprinted in Grice, H. P. (1989), 22–57. [Grice 1975]

—. 1989. *Studies in the Way of Words*. Cambridge, MA.: Harvard University Press. [Grice

1989]

萩原孝恵. 2012.『「だから」の語用論: テクスト構成的機能から対人関係機能へ』東京: ココ出版. [萩原]

Halliday, M. A. K. and R. Hasan. 1976. *Cohesion in English.* London: Longman. [Halliday & Hasan]

Han, D. 2011. 'Utterance production and interpretation: A discourse-pragmatic study on pragmatic markers in English public speeches.' *JP* 43, 2776–94. [Han]

Hansen, M.-B. M. 1998a. *The Function of Discourse Particles: A Study with Special Reference to Spoken Standard French.* P&B ns. 53. Amsterdam: John Benjamins. [Hansen 1998a]

—. 1998b. 'The semantic status of discourse markers.' *Lingua* 104, 235–60. [Hansen 1998b]

Haselow, A. 2011. 'Discourse marker and modal particle: The functions of utterance-final *then* in spoken English.' *JP* 43, 3603–23. [Haselow]

Heaton, J. B. and N. D. Turton. 1987, 1996[2]. *Longman Dictionary of Common Errors.* London: Longman. [Heaton & Turton] [Heaton & Turton[2]]

Hellerman, J. and A. Vergun. 2007. 'Language which is not taught: The discourse marker use of beginning adult learners of English.' *JP* 39, 157–79. [Hellerman & Vergun]

Heritage, J. 1984. 'A change-of-state token and aspects of its sequential placement.' In J. M. Atkinson and J. Heritage (eds.), *Structures of Social Action: Studies in Conversation Analysis*. Cambridge: Cambridge University Press. 299–345. [Heritage]

Heritage, J. and M-L. Sorjonen. 1994. 'Constituting and maintaining activities across sequences: *And*-prefacing as a feature of question design.' *Lang. Soc.* 23, 1–29. [Heritage & Sorjonen]

東森勲. 1992. 'BUT/YET/STILL and Relevance Theory.'『成田義光教授還暦祝賀論文集』333–54. 東京: 英宝社. [東森 1992]

—. 2003. 'Grammaticalization of discourse connectives: From conceptual to procedural meaning.'『龍谷大学論集』461, 21–45. [Higashimori 2003]

東森勲, 吉村あき子. 2003.『関連性理論の新展開——認知とコミュニケーション』英語学モノグラフシリーズ 21. 東京: 研究社. [東森 & 吉村]

廣瀬浩三. 1988.「英語の談話修正表現について」六甲英語学会 (編)『現代の言語研究——小西友七先生に捧げる』263–74. 東京: 金星堂. [廣瀬 1988]

—. 1989a.「談話辞 anyway の分析」『語法研究と英語教育』11, 29–38. 東京: 山口書店. [廣瀬 1989a]

—. 1989b. 'A Discourse Grammar of *anyway*.'『島根大学法文学部紀要　文学科編』11(2), 1–20. [廣瀬 1989b]

—. 1993.「談話方策の一端を担う like」衣笠忠司, 赤野一郎, 内田聖二 (編)『英語基礎語彙の文法』東京: 英宝社. 214–23. [廣瀬 1993]

—. 1997.「Love means never having to say "What do you mean?"——英語におけるメタ言語活動の諸相 (1)」『島大言語文化』4, 15–61. [廣瀬 1997]

—. 1998.「メタ言語的観点から見た英語表現について」小西友七先生傘寿記念論文集編集委員会 (編)『現代英語の語法と文法』東京: 大修館書店. 287–95.［廣瀬 1998］

—. 1999.「Love means never having to say "What do you mean?"——英語におけるメタ言語的活動の諸相 (2)」『島大言語文化』7, 1–51.［廣瀬 1999］

—. 2000.「語法研究の立場から見た談話標識」『英語語法文法研究』7, 35–50. 英語語法文法学会. 東京: 開拓社.［廣瀬 2000］

—. 2001.「発話の展開を促す談話標識」『英青』147(7), 444–45. 東京: 研究社.［廣瀬 2001］

—. 2003.「関連性理論から見た談話標識」『島大言語文化』14, 21–41.［廣瀬 2003］

Holmes, J. 1986. 'Functions of *you know* in women's and men's speech.' *Lang. Soc.* 15(1), 1–22. [Holmes]

Hook, J. N. 1990. *The Appropriate Word.* Massachusetts: Addison-Wesley. [Hook]

Howard, G. 1993. *The Good English Guide: English Usage in the 1900s.* London: Macmillan. [Howard 1993]

—. 1997. *The Macmillan Good English Handbook.* London: Macmillan. [Howard 1997]

Huddleston, R. D. and G. K. Pullum. 2002. *The Cambridge Grammar of the English Language.* Cambridge: Cambridge University Press. [Huddleston & Pullum]

今井邦彦. 2011.『語用論への招待』東京: 大修館書店.［今井］

石黒圭. 2008.『文章は接続詞で決まる』東京: 光文社.［石黒］

磯貝英夫, 室山敏昭 (編). 1988.『類語活用辞典』東京: 東京堂出版.［磯貝 & 室山］

泉原省二. 2007.『日本語類義表現使い分け辞典』東京: 研究社.［泉原］

James, D. 1973a. 'Another look at, *say,* some grammatical constraints, on, *oh*, interjections and hesitations.' In C. Corum et al. (eds.), *CLS* 9, 242–51. Chicago Linguistic Society. [James 1973a]

—. 1973b. *The Syntax and Semantics of Some English Interjections*. Unpublished Ph.D. Diss., University of Michigan. [James 1973b]

Jefferson, G. 1973. 'A case of precision timing in ordinary conversation: Overlapped tag-positioned address terms in closing sequences.' *Semiotica* 9, 47–96. [Jefferson]

Jucker, A. H. 1993. 'The discourse marker *well*: A relevance-theoretical account.' *JP* 19, 435–52. [Jucker 1993]

— (ed.). 1995. *Historical Pragmatics: Pragmatic Developments in the History of English.* P&B ns. 35. Amsterdam: John Benjamins. [Jucker 1995]

—. 1997. 'The discourse marker *well* in the history of English.' *ELL* 1(1), 91–110. [Jucker 1997]

—. 2006. 'Historical pragmatics.' In Östman, J. O. and J. Verschueren (eds.), *Handbook of Pragmatics*. 1–14. Amsterdam: John Benjamins. [Jucker 2006]

Jucker, A. and Y. Ziv (eds.). 1998. *Discourse Markers: Descriptions and Theory*. P&B ns. 57. Amsterdam: John Benjamins. [Jucker & Ziv]

加藤重広. 2001.「照応現象としてみた逆接——「しかし」の用法を中心に」『富山大学人

文学部紀要』34, 47–78. 富山大学人文学部. [加藤]

川越菜穂子. 2000.「「話題転換」をあらわす接続表現について――「ところで」と「とにかく」」『人間文化学部研究年報』130–42. 帝塚山学院大学. [川越]

Kay, P. C., C. Fillmore and J. D. O'Connor. 1997. *Words and the Grammar of Context*. Stanford: CSLI [Kay et al.]

河上道生 (監修), 丸井晃二朗 (著). 1992.『英語類語用法辞典』東京: 大修館書店. [河上 & 丸井]

キーティング, ジェームズ. 2000.『英語正誤用例事典』東京: ジャパンタイムズ. [キーティング]

木塚春夫, ジェームズ・バーダマン. 1997.『日本人学習者のための米語正誤チェック辞典』東京: マクミラン. [木塚 & バーダマン]

小西友七 (編). 1980.『英語基本動詞辞典』東京: 研究社. [小西 1980]

— (編). 1989.『英語基本形容詞・副詞辞典』東京: 研究社. [小西 1989]

— (編). 2006.『現代英語語法辞典』東京: 三省堂. [小西 2006]

Labov, W. and D. Fanshel. 1977. *Therapeutic Discourse: Psychotherapy as Conversation*. New York: Academic Press. [Labov & Fanshel]

Lakoff, R. 1971. 'If's, and's and but's about conjunction.' In C. J. Fillmore and D. T. Langendoen (eds.), *Studies in Linguistic Semantics*. New York: Holt, Reinhart & Winston. 115–50. [Lakoff 1971]

—. 1972. 'Language in Context.' *Lg* 48, 907–27. [Lakoff 1972]

Lam, P. W. Y. 2009. 'Discourse particles in corpus data and textbooks: The case of *well*.' *AL* 31(2), 260–81. [Lam]

Lee-Goldman, R. 2011. '*No* as a discourse marker.' *JP* 43, 2627–49. [Lee-Goldman]

Leech, G. N. and J. Svartvik. 1994², 2002³. *A Communicative Grammar of English.* Harlow: Longman. London: Addison-Wesley. [Leech & Svartvik²] [Leech & Svartvik³]

Leech, G. N., B. Cruickshank and R. Ivanič. 2006. *An A-Z of English Grammar & Usage.* Harlow: Pearson Education. [Leech et al.]

Lenk, U. 1998a. *Marking Discourse Coherence: Functions of Discourse Markers in Spoken, English*. Tubingen: Gunter Narr Verlag. [Lenk 1998a]

—. 1998b. 'Discourse markers and global coherence in conversation.' *JP* 30, 245–57. [Lenk 1998b]

Levinson, S. C. 1983. *Pragmatics*. New York: Cambridge University Press. [Levinson]

Lewis, D. M. 2007. 'From temporal to contrastive and causal: The emergence of connective *after all*.' In A. Celle and R. Huart (eds.), *Connectives as Discourse Landmarks*. P&B ns. 161. Amsterdam: John Benjamins. 89–99. [Lewis]

López-Couso, M. J. 2010. 'Subjectification and intersubjectification.' In A. H. Jucker and I. Taavitsainen (eds.). *Historical Pragmatics*. Berlin/New York: Mouten de Gruyter. 127–63. [López-Couso]

Macaulay, K. S. 2005. *Talk That Counts: Age, Gender, and Social Class Differences in Dis-*

course. Oxford: Oxford University Press. [Macaulay]

Macleod, N. 1985. 'According to me, sentences like this one are O.K.' *JP* 9, 331–43. [Macleod]

Mager, N. H. and S. K. Mager. 1993[2]. *Encyclopedic Dictionary of English Usage*. Englewood Cliffs: Prentice-Hall. [Mager & Mager[2]]

Manser, M. H.(ed.). 1990[2], 1997[3]. *Bloomsbury Good Word Guide*. London: Bloomsbury. [*Bloomsbury*[2]] [*Bloomsbury*[3]]

Matsui, T. 2002. 'Semantics and pragmatics of a Japanese discourse marker *dakara* (*so / in other words*): a unitary account.' *JP* 34, 867–91. [Matsui]

松尾文子. 1993.「談話接続語としての so」衣笠忠司, 赤野一郎, 内田聖二 (編)『英語基礎語彙の文法』東京: 英宝社. 191–202. [松尾 1993]

—. 1995.「2 種類の付加疑問文——Matching tag を中心に」『英語語法文法研究』2, 156–66. 英語語法文法学会. 東京: 開拓社. [松尾 1995]

—. 1997.「推論を表すつなぎ語 so と then」『英語語法文法研究』4, 135–47. 英語語法文法学会. 東京: 開拓社. [松尾 1997]

—. 2001b.「but と『しかし, (だ)けど』」『英青』147(9), 576–77. [松尾 2001b]

—. 2007a.「談話辞 but の用法の展開と対応する日本語」『六甲英語学研究・小西友七先生追悼号』10, 241–55. [松尾 2007a]

—. 2007b.「at least の語法と類語表現」『英米文学研究』40, 1–13. 梅光学院大学英米文学会. [松尾 2007b]

—. 2008.「談話辞 actually の機能の展開」『論集』41, 78–88. 梅光学院大学. [松尾 2008]

—. 2010a.「談話標識の特質——単独で用いられる談話標識を手がかりに」『論集』43, 43–54. 梅光学院大学. [松尾 2010a]

—. 2010b.「談話構成と表現法の日英語比較——談話標識 now と and を例に」『梅光言語文化研究』1, 5–23. 梅光学院大学国際言語文化学会. [松尾 2010b]

—. 2011a.「談話標識の談話戦略的使用」『論集』44, 63–79. 梅光学院大学. [松尾 2011a]

—. 2011b.「日本語では表現されない談話標識 and」『梅光言語文化研究』2, 1–17. 梅光学院大学国際言語文化学会. [松尾 2011b]

—. 2012a.「談話の構造と談話標識」『梅光言語文化研究』3, 1–16. 梅光学院大学国際言語文化学会. [松尾 2012a]

—. 2012b.「話法と談話標識」『ことばを見つめて』吉村あき子, 須賀あゆみ, 山本尚子 (編). 東京: 英宝社. 169–78. [松尾 2012b]

—. 2013a.「談話の展開を合図する談話標識」『論集』46, 79–94. 梅光学院大学. [松尾 2013a]

—. 2013b.「推論結果を表す談話標識 so と then——先行発話に対する話し手の態度の違い」『梅光言語文化研究』4, 1–19. 梅光学院大学国際言語文化学会. [松尾 2013b]

松尾文子, 廣瀬浩三. 2014.「英語談話標識の諸相 (1)——英語談話標識研究の変遷」『梅光言語文化研究』5, 1–38. 梅光学院大学国際言語文化学会. [松尾 & 廣瀬 2014]

—. 2015.「英語談話標識の諸相 (2)—談話標識についての基本的考え方と分析の観点」『梅光言語文化研究』6, 1–51. 梅光学院大学国際言語文化学会. [松尾 & 廣瀬 2015]

松岡和美, デビッド・ノッター. 2004.「根拠と結果を示す接続表現の日英比較——*After all* は「結局」か?」『慶應義塾大学日吉紀要　英語英米文学』44, 95–112. 日吉紀要刊行委員会. [松岡 & ノッター]

メイナード, K. 泉子. 2005.『日本語教育の現場で使える談話表現ハンドブック』東京: くろしお出版. [メイナード]

McConnell, J. 1992. *Language, Culture, and Communication*. 東京: 成美堂. [McConnell]

Merritt, M. 1984. 'On the use of "*O.K.*" in service encounters.' In J. Baugh and J. Scherzer (eds.), *Language in Use*. Englewood Cliffs, NJ: Prentice-Hall. 139–47. [Merritt]

Miller, J. and R. Weinert. 1995. 'The function of LIKE in dialogue.' *JP* 23, 365–69. [Miller & Weinert]

森田良行. 2006.『日本語の類義表現辞典』東京: 東京堂出版. [森田]

Mulder, J. and S. A. Thompson. 2008. 'The grammaticalization of *but* as a final particle in English conversation.' In R. Laury (ed.), *Crosslinguistic Studies of Clause Combining: The Multifunctionality of Conjunctions*. Amsterdam: John Benjamins. 179–204. [Mulder & Thompson]

Mulder, J., S. A. Thompson and C. P. Williams. 2009. 'Final *but* in Australian English conversation.' In P. Peters, P. Collins and A. Smith (eds.), *Comparative Studies in Australian and New Zealand English*. Amsterdam: John Benjamins. 337–58. [Mulder et al.]

Narrog, H. and B. Heine (eds.). 2011. *The Oxford Handbook of Grammaticalization*. Oxford: Oxford University Press. [Narrog & Heine]

西川眞由美. 2002a.「解釈的使用としての Interjections——関連性理論の視点から」『人間文化研究科年報』17, 169–81. 奈良女子大学大学院人間文化研究所. [西川 2002a]

—. 2002b.「談話標識 *oh*」『英語語法文法研究』9, 110–25. 英語語法文法学会. 東京: 開拓社. [西川 2002b]

Nishikawa, M. 2007. 'Interpreting Interjections: A perspective of relevance theory.' In K. Tanaka, M. Shishido and S. Uematsu (eds.), *22 Essays in English Studies: Language, Literature and Education*. 65–88. Tokyo: Shohaku-sha. [Nishikawa 2007]

西川眞由美. 2010.「DM look の手続き的意味」『語用論研究』12, 1–18. 日本語用論学会. [西川 2010]

Nishikawa, M. 2010. *A Cognitive Approach to English Interjections*. 東京: 英宝社. [Nishikawa 2010]

西川眞由美. 2011.「話題転換を表す談話標識」*Setsunan Journal of English Education*. 5, 69–90. 摂南大学英語教室. [西川 2011]

—. 2012.「注意喚起を表す談話標識」*Setsunan Journal of English Education*. 6, 109–24. [西川 2012]

岡本真一郎, 多門靖容. 1998.「談話におけるダカラの諸用法」『日本語教育』98, 49–60. 日本語教育学会. [岡本 & 多門]

奥田隆一. 2013.『英語語法学をめざして』大阪: 関西大学出版部. [奥田]

Onodera, N. 1995. 'Diachronic Analysis of Japanese Discourse Markers.' In A. H. Jucker (ed.),

Historical Pragmatics: Pragmatic Developments in the History of English. P&B ns. 35. Amsterdam: John Benjamins. 393–437. [Onodera 1995]

—. 2000. 'Development of *demo* type connectives and *na* elements: Two extremes of Japanese discourse markers.' *JHP* 1(1), 27–55. [Onodera 2000]

—. 2011. 'The grammaticalization of discourse markers.' In H. Narrog and B. Heine (eds.), *The Oxford Handbook of Grammaticalization*. Oxford: Oxford University Press. 614–24. [Onodera 2011]

小野寺典子. 2011.「歴史語用論の成立・現在，そして今後へ」『日本語学』30(14), 123–36. [小野寺 2011]

Östman, J. O. 1981. *You know: A Discourse Functional Approach*. P&B ns. 2:7. Amsterdam: John Benjamins. [Östman]

Owen, M. 1981. 'Conversational units and the use of "well . . ."' In P. Werth (ed.), *Conversation and discourse: Structure and Interpretation*. London: Croom Helm. 88–116. [Owen]

Park, I. 2010. 'Marking an impasse: The use of *anyway* as a sequence-closing device.' *JP* 42, 3283–99. [Park]

Parrott, M. 2000. *Grammar for English Language Teachers.* Cambridge: Cambridge University Press. [Parrott]

Partridge, E. 1966[4]. *Origins: An Etymological Dictionary of Modern English.* London: Routledge. [Partridge[4]]

Peters, P. 2004. *The Cambridge Guide to English Usage.* Cambridge: Cambridge University Press. [Peters]

Peterson, P. G. 1999. 'Coordinators plus *plus*?' *JEL* 27(2), 127–42. [Peterson]

Polat, B. 2011. 'Investigating acquisition of discourse markers through a developmental learner corpus.' *JP* 43, 3745–56. [Polat]

Pomerantz, A. 1984. 'Giving a source or basis: The practice in conversation of telling "How I know".' *JP* 8, 607–25. [Pomerantz]

Pool, M. E. 1973. *Linguistic, Cognitive and Verbal Processing Styles: A Social Class Contrast*. Ph.D. Diss., La Trobe University. [Poole]

Quirk, R., S. Greenbaum, G. Leech and J. Svartvik. 1985. *A Comprehensive Grammar of the English Language.* London: Longman. [Quirk et al.]

Raymond, G. 2004. 'Prompting action: The stand-alone "So" in ordinary conversation.' *RLSI* 37(2), 185–218. [Raymond]

Romaine, S. and D. Lange. 1991. 'The use of *like* as a marker of reported speech and thought: A case of grammaticalization in progress.' *AS* 66(3), 227–79. [Romaine & Lange]

Room, A. 1999. *The Cassell Dictionary of Word History.* London: Cassell. [Room]

Ross, J. R. and W. E. Cooper. 1979. '*Like* syntax.' In W. E. Cooper & E. C. T. Walker (eds.), *Sentence processing: Psycholinguistic studies presented to Merril Garrett*. New Jersey: Lawrence Erlbaum Associates. 343–418. [Ross & Cooper]

Rouchota, V. 1998a. 'Procedural meaning and parenthetical discourse markers.' In A. H.

Jucker and Y. Ziv (eds.), *Discourse Markers: Descriptions and Theory*. P&B ns. 57. Amsterdam: John Benjamins. 97–126. [Rouchota 1998a]

—. 1998b. 'Connectives, coherence and relevance.' In V. Rouchota and A. H. Jucker (eds.), *Current Issues in Relevance Theory*. P&B ns. 58. Amsterdam: John Benjamins. 11–57. [Rouchota 1998b]

Rouchota, V. and A. H. Jucker (eds.). 1998. *Current Issues in Relevance Theory.* P&B ns. 58. Amsterdam: John Benjamins. [Rouchota & Jucker]

劉怡伶. 2006.「接続語「だから」の意味・用法――前件と後件に因果関係が認められる「だから」を中心に」『日本語教育論集　世界の日本語教育』16, 125–37. 国際交流基金日本語国際センター. [劉]

Sacks, H. E., E. Schegloff and G. Jefferson. 1974. 'A simplest systematics for the organization of turn-taking in conversation.' *Lg* 50, 696–735. [Sacks et al.]

Sadock, J. M. 1974. *Toward a Linguistic Theory of Speech Acts*. New York: Academic Press. [Sadock]

Sasamoto, R. 2008. 'Japanese discourse connectives *dakara* and *sorede*: A re-assessment of procedural meaning.' *JP* 40, 127–54. [Sasamoto]

Schegloff, E. A, G. Jefferson and H. Sacks. 1977. 'The preference for self-correction in the organization of repair in conversation.' *Lg* 53, 361–82. [Schegloff et al.]

Schegloff, E. A. and H. Sacks. 1973. 'Opening up closings.' *Semiotica* 8, 289–327. [Shegloff & Sacks]

Schiffrin, D. 1987. *Discourse markers*. Cambridge: Cambridge University Press. [Schiffrin 1987]

—. 1992. 'Anaphoric *then*: aspectual, textual, and epistemic meaning.' *Ling.* 30, 753–92. [Schiffrin 1992]

—. 2001/2004. 'Discourse markers: language, meaning, and context.' In D. Schiffrin, D. Tannen and H. E. Hamilton (eds.), *The Handbook of Discourse Analysis*. Oxford: Blackwell. 54–75. [Schiffrin 2001/2004]

Schourup, L. C. 1981. 'The basis of articulation.' In A. M. Zwicky (ed.), *Papers in Phonology*. Working Papers in Linguistics 25, 1–13. Ohio State University. [Schourup1981]

—. 1985. *Common Discourse Particles in English Conversation*. New York & London: Garland. [Schourup 1985]

—. 1999. 'Discourse markers.' *Lingua* 107, 227–65. [Schourup 1999]

—. 2000. 'Homing in on discourse marker meaning.'『英語語法文法研究』7, 5–17. 英語語法文法学会. 東京: 開拓社. [Schourup 2000]

—. 2001. 'Rethinking *well*.' *JP* 33, 1025–60. [Schourup 2001]

—. 2011. 'The discourse marker *now*: A relevance-theoretic approach.' *JP* 43, 2110–29. [Schourup 2011]

Schourup, L. C. and T. Waida. 1988. *English connectives*. 東京: くろしお出版. [Schourup & Waida]

Schwenter, S.A. and E.C. Traugott. 2000. 'Invoking scalarity: The development of "in fact."' *JHP* 1(1), 7–25. [Schwenter & Traugott]

柴田武, 山田進 (編). 2002.『類語大辞典』東京: 講談社. [柴田 & 山田]

下宮忠雄, 金子貞雄, 家村睦夫 (編). 1989.『スタンダード英語語源辞典』東京: 大修館書店. [下宮他]

ショウスタック, リチャード (著), 野沢聡子, 石井順子, ネルソン桂子 (訳). 1993.『英語類語情報辞典』東京: 大修館書店. [ショウスタック]

Simon-Vandenbergen, A.-M. 1992. 'The interactional utility of *of course* in spoken discourse.' *Occasional Papers in Systemic Linguistics* 5. 212–26. [Simon-Vanderbergen]

Sinclair, J. (ed.). 1990, 2005[2]. *Collins COBUILD English Grammar*. London: HarperCollins. [*COB*(*G*)] [*COB*(*G*)[2]]

—. 1992, 2004[2]. *Collins COBUILD English Usage* (*for Learners*). Glasgow: HarperCollins. [*COB*(*U*)] [*COB*(*U*)[2]]

Spears, R. A. 1992. *Common American Phrases in Everyday Contexts*. Illinois: NTC Publishing Group. [Spears]

Sperber, D. and D. Wilson. 1986, 1995[2]. *Relevance: Communication and Recognition*. Oxford: Blackwell. [Sperber & Wilson 1986] [Sperber & Wilson 1995]

Stubbe, M. and J. Holmes. 1995. '*You know*, *Eh* and Other "Exasperating Expressions": An analysis of social and stylistic variation in the use of pragmatic devices in a sample of New Zealand English.' *LC* 15(1), 63–88. [Stubbe & Holmes]

Stubbs, M. 1983. *Discourse Analysis: The Sociolinguistic Analysis of Natural Language*. Oxford: Blackwell. [Stubbs]

Swan, M. 2005[3]. *Practical English Usage*. London: Oxford University Press. [Swan[3]]

Sweetser, E. 1990. *From Etymology to Pragmatics: Metaphorical and Cultural Aspects of Semantic Structure*. Cambridge: Cambridge University Press. [Sweetser]

Tabor, W. and E. C. Traugott. 1998. 'Structural scope expansion and grammaticalization.' In A. G. Ramat and P. J. Hopper (eds.), *The Limits of Grammaticalization*. Amsterdam: John Benjamins. 229–72. [Tabor & Traugott]

Tagliamonte, S. 2005. '*So* who? *Like* how? *Just* what?' *JP* 37, 1896–1915. [Tagliamonte]

高田博行, 椎名美智, 小野寺典子 (編著). 2011.『歴史語用論入門——過去のコミュニケーションを復元する』東京: 大修館書店. [高田他]

Takahara, P. O. 1998. 'Pragmatic functions of the English discourse marker *anyway* and its corresponding contrastive Japanese discourse markers.' In A. B. Jucker and Y. Ziv (eds.), *Discourse Markers: Descriptions and Theory*. P&B ns. 57. Amsterdam: John Benjamins. 327–52. [Takahara 1998]

武内道子. 2002.「AND と BUT——関連性理論の意味論と語用論」『神奈川大学言語研究』25, 59–96. [武内]

田中廣明. 1995.「in other words について——その含意導出と推論過程」『英語語法文法研究』2, 59–73. 英語語法文法学会. 東京: 開拓社. [田中]

Tanaka, K. 1998. 'The Japanese adverbial *yahari* or *yappari*.' In R. Carston and S. Uchida (eds.), *Relevance Theory: Applications and Implications*. P&B ns. 37. Amsterdam: John Benjamins. 23–68. [Tanaka]

寺澤芳雄. 1997.『英語語源辞典』東京: 研究社. [寺澤]

Thomson, A. J. and A. V. Martinet. 1986[4]. *A Practical English Grammar.* London: Oxford University Press. [Thomson & Martinet[4]]

Todd, L. 1997. *The Cassell Dictionary of English Usage.* London: Cassell. [Todd]

Todd, L. and I. Hancock. 1986. *International English Usage*. London: Croomhelm. [Todd & Hancock]

Traugott, E. C. 2003. 'From subjectification to intersubjectification.' In R. Hickey (ed.), *Motives for Language Change*. Cambridge: Cambridge University Press. 124–39. [Traugott 2003]

—. 2011. 'On the function of adverbs of certainty used at the periphery of the clause.'『語用論研究』13, 55–74. 日本語用論学会. [Traugott 2011]

Traugott, E. C. and R. B. Dasher. 2002. *Regularity in Semantic Change*. Cambridge: Cambridge University Press. [Traugott & Dasher]

Turton, N. D. 1995. *ABC of Common Grammatical Errors.* London: Macmillan. [Turton]

内田聖二. 1983.「of course の語法——談話の側面から」『英青』129(6), 268. [内田 1983]

—. 1993.「談話辞 in fact とその周辺」衣笠忠司, 赤野一郎, 内田聖二 (編)『英語基礎語彙の文法』204–12. 東京: 英宝社. [内田 1993]

—. 2000.「いわゆる談話標識をめぐって——Constraints on Implicatures or Explicatures?」『英語語法文法研究』7, 19–33. 英語語法文法学会. 東京: 開拓社. [内田 2000]

— (編). 2009.『英語談話表現辞典』東京: 三省堂. [内田 2009]

—. 2011.『語用論の射程——語から談話・テクストへ』東京: 研究社. [内田 2011]

Underhill, R. 1988. '*Like* is, like, focus.' *AS* 63(3), 234–46. [Underhill]

Unger, C. 1996. 'The scope of discourse connectives: implications for discourse organization.' *JL* 32, 403–39. [Unger]

Van Dijk, T. A. 1977. *Text and Context*: *Explorations in the semantics and pragmatics of discourse*. London: Longman. [Van Dijk 1977]

—. 1979. 'Pragmatic Connectives.' *JP* 3, 447–56. [Van Dijk 1979]

バーダマン, J. M., 倫子・バーダマン. 1994.『よく使う順　英会話フレーズ 745』東京: 中経出版. [バーダマン & バーダマン]

Verscheuren, J. 1995. *Handbook of Pragmatics*. Amsterdam: John Benjamins. [Verscheuren 1995]

渡辺登士, 安藤貞雄, 福村虎治郎, 河上道生, 小西友七, 三浦新市, 空西哲郎. 1976.『続・英語語法大事典』東京: 大修館書店. [渡辺他 1976]

渡辺登士, 福村虎治郎, 河上道生, 小西友七, 村田雄三郎. 1995.『英語語法大事典　第 4 集』東京: 大修館書店. [渡辺他 1995]

参考文献

Wierzbicka, A. 1992. 'The Semantics of Interjection.' *JP* 18, 159–92. [Wierzbicka]

Wilson, D. and D. Sperber. 1993. 'Linguistic form and relevance.' *Lingua* 90, 1–25. [Wilson & Sperber 1993]

—. 2012. *Meaning and Relevance*. Cambridge: Cambridge University Press. [Wilson & Sperber 2012]

Wilson, K. G. 1993. *The Columbia Guide to Standard American English.* New York: Columbia University Press. [Wilson]

Wood, F. T. and R. Hill. 1979[2]. *Dictionary of English Colloquial Idioms*. London: Macmillan. [Wood & Hill[2]]

八木克正, 井上亜依. 2013.『英語定型表現研究――歴史・方法・実践』東京: 開拓社. [八木 & 井上]

山本多恵子. 2003.「日本語接続詞「だから」と「だって」の関連性理論による分析」『国際基督教大学学報 I–A 教育研究』45, 187–98. [山本]

索　引

★付きは見出し語・準見出し語
太字ページは主に取り上げた箇所

【T】

【U】

【V】

【W】

【Y】

【あ行】

【か行】

【さ行】

【た行】

英語談話標識用法辞典
——43の基本ディスコース・マーカー

2015年10月31日　初版発行

編著者　松尾文子
　　　　廣瀬浩三
　　　　西川眞由美

〈検印省略〉

発行者　関戸雅男

印刷所　研究社印刷株式会社

発行所　株式会社　研究社
〒102–8152
東京都千代田区富士見2–11–3
電話（編集）03（3288）7711（代）
　　（営業）03（3288）7777（代）
振替　00150–9–26710

Printed in Japan / ISBN 978–4–7674–3477–3　C 3582

http://www.kenkyusha.co.jp/

装丁：Malpu Design（清水良洋）